中学受験《ちゅうがくじゅけん》 2024 完全版《かんぜんばん》

時事《じじ》ニュース

出題《しゅつだい》が増《ふ》える傾向《けいこう》にあります。
国内外《こくないがい》のできごとに興味《きょうみ》や関心《かんしん》を持《も》ち、
教科書《きょうかしょ》で学《まな》んだことと関連《かんれん》づけて、
『なぜ』『どうして』を考《かんが》えられる生徒《せいと》を
学校側《がっこうがわ》も求《もと》めています」

この本《ほん》が、皆《みな》さんの学《まな》びをサポートし、
夢《ゆめ》をかなえる一助《いちじょ》になれたらうれしいです。

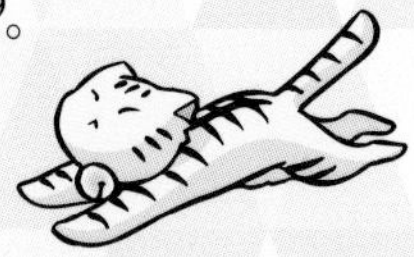

初出：ジュニアエラ2022年11月号～2023年10月号
編集：ジュニアエラ編集部（鈴木 顕、川名真理、十枝慶二、橋爪玲子、吉田美穂、酒井寛史、平井啓子）
キャラクターイラスト：オガケン
装丁・デザイン：岩本律華・柿沢広輔（K-file）、石田麻衣

中学受験 2024 時事ニュース 完全版
2023年10月30日　第１刷発行

編　集　ジュニアエラ編集部
発行者　藤井達哉
発行所　朝日新聞出版
〒104-8011 東京都中央区築地5-3-2　電話03-5541-8622（ジ
印刷所　TOPPAN株式会社

ISBN 978-4-02-332297-4

※ニュースの内容は基本的に、発刊時点のものです。

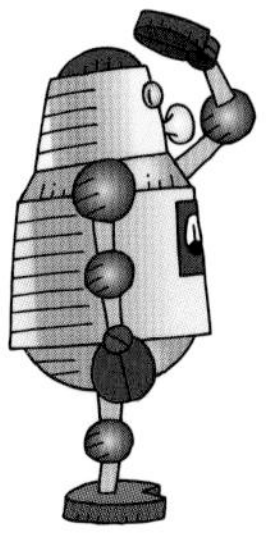

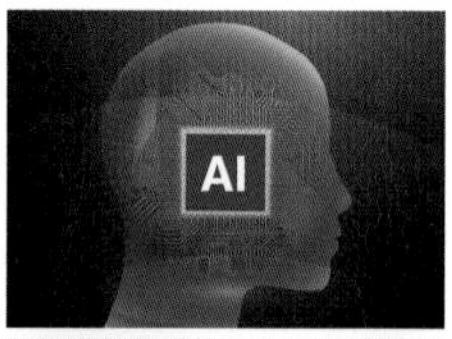

2024年《ねん》 中学入試《ちゅうがくにゅうし》

例題《れいだい》つき!

問《と》われやすいポイントは?

アドバイザー

早川明夫《はやかわあきお》 先生《せんせい》

文教大学地域連携《ぶんきょうだいがくちいきれんけい》センター講《こう》師《し》。大学《だいがく》で社会科《しゃかいか》の教員養成《きょういんようせい》にあたった。講演《こうえん》や書籍《しょせき》の執《しっ》筆《ぴつ》も多数《たすう》おこなっている。時《じ》事問題《じもんだい》や入試問題《にゅうしもんだい》にも明《あか》るく「ジュニアエラ」の総監修《そうかんしゅう》を務《つと》める。監修本《かんしゅうぼん》に、『地図《ちず》っておもしろい』(国土社《こくどしゃ》)など。

物価高《ぶっかだか》が日々《ひび》の生活《せいかつ》に大《おお》きく影響《えいきょう》したほか、広島《ひろしま》サミットや長期化《ちょうきか》するロシアのウクライナ侵攻《しんこう》などが話題《わだい》となった2023年《ねん》。24年《ねん》の入試《にゅうし》で問《と》われやすいポイントを、早川明夫先生《はやかわあきおせんせい》に聞《き》きました。

注目《ちゅうもく》①

広島《ひろしま》でG7《ジーセブン》サミット

ココみて!

▶P10〜

2023年《ねん》のニュースのなかでも、中学入試《ちゅうがくにゅうし》で問《と》われやすいと考《かんが》えられるテーマが、5月《がつ》に広島《ひろしま》で開催《かいさい》されたG7《ジーセブン》サミットです。

ロシアによるウクライナ侵攻《しんこう》への対《たい》応《おう》やそれに伴《ともな》う食料問題《しょくりょうもんだい》などのほか、広島《ひろしま》が原爆《げんばく》の被害《ひがい》を受《う》けた地《ち》であることから、核兵器《かくへいき》のない世界《せかい》の実現《じつげん》に向《む》けた話《はな》し合《あ》いも行《おこな》われ、「広島《ひろしま》ビジョン」が発表《はっぴょう》されました。その内容《ないよう》や問題《もんだい》点《てん》などについて、P10からの記事《きじ》で確《かく》認《にん》しておいてください。

関連《かんれん》した知識《ちしき》として、G7《ジーセブン》の国名《こくめい》は覚《おぼ》えておきましょう。サミットの歴史《れきし》として、第《だい》1回《かい》がフランスで行《おこな》われたことや、ロシアが加入《かにゅう》してG8《ジーエイト》になった後《あと》、脱退《だったい》してG7《ジーセブン》に戻《もど》った経緯《けいい》や、日《に》本《ほん》で過去《かこ》に行《おこな》われたサミット(東京《とうきょう》3回《かい》、九州《きゅうしゅう》・沖縄《おきなわ》、北海道洞爺湖《ほっかいどうとうやこ》、伊勢志摩《いせしま》各《かく》1回《かい》)などもおさえておくことをおすすめします。

また、サミットに関連《かんれん》して、広島県《ひろしまけん》の歴史《れきし》や地理《ちり》に関《かん》する問題《もんだい》が出《で》る可能性《かのうせい》もあります。おもな産業《さんぎょう》や、二《ふた》つの世界《せかい》文化遺産《ぶんかいさん》(原爆《げんばく》ドームと厳島神社《いつくしまじんじゃ》)などもおさえておきましょう。

中学入試《ちゅうがくにゅうし》ポイント

G7《ジーセブン》サミットの歴史《れきし》(抜粋《ばっすい》)

年《ねん》	主《おも》な出来事《できごと》など
1975年《ねん》	石油《せきゆ》ショックによる世界的《せかいてき》な不況《ふきょう》などを受《う》け、フランスのジスカールデスタン大統領《だいとうりょう》の提案《ていあん》で、フランス、アメリカ、イギリス、西《にし》ドイツ、日本《にほん》、イタリアの6カ国首脳《こくしゅのう》が集《つど》いフランスで開催《かいさい》
76年《ねん》	カナダが加《くわ》わりG7《ジーセブン》に
79年《ねん》	東京《とうきょう》サミット(86、93年《ねん》も)
97年《ねん》	ロシアが加《くわ》わりG8《ジーエイト》に
2000年《ねん》	九州《きゅうしゅう》・沖縄《おきなわ》サミット
08年《ねん》	北海道洞爺湖《ほっかいどうとうやこ》サミット
14年《ねん》	クリミア併合《へいごう》を受《う》けてロシアを除《じょ》外《がい》しG7《ジーセブン》に
16年《ねん》	伊勢志摩《いせしま》サミット
18年《ねん》	アメリカのトランプ大統領《だいとうりょう》が首脳《しゅのう》宣言《せんげん》の採択後《さいたくご》、承認拒否《しょうにんきょひ》
20年《ねん》	新型《しんがた》コロナウイルスの感染拡大《かんせんかくだい》で対面開催見送《たいめんかいさいみおく》り
22年《ねん》	ロシアのウクライナ侵攻《しんこう》を受《う》け、ウクライナ支援《しえん》とロシアへの制裁強《せいさいきょう》化《か》の声明発表《せいめいはっぴょう》
23年《ねん》	広島《ひろしま》サミット

広島県《ひろしまけん》の特徴《とくちょう》

おもな産業《さんぎょう》

瀬戸内工業地域《せとうちこうぎょうちいき》の中心《ちゅうしん》。鉄鋼《てっこう》、造船《ぞうせん》、自動車《じどうしゃ》などの重工業《じゅうこうぎょう》が発《はっ》達《たつ》。

広島湾《ひろしまわん》はカキ(貝《かい》)の養殖《ようしょく》が盛《さか》んで、出荷量《しゅっかりょう》は全国《ぜんこく》1位《い》。

二《ふた》つの世界文化遺産《せかいぶんかいさん》

原爆《げんばく》ドーム(広島市《ひろしまし》)※

1945年《ねん》8月6日《がつむいか》の原爆投下《げんばくとうか》で被害《ひがい》を受《う》けた広島県産業奨励《ひろしまけんさんぎょうしょうれい》館《かん》の残骸《ざんがい》。平和《へいわ》への願《ねが》いをこめ、永久保存《えいきゅうほぞん》された。

厳島神社《いつくしまじんじゃ》(廿日市市《はつかいちし》)※

海上《かいじょう》の大鳥居《おおとりい》で知《し》られる。飛鳥《あすか》時代《じだい》に建《た》てられ、平安時代《へいあんじだい》に平《たいらの》清盛《きよもり》が修復《しゅうふく》。

※いずれも1996年《ねん》に世界遺産登録《せかいいさんとうろく》。

例題《れいだい》にトライ!

問《とい》1: G7《ジーセブン》サミットに参加《さんか》した7カ国《こく》とは?

問《とい》2: 広島県《ひろしまけん》にある二《ふた》つの世界文化遺産《せかいぶんかいさん》は?

答《こた》え

問《とい》1: カナダ、フランス、ドイツ、イタリア、日本《にほん》、イギリス、アメリカ

問《とい》2: 原爆《げんばく》ドーム/厳島神社《いつくしまじんじゃ》

広島《ひろしま》サミットに参加《さんか》したG7《ジーセブン》の首脳《しゅのう》たち

左《ひだり》から、イタリア・メローニ首相《しゅしょう》、カナダ・トルドー首相《しゅしょう》、フランス・マクロン大統領《だいとうりょう》、日本《にほん》・岸田文雄《きしだふみお》首相《しゅしょう》、アメリカ・バイデン大統領《だいとうりょう》、ドイツ・ショルツ首相《しゅしょう》、イギリス・スナク首相《しゅしょう》

注目《ちゅうもく》❷

止《と》まらない物価《ぶっか》高《だか》

2023年《ねん》5月1日付《がつついたちづけ》で新《あたら》しく就任《しゅうにん》した日銀《にちぎん》の植田和男《うえだかずお》総裁《そうさい》

生活《せいかつ》を直撃《ちょくげき》した物価《ぶっか》高《だか》も入試《にゅうし》で問《と》われると予想《よそう》されます。近年《きんねん》の物価《ぶっか》高《だか》の原因《げんいん》として、①新型《しんがた》コロナウイルス　②ロシアのウクライナ侵攻《しんこう》　③円安《えんやす》の三《みっ》つをおさえましょう。このうち①は生産《せいさん》に必要《ひつよう》な原材料《げんざいりょう》などの供給不足《きょうきゅうぶそく》、②はロシア・ウクライナ両国《りょうこく》が輸出《ゆしゅつ》している小麦《こむぎ》や原油《げんゆ》・天然《てんねん》ガスなどの供給不足《きょうきゅうぶそく》が物価高《ぶっかだか》をもたらしました。需要《じゅよう》と供給《きょうきゅう》のバランスで価格《かかく》が決《き》まるしくみを、需要曲《じゅようきょく》線《せん》・供給曲線《きょうきゅうきょくせん》とともに理解《りかい》しましょう。円《えん》安《やす》により物価《ぶっか》が高《たか》くなるしくみ、物価《ぶっか》をコントロールする日銀《にちぎん》の役割《やくわり》も、P40からの特集《とくしゅう》を読《よ》んで理解《りかい》を深《ふか》めましょう。

ココみて！
▶P40〜

＼中学入試《ちゅうがくにゅうし》ポイント／

需要曲線《じゅようきょくせん》と供給曲線《きょうきゅうきょくせん》

供給《きょうきゅう》（売《う》ろうとする商品《しょうひん》の量《りょう》）よりも需要《じゅよう》（買《か》おうとする商品《しょうひん》の量《りょう》）が少《すく》ないと、商品《しょうひん》が売《う》れ残《のこ》るので市場《しじょう》価格《かかく》は下《さ》がります。需要《じゅよう》よりも供給《きょうきゅう》が少《すく》ないと、商品《しょうひん》が足《た》りなくなるので市場《しじょう》価格《かかく》は上《あ》がります。

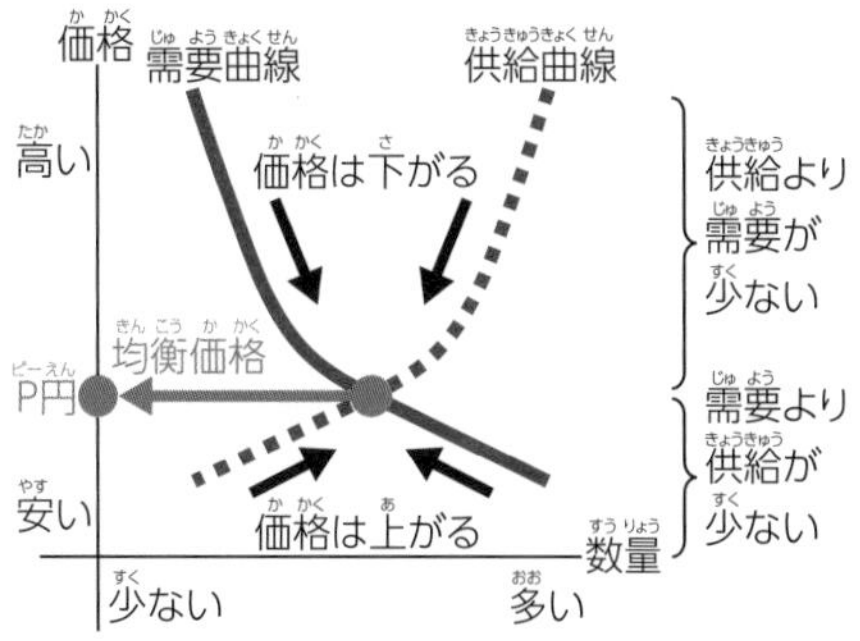

例題《れいだい》にトライ！

問《とい》1: 近年《きんねん》の物価高《ぶっかだか》の三《みっ》つの理由《りゆう》は？

問《とい》2: 供給不足《きょうきゅうぶそく》になるとモノの価格《かかく》はどうなる？

問《とい》3: 円安《えんやす》が進《すす》むと輸入品《ゆにゅうひん》の価格《かかく》はどうなる？

答《こた》え
問《とい》1: 新型《しんがた》コロナウイルスの流行《りゅうこう》／ロシアのウクライナ侵攻《しんこう》／円安《えんやす》
問《とい》2:上《あ》がる
問《とい》3:上《あ》がる

注目《ちゅうもく》❸

ウクライナ侵攻《しんこう》長期化《ちょうきか》

2022年《ねん》で最《もっと》も大《おお》きなニュースだったロシアのウクライナ侵攻《しんこう》は、長《ちょう》期化《きか》し、1年以上《ねんいじょう》がたってもまだ出口《でぐち》が見《み》えません。このことは、「注目《ちゅうもく》1」で取《と》り上《あ》げた物価高《ぶっかだか》の原因《げんいん》の一《ひと》つになり、多《おお》くの難民《なんみん》が生《う》まれるなど、世《せ》界《かい》にさまざまな影響《えいきょう》を及《およ》ぼしています。

また、この戦争《せんそう》に関《かん》して注目《ちゅうもく》されるのが、北大西洋条約機構《きたたいせいようじょうやくきこう》（NATO《ナトー》）です。ロシアがウクライナのNATO《ナトー》加盟《かめい》を阻止《そし》することが戦争《せんそう》のそもそもの原因《げんいん》でした。最近《さいきん》では、フィンランドの加盟《かめい》が認《みと》められ、ロシアが懸《け》念《ねん》を示《しめ》しています。

ウクライナのゼレンスキー大統領《だいとうりょう》

ロシアのプーチン大統領《だいとうりょう》

＼中学入試《ちゅうがくにゅうし》ポイント／

フィンランドがNATO《ナトー》加盟《かめい》

北欧《ほくおう》のスウェーデンとフィンランドは、長年《ながねん》、中立政策《ちゅうりつせいさく》をとってきたが、2022年《ねん》2月《がつ》のロシアのウクライナ侵攻《しんこう》をきっかけに外交政《がいこうせい》策《さく》を転換《てんかん》し、同年《どうねん》5月《がつ》にNATO《ナトー》への加盟《かめい》を申請《しんせい》。23年《ねん》3月《がつ》にフィンランドの加盟《かめい》が実現《じつげん》した。スウェーデンはまだ認《みと》められていない(23年《ねん》9月現在《がつげんざい》)。

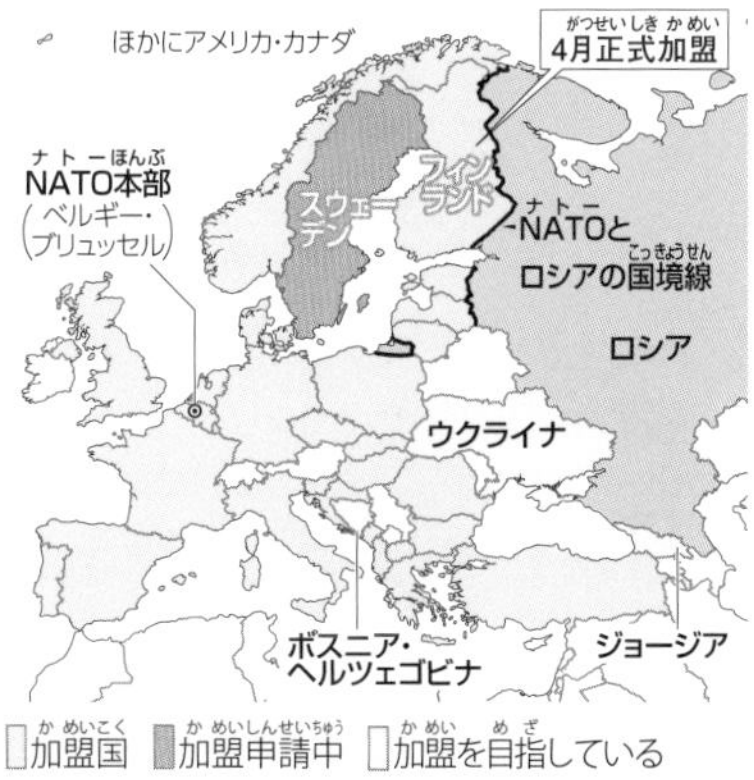

例題《れいだい》にトライ！

問《とい》1: ウクライナの大統領《だいとうりょう》の名前《なまえ》は？

問《とい》2: フィンランドに続《つづ》きNATO《ナトー》加盟《かめい》を目指《めざ》している北欧《ほくおう》の国《くに》は？

答《こた》え　問《とい》1: ゼレンスキー　問《とい》2:スウェーデン

取材・文　編集部　　写真　朝日新聞社　代表撮影/AP/アフロ

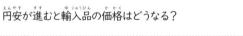

注目《ちゅうもく》④

異常気象《いじょうきしょう》と地球温暖化《ちきゅうおんだんか》

2023年《ねん》も、記録的《きろくてき》な猛暑《もうしょ》をはじめとする異常気象《いじょうきしょう》が日本《にほん》や世界《せかい》で見《み》られました。異常気象《いじょうきしょう》で注目《ちゅうもく》されるのは、地球温暖《ちきゅうおんだん》化《か》との関連《かんれん》です。そのしくみをP66～で確《かく》認《にん》しましょう。

特《とく》に偏西風《へんせいふう》は、猛暑《もうしょ》の原因《げんいん》となりがちで、黄砂《こうさ》や大気汚染物質《たいきおせんぶっしつ》のPM《ピーエム》2・5を大陸《たいりく》から運《はこ》んだり、日本《にほん》の天気《てんき》が西《にし》から東《ひがし》に変《か》わったりすることなど、さまざまな影響《えいきょう》を及《およ》ぼし、中学入試《ちゅうがくにゅうし》でも問《と》われがちです。

また、国連《こくれん》の専門機関《せんもんきかん》である世界気《せかいき》象機関《しょうきかん》（WMO《ダブリューエムオー》）や、国連《こくれん》のグテーレス事務総長《じむそうちょう》の「地球沸騰化《ちきゅうふっとうか》の時代《じだい》」との発《はつ》言《げん》などもおさえておきましょう。

ハワイの山火事《やまかじ》も、地球温暖化《ちきゅうおんだんか》との関連《かんれん》が指摘《してき》されている

ココみて！
▶P56～、66～

注目《ちゅうもく》⑤

世界《せかい》と日本《にほん》の人口《じんこう》

2022年《ねん》に世界《せかい》の人口《じんこう》が80億人《おくにん》を突破《とっぱ》し、23年《ねん》にはインドの人口《じんこう》が中《ちゅう》国《ごく》を抜《ぬ》いて世界一《せかいいち》になりました。一方《いっぽう》、日本《にほん》ではすべての都道府県《とどうふけん》で人口《じんこう》が減少《げんしょう》しています。その背景《はいけい》に何《なに》があるのか、P32～で、人口《じんこう》の増減《ぞうげん》に影響《えいきょう》を与《あた》える合計特殊出生率《ごうけいとくしゅしゅっしょうりつ》（女性1人《じょせいひとり》が一《いっ》生《しょう》の間《あいだ》に産《う》むと想定《そうてい》される子どもの平均人数《へいきんにんずう》）などの言葉《ことば》とともにチェックしましょう。

また、日本《にほん》の人口減少《じんこうげんしょう》が、一票《いっぴょう》の格《かく》差問題《さもんだい》や、ドライバーの働《はたら》きすぎを防《ふせ》ぐ新《しん》ルールの適用《てきよう》で荷物《にもつ》の運《はこ》び手《て》が減《へ》ると懸念《けねん》される「物流《ぶつりゅう》2024年問《ねんもん》題《だい》」に関連《かんれん》していることも重要《じゅうよう》です。

ココみて！
▶P32～

例題《れいだい》にトライ！

問《とい》1：中国《ちゅうごく》を抜《ぬ》いて人口世界一《じんこうせかいいち》になった国《くに》は？

問《とい》2：合計特殊出生率《ごうけいとくしゅしゅっしょうりつ》とは？

答《こた》え
問《とい》1：インド
問《とい》2：女性1人《じょせいひとり》が一生《いっしょう》の間《あいだ》に産《う》むと想定《そうてい》される子どもの平均人数《へいきんにんずう》

2023年夏《ねんなつ》の記録的《きろくてき》な猛暑《もうしょ》をきっかけに「地球沸騰化《ちきゅうふっとうか》」との発言《はつげん》が生《う》まれました。

例題《れいだい》にトライ！

問《とい》1：近年《きんねん》、異常気象《いじょうきしょう》が増《ふ》えている原因《げんいん》は？

問《とい》2：黄砂《こうさ》を大陸《たいりく》から運《はこ》んできたり、風《かぜ》の蛇行《だこう》が日本《にほん》の猛暑《もうしょ》の原因《げんいん》になるともいわれている、その風《かぜ》の名前《なまえ》は？

答《こた》え　問《とい》1：地球温暖化《ちきゅうおんだんか》　問《とい》2：偏西風《へんせいふう》

中学入試《ちゅうがくにゅうし》ポイント

SDGs《エスディージーズ》との関連《かんれん》をおさえよう

異常気象《いじょうきしょう》、自然災害《しぜんさいがい》、人口《じんこう》などにまつわる課題《かだい》は、中学入試《ちゅうがくにゅうし》では、SDGs《エスディージーズ》に関連《かんれん》して問《と》われがちだ。水問題《みずもんだい》に関《かん》してP60で解説《かいせつ》しているように、「SDGs《エスディージーズ》の17の目標《もくひょう》（下記参照《かきさんしょう》）のうち、どれに該当《がいとう》するか」を問《と》うケースが多《おお》い。

もっと教《おし》えて！早川先生《はやかわせんせい》

このほか、中学入試《ちゅうがくにゅうし》に向《む》けて心得《こころえ》ておきたいポイントを早川先生《はやかわせんせい》に聞《き》きました。

Q 周年問題《しゅうねんもんだい》で注目《ちゅうもく》すべきは？

A 関東大震災《かんとうだいしんさい》から100年《ねん》

最《もっと》も重要《じゅうよう》なのは関東大震災《かんとうだいしんさい》から100年《ねん》ということ。2023年入試《ねんにゅうし》でも6校《こう》で出題《しゅつだい》されており、さらに増加《ぞうか》すると予《よ》想《そう》されます。そのほか、ペリー来航《らいこう》や地租《ちそ》改正《かいせい》、徴兵令《ちょうへいれい》から150年《ねん》、朝鮮戦争休戦《ちょうせんせんそうきゅうせん》から70年《ねん》、第《だい》4次中東戦争《じちゅうとうせんそう》から50年《ねん》、イラク戦争《せんそう》から20年《ねん》なども覚《おぼ》えておきましょう。世界遺産関連《せかいいさんかんれん》では、屋久島《やくしま》・白神山地《しらかみさんち》・法隆寺《ほうりゅうじ》地域《ちいき》の仏教建造物《ぶっきょうけんぞうぶつ》・姫路城《ひめじじょう》は登録《とうろく》から30年《ねん》、富士山《ふじさん》は10年《ねん》になります。

▼P24～（知《し》って備《そな》える大震災《だいしんさい》）

Q このほか注目《ちゅうもく》のニュースは？

A 新型《しんがた》コロナ5類《るい》にこども家庭庁発足《かていちょうほっそく》

これまで多《おお》くの学校《がっこう》で問《と》われた新《しん》型《がた》コロナウイルスの感染症法《かんせんしょうほう》の分類《ぶんるい》が、5類《るい》に引《ひ》き下《さ》げられました。社会《しゃかい》に与《あた》えた影響《えいきょう》や、感染症《かんせんしょう》の歴史《れきし》などもおさえておきましょう。

子《こ》どもの視点《してん》に立《た》って政策《せいさく》を立案《りつあん》して進《すす》めるための「こども家庭庁《かていちょう》」が発足《ほっそく》。また東京一極集中《とうきょういっきょくしゅうちゅう》の是正《ぜせい》のため、文化庁《ぶんかちょう》の京都移転《きょうといてん》も実施《じっし》されました。

Q 入試《にゅうし》に向《む》けて、何《なに》をおさえるべき？

A ニュースのキーワードを意味《いみ》から理解《りかい》しよう

この本《ほん》では、本文中《ほんぶんちゅう》に出《で》てきた重《じゅう》要《よう》な言葉《ことば》を、「キーワード」としてくわしく解説《かいせつ》しています。本文《ほんぶん》だけでなくキーワードもチェックしましょう。ただ暗記《あんき》するのではなく、本文《ほんぶん》の内容《ないよう》と照《て》らし合《あ》わせたり、事典《じてん》やインターネットなどで調《しら》べたりして意《い》味《み》から理解《りかい》しておくと、本番《ほんばん》で役《やく》に立《た》ちます。

チェックしたいニュース

最高時《さいこうじ》の約《やく》3割《わり》の385万《まん》トン。畜産《ちくさん》や酪農《らくのう》も危機的《ききてき》な状況《じょうきょう》で、地球温暖化《ちきゅうおんだんか》による異常気象《いじょうきしょう》や人口減《じんこうげん》も影響《えいきょう》しています

これまでの公表値《こうひょうち》から2倍以上《ばいいじょう》の1万《まん》4125島《とう》に。測量技術《そくりょうぎじゅつ》が進歩《しんぽ》し、海岸線《かいがんせん》などを詳細《しょうさい》に測《はか》れるようになったためです

早川先生《はやかわせんせい》のコメント

中学入試《ちゅうがくにゅうし》で時事問題《じじもんだい》が出題《しゅつだい》されるのは、ニュースの知識《ちしき》が身《み》についているのかを問《と》うためだけではありません。出題《しゅつだい》者《しゃ》は、みなさんがいかに世《よ》の中《なか》の出来事《できごと》に興味《きょうみ》を持《も》ち、そこから何《なに》を考《かんが》えているかを知《し》りたいのです。日《ひ》ごろから教科書《きょうかしょ》だけでなくいろいろなニュースに触《ふ》れ、「なぜ？」「どうして？」と考《かんが》えるくせをつけましょう。

ニュース月刊誌《げっかんし》「ジュニアエラ」2023年《ねん》12月号《がつごう》から24年《ねん》2月号《がつごう》には中学受験《ちゅうがくじゅけん》の時事問題《じじもんだい》に関《かん》する予想問題《よそうもんだい》を掲載《けいさい》します。12月号《がつごう》には別冊付録《べっさつふろく》でニュースのキーワード集《しゅう》もつきますので、ぜひ、ご活用《かつよう》ください。

写真　朝日新聞社　アフロ

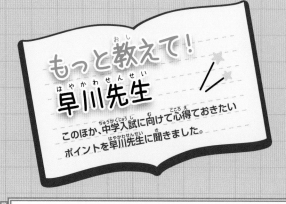

Special Interview

私《わたし》の中学《ちゅうがく》受験《じゅけん》

謎《なぞ》解《と》きクリエイター
松丸亮吾《まつまるりょうご》さん

思考力《しこうりょく》やひらめきで問題《もんだい》を解《と》く謎解《なぞと》き。謎《なぞ》が解《と》けたときは爽快《そうかい》で、思《おも》わず誰《だれ》かに問題《もんだい》を出《だ》したくなってしまう。そんな謎解《なぞと》きの問題《もんだい》をつくる謎解《なぞと》きクリエイターとして活躍中《かつやくちゅう》の松丸亮吾《まつまるりょうご》さんに、中学受験《ちゅうがくじゅけん》について伺《うかが》いました。

どういう糸口《いとぐち》を見《み》つけたら解《と》けるか考《かんが》えるとワクワク

――算数《さんすう》と国語《こくご》が得意《とくい》だったそうですね。

小学校《しょうがっこう》に入《はい》る前《まえ》から計算《けいさん》に夢中《むちゅう》でした。算数《さんすう》が好《す》きだったのは、難《むずか》しい問題《もんだい》には、謎解《なぞと》きというか、パズルっぽい要素《ようそ》があって、どういう糸口《いとぐち》を見《み》つけたらスルスルと解《と》けていくかを考《かんが》えるとワクワクして、ただ楽《たの》しく問題《もんだい》を解《と》いていました。

国語《こくご》も得意《とくい》だったのですが、当時《とうじ》の僕《ぼく》に読書《どくしょ》の習慣《しゅうかん》はありません。国語力《こくごりょく》は、筆者《ひっしゃ》の言《い》いたいことを読《よ》み取《と》るとか、登場人物《とうじょうじんぶつ》の気持《きも》ちを類推《るいすい》することだと思《おも》うんですが、僕《ぼく》は4人兄弟《にんきょうだい》の末《すえ》っ子《こ》で、兄弟《きょうだい》げんかをよくしたことが国語力《こくごりょく》アップにつながったかもしれません。けんかをするときは殴《なぐ》り合《あ》いではなく、相手《あいて》が何《なに》を言《い》いたいのか、なんで怒《おこ》っているのかなどを考《かんが》えて、僕《ぼく》はこう思《おも》っているとちゃんと話《はな》し合《あ》いをすることが多《おお》い兄弟《きょうだい》でした。また自分《じぶん》が悲《かな》しい、悔《くや》しい、うれしいと思《おも》った出来事《できごと》を両親《りょうしん》に伝《つた》えたいときは、親《おや》が一回全部《いっかいぜんぶ》話《はなし》を聞《き》いてくれてから、伝《つた》えたいことをうまく導《みちび》き出《だ》して言語化《げんごか》させてくれたことも大《おお》きかったのではないかと、大人《おとな》になってから感《かん》じます。

――中学受験《ちゅうがくじゅけん》を決《き》めたきっかけは何《なん》ですか？

小学《しょうがく》4年生《ねんせい》のときに家族《かぞく》で見《み》た「脳《のう》内《ない》エステ　IQ《アイキュー》サプリ」というテレビ番組《ばんぐみ》です。いわゆるクイズ番組《ばんぐみ》は、兄《あに》たちのほうが年上《としうえ》で、知《し》っていることも多《おお》いのでほぼ逆転不可能《ぎゃくてんふかのう》。先《さき》に答《こた》えられちゃって面白《おもしろ》くないと思《おも》っていたほどです。けれど「IQ《アイキュー》サプリ」の問題《もんだい》は知識《ちしき》だけでは解《と》けないし、インターネットで検索《けんさく》しても答《こた》えが出《で》てこない。みんなが同《おな》じスタートラインに立《た》って、この問題《もんだい》が解《と》けたらIQ《アイキュー》120という問題《もんだい》を、家族《かぞく》の中《なか》で僕《ぼく》が一番最初《いちばんさいしょ》に解《と》けたんです。僕《ぼく》の人生《じんせい》が変《か》わったと思《おも》うほどテンションは最高潮《さいこうちょう》に上《あ》がりました。しかも解《と》けた問題《もんだい》が東大生《とうだいせい》レベルと司会《しかい》の方《かた》が言《い》った瞬間《しゅんかん》に、「僕《ぼく》は東大《とうだい》に行《い》く！」と（笑《わら》い）。それにはどうしたらいいかと母《はは》に聞《き》くと、「ライバルもたくさん東大《とうだい》を目指《めざ》すような学校《がっこう》に入《はい》ったほうがいいよ」と言《い》われ、中学受験《ちゅうがくじゅけん》することになりました。

――受験勉強《じゅけんべんきょう》で楽《たの》しかったことや大変《たいへん》だったことは何《なん》でしたか？

楽《たの》しかったのは、塾《じゅく》の教室《きょうしつ》の空《あ》き時間《じかん》に友達《ともだち》と黒板《こくばん》にお互《たが》いに考《かんが》えてきた問題《もんだい》を書《か》き、解《と》き合《あ》ったことです。算数《さんすう》の公式《こうしき》や計算《けいさん》の仕方《しかた》、漢字《かんじ》の問題《もんだい》など、あの時間《じかん》は勉強《べんきょう》のサポートや復習《ふくしゅう》の時間《じかん》になりました。友達《ともだち》がいてくれたことで、勉強《べんきょう》を楽《たの》しめたと思《おも》います。

一方《いっぽう》で、大変《たいへん》だったのが社会《しゃかい》です。僕《ぼく》は暗記《あんき》するだけというのが、めちゃめちゃ苦手《にがて》というか、好《す》きじゃないんです。歴代《れきだい》の徳川将軍《とくがわしょうぐん》の名前《なまえ》とか覚《おぼ》えることの意味《いみ》がわからない（笑《わら》い）。ただ覚《おぼ》えるのではなくて、例《たと》えば、偉人《いじん》のエピソードを読《よ》んで、自分《じぶん》のこれからの生活《せいかつ》に生《い》かせることは何《なに》かとか、難攻《なんこう》不落《ふらく》の城《しろ》を落《お》とすときにどんな工夫《くふう》をして解決《かいけつ》したのでしょうとか問《と》われるならば、面白《おもしろ》くていい問題《もんだい》だと思《おも》うんです。でも、それをただ、何年《なんねん》のことかとか誰《だれ》がやったとかなるとどうでもいいなと思《おも》ってしまう。

僕《ぼく》の弱点《じゃくてん》は、昔《むかし》からやりたくないことや嫌《いや》なことをやっているときは人《ひと》より能率《のうりつ》が落《お》ちてしまうこと。なので、社会《しゃかい》は5時間《じかん》ぐらいかけてやっても1時間分《じかんぶん》ぐらいの勉強《べんきょう》しかできなくて、大苦戦《だいくせん》しました。

写真　RIDDLER提供

松丸亮吾　まつまる りょうご

麻布中学《あざぶちゅうがく》・高等学校卒業後《こうとうがっこうそつぎょうご》、東京大学《とうきょうだいがく》へ進学《しんがく》。東京大学《とうきょうだいがく》の学生《がくせい》を中心《ちゅうしん》にした謎解《なぞと》き制作《せいさく》サークルの2代目《だいめ》代表《だいひょう》を務《つと》め、イベント・放送《ほうそう》・ゲーム・書籍《しょせき》・教育《きょういく》など、さまざまな分野《ぶんや》で一大《いちだい》ブームを巻《ま》き起《お》こした。2019年《ねん》、謎解《なぞと》きクリエイター集団《しゅうだん》RIDDLER《リドラ》株式会社《かぶしきかいしゃ》を設立《せつりつ》、代表《だいひょう》に就任《しゅうにん》。監修書《かんしゅうしょ》に「東大《とうだい》ナゾトレ」シリーズ（扶桑社《ふそうしゃ》）、著書《ちょしょ》に『東大松丸式《とうだいまつまるしき》ナゾトキスクール』（小学館《しょうがくかん》）などがある。

できるようになったと気《き》づいたらどんどん自分《じぶん》をほめてあげて

――親御《おやこ》さんのサポートでありがたかったのはどんなことですか?

学校選《がっこうえら》びのとき、母《はは》が社会《しゃかい》のウエートの少《すく》ない学校《がっこう》がいいねと言《い》ってくれたのは助《たす》かりました。また得意《とくい》な算数《さんすう》は難《むずか》しい問題《もんだい》が出《で》る学校《がっこう》にチャレンジしようと選《えら》んだのが麻布《あざぶ》でした。麻布《あざぶ》の社会《しゃかい》は記述式《きじゅつしき》で、暗記力《あんきりょく》より思考力《しこうりょく》が試《ため》されるため、僕《ぼく》に向《む》いていたと思《おも》います。

また僕《ぼく》だけのためのオリジナルの参考書《さんこうしょ》を作《つく》ってくれました。僕《ぼく》が間違《まちが》えた問題《もんだい》だけをコピーしたものです。「この参考書《さんこうしょ》の1問《もん》でも解《と》けたら成長《せいちょう》しているということだよ」と言《い》いながら渡《わた》してくれました。確《たし》かに全部《ぜんぶ》間違《まちが》えた問題《もんだい》だから、全部《ぜんぶ》×でも現状維持《げんじょういじ》なので、モチベーションが絶対《ぜったい》下《さ》がらないすごい参考書《さんこうしょ》だな、と。効果抜群《こうかばつぐん》で、成績《せいせき》も伸《の》びました。

――モチベーションが下《さ》がったときにおすすめの勉強法《べんきょうほう》はありますか?

モチベーションが下《さ》がる原因《げんいん》っていろいろある中《なか》で、まずひとつは、自分《じぶん》が頑張《がんば》ったことが結果《けっか》につながらないときです。ふたつ目《め》は目標《もくひょう》があまりに遠《とお》すぎてどこから始《はじ》めたらいいかわからないとき。

ひとつ目《め》の解決策《かいけつさく》は「勉強時間《べんきょうじかん》1000時間《じかん》!」のような自分《じぶん》が頑張《がんば》れば達成《たっせい》できる浮《う》き沈《しず》みしない目標《もくひょう》を立《た》てることが大事《だいじ》です。逆《ぎゃく》に「次《つぎ》のテストで100番以内《ばんいない》に入《はい》る」というのは頑張《がんば》ってもほかの力《ちから》が作用《さよう》するので、失敗《しっぱい》してしまうとモチベーションが下《さ》がる可能性《かのうせい》がある目標《もくひょう》となります。

ふたつ目《め》の目標《もくひょう》が遠《とお》すぎるというのは、例《たと》えば算数《さんすう》が苦手《にがて》という場合《ばあい》、足《た》し算《ざん》、引《ひ》き算《ざん》、掛《か》け算《ざん》、割《わ》り算《ざん》、旅人算《たびびとざん》など単元《たんげん》をエリア分《わ》けして、大《おお》きな模造紙《もぞうし》に書《か》き出《だ》してみるのもいいと思《おも》います。クリアした単元《たんげん》は塗《ぬ》りつぶして消《け》していくと、模造紙《もぞうし》に価値《かち》が出《で》てくるし、ゲーム感覚《かんかく》で楽《たの》しくなるはずです。ひとつクリアしたらご褒美《ほうび》をねだってみるのもいいかもしれません。これが全部《ぜんぶ》できるようになったら算数《さんすう》マスターだって。やるべきこと(目標《もくひょう》)が可視化《かしか》できるのがポイントです。

――受験生《じゅけんせい》へのメッセージをお願《ねが》いします。

僕《ぼく》は勉強《べんきょう》って、昨日《きのう》まで自分《じぶん》ができなかったことや知《し》らなかったことができるようになること、わかるようになることだと思《おも》います。だから、できるようになった自分《じぶん》に気《き》づいたらどんどん自分《じぶん》をほめてあげてほしいです。

そして受験《じゅけん》はとにかく楽《たの》しんでほしいな。合格《ごうかく》・不合格《ふごうかく》というのはただの結果《けっか》に過《す》ぎなくて、そこに向《む》けて後悔《こうかい》しないぐらい、ちゃんと自分《じぶん》は頑張《がんば》ったんだと努力《どりょく》をしてほしいです。自分《じぶん》が努力《どりょく》して成長《せいちょう》したっていう事実《じじつ》があれば、そのときのことを思《おも》い出《だ》して、大人《おとな》になっても頑張《がんば》れるはずです。

地《じ》頭《あたま》力《りょく》を育《そだ》てるひらめき学《がく》習《しゅう》塾《じゅく》「リドラボ」

2023年《ねん》の春《はる》に開校《かいこう》した「リドラボ」の塾長《じゅくちょう》を務《つと》める松丸《まつまる》さんは、「謎解《なぞと》きは、年齢《ねんれい》も知識《ちしき》も関係《かんけい》なく、ひらめきと思考力《しこうりょく》などで問題《もんだい》が解《と》けるのが魅力《みりょく》」と言《い》います。リドラボでは、問題解決《もんだいかいけつ》に必要《ひつよう》なひらめき思考《しこう》を五《いつ》つに分《わ》けてカリキュラムを作《つく》り、未来《みらい》の社会《しゃかい》で必要《ひつよう》となる考《かんが》える力《ちから》=地頭力《じあたまりょく》を育《そだ》てています。この秋《あき》よりオンライン授業《じゅぎょう》も開講予定《かいこうよてい》です。

4月《がつ》に行《おこな》われた公開授業《こうかいじゅぎょう》「予告《よこく》じゃんけん」の様子《ようす》。「どうしたら勝《か》てるか」ひらめいたときの楽《たの》しさは格別《かくべつ》!

写真　五十嵐美弥

P18 富雄丸山古墳《とみおまるやまこふん》で国宝級《こくほうきゅう》の発見《はっけん》

P10 核兵器《かくへいき》のない世界《せかい》は実現《じつげん》できるの？

P16 コロナ5類《るい》へ 生活《せいかつ》はどう変《か》わる？

P15 世界《せかい》のSDGs達成度《たっせいど》ランキング 日本《にほん》は21位《い》に後退《こうたい》

P20 日本《にほん》は難民《なんみん》に冷《つめ》たい国《くに》なの？

P12 宅配便《たくはいびん》届《とど》くのが遅《おそ》くなる？

過去《かこ》1年《ねん》の重大《じゅうだい》ニュース

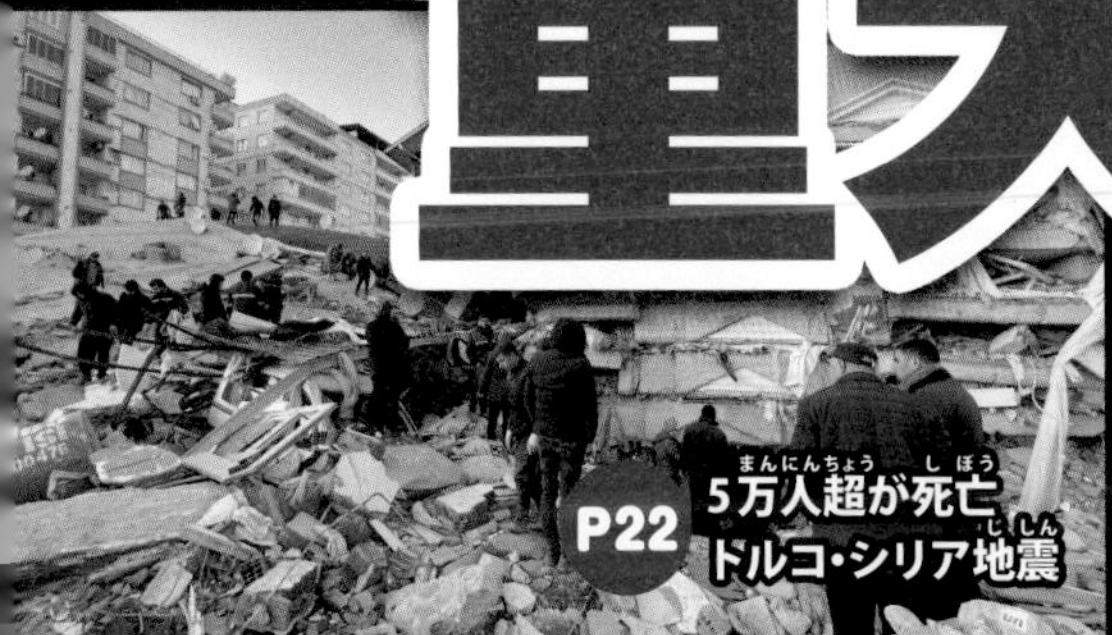

P22 5万人超《まんにんちょう》が死亡《しぼう》 トルコ・シリア地震《じしん》

P14 TPP《ティーピーピー》にイギリスが正式加盟《せいしきかめい》

P17 こども家庭庁《かていちょう》が発足《ほっそく》

この1年《ねん》も、さまざまなニュースがありました。広島《ひろしま》G7《ジーセブン》サミット、新型《しんがた》コロナの5類《るい》への引《ひ》き下《さ》げ、こども家庭庁発足《かていちょうほっそく》やトルコ・シリア地震《じしん》……。出来事《できごと》の背景《はいけい》や歴史《れきし》も理解《りかい》し、時事問題《じじもんだい》に備《そな》えましょう。

広島《ひろしま》 G7《ジーセブン》サミット 核兵器《かくへいき》を全否定《ぜんひてい》せず

界《かい》は実現《じつげん》できるの?

5月《がつ》に広島《ひろしま》で開《ひら》かれた主要《しゅよう》7カ国首脳会議《こくしゅのうかいぎ》(G7《ジーセブン》サミット)では、「核軍縮《かくぐんしゅく》に関《かん》する広島《ひろしま》ビジョン」が発表《はっぴょう》された。「核兵器《かくへいき》のない世界《せかい》」にどれだけ近《ちか》づいたのだろう? 解説《かいせつ》/一色《いっしき》 清《きよし》(ジャーナリスト)

G7《ジーセブン》サミットが開催《かいさい》された広島市《ひろしまし》は、太平洋戦争末《たいへいようせんそうまつ》期《き》の1945年《ねん》8月6日《がつむいか》、アメリカによって世界《せかい》で初《はじ》めて核兵器《かくへいき》の原子爆弾《げんしばくだん》が落《お》とされた地《ち》だ。その3日後《みっかご》には長崎《ながさき》にも原爆《げんばく》が落《お》とされた。以来《いらい》、78年近《ねんちか》くたったが、世《せ》界《かい》で、核兵器《かくへいき》が戦争《せんそう》に使《つか》われたのはこの2回《かい》だけだ。

サミットの会場《かいじょう》として広《ひろ》島《しま》を選《えら》んだのは、岸田文雄《きしだふみお》首相《しゅしょう》だ。自身《じしん》のふるさとであり、世界《せかい》に核兵器《かくへいき》の恐《おそ》ろしさを知《し》らせ、核軍縮《かくぐんしゅく》の機《き》運《うん》を高《たか》めたいという思《おも》いがあったためだ。首脳《しゅのう》たちは広島平和記念資料館《ひろしまへいわきねんしりょうかん》を訪《おとず》れ、平和記念公園《へいわきねんこうえん》の原爆死没者慰霊碑《げんばくしぼつしゃいれいひ》に花《はな》を捧《ささ》げた。そして、「広島《ひろしま》ビジョン」では核兵器《かくへいき》の削減《さくげん》をうたい、「核兵器《かくへいき》のない世《せ》界《かい》の実現《じつげん》」を再確認《さいかくにん》した。

ただ、被爆者《ひばくしゃ》からは批判《ひはん》の声《こえ》も聞《き》かれた。広島《ひろしま》ビジョンでは、戦争《せんそう》を抑止《よくし》するうえでの核兵器《かくへいき》の重要性《じゅうようせい》もうたっているからだ。また、「核《かく》兵器《へいき》のない世界《せかい》の実現《じつげん》」については具体的《ぐたいてき》な道《みち》のりを示《しめ》してもいない。すでに発《はっ》効《こう》している**核兵器禁止条《かくへいききんしじょう》約《やく》**にもまったく触《ふ》れていない。被爆者団体《ひばくしゃだんたい》の中《なか》からは「怒《いか》りに震《ふる》えている」という声《こえ》まで上《あ》がった。

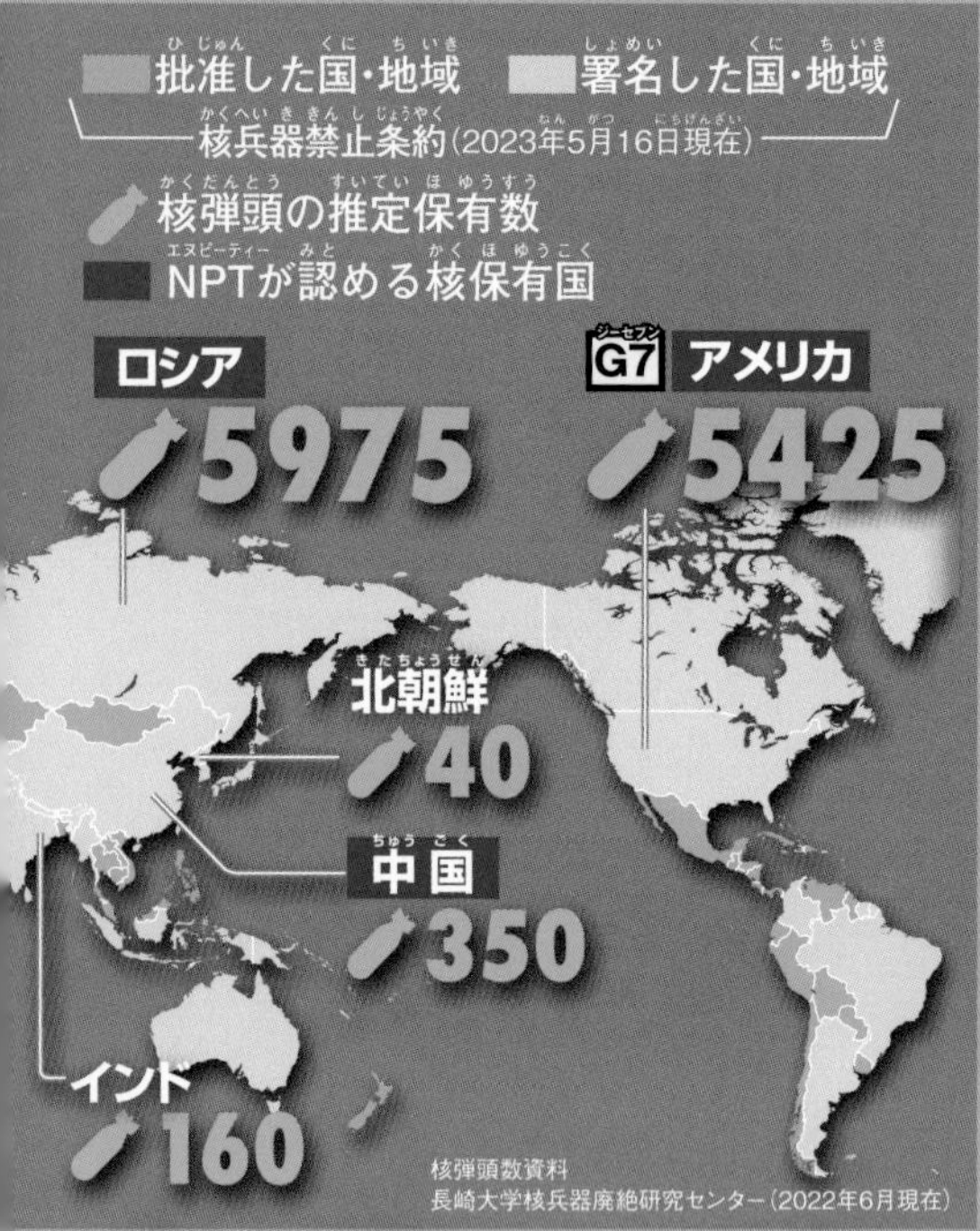

核弾頭数資料
長崎大学核兵器廃絶研究センター(2022年6月現在)

キーワード

核兵器禁止条約《かくへいききんしじょうやく》

核兵器《かくへいき》の使用《しよう》や保有《ほゆう》、開発《かいはつ》などを全《ぜん》面的《めんてき》に禁止《きんし》する条約《じょうやく》。核兵器《かくへいき》を持《も》たない国々《くにぐに》が主導《しゅどう》して2017年《ねん》に国《こく》連《れん》で採択《さいたく》され、21年《ねん》に発効《はっこう》。23年《ねん》5月時点《がつじてん》の批准国数《ひじゅんこくすう》は68。しかし、アメリカ、ロシア、中国《ちゅうごく》などの核保《かくほ》有国《ゆうこく》は批准《ひじゅん》しておらず、日本《にほん》もアメリカの核兵器《かくへいき》で守《まも》ってもらっているため、批准《ひじゅん》していない。

核拡散防止条約《かくかくさんぼうしじょうやく》(NPT《エヌピーティー》)

核兵器《かくへいき》の拡散《かくさん》を防《ふせ》ぐため、1970年《ねん》に発効《はっこう》した条約《じょうやく》。この段階《だんかい》で核兵《かくへい》器《き》を持《も》っていた5カ国《こく》(アメリカ、イギリス、フランス、ロシア、中国《ちゅうごく》)は核《かく》を減《へ》らす義務《ぎむ》があり、他国《たこく》は保《ほ》有《ゆう》を禁《きん》じられている。現在《げんざい》、191カ国《こく》・地域《ちいき》が加盟《かめい》。核兵器保有国《かくへいきほゆうこく》のインド、パキスタン、イスラエルは加《か》盟《めい》していない。核不拡散条約《かくふかくさんじょうやく》とも。

核《かく》兵《へい》器《き》のない世《せ》

戦争《せんそう》を抑止《よくし》するうえでの核兵器《かくへいき》の重要性《じゅうようせい》をうたった

広島《ひろしま》ビジョンで核兵器《かくへいき》の全否定《ぜんひてい》に踏《ふ》み込《こ》まなかったり、全廃《ぜんぱい》への具体的《ぐたいてき》な道《みち》のりを示《しめ》せなかったりしたのは、G7《ジーセブン》の国《くに》が核兵器《かくへいき》を持《も》っていたり核兵器《かくへいき》によって守《まも》られていたりするからだ。G7中《ジーセブンちゅう》、アメリカ、イギリス、フランスの3カ国《こく》は核《かく》兵器《へいき》を持《も》っている(右《みぎ》の図《ず》)。また、日本《にほん》やカナダはアメリカの核兵器《かくへいき》によって守《まも》られている面《めん》があり、ドイツやイタリアにはアメリカの核兵器《かくへいき》が配備《はいび》されている。G7各国《ジーセブンかっこく》は「核兵器《かくへいき》のない世界《せかい》」という理想《りそう》は共有《きょうゆう》するが、ロシアや中国《ちゅうごく》などの核兵器保有国《かくへいきほゆうこく》がほかにある以上《いじょう》、安全保障《あんぜんほしょう》を核兵器《かくへいき》に頼《たよ》らざるを得《え》ないという現《げん》実《じつ》を受《う》け入《い》れている。

核兵器《かくへいき》に関《かん》する世界《せかい》の取《と》り決《き》めとしては**核拡散防止《かくかくさんぼうし》条約《じょうやく》(NPT《エヌピーティー》)**◆がある。現《げん》在《ざい》、締約《ていやく》しているのは191カ国《こく》・地域《ちいき》に及《およ》ぶ。第《だい》2次《じ》世《せ》界大戦後《かいたいせんご》、アメリカだけでなく、ソ連《れん》(今《いま》のロシアなど)、イギリス、フランス、中国《ちゅうごく》と核兵器《かくへいき》を持《も》つ国《くに》が増《ふ》えた。このままでは、核兵器《かくへいき》を使《つか》った戦争《せんそう》が起《お》こるという危機《きき》感《かん》から国連《こくれん》で1970年《ねん》にできたのがNPT《エヌピーティー》だ。この段《だん》階《かい》で核《かく》を持《も》っていた5カ国《こく》だけを核保有国《かくほゆうこく》と認《みと》め、それ以外《いがい》の国《くに》は持《も》つことができないとした。

その後《ご》、インド、パキスタン、北朝鮮《きたちょうせん》が核兵器《かくへいき》を持《も》つようになり、イスラエルの保《ほ》有《ゆう》も確実視《かくじつし》されている。NPT《エヌピーティー》で核保有国《かくほゆうこく》として認《みと》められている5カ国《こく》とあわせて、現在《げんざい》、世界《せかい》では9カ国《こく》が核兵器《かくへいき》を持《も》っていることになる。

メモ 北朝鮮《きたちょうせん》はNPT《エヌピーティー》に加《か》盟《めい》していましたが、1993年《ねん》と2003年《ねん》に脱退《だったい》を表明《ひょうめい》し、その後《ご》、核保有国《かくほゆうこく》になりました。

核兵器保有国《かくへいきほゆうこく》と核兵器禁止条約《かくへいききんしじょうやく》の動向《どうこう》

←カナダ在住《ざいじゅう》の被爆者《ひばくしゃ》サーロー節子《せつこ》さん(91歳《さい》)は、久《ひさ》しぶりに帰郷《ききょう》した広《ひろ》島《しま》でG7《ジーセブン》首脳声明《しゅのうせいめい》の内容《ないよう》を知《し》り、「核兵器禁止条約《かくへいききんしじょうやく》について言《い》うべきだった」「広島《ひろしま》まで来《き》てこれだけしか書《か》けないかと思《おも》うと、胸《むね》がつぶれそう」と語《かた》った(5月《がつ》21日《にち》、広島市《ひろしまし》)

平和記念公園《へいわきねんこうえん》で記念写真《きねんしゃしん》に納《おさ》まる(左《ひだり》から)欧州連合《おうしゅうれんごう》(EU《イーユー》)のミシェル首脳会議常任議長《しゅのうかいぎじょうにんぎちょう》、イタリアのメローニ首相《しゅしょう》、カナダのトルドー首相《しゅしょう》、フランスのマクロン大統領《だいとうりょう》、岸田文雄首相《きしだふみおしゅしょう》、アメリカのバイデン大統領《だいとうりょう》、ドイツのショルツ首相《しゅしょう》、イギリスのスナク首相《しゅしょう》、EU《イーユー》のフォンデアライエン欧州委員長《おうしゅういいんちょう》(5月《がつ》19日《にち》、広島市《ひろしまし》)

「大変《たいへん》な失敗《しっぱい》だった」との声《こえ》も

NPT《エヌピーティー》では不十分《ふじゅうぶん》だと考《かんが》える国《くに》や人《ひと》たちが動《うご》いて2017年《ねん》に国連《こくれん》で採択《さいたく》されたのが、すべての国《くに》の核兵《かくへい》器《き》保有《ほゆう》を禁止《きんし》する核兵器禁《かくへいききん》止条約《しじょうやく》だ。核兵器禁止条約《かくへいききんしじょうやく》の採択《さいたく》に力《ちから》を尽《つ》くした被爆《ひばく》者《しゃ》のサーロー節子《せつこ》さんは、広《ひろ》島《しま》ビジョンについて「自国《じこく》の核兵器《かくへいき》は肯定《こうてい》し、対立《たいりつ》する国《くに》の核兵器《かくへいき》を非難《ひなん》するばかりの発信《はっしん》を被爆地《ひばくち》からするのは許《ゆる》されない」とし、広島《ひろしま》サミットは「大変《たいへん》な失敗《しっぱい》だった」と述《の》べた。

「核兵器《かくへいき》のない世界《せかい》」という理想《りそう》を実現《じつげん》するのは、現《げん》実《じつ》にはとても難《むずか》しいことだろう。ただそれでも、核保《かくほ》有国《ゆうこく》のロシアがウクライナに侵攻《しんこう》している今《いま》、広島《ひろしま》G7《ジーセブン》サミットでは現実《げんじつ》を理《り》想《そう》に近《ちか》づけるための姿勢《しせい》と努力《どりょく》をもっと見《み》せてほしかったという思《おも》いを持《も》つ人《ひと》は少《すく》なくない。

写真・図版　朝日新聞社

2023年《ねん》の春《はる》から一部《いちぶ》の宅配便《たくはいびん》が値上《ねあ》げされたり、荷物《にもつ》が届《とど》くのが遅《おそ》くなったりしている。私《わたし》たちのもとに商品《しょうひん》を届《とど》ける「物流業界《ぶつりゅうぎょうかい》」に何《なに》が起《お》こっているのだろう？　解説《かいせつ》／一色《いっしき》 清《きよし》（ジャーナリスト）

届《とど》くのが遅《おそ》くなる？

ドライバーの働《はたら》きすぎを防《ふせ》ぐ新《しん》ルールができる

暗《くら》くなってから宅配便《たくはいびん》が届《とど》くことがあり、「こんな時間《じかん》まで仕事《しごと》をしてご苦労《くろう》さま」と頭《あたま》を下《さ》げたくなる。きっと遅《おそ》くまで働《はたら》かないと、その日《ひ》のぶんを配《くば》り終《お》えることができないのだろう。

長《なが》い時間働《じかんはたら》いているのは、宅配便《たくはいびん》を配達《はいたつ》するドライバーだけではない。長距離《ちょうきょり》を運転《うんてん》する大型《おおがた》トラックのドライバーは、長《なが》い距離《きょり》を何日《なんにち》もかけて夜通《よどお》しで運転《うんてん》したり、倉庫《そうこ》の前《まえ》で長時間《ちょうじかん》待機《たいき》させられたりすることがよくあるそうだ。

背景《はいけい》には、ネット通販《つうはん》の利用《りよう》が増《ふ》えるなど物流《ぶつりゅう》が活発《かっぱつ》になっているのに、ドライバーはそれほど増《ふ》えていないことがある。調《しら》べると、ドライバーの労働時間《ろうどうじかん》は全産業《ぜんさんぎょう》の平均《へいきん》より2割《わり》ほど長《なが》く、平均年齢《へいきんねんれい》も高《たか》く、仕事《しごと》が原因《げんいん》で体《からだ》を壊《こわ》す人《ひと》が多《おお》いという。

このため、トラックドライバーについて働《はたら》きすぎを防《ふせ》ぐ新《あたら》しいルールが2024年《ねん》4月《がつ》から適用《てきよう》されることになっている。ただ、このルールが適用《てきよう》されるとドライバーが足《た》りなくなるといわれている。それが物流《ぶつりゅう》の「2024年問題《ねんもんだい》」だ。

野村総合研究所《のむらそうごうけんきゅうしょ》は「2024年問題《ねんもんだい》」により、30年《ねん》に予測《よそく》される国内《こくない》の荷物量《にもつりょう》の35%が運《はこ》べなくなるという推計《すいけい》を発表《はっぴょう》している（上《うえ》のグラフ）。地域別《ちいきべつ》では、東北《とうほく》や四国《しこく》などが深刻《しんこく》で、一部《いちぶ》の地域《ちいき》では離島《りとう》のように配送料《はいそうりょう》が高《たか》くなる可《か》能性《のうせい》があると指摘《してき》している。

影響《えいきょう》はすでに出始《ではじ》めている。ヤマト運輸《うんゆ》は23年《ねん》6月《がつ》1日《ついたち》から関東《かんとう》と中国《ちゅうごく》・四国《しこく》の間《あいだ》などの一部地域《いちぶちいき》の宅配便《たくはいびん》（ヤマト運輸《うんゆ》の名称《めいしょう》は宅急便《たっきゅうびん》）の配達日《はいたつび》を「翌日《よくじつ》」から「翌々日《よくよくじつ》」に変《か》えた。

また、ヤマト運輸《うんゆ》と佐川《さがわ》急便《きゅうびん》は4月《がつ》から宅配便《たくはいびん》の一部《いちぶ》の値上《ねあ》げを実施《じっし》している。日本郵便《にほんゆうびん》（ゆうパック）も23年秋《ねんあき》に値上《ねあ》げすることを明《あき》らかにしている。

ほかにもローソンが弁当《べんとう》、サンドイッチなどの店舗《てんぽ》への配送回数《はいそうかいすう》を、1日《にち》3回《かい》から2回《かい》に減《へ》らしたり、首都《しゅと》圏《けん》を地盤《じばん》とするスーパー4

（※2023年《ねん》7月号《がつごう》より）

宅《たく》配《はい》便《びん》

社《しゃ》（サミット、マルエツ、ヤオコー、ライフコーポレーション）が180日以上《にちいじょう》の賞味《しょうみ》期間《きかん》がある加工食品《かこうしょくひん》の納《のう》品期限《ひんきげん》を延《の》ばすなど、物流《ぶつりゅう》の効率化《こうりつか》に共同《きょうどう》で取《と》り組《く》んだりしている。

荷物《にもつ》を積《つ》み込《こ》む企業《きぎょう》の側《がわ》も、ドライバーを長時間《ちょうじかん》待《ま》たせないように倉庫《そうこ》の自《じ》動化《どうか》を進《すす》めたり、ドライバーが荷物《にもつ》を手《て》で積《つ》み込《こ》むのではなく、まとまった量《りょう》をパレットに載《の》せてフォークリフトで積《つ》み込《こ》めるようにしたりしている。

キーワード
2024年問題《ねんもんだい》

2024年《ねん》4月《がつ》からドライバーの働《はたら》きすぎを防《ふせ》ぐ新《しん》ルールが適用《てきよう》される。働《はたら》く時間《じかん》は年《ねん》3300時間《じかん》まで、残業《ざんぎょう》は年《ねん》960時間《じかん》までに限《かぎ》られる。これは仮《かり》に毎日働《まいにちはたら》いても1日《にち》あたり9時間《じかん》、残業《ざんぎょう》2時《じ》間以上《かんいじょう》という計算《けいさん》で、十分《じゅうぶん》に長《なが》い。しかし、これまではもっと長《なが》く働《はたら》いていたので、今《いま》までのようには荷物《にもつ》が運《はこ》べなくなるといわれている。

安《やす》さや便《べん》利《り》さを求《もと》めすぎないことも大切《たいせつ》

ただ、民間企業《みんかんきぎょう》のこうした取《と》り組《く》みだけでは「2024年問題《ねんもんだい》」を解決《かいけつ》することは難《むずか》しいと思《おも》われ、政府《せいふ》が対策《たいさく》づくりに乗《の》り出《だ》している。方向《ほうこう》としては、①荷《に》主《ぬし》と物流事業者《ぶつりゅうじぎょうしゃ》との商慣行《しょうかんこう》の見直《みなお》し②DX《ディーエックス》（デジタルトランスフォーメーション）による物流《ぶつりゅう》の効率化《こうりつか》③荷主《にぬし》や消費者《しょうひしゃ》の行動変容《こうどうへんよう》を促《うなが》すしくみの導入《どうにゅう》、の3点《てん》を打《う》ち出《だ》している。

私《わたし》たち消費者《しょうひしゃ》に関係《かんけい》するのは、③の「消費者《しょうひしゃ》の行動《こうどう》変容《へんよう》を促《うなが》す」という部分《ぶぶん》だ。確《たし》かに私《わたし》たちも安《やす》さや便《べん》利《り》さを求《もと》めすぎてきたように感《かん》じる。ネット通販《つうはん》で買《か》い物《もの》をするときには送料《そうりょう》無料《むりょう》を求《もと》め、配達《はいたつ》はできるだけ早《はや》いものを選《えら》ぼうとしてきた。それに応《こた》えようとする宅配業者《たくはいぎょうしゃ》や通販《つうはん》サイトなどの競争《きょうそう》によって、それが実現《じつげん》されてきた。しかし、実際《じっさい》に配達《はいたつ》するのにはコストがかかるし、注文《ちゅうもん》した当日《とうじつ》や翌日《よくじつ》に配達《はいたつ》するのは負担《ふたん》が大《おお》きい。受《う》け取《と》る人《ひと》の不在《ふざい》による再配達《さいはいたつ》も少《すく》なくない。

ドライバーの働《はたら》きすぎを防《ふせ》ぐ新《あたら》しいルールができる2024年以降《ねんいこう》、宅配便《たくはいびん》の配達《はいたつ》が今《いま》より少《すこ》し遅《おそ》くなったり、送料《そうりょう》が少《すこ》し高《たか》くなったりする可能性《かのうせい》がある。しかし、私《わたし》たちはその目的《もくてき》を理解《りかい》して受《う》け入《い》れることが必要《ひつよう》になりそうだ。

さまざまな企業《きぎょう》でこんな取《と》り組《く》みも！

←生活用品会社《せいかつようひんがいしゃ》の花王《かおう》の豊橋《とよはし》工場《こうじょう》では、商品《しょうひん》の入庫《にゅうこ》から出《しゅっ》庫《こ》までを自動化《じどうか》。トラックが倉《そう》庫《こ》に着《つ》いたらすぐに商品《しょうひん》の積《つ》み込《こ》みができるよう、ドライバーを待《ま》たせないしくみをつくった（2023年《ねん》4月《がつ》、愛知県《あいちけん》豊橋市《とよはしし》）

→ヤマト運輸《うんゆ》では労働力不足《ろうどうりょくぶそく》に対応《たいおう》する技術開発《ぎじゅつかいはつ》として、無人《むじん》自動配送《じどうはいそう》ロボットによる宅配便《たくはいびん》サービスの実験《じっけん》を行《おこな》った（2022年《ねん》11月《がつ》、北海道石狩市《ほっかいどういしかりし》）

←ネット通販会社《つうはんがいしゃ》のアマゾンでは2022年《ねん》10月《がつ》までに、全国《ぜんこく》18カ所《しょ》に配送《はいそう》拠点《きょてん》を追加《ついか》。これにより、全都道府県《ぜんとどうふけん》で配達員《はいたついん》が手渡《てわた》しせずに客《きゃく》が指定《してい》した場所《ばしょ》に商品《しょうひん》を置《お》く「置《お》き配指定《はいしてい》サービス」が利用《りよう》できるようにする（2022年《ねん》7月《がつ》、東京都江東区《とうきょうとこうとうく》）

写真　朝日新聞社　iStock　図版　朝日新聞社

TPP《ティーピーピー》にイギリスが正式加盟《せいしきかめい》

7月《がつ》16日《にち》にニュージーランドで開催《かいさい》されたTPP《ティーピーピー》閣僚級会合《かくりょうきゅうかいごう》で、イギリスの加盟《かめい》が正式《せいしき》に承認《しょうにん》された。日本《にほん》からは後藤茂之経済《ごとうしげゆきけいざい》再生担当大臣《さいせいたんとうだいじん》(左端《ひだりはし》)が参加《さんか》した　写真　ロイター/アフロ

解説《かいせつ》／一色《いっしき》清《きよし》(ジャーナリスト)

TPP《ティーピーピー》加盟国《かめいこく》と加盟申請国《かめいしんせいこく》・地域《ちいき》　図版　倉本るみ

2018年《ねん》のTPP《ティーピーピー》発効以来《はっこういらい》初《はつ》の加盟国《かめいこく》

日本《にほん》やカナダ、オーストラリアなど11カ国《こく》でつくる環太平洋経済連携協定《かんたいへいようけいざいれんけいきょうてい》(TPP《ティーピーピー》)にイギリスが加《か》盟《めい》することが7月《がつ》、決《き》まった。2018年《ねん》に発効《はっこう》したTPP《ティーピーピー》の加盟国《かめいこく》が増《ふ》えるのは初《はじ》めてだ。

TPP《ティーピーピー》は関税《かんぜい》をゼロにしたり投資《とうし》のルールを共通化《きょうつうか》したりする協定《きょうてい》で、一《ひと》つの自由《じゆう》な経済圏《けいざいけん》をつくって加《か》盟国《めいこく》の経済《けいざい》を発展《はってん》させるのが狙《ねら》いだ。私《わたし》たちの生活《せいかつ》は、輸入品《ゆにゅうひん》が安《やす》くなるなどのいい影響《えいきょう》がある。ただ、日《に》本《ほん》の産業《さんぎょう》の中《なか》には輸入品《ゆにゅうひん》が増《ふ》えることで打撃《だげき》を受《う》けるところもあり、いい面《めん》ばかりとはいえない。

これまでの加盟国《かめいこく》は協定《きょうてい》の名称《めいしょう》のとおり、太平洋《たいへいよう》を取《と》り囲《かこ》むように立地《りっち》している国々《くにぐに》だった。イギリスは大西《たいせい》洋《よう》の島国《しまぐに》で、太平洋《たいへいよう》からは遠《とお》く離《はな》れている。しかし、イギリスは20年《ねん》12月末《がつまつ》に欧州連《おうしゅうれん》合《ごう》(EU《イーユー》)から離脱《りだつ》し、EU《イーユー》の国々《くにぐに》との貿易《ぼうえき》が縮小《しゅくしょう》するとみられていた。それを補《おぎな》うために目《め》をつけたのがTPP《ティーピーピー》で、離脱後《りだつご》すぐの21年《ねん》2月《がつ》に加盟《かめい》を申請《しんせい》した。

イギリスは加盟国《かめいこく》の中《なか》で日本《にほん》に次《つ》いで国《こく》内総生産《ないそうせいさん》(GDP《ジーディーピー》)◆の大《おお》きい国《くに》であるため、各国間《かっこくかん》の貿易《ぼうえき》がいちだんと活発《かっぱつ》になるとみられる。ただ、日本《にほん》とイギリスの間《あいだ》にはすでに2国間《こくかん》で同《おな》じような経済連携協《けいざいれんけいきょう》定《てい》があるため、日本《にほん》にとっての経済効果《けいざいこうか》はそれほど大《おお》きくないと考《かんが》えられる。

TPP《ティーピーピー》には当初《とうしょ》、世界一《せかいいち》の経済大国《けいざいたいこく》・アメリカが加盟《かめい》することになっていた。しかし、トランプ前大統領《ぜんだいとうりょう》が離脱《りだつ》を表明《ひょうめい》し、今《いま》も入《はい》る動《うご》きはない。

ただ、加盟《かめい》を申請《しんせい》するほかの国《くに》や地域《ちいき》は多《おお》く、中国《ちゅうごく》、台湾《たいわん》、エクアドル、コスタリカ、ウルグアイ、ウクライナが申請中《しんせいちゅう》だ。特《とく》に世界《せかい》2位《い》の経済大《けいざいたい》国《こく》である中国《ちゅうごく》の加盟《かめい》が焦点《しょうてん》になっている。中国《ちゅうごく》が加盟《かめい》するとグループは飛躍的《ひやくてき》に大《おお》きくなり、貿易上《ぼうえきじょう》のメリットを得《え》られる国《くに》は多《おお》いが、TPP《ティーピーピー》のルールを守《まも》れるのかという心配《しんぱい》もある。また、中《ちゅう》国《ごく》が自国《じこく》の一部《いちぶ》と主張《しゅちょう》している台湾《たいわん》の申請《しんせい》をどうするのかといったむずかしい判断《はんだん》を迫《せま》られることにもなる。

キーワード
国内総生産《こくないそうせいさん》(GDP《ジーディーピー》)

国内《こくない》で一定期間《いっていきかん》に新《あら》たに生《う》み出《だ》されたモノやサービスの付加価《ふかか》値《ち》の合計額《ごうけいがく》。国《くに》の経《けい》済活動《ざいかつどう》の規模《きぼ》を示《しめ》す。2023年時点《ねんじてん》でのGDP《ジーディーピー》は、アメリカが1位《い》、中国《ちゅうごく》が2位《い》、日本《にほん》は3位《い》だが、ドイツやインドに迫《せま》られている。

世界《せかい》のSDGs《エスディージーズ》達成度《たっせいど》ランキング 日本《にほん》は21位《い》に後退《こうたい》

弱点《じゃくてん》を抱《かか》えたまま足踏《あしぶ》み状態《じょうたい》の日本《にほん》のSDGs《エスディージーズ》

解説《かいせつ》／北郷美由紀《ほくごうみゆき》（朝日新聞編集委員《あさひしんぶんへんしゅういいん》）

貧困《ひんこん》や格差《かくさ》の拡大《かくだい》、気候《きこう》変動《へんどう》などの問題《もんだい》に世界《せかい》の国々《くにぐに》が共通《きょうつう》の目標《もくひょう》を掲《かか》げて取《と》り組《く》むSDGs《エスディージーズ》（持続可《じぞくか》能《のう》な開発目標《かいはつもくひょう》）。国連《こくれん》と連携《れんけい》する研究組織《けんきゅうそしき》「持続可能《じぞくかのう》な開発《かいはつ》ソリューションネットワーク（SDSN《エスディーエスエヌ》）」が毎年発《まいとしはっ》表《びょう》している達成度《たっせいど》のランキングで23年《ねん》、日本《にほん》は前年《ぜんねん》の19位《い》から21位《い》に後退《こうたい》した。

このランキングはデータのある166カ国《こく》を比《くら》べたもので、フィンランドが3年連続《ねんれんぞく》で1位《い》となった。日《に》本《ほん》の順位《じゅんい》は2017年《ねん》の11位《い》が過去最高《かこさいこう》で、以降《いこう》は徐々《じょじょ》にランクを下《さ》げている。日本《にほん》より上《うえ》のトップ20は全《すべ》て、ヨーロッパの国々《くにぐに》だった。

調査《ちょうさ》ではSDGs《エスディージーズ》の17分野《ぶんや》の目標《もくひょう》ごとに4段《だん》階《かい》で達成状《たっせいじょう》況《きょう》を評価《ひょうか》。日《に》本《ほん》で最低評《さいていひょう》価《か》だったのは、「ジェンダー平等《びょうどう》」（目標《もくひょう》5）▽「つくる責《せき》任《にん》つかう責任《せきにん》」（目標《もくひょう》12）▽「気候変動対策《きこうへんどうたいさく》」（目標《もくひょう》13）▽「海《うみ》の環境保全《かんきょうほぜん》」（目標《もくひょう》14）▽「陸《りく》の環境保全《かんきょうほぜん》」（目標《もくひょう》15）。いずれも調査《ちょうさ》のたびに明《あき》らかになっている弱点《じゃくてん》だ。

なかでも、「ジェンダー平《びょう》等《どう》」では女性国会議員《じょせいこっかいぎいん》の少《すく》なさと、賃金格差《ちんぎんかくさ》が響《ひび》いている。調査対象《ちょうさたいしょう》の衆議院《しゅうぎいん》における女性議員《じょせいぎいん》の割合《わりあい》は9・7％で、世界平均《せかいへいきん》の26・4％を大《おお》きく下回《したまわ》る。賃金《ちんぎん》では男性《だんせい》の平均給与《へいきんきゅうよ》を100としたときに女性《じょせい》の平均給与《へいきんきゅうよ》は77・5にとどまる。

調査結果《ちょうさけっか》に目《め》を凝《こ》らすと、便利《べんり》で豊《ゆた》かな暮《く》らしの「裏側《うらがわ》」も浮《う》かび上《あ》がる。捨《す》てられる電子製品《でんしせいひん》や、輸出《ゆしゅつ》されるプラスチックごみが多《おお》い。原材料《げんざいりょう》や商品《しょうひん》を大量《たいりょう》に輸入《ゆにゅう》することで二酸化炭《にさんかたん》素《そ》の排出《はいしゅつ》を増《ふ》やしており、海《うみ》や陸《りく》の生物《せいぶつ》多様性《たようせい》にも影響《えいきょう》を与《あた》えている。

「おいしい！」にも注《ちゅう》意《い》が必要《ひつよう》だ。チョコレートの原料《げんりょう》のカカオ、スナックや即席麺《そくせきめん》に使《つか》われているパーム油《ゆ》の生産地《せいさんち》では児《じ》童労働《どうろうどう》の問題《もんだい》がある。SDGs《エスディージーズ》では25年《ねん》までに大人《おとな》のように働《はたら》く子《こ》どもをゼロにしようとしているが、10人《にん》に1人《ひとり》が児童労働《じどうろうどう》にある状況《じょうきょう》は改善《かいぜん》していない。

国連《こくれん》は今《いま》のペースでは全目標《ぜんもくひょう》の2割《わり》も達成《たっせい》できないとして、各国《かっこく》に取《と》り組《く》みを強《きょう》化《か》するための計画《けいかく》づくりを求《もと》めている。

キーワード SDGs《エスディージーズ》

世界《せかい》を変革《へんかく》するために2015年《ねん》に国連《こくれん》で全会一致《ぜんかいいっち》で合意《ごうい》されたSustainable《サステイナブル》 Development《ディベロップメント》 Goals《ゴールズ》の略《りゃく》で、「持続可能《じぞくかのう》な開発目標《かいはつもくひょう》」と訳《やく》されている。環境《かんきょう》・社《しゃ》会《かい》・経済《けいざい》のありようが調和《ちょうわ》して続《つづ》くことを目指《めざ》し、17分《ぶん》野《や》の目標《もくひょう》と169の小目標《しょうもくひょう》がある。児童労《じどうろう》働《どう》など一部《いちぶ》をのぞいては30年《ねん》が目標《もくひょう》の達成期限《たっせいきげん》。9月《がつ》には世界《せかい》の首脳《しゅのう》が集《あつ》まり、進《すす》み具合《ぐあい》を点検《てんけん》するSDG《エスディージー》サミットが開《ひら》かれる。

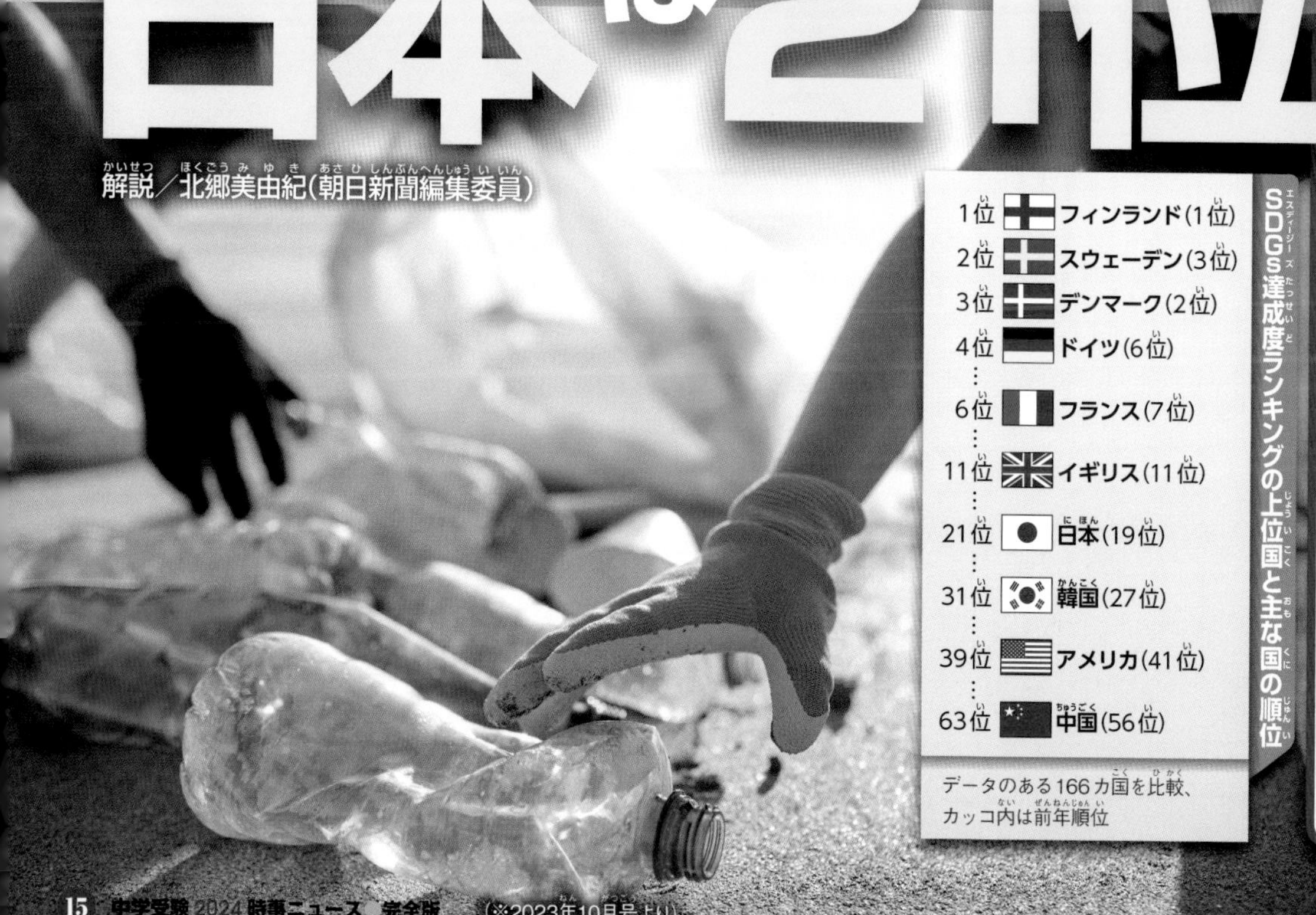

SDGs《エスディージーズ》達成度《たっせいど》ランキングの上位国《じょういこく》と主《おも》な国《くに》の順位《じゅんい》

1位《い》	フィンランド（1位《い》）
2位《い》	スウェーデン（3位《い》）
3位《い》	デンマーク（2位《い》）
4位《い》	ドイツ（6位《い》）
⋮	
6位《い》	フランス（7位《い》）
⋮	
11位《い》	イギリス（11位《い》）
⋮	
21位《い》	日本《にほん》（19位《い》）
⋮	
31位《い》	韓国《かんこく》（27位《い》）
⋮	
39位《い》	アメリカ（41位《い》）
⋮	
63位《い》	中国《ちゅうごく》（56位《い》）

データのある166カ国《こく》を比較《ひかく》、カッコ内《ない》は前年順位《ぜんねんじゅんい》

日本《にほん》で最低評価《さいていひょうか》となったSDGs《エスディージーズ》目標《もくひょう》と主《おも》な理由《りゆう》

目標《もくひょう》5 ジェンダー平等《びょうどう》
- 国会議員《こっかいぎいん》の女性割合《じょせいわりあい》
- 男女《だんじょ》の賃金格差《ちんぎんかくさ》（中央値《ちゅうおうち》で比較《ひかく》）

目標《もくひょう》12 つくる責任《せきにん》つかう責任《せきにん》
- 小型家電《こがたかでん》など電気電子機器《でんきでんしきき》の廃棄量《はいきりょう》（1人《ひとり》あたり）
- プラスチックごみの輸出量《ゆしゅつりょう》（同《どう》）

目標《もくひょう》13 気候変動対策《きこうへんどうたいさく》
- 化石燃料《かせきねんりょう》の燃焼《ねんしょう》とセメント製造《せいぞう》に伴《ともな》うCO_2《シーオーツー》排出量《はいしゅつりょう》（1人《ひとり》あたり）
- 炭素税《たんそぜい》の導入状況《どうにゅうじょうきょう》

目標《もくひょう》14 海《うみ》の環境保全《かんきょうほぜん》
- 海《うみ》の汚染度《おせんど》（化学物質《かがくぶっしつ》・富栄養《ふえいよう》・ごみなど）
- 漁業資源《ぎょぎょうしげん》の乱獲《らんかく》

目標《もくひょう》15 陸《りく》の環境保全《かんきょうほぜん》
- 生物多様性《せいぶつたようせい》に重要《じゅうよう》な淡水域《たんすいいき》が保護《ほご》されている割合《わりあい》
- 絶滅危惧種《ぜつめつきぐしゅ》の保護状況《ほごじょうきょう》

持続可能な開発ソリューションネットワークの「持続可能な開発リポート2023」から

写真 iStock　図版 朝日新聞社

コロナ5類へ
生活《せいかつ》はどう変《か》わる？

解説《かいせつ》／一色《いっしき》 清《きよし》（ジャーナリスト）

3月《がつ》13日《にち》からマスクは個人判断《こじんはんだん》に

5月8日《がつようか》から新型《しんがた》コロナが季節性《きせつせい》インフルエンザと同《おな》じ5類《るい》に引《ひ》き下《さ》げられた。5類《るい》というのは、**感染症法《かんせんしょうほう》**の分類《ぶんるい》だ。病原体《びょうげんたい》の感染力《かんせんりょく》の強《つよ》さや症状《しょうじょう》の重《おも》さなどから、危険度《きけんど》がもっとも高《たか》いのが1類《るい》で、5類《るい》まで数字《すうじ》が大《おお》きくなるにつれて危険度《きけんど》が低《ひく》くなるように分類《ぶんるい》されている。新型《しんがた》コロナは「新型《しんがた》インフルエンザ等感染症《とうかんせんしょう》」に位置《いち》づけられ、結核《けっかく》など「2類《るい》」以上《いじょう》に相当《そうとう》する対応《たいおう》がとれる扱《あつか》いだった。

しかし、世界《せかい》に新型《しんがた》コロナが広《ひろ》まって3年《ねん》がたち、今《いま》はさほど危険度《きけんど》が高《たか》くなく、近《ちか》いのは5類《るい》の季節性《きせつせい》インフルエンザと考《かんが》える専門家《せんもんか》が増《ふ》えてきた。加《くわ》えて、今《いま》のままだと新型《しんがた》コロナ患者《かんじゃ》を受《う》け入《い》れる病院《びょういん》の負担《ふたん》が重《おも》くなったり、国《くに》の医療費《いりょうひ》がかさんでしまったりするという問題《もんだい》がある。5類《るい》に引《ひ》き下《さ》げることで、そうした問題《もんだい》を解消《かいしょう》するねらいもみえる。

分類引《ぶんるいひ》き下《さ》げよりひと足《あし》先《さき》に、マスクの扱《あつか》いも変《か》わる。政府《せいふ》はこれまで屋内《おくない》でのマスクの着用《ちゃくよう》を推奨《すいしょう》していたが、3月《がつ》13日《にち》からは屋内外《おくないがい》を問《と》わず、基本的《きほんてき》に個人《こじん》の判断《はんだん》にゆだねることにした。また、学校《がっこう》の授業《じゅぎょう》などでは4月1日《がつついたち》以降《いこう》、基本的《きほんてき》にマスクの着用《ちゃくよう》を求《もと》めないことにした。

もちろん、マスクを外《はず》さないといけないということではない。約《やく》3年《ねん》もマスク生活《せいかつ》をしていた人々《ひとびと》の中《なか》には、マスクをしていたほうが心地《ここち》いいと感《かん》じる人《ひと》もいるだろう。持病《じびょう》があってマスクが必要《ひつよう》という人《ひと》もいるだろう。マスクをするもしないも自由《じゆう》なので、している人《ひと》を非難《ひなん》するようなことがあってはならない。

政府《せいふ》は、混雑《こんざつ》した電車《でんしゃ》やバスに乗《の》るとき、病院《びょういん》に行《い》くとき、高齢者《こうれいしゃ》が多《おお》くいる施設《しせつ》や病院《びょういん》を訪《たず》ねるときなどはマスクをしたほうがいいとしている。これからもマスクを持《も》ち歩《ある》いたほうがいいということだ。

新型《しんがた》コロナは終息《しゅうそく》したわけではない。感染《かんせん》しないように注意《ちゅうい》し、感染《かんせん》すれば会社《かいしゃ》や学校《がっこう》を休《やす》むという基本《きほん》はこれまでと変《か》わらないということを覚《おぼ》えておこう。

「5類《るい》」引《ひ》き下《さ》げで変《か》わったこと

	現在《げんざい》 「新型《しんがた》インフルエンザ等感染症《とうかんせんしょう》」の位置《いち》づけ	5類《るい》（季節性《きせつせい》インフルエンザなど）
療養期間《りょうようきかん》	発症者《はっしょうしゃ》は7日間《なのかかん》	なし
医療機関《いりょうきかん》	発熱外来《はつねつがいらい》など一部《いちぶ》	一般《いっぱん》の医療機関《いりょうきかん》も可能《かのう》に
ワクチン	全額公費負担《ぜんがくこうひふたん》	当面《とうめん》は全額公費負担《ぜんがくこうひふたん》
マスク	屋内《おくない》は原則着用《げんそくちゃくよう》	個人《こじん》の判断《はんだん》にゆだねる

キーワード
感染症法《かんせんしょうほう》

正式名称《せいしきめいしょう》は「感染症《かんせんしょう》の予防及《よぼうおよ》び感染症《かんせんしょう》の患者《かんじゃ》に対《たい》する医療《いりょう》に関《かん》する法律《ほうりつ》」。感染症《かんせんしょう》は病原性《びょうげんせい》の微生物《びせいぶつ》が人《ひと》の体内《たいない》に侵入《しんにゅう》・増殖《ぞうしょく》することで起《お》こる病気《びょうき》。いったん病原体《びょうげんたい》を取《と》り込《こ》んだ人《ひと》は感染《かんせん》を広《ひろ》げる可能性《かのうせい》がある。そのため同法《どうほう》は、感染症各々《かんせんしょうおのおの》の危険度《きけんど》に応《おう》じて分類《ぶんるい》したうえで、感染症《かんせんしょう》を予防《よぼう》し、広《ひろ》がりを防《ふせ》ぐことを目的《もくてき》とする。

イラスト イケウチリリー
（※2023年《ねん》4月号《がつごう》より）

4月3日《がつみっか》、こども家庭庁《かていちょう》の発足式《ほっそくしき》に参加《さんか》した子《こ》どもたちと岸田文雄首相《きしだふみおしゅしょう》(左端《ひだりはし》)、小倉将信《おぐらまさのぶ》こども政策大臣《せいさくだいじん》(右端《みぎはし》)

解説《かいせつ》/藤崎麻里《ふじさきまり》(朝日新聞政治部《あさひしんぶんせいじぶ》)

こども家庭庁《かていちょう》が発足《ほっそく》

子《こ》どもの声《こえ》を政策《せいさく》に反映《はんえい》

子《こ》どもの視点《してん》に立《た》って政策《せいさく》を立案《りつあん》して進《すす》める政府《せいふ》の新《あたら》しい行政組織《ぎょうせいそしき》「こども家庭庁《かていちょう》」が4月《がつ》1日《ついたち》、発足《ほっそく》した。子《こ》ども政策《せいさく》の取《と》り組《く》みを担《にな》う役所《やくしょ》をなるべく一《ひと》つにまとめ、子《こ》どもにとっての利益《りえき》を第一《だいいち》に考《かんが》える司《し》令塔《れいとう》として機能《きのう》することをめざす。

政府《せいふ》がこども家庭庁《かていちょう》を作《つく》ったのは、子《こ》どもの権利《けんり》を守《まも》る体制《たいせい》を強《つよ》めるためだ。虐待《ぎゃくたい》やいじめ、自殺《じさつ》といった子《こ》どもが向《む》き合《あ》う困難《こんなん》は多《おお》く把握《はあく》されるようになっている。それでも対応《たいおう》する役所《やくしょ》が複数《ふくすう》にまたがることで、十分《じゅうぶん》に対応《たいおう》できなかったり、子《こ》どもに必要《ひつよう》な政策《せいさく》の全体像《ぜんたいぞう》が見《み》えづらかったりする問題《もんだい》があった。

このため、厚生労働省《こうせいろうどうしょう》と内閣府《ないかくふ》の保育《ほいく》などの部局《ぶきょく》をそれぞれ切《き》り出《だ》して、統《とう》合《ごう》。学校教育《がっこうきょういく》を所管《しょかん》する文《もん》部科学省《ぶかがくしょう》(文科省《もんかしょう》)の部局《ぶきょく》は統合《とうごう》しないが、連携《れんけい》する。ただ子《こ》ども政策《せいさく》は経済産業《けいざいさんぎょう》省《しょう》、警察庁《けいさつちょう》など複数《ふくすう》の省庁《しょうちょう》にまたがるため、こども家《か》庭庁《ていちょう》にはほかの役所《やくしょ》に取《と》り組《く》みの改善《かいぜん》を促《うなが》す勧告権《かんこくけん》が与《あた》えられている。

こども家庭庁《かていちょう》の組織《そしき》自《じ》体《たい》は、大《おお》きく三《みっ》つに分《わ》かれる。子《こ》どもが生《う》まれる前《まえ》からの妊娠《にんしん》・出産《しゅっさん》の支援《しえん》から保育行政《ほいくぎょうせい》などをみる「成育《せいいく》局《きょく》」。児童虐待《じどうぎゃくたい》や子《こ》どもの貧《ひん》困《こん》、ヤングケアラーといった困難《こんなん》を抱《かか》える子《こ》どもの支援《しえん》を担当《たんとう》する「支援局《しえんきょく》」。そして政府全体《せいふぜんたい》でも進《すす》めている少子化対策《しょうしかたいさく》も含《ふく》め、政策《せいさく》の調整《ちょうせい》を担《にな》う「長官官房《ちょうかんかんぼう》」だ。国家公務員《こっかこうむいん》だけでなく、民《みん》間企業《かんきぎょう》や地方自治体《ちほうじちたい》の職《しょく》員《いん》らも加《くわ》わって、430人《にん》体制《たいせい》でスタートした。

変化《へんか》の兆《きざ》しが見《み》え始《はじ》めているのが、いじめ対応《たいおう》だ。文《もん》科省《かしょう》と教育委員会《きょういくいいんかい》が担《にな》ってきたが、こども家庭庁《かていちょう》では、子《こ》どもや保護者《ほごしゃ》向《む》けの相《そう》談窓口《だんまどぐち》を増《ふ》やそうと、首長《しゅちょう》の部局《ぶきょく》で相談《そうだん》を受《う》け付《つ》けるしくみづくりを考《かんが》えている。

また同庁《どうちょう》では、保育従事者《ほいくじゅうじしゃ》らに過去《かこ》に性犯罪歴《せいはんざいれき》がないかを確認《かくにん》するしくみづくりにも初《はじ》めて取《と》り組《く》む。

あわせて施行《しこう》された新《あたら》しい法律《ほうりつ》「こども基本法《きほんほう》」では、子《こ》どもの意見《いけん》を聞《き》き、政策《せいさく》に反映《はんえい》しようとすることが義務化《ぎむか》された。

こども家庭庁《かていちょう》では、子《こ》どもたちが政策《せいさく》について意見《いけん》を伝《つた》えられる「こども若者《わかもの》★いけんぷらす」という取《と》り組《く》みを始《はじ》める。あらかじめ登録《とうろく》した子《こ》どもや若者《わかもの》が、対面《たいめん》やアンケート、チャット、SNS《エスエヌエス》など、その子《こ》にとって伝《つた》えやすい方《ほう》法《ほう》で、意見《いけん》を伝《つた》えられる。テーマは、教育《きょういく》といった子《こ》どもの政策《せいさく》に限《かぎ》らない。将来《しょうらい》にかかわる環境問《かんきょうもん》題《だい》、IT戦略《アイティーせんりゃく》など、関心《かんしん》があるテーマを提案《ていあん》できる。

集《あつ》まった意見《いけん》は、政府《せいふ》が政策《せいさく》を決《き》めるときに諮《はか》る審《しん》議会《ぎかい》の資料《しりょう》などに反映《はんえい》される。子《こ》どもや若者《わかもの》がどう考《かんが》えるかが、政策《せいさく》の進《すす》め方《かた》に影響力《えいきょうりょく》を持《も》つ可能性《かのうせい》がある。また反映《はんえい》されなかった場合《ばあい》には、なぜ反映《はんえい》されなかったかを教《おし》えてもらえる。

意見《いけん》を伝《つた》えるのは勇《ゆう》気《き》がいるかもしれない。でも、どうすればより多《おお》くの子《こ》に負担《ふたん》なく意見《いけん》を聞《き》かせてもらえるか、政府《せいふ》も試行錯誤《しこうさくご》している。今回《こんかい》、事務局《じむきょく》の職《しょく》員《いん》と一緒《いっしょ》に企画《きかく》や運営《うんえい》を進《すす》めるパートナーも募《つの》っている。1年間活動《ねんかんかつどう》できる中《ちゅう》学生以上《がくせいいじょう》が対象《たいしょう》だ。

日《ひ》ごろ感《かん》じるモヤモヤする思《おも》いから、将来《しょうらい》、日本《にほん》をどんな国《くに》にしたいかといった大《おお》きなテーマまで。選挙権《せんきょけん》を持《も》つ前《まえ》から意見《いけん》を寄《よ》せることで、社会《しゃかい》づくりに参加《さんか》できるこの取《と》り組《く》みに、ぜひ関心《かんしん》を寄《よ》せてほしい。

こども若者《わかもの》★いけんぷらす

↑登録《とうろく》はコチラ

意見《いけん》を対面《たいめん》やアンケート、チャットなどで伝《つた》え、政策《せいさく》に反映《はんえい》させるしくみ。対象年齢《たいしょうねんれい》は小学《しょうがく》1年生《ねんせい》から20代《だい》まで。

写真　朝日新聞社　図版　iStock

で国宝級《こくほうきゅう》の発見《はっけん》

奈良市《ならし》の富雄丸山古墳《とみおまるやまこふん》から、国宝級《こくほうきゅう》ともいわれる鏡《かがみ》と剣《けん》が発見《はっけん》された。この古墳《こふん》や出土品《しゅつどひん》の特徴《とくちょう》などについて、三《みっ》つの謎《なぞ》からひもといてみよう。

解説《かいせつ》／早川明夫《はやかわあきお》（文教大学地域連携《ぶんきょうだいがくちいきれんけい》センター講師《こうし》）

国内最大《こくないさいだい》の銅鏡《どうきょう》と蛇行剣《だこうけん》が出土《しゅつど》

奈良市《ならし》にある日本最大《にほんさいだい》の円形《えんけい》の古墳《こふん》（円墳《えんぷん》）である富雄丸山古墳《とみおまるやまこふん》（4世紀後半《せいきこうはん》、直径約《ちょっけいやく》109m）から、これまでに例《れい》のない盾《たて》の形《かたち》をした大型《おおがた》の銅鏡《どうきょう》と、蛇《へび》のように曲《ま》がった鉄剣《てっけん》（蛇行剣《だこうけん》）が出土《しゅつど》した。いずれも日本最大《にほんさい》の銅鏡《どうきょう》・鉄剣《てっけん》で、専門家《せんもんか》は「古墳時代《こふんじだい》🔑の金属工芸品《きんぞくこうげいひん》の最高傑作《さいこうけっさく》」であると評価《ひょうか》している。

古墳《こふん》の北東側《ほくとうがわ》には、宗教的儀式《しゅうきょうてきぎしき》を行《おこな》う「造《つく》り出《だ》し」と呼《よ》ばれる出《で》っ張《ば》りがある。ここで木《き》の棺《ひつぎ》を粘土《ねんど》で覆《おお》った埋葬施設《まいそうしせつ》から銅鏡《どうきょう》と鉄剣《てっけん》が出土《しゅつど》した。

謎《なぞ》その① なぜ「盾形《たてがた》」の銅鏡《どうきょう》？

銅鏡《どうきょう》はふつう円形《えんけい》で、盾形《たてがた》のものは例《れい》がない。今回《こんかい》出土《しゅつど》した盾形銅鏡《たてがたどうきょう》は、長《なが》さ約《やく》64cm、幅約《はばやく》31cm、重《おも》さ約《やく》5.7kgで、表面《おもてめん》は平《たい》らに磨《みが》かれている。成分《せいぶん》を分析《ぶんせき》しても銅鏡《どうきょう》であることは間違《まちが》いないという。鏡《かがみ》の裏《うら》の中央《ちゅうおう》にはひもを通《とお》す突起《とっき》の「鈕《ちゅう》」がある。その上下《じょうげ》には中国《ちゅうごく》の霊獣《れいじゅう》や神像《しんぞう》を表《あらわ》す文様《もんよう》が確認《かくにん》されている。国産《こくさん》の銅鏡《どうきょう》にも同様《どうよう》の文様《もんよう》が見《み》られることからこの銅鏡《どうきょう》は国産《こくさん》と考《かんが》えられている。鈕《ちゅう》の左右《さゆう》には幾何学文様《きかがくもんよう》と三重《さんじゅう》の円形文様《えんけいもんよう》を組《く》み合《あ》わせた文様《もんよう》をあしらい、また、盾《たて》によく見《み》られる、のこぎりの歯《は》のような文様《もんよう》（鋸歯文《きょしもん》）で鏡《かがみ》を縁取《ふちど》っている。盾《たて》は敵《てき》の矢《や》などを防《ふせ》ぐ武器《ぶき》、鏡《かがみ》は光《ひかり》をはね返《かえ》す魔除《まよ》け。いずれも埋葬《まいそう》されている人《ひと》を邪悪《じゃあく》から守《まも》る道具《どうぐ》とみられている。この二《ふた》つの道具《どうぐ》を合《あ》わせることによって、被葬者《ひそうしゃ》を悪霊《あくりょう》から守《まも》る力《ちから》を一層高《いっそうたか》めようとしたと考《かんが》えられている。

謎《なぞ》その② なぜ鉄剣《てっけん》を大型《おおがた》に？

蛇行剣《だこうけん》は古墳時代《こふんじだい》の中期《ちゅうき》に多《おお》く見《み》られる鉄剣《てっけん》で、これまで国内《こくない》では85例《れい》、韓国《かんこく》で4例《れい》あり、日本《にほん》が起源《きげん》とされている。うねりの回数《かいすう》はまちまちであるが、形《かたち》からしても実戦《じっせん》に使《つか》われる武器《ぶき》ではなく、弥生時代《やよいじだい》の銅剣《どうけん》・銅矛《どうほこ》・銅戈《どうか》と同様《どうよう》、祭《まつ》りのときに用《もち》いられた武器型《ぶきがた》の祭器《さいき》とみられている。今回《こんかい》の蛇行剣《だこうけん》は長《なが》さ約《やく》237cm、幅約《はばやく》6cmあり、蛇行剣《だこうけん》として最大《さいだい》にして最古《さいこ》のものであるという。また、同時代《どうじだい》の鉄剣《てっけん》としても東《ひがし》アジアで最大《さいだい》とみられている。それではなぜ、大型《おおがた》の蛇行剣《だこうけん》を作《つく》ったのか。盾形銅鏡《たてがたどうきょう》と同《おな》じように、大型化《おおがたか》することによって邪悪《じゃあく》をさける力《ちから》を強《つよ》めようとしたとみられている。盾形銅鏡《がたどうきょう》と蛇行剣《だこうけん》の組《く》み合《あ》わせも、威力《いりょく》の増強《ぞうきょう》を意図《いと》したものと考《かんが》えられる。それにしてもこれほど大《おお》きな鉄剣《てっけん》をどこで、どのようにして作《つく》ったのか、それを明《あき》らかにするのは今後《こんご》の課題《かだい》だ。

キーワード
古墳時代《こふんじだい》

古墳《こふん》とは、土《つち》を高《たか》く盛《も》り上《あ》げてつくった大王《おおきみ》や豪族《ごうぞく》の墓《はか》。この古墳《こふん》がつくられていた3世紀前半《せいきぜんはん》から7世紀末《せいきすえ》までを古墳時代《こふんじだい》という。この時代《じだい》は前期《ぜんき》、中期《ちゅうき》、後期《こうき》の3期に区分《くぶん》される。古墳《こふん》の形《かたち》には円墳《えんぷん》・方墳《ほうふん》・前方後円墳《ぜんぽうこうえんふん》などがある。古墳時代《こふんじだい》にヤマト王権《おうけん》による国土統一《こくどとういつ》が進《すす》んだとされている。

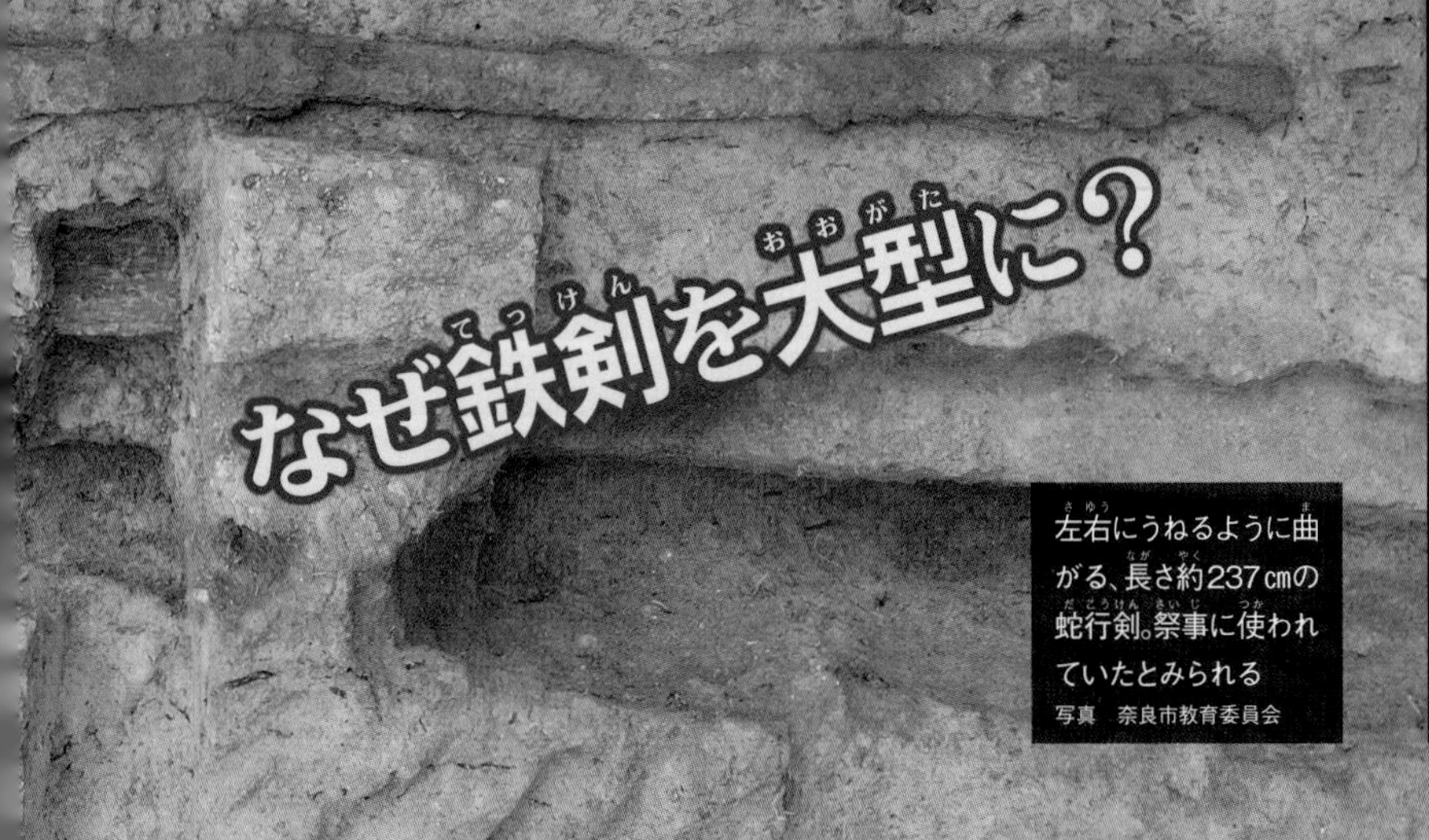

左右《さゆう》にうねるように曲《ま》がる、長《なが》さ約《やく》237cmの蛇行剣《だこうけん》。祭事《さいじ》に使《つか》われていたとみられる
写真　奈良市教育委員会

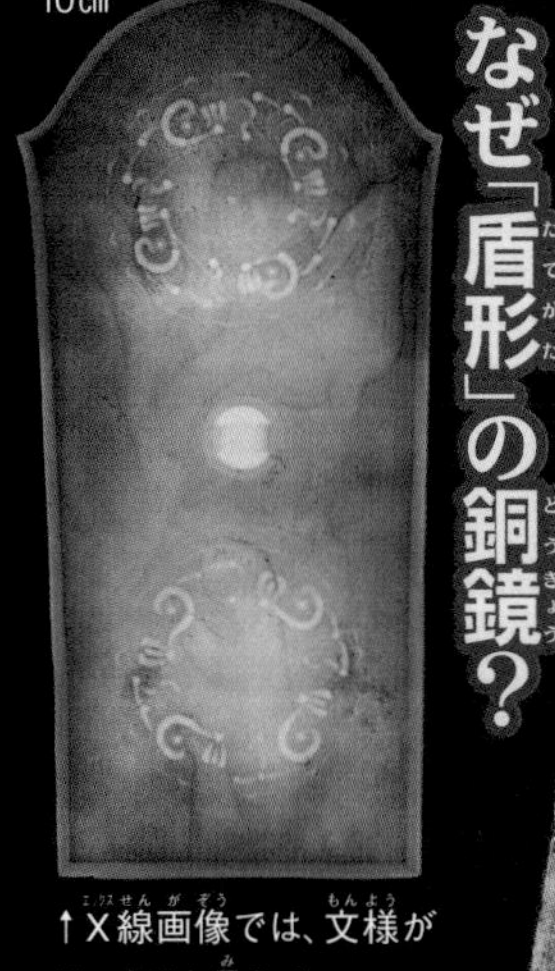

↑X線画像《エックスせんがぞう》では、文様《もんよう》がはっきりと見《み》える
写真　奈良県立橿原考古学研究所

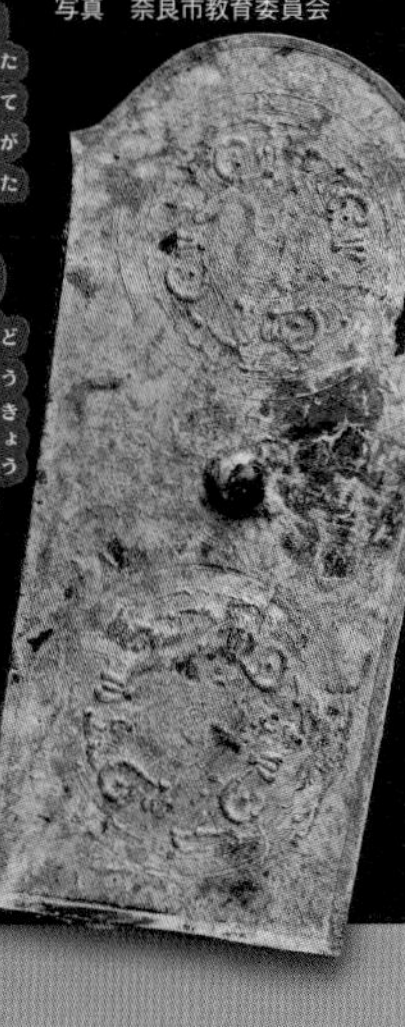

↓富雄丸山古墳《とみおまるやまこふん》から見《み》つかった盾形銅鏡《たてがたどうきょう》の文様面《もんようめん》（背面《はいめん》）
写真　奈良市教育委員会

日本《にほん》の代表的《だいひょうてき》な古墳《こふん》

↓全長約《ぜんちょうやく》486mの日本最大《にほんさいだい》の前方後円墳《ぜんぽうこうえんふん》。大山古《だいせんこ》墳《ふん》を含《ふく》む「百舌鳥《もず》・古市古墳群《ふるいちこふんぐん》」は世界文化遺産《せかいぶんかいさん》

→金銅製《こんどうせい》の冠《かんむり》やはきもの、馬具《ばぐ》(写真《しゃしん》)などが出土《しゅつど》。中国《ちゅうごく》や朝鮮半島《ちょうせんはんとう》とのつながりがうかがえる

江田船山《えたふなやま》、稲荷山両方《いなりやまりょうほう》の古墳《こふん》からワカタケ大王《おおきみ》の文字《もじ》が刻《きざ》まれた刀剣《とうけん》が出土《しゅつど》。このことから5世紀《せいき》のヤマト王権《おうけん》の勢力範囲《せいりょくはんい》がわかる

←稲荷山古墳出土鉄剣《いなりやまこふんしゅつどてっけん》

↑星座《せいざ》や4人《にん》の女性《じょせい》などが描《えが》かれた極彩《ごくさい》色《しき》の壁画《へきが》「飛鳥美人《あすかびじん》」(写真《しゃしん》)が発見《はっけん》された

謎《なぞ》その③ 誰《だれ》が埋葬《まいそう》されていた?

ヤマト王権《おうけん》においては、古《こ》墳《ふん》は形《かたち》によってランク付《つ》けされていた。一番上《いちばんうえ》の古墳《こふん》は前方後円墳《ぜんぽうこうえんふん》で、大王《おおきみ》(のちの天皇《てんのう》)やそれに次《つ》ぐ人《ひと》の墓《はか》とされていた。円墳《えんぷん》はそれよりも格下《かくした》であるが、富雄丸山《とみおまるやま》古墳《こふん》は直径約《ちょっけいやく》109mという破格《はかく》の大《おお》きさである。そのうえこの古墳《こふん》は、奈良《なら》と大阪《おおさか》を結《むす》ぶ交通《こうつう》の要地《ようち》に位置《いち》している。こうしたことを考《かんが》えると、古墳《こふん》に埋葬《まいそう》された人物《じんぶつ》は、ヤマト王権《おうけん》を支《ささ》えた有力《ゆうりょく》な豪族《ごうぞく》の一人《ひとり》と思《おも》われる。そして、この豪族《ごうぞく》に仕《つか》えたのが、造《つく》り出《だ》し部《ぶ》の木棺《もっかん》に埋葬《まいそう》された人物《じんぶつ》である。この人物《じんぶつ》の副葬品《ふくそうひん》である盾形銅鏡《たてがたどうきょう》と蛇《だ》行剣《こうけん》の規模《きぼ》を考《かんが》えると、この人物《じんぶつ》と、この人物《じんぶつ》が仕《つか》えた古《こ》墳《ふん》の「主《あるじ》」は相当《そうとう》な富《とみ》と力《ちから》をもっていたのではないか。武《ぶ》器《き》(蛇行剣《だこうけん》)と祭器《さいき》(銅鏡《どうきょう》)が埋葬《まいそう》されているので、この人《じん》物《ぶつ》は軍事《ぐんじ》と祭祀《さいし》の両方《りょうほう》から、古墳《こふん》の「主《あるじ》」を強力《きょうりょく》にサポートしていたことがうかがえる。

富雄丸山古墳《とみおまるやまこふん》

「空白《くうはく》の4世紀《せいき》」にどこまで迫《せま》れるか

富雄丸山古墳《とみおまるやまこふん》がつくられた4世紀後半《せいきこうはん》は、ヤマト王権《おうけん》が全国《ぜんこく》に勢力《せいりょく》を拡大《かくだい》した時期《じき》で、前方後円墳《ぜんぽうこうえんふん》が巨大化《きょだいか》する時期《じき》でもある。ところが4世紀《せいき》は中国側《ちゅうごくがわ》に日本《にほん》に関《かん》する史料《しりょう》が残《のこ》っていない。このため4世紀《せいき》は「謎《なぞ》の4世紀《せいき》」とか「空白《くうはく》の4世紀《せいき》」と呼《よ》ばれている。今回《こんかい》の発見《はっけん》が、空白《くうはく》の4世《せい》紀《き》に考古学《こうこがく》の視点《してん》からどこまで迫《せま》ることができるか。「造《つく》り出《だ》し」にある木棺《もっかん》は盗掘《とうくつ》されていないうえ、保存《ほぞん》状態《じょうたい》も良好《りょうこう》であるという。今後《こんご》の調査《ちょうさ》の行方《ゆくえ》に注目《ちゅうもく》したい。

銅鏡《どうきょう》と鉄剣《てっけん》の出土位置《しゅつどいち》を説明《せつめい》する様子《ようす》

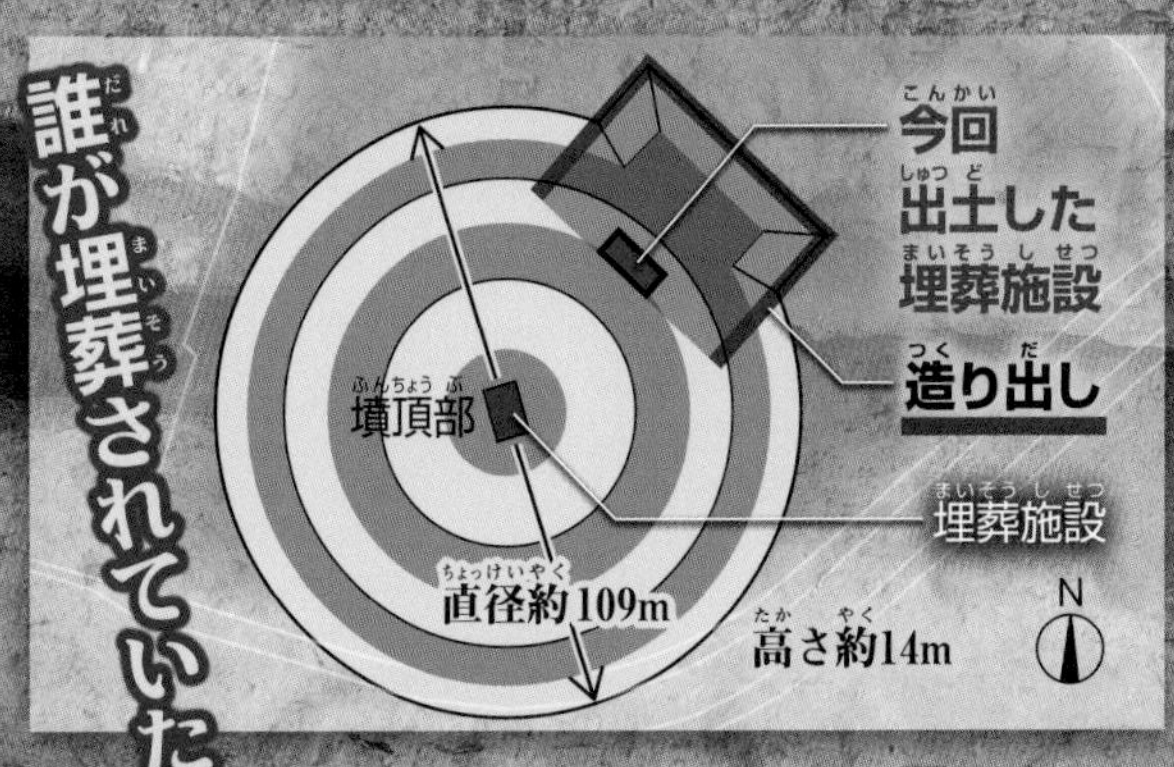

写真・図版　朝日新聞社

国会前《こっかいまえ》で、入管法改正案《にゅうかんほうかいせいあん》に反対《はんたい》する人々《ひとびと》。難民《なんみん》を支援《しえん》する団体《だんたい》が集会《しゅうかい》を主催《しゅさい》し、連日《れんじつ》、多《おお》くの市民《しみん》がつめかけた（6月7日《がつなのか》、国会前《こっかいまえ》）

日本《にほん》は難民《なんみん》に冷《つめ》たい国《くに》なの？

日本《にほん》の難民認定《なんみんにんてい》は、他《た》の先進国《せんしんこく》と比《くら》べてとても厳《きび》しい。さらに6月《がつ》の法改正《ほうかいせい》で、審《しん》査《さ》を2回通《かいとお》らなかった人《ひと》を母国《ぼこく》に強制《きょうせい》的《てき》に送《おく》り返《かえ》すことが可能《かのう》になった。日本《にほん》は難民《なんみん》に冷《つめ》たい国《くに》なのだろうか。

解説《かいせつ》／浅倉拓也《あさくらたくや》（朝日新聞大阪社会部《あさひしんぶんおおさかしゃかいぶ》）

G7《ジーセブン》（主要《しゅよう》7カ国《こく》）の難民認定数《なんみんにんていすう》

	認定率《にんていりつ》	難民認定数《なんみんにんていすう》
ドイツ	25.90%	3万《まん》8918人《にん》
カナダ	62.13	3万《まん》3801人《にん》
フランス	17.54	3万《まん》2571人《にん》
アメリカ	32.23	2万《まん》590人《にん》
イギリス	63.38	1万《まん》3703人《にん》
イタリア	15.56	6845人《にん》
日本《にほん》	0.67	74人《にん》

日本《にほん》の難民認定数《なんみんにんていすう》は74人《にん》と非常《ひじょう》に少《すく》ない。認定率《にんていりつ》は0.7%未満《みまん》

資料　UNHCR、法務省（2021年）

キーワード
難民《なんみん》

国連難民条約《こくれんなんみんじょうやく》では、人種《じんしゅ》、宗教《しゅうきょう》、国籍《こくせき》、政《せい》治的意見《じてきいけん》または特定《とくてい》の社会集団《しゃかいしゅうだん》に属《ぞく》するという理由《りゆう》で、自国《じこく》で迫害《はくがい》を受《う》けるおそれがあり、他国《たこく》へ逃《のが》れた人《ひと》たちと定《てい》義《ぎ》する。戦争《せんそう》などから逃《のが》れた人《ひと》も難民《なんみん》として保護《ほご》する考《かんが》えも近年《きんねん》は世界《せかい》で広《ひろ》まっている。国連《こくれん》によると、難民《なんみん》の数《かず》は世界《せかい》で1億人《おくにん》を超《こ》える。

入管法《にゅうかんほう》「改正《かいせい》」でさらに厳《きび》しく

自分《じぶん》の国《くに》に住《す》んでいると危険《きけん》なため、外国《がいこく》に逃《のが》れる難民《なんみん》◆が世界《せかい》に多《おお》くいる。日本政府《にほんせいふ》に難民《なんみん》と認《みと》めてもらい、日本《にほん》に住《す》めるよう求《もと》める人《ひと》もいる。認《みと》められなければ日本《にほん》から母国《ぼこく》に強《きょう》制送還《せいそうかん》されることもあるが、その送還《そうかん》をしやすくするため、6月9日《がつここのか》に国会《こっかい》で入管《にゅうかん》難民法《なんみんほう》（入管法《にゅうかんほう》）という法律《ほうりつ》が改正《かいせい》された。なぜ、こんなことをするのだろうか。

難民《なんみん》とは、自分《じぶん》の国《くに》の政《せい》府《ふ》を批判《ひはん》して逮捕《たいほ》されたり、民族《みんぞく》や宗教《しゅうきょう》を理由《りゆう》に差別《さべつ》されたりする可能性《かのうせい》がある人《ひと》たちのことだ。

多《おお》くは隣国《りんごく》に逃《に》げるので精《せい》いっぱいだが、ヨーロッパやアメリカなどの民《みん》主主義《しゅしゅぎ》の国《くに》へ渡《わた》る人《ひと》もいる。日本《にほん》も加入《かにゅう》する国連難民《こくれんなんみん》条約《じょうやく》は、そうした人《ひと》たちを保護《ほご》し、その国《くに》へ追《お》い返《かえ》さないことなどを定《さだ》めている。

2021年《ねん》はドイツで約《やく》3万《まん》9千人《せんにん》、アメリカで2万人以上《まんにんいじょう》が難民《なんみん》と認《みと》められ、保護《ほご》された。だが日《に》本《ほん》で認定《にんてい》されたのは74人《にん》。難民申請《なんみんしんせい》が認《みと》められる割《わり》合《あい》（認定率《にんていりつ》）もドイツが約《やく》26%、アメリカが約《やく》32%に対《たい》し、日本《にほん》は0・7%未満《みまん》と、日本政府《にほんせいふ》の難民認定《なんみんにんてい》が厳《きび》しいのは明《あき》らかだ。

申請中《しんせいちゅう》でも強制送還《きょうせいそうかん》が可能《かのう》に

日本《にほん》では難民認定《なんみんにんてい》されなかった場合《ばあい》、国《くに》が特別《とくべつ》に日《に》本《ほん》に住《す》むことを認《みと》める場合《ばあい》（在留特別許可《ざいりゅうとくべつきょか》）もあるが、大半《たいはん》は強制的《きょうせいてき》に母国《ぼこく》に送《おく》り返《かえ》される（強制退去処分《きょうせいたいきょしょぶん》）。

もし、本当《ほんとう》の難民《なんみん》なのに追《お》い返《かえ》せば、帰国後《きこくご》に命《いのち》の危険《きけん》さえある。だから難民《なんみん》認定《にんてい》の審査《しんさ》は慎重《しんちょう》にしなければならないし、審査《しんさ》の結《けっ》果《か》が出《で》るまでは、送還《そうかん》し↘↙ないことになっていた。

難民申請者《なんみんしんせいしゃ》の中《なか》には、豊《ゆた》かな国《くに》で働《はたら》くために「難民《なんみん》だ」と偽《いつわ》る人《ひと》もいるだろう。日本政府《にほんせいふ》の出入国在留管《しゅつにゅうこくざいりゅうかん》理庁《りちょう》（入管《にゅうかん》）は「本当《ほんとう》は難民《なんみん》でなく、審査《しんさ》で難民不認定《なんみんふにんてい》になっても送還《そうかん》されないよう、繰《く》り返《かえ》し難民申請《なんみんしんせい》をする人《ひと》がいる」として、そうした人《ひと》たちを送還《そうかん》しやすくしようと考《かんが》えた。

写真・図版　朝日新聞社

それが入管法改正《にゅうかんほうかいせい》の主《おも》なねらいだ。

法改正《ほうかいせい》で、難民申請《なんみんしんせい》が3回目以降《かいめいこう》の人《ひと》は、特別《とくべつ》な理《り》由《ゆう》がなければ送還《そうかん》できるようになった。退去命令《たいきょめいれい》に従《したが》わなければ、刑事罰《けいじばつ》を受《う》ける場合《ばあい》もある。

活躍《かつやく》する難民《なんみん》たち

逃《のが》れた国《くに》で活躍《かつやく》する難民《なんみん》は多《おお》くいる。1930年代《ねんだい》にドイツのユダヤ人《じん》迫害《はくがい》から逃《のが》れ、アメリカへ移住《いじゅう》した天才科学者《てんさいかがくしゃ》のアルベルト・アインシュタイン（左《ひだり》）は有名《ゆうめい》。日本《にほん》にも、人手不足《ひとでぶそく》の建設現場《けんせつげんば》から国際的《こくさいてき》な企業《きぎょう》まで、能力《のうりょく》を発揮《はっき》して働《はたら》いている元難民《もとなんみん》がたくさんいる。少子高齢《しょうしこうれい》化《か》が進《すす》む中《なか》、勉強《べんきょう》する機会《きかい》を与《あた》えるなどして、日本社会《にほんしゃかい》で活躍《かつやく》してもらえるように支援《しえん》することも大切《たいせつ》だ。

帰国《きこく》すれば命《いのち》の危険《きけん》がある人《ひと》も

この法改正《ほうかいせい》には難民《なんみん》を支援《しえん》している人《ひと》たちから強《つよ》い反対《はんたい》がある。難民《なんみん》不認定《ふにんてい》の審査結果《しんさけっか》が2回出《かいで》ていても、「本当《ほんとう》の難民《なんみん》ではない」と言《い》い切《き》れないからだ。たとえばミャンマーでイスラム教徒《きょうと》のロヒンギャが迫害《はくがい》されているのは広《ひろ》く知《し》られているが、あるロヒンギャの男《だん》性《せい》は3回申請《かいしんせい》したがいずれも認《みと》められなかった。

日本《にほん》の難民認定《なんみんにんてい》は厳《きび》しすぎるというだけでなく、法改正《ほうかいせい》をめぐる国会《こっかい》での議《ぎ》論《ろん》では、難民審査《なんみんしんさ》が公正《こうせい》に行《おこな》われていないのではないかという疑《うたが》いも深《ふか》まった。

難民審査《なんみんしんさ》は入管《にゅうかん》の審査《しんさ》で不認定《ふにんてい》になっても、「不服《ふふく》申《もう》し立《た》て」をして2回目《かいめ》の審査《しんさ》を受《う》けることができる。そこでは難民審査参与員《なんみんしんさいさんよいん》という入管職員《にゅうかんしょくいん》でない人《ひと》も加《くわ》わる。政府《せいふ》は、だから審査《しんさ》は公正《こうせい》だと主張《しゅちょう》する。だが「本《ほん》当《とう》の難民《なんみん》はほとんどいない」と言《い》っていた参与員《さんよいん》が、1人《ひとり》で膨大《ぼうだい》な審査《しんさ》をしていたことが明《あき》らかになるなど、本当《ほんとう》に正《ただ》しく審査《しんさ》をしているのか疑《うたが》わしくなった。

難民不認定《なんみんふにんてい》の結果《けっか》が出《で》ると、多《おお》くの場合《ばあい》は強制退去《きょうせいたいきょ》処分《しょぶん》になるのは先《さき》に述《の》べた通《とお》りだ。その場合《ばあい》、原則《げんそく》として入管《にゅうかん》の施設《しせつ》に収容《しゅうよう》される。スリランカ人女性《じんじょせい》が名古屋《なごや》の施設《しせつ》で体調不良《たいちょうふりょう》を訴《うった》えながら病院《びょういん》に連《つ》れていってもらえず亡《な》くなったような問《もん》題《だい》も起《お》きている。収容所《しゅうようじょ》の外《そと》で生活《せいかつ》する「仮放免《かりほうめん》」が認《みと》められる場合《ばあい》もあるが、働《はたら》いてお金《かね》を稼《かせ》ぐことはできない。

そんな状態《じょうたい》でも送還《そうかん》を拒《きょ》否《ひ》する人《ひと》の多《おお》くには、母国《ぼこく》にどうしても帰《かえ》れない事情《じじょう》があると考《かんが》えられる。日本《にほん》で生《う》まれ育《そだ》ったので、帰《かえ》るべき国《くに》はないという人《ひと》もいる。

「日本《にほん》は難民《なんみん》に冷《つめ》たい」という批判《ひはん》は国内外《こくないがい》にある（※）。外国《がいこく》から労働者《ろうどうしゃ》らをどう受《う》け入《い》れるかはさまざまな考《かんが》え方《かた》があるが、その議《ぎ》論《ろん》とは違《ちが》い、難民《なんみん》の保護《ほご》は難民条約上《なんみんじょうやくじょう》の責務《せきむ》だ。日本《にほん》が世界《せかい》からより信頼《しんらい》され、尊敬《そんけい》される国《くに》になるためには、難民《なんみん》に冷《つめ》たい国《くに》であってはならない。

強制退去処分《きょうせいたいきょしょぶん》を受《う》けた人《ひと》の状況《じょうきょう》

強制退去処分《きょうせいたいきょしょぶん》

送還《そうかん》に応《おう》じる人《ひと》　年間約《ねんかんやく》1万人《まんにん》
（2018～20年《ねん》の平均《へいきん》）

強制退去処分《きょうせいたいきょしょぶん》が決《き》まった人《ひと》のうち、年間約《ねんかんやく》1万人《まんにん》は帰国《きこく》しているが、3224人《にん》が送還《そうかん》を拒《こば》んでいる。そのうち約半《やくはん》数《すう》が難民認定《なんみんにんてい》を申請中《しんせいちゅう》

送還《そうかん》を拒《こば》む人《ひと》　計《けい》3224人《にん》
（2021年末時点《ねんまつじてん》）

うち難民申請中《なんみんしんせいちゅう》　計《けい》1629人《にん》
（現在《げんざい》は一律《いちりつ》に送還停止《そうかんていし》）

仮放免《かりほうめん》された人《ひと》	2546人《にん》
仮放免《かりほうめん》され、逃亡《とうぼう》した人《ひと》	599人《にん》
収容《しゅうよう》された人《ひと》	79人《にん》

メモ　仮放免者《かりほうめんしゃ》は、病気《びょうき》などの理由《りゆう》で収容所《しゅうようじょ》から出《で》て、身柄《みがら》の拘束《こうそく》を解《と》かれますが、働《はたら》くことが禁止《きんし》されています。

資料　出入国在留管理庁（2021年12月末現在）

→街頭《がいとう》で入管法改正案《にゅうかんほうかいせいあん》への反対《はんたい》を呼《よ》びかける、ミャンマーの少数民族《しょうすうみんぞく》ロヒンギャのミョーチョーチョーさん（右《みぎ》）。仮放免者《かりほうめんしゃ》で、生活苦《せいかつく》の中《なか》、難民申請《なんみんしんせい》してきたが、2023年2月、3回目の申請が退《しりぞ》けられた。法改正《ほうかいせい》によって強制送還《きょうせいそうかん》される可能性《かのうせい》がある（5月25日、東京都練馬区）

←名古屋《なごや》の入管施設《にゅうかんしせつ》に収容《しゅうよう》され、体調不良《たいちょうふりょう》を訴《うった》えながら放置《ほうち》されて亡《な》くなったスリランカ人女性《じんじょせい》・ウィシュマ・サンダマリさん（中央遺影《ちゅうおういえい》）の二人《ふたり》の妹《いもうと》（中央《ちゅうおう》）。姉《あね》の死《し》の検証《けんしょう》を求《もと》め、入管法改正案《にゅうかんほうかいせいあん》にも反対《はんたい》してきた（6月8日、国会前《こっかいまえ》）

※国連難民高等弁務官事務所《こくれんなんみんこうとうべんむかんじむしょ》（UNHCR《ユーエヌエイチシーアール》）が難民《なんみん》と認《みと》めた外国人《がいこくじん》が日本《にほん》から母国《ぼこく》に追《お》い返《かえ》されたケースが過去《かこ》に少《すく》なくとも2度《ど》あり、国内外《こくないがい》から批判《ひはん》されています。

内戦中《ないせんちゅう》に大地震《おおじしん》が直撃《ちょくげき》したシリア

シリア内戦《ないせん》のきっかけは12年前《ねんまえ》。中東各地《ちゅうとうかくち》で民主化運動《みんしゅかうんどう》「アラブの春《はる》」が起《お》きる中《なか》、市民《しみん》のデモをアサド政権《せいけん》が弾圧《だんあつ》したことだ。アメリカやヨーロッパ、トルコなどが反体制派《はんたいせいは》を、ロシアやイランが政権《せいけん》を支援《しえん》し、内戦《ないせん》の構図《こうず》は複雑化《ふくざつか》。政権側《せいけんがわ》は一時劣勢《いちじれっせい》だったが盛《も》り返《かえ》し、反体制派《はんたいせいは》を北西部《ほくせいぶ》の一帯《いったい》に追《お》い詰《つ》めている。民間人《みんかんじん》の死者《ししゃ》は30万人以上《まんにんいじょう》とみられ、600万人以上《まんにんいじょう》が国外脱出《こくがいだっしゅつ》。「今世紀最悪《こんせいきさいあく》の人道危機《じんどうきき》」といわれる中《なか》、今回《こんかい》の地震《じしん》が起《お》きた。

5万人超《まんにんちょう》が死亡《しぼう》

トルコ・シリア地震《じしん》

解説《かいせつ》／佐藤達弥《さとうたつや》（朝日新聞《あさひしんぶん》テヘラン支局長《しきょくちょう》）

トルコ南部《なんぶ》で2023年《ねん》2月6日《がつむいか》、マグニチュード(M)7・8とM7・5の地震《じしん》が相次《あいつ》いで発生《はっせい》。シリアと合《あ》わせ、5万5千人以上《まんせんにんいじょう》が死亡《しぼう》した(3月31日現在《がつにちげんざい》)。11年《ねん》の東日本大震災《ひがしにほんだいしんさい》の2倍以上《ばいいじょう》で、過去《かこ》10年余《ねんあま》りの間《あいだ》で世界最大《せかいさいだい》の地震被害《じしんひがい》となった。東日本大震災《ひがしにほんだいしんさい》(M9・0)は、海《うみ》のプレート(岩板《がんばん》)が陸《りく》のプレートの下《した》に沈《しず》み込《こ》む境界《きょうかい》で起《お》きる「海溝型《かいこうがた》」と呼《よ》ばれる地震《じしん》だった。一方《いっぽう》、今回起《こんかいお》きたのは、1995年《ねん》の阪神《はんしん》・淡路大震災《あわじだいしんさい》や、2016年《ねん》の熊本《くまもと》地震《じしん》と同《おな》じ「内陸型《ないりくがた》」だ。

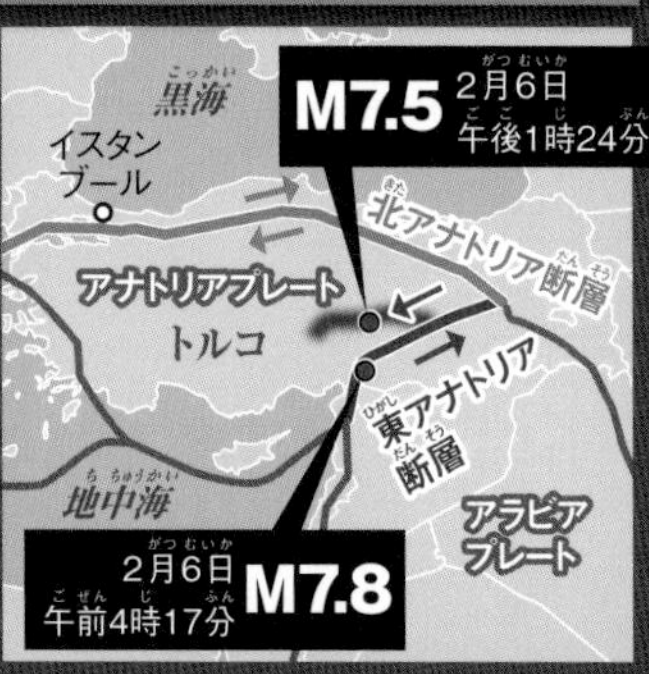

M7.8の地震《じしん》で断層《だんそう》は最大《さいだい》2mずれ、範囲《はんい》は200㎞以上《いじょう》に及《およ》んだ

マグニチュード(M)＝地震《じしん》のエネルギーの大《おお》きさ(規模《きぼ》)を表《あらわ》す単位《たんい》。

「人災《じんさい》」の指摘《してき》も

最初《さいしょ》のM7・8の地震《じしん》では、比較的活発《ひかくてきかっぱつ》な活断層《かつだんそう》として知《し》られる東《ひがし》アナトリア断層《だんそう》が広範囲《こうはんい》に動《うご》いたとみられる。規模《きぼ》の大《おお》きさに加《くわ》え、震源《しんげん》が浅《あさ》かったことが大《おお》きな被害《ひがい》につながった。

最初《さいしょ》の地震《じしん》は未明《みめい》に起《お》きたため、死者《ししゃ》の中《なか》には、寝《ね》ていて逃《に》げる間《ま》もなかった人《ひと》が多《おお》かったようだ。生《い》き残《のこ》った人《ひと》も、がれきの下《した》に閉《と》じ込《こ》められ、寒《さむ》さに体力《たいりょく》を奪《うば》われた。発生《はっせい》が真冬《まふゆ》の未明《みめい》だった点《てん》は、阪神《はんしん》・淡路大震災《あわじだいしんさい》とも共通《きょうつう》する。

被災地《ひさいち》では、ビルが垂直《すいちょく》につぶれたようになる「パンケーキクラッシュ」も目立《めだ》った。柱《はしら》の強度《きょうど》が低《ひく》いことが原因《げんいん》だ。建物《たてもの》は数秒《すうびょう》で崩《くず》れ、逃《に》げる時間《じかん》もないという。

トルコの耐震基準《たいしんきじゅん》は日本《にほん》並《な》みだが、被災地《ひさいち》には古《ふる》い建物《たてもの》も多《おお》く残《のこ》っていた。新《あたら》しい建物《たてもの》も、耐震基準《たいしんきじゅん》が守《まも》られていなかった可能性《かのうせい》がある。基準《きじゅん》を満《み》たさない建《たて》物《もの》も、お金《かね》を支払《しはら》えば、行《ぎょう》政《せい》の処分《しょぶん》を免《まぬか》れる措置《そち》が取《と》られてきた。このため、被《ひ》害《がい》が拡大《かくだい》したのは「人災《じんさい》」だとの指摘《してき》も出《で》ている。

一方《いっぽう》、シリアでは、アサド政権《せいけん》と反体制派《はんたいせいは》の内戦《ないせん》が10年以上続《ねんいじょうつづ》く中《なか》で、今回《こんかい》の地震《じしん》が起《お》きた。

アサド政権側《せいけんがわ》には、後《うし》ろ盾《だて》であるロシアや、周辺《しゅうへん》の国《くに》から救助隊《きゅうじょたい》や支援物資《しえんぶっし》が送《おく》られた。一方《いっぽう》、反体制派《はんたいせいは》が追《お》い詰《つ》められている北西《ほくせい》部《ぶ》への支援《しえん》は遅《おく》れた。政権《せいけん》やロシアの意向《いこう》で、国際社《こくさいしゃ》会《かい》による支援《しえん》ルートが限《かぎ》られていたのが影響《えいきょう》している。

シリア北西部《ほくせいぶ》では、地震《じしん》前《まえ》から180万人《まんにん》がテントなどで避難生活《ひなんせいかつ》を送《おく》り、水《みず》や医療《いりょう》も不足《ふそく》。加《くわ》えて、今回《こんかい》の地震《じしん》で1万棟以上《まんむねいじょう》の建物《たてもの》が倒壊《とうかい》し、さらに多《おお》くの人《ひと》が家《いえ》を失《うしな》った。

日本《にほん》からできることとしては、国連《こくれん》などへの寄《き》付《ふ》を通《つう》じた支援《しえん》がある。両国《りょうこく》で被災《ひさい》した人《ひと》は計約《けいやく》1800万人《まんにん》に上《のぼ》り、息《いき》の長《なが》い支援《しえん》が必要《ひつよう》だ。トルコと同《おな》じ地震国《じしんこく》の日本《にほん》に暮《く》らす私《わたし》たち自身《じしん》も、日《ひ》ごろからしっかり備《そな》える必要《ひつよう》があるだろう。

↑小《ちい》さな「墓《はか》」の前《まえ》で目《め》を閉《と》じる人《ひと》。大規模《だいきぼ》な地震被《じしんひ》害《がい》の中《なか》、犠牲者《ぎせいしゃ》をていねいに埋葬《まいそう》することもままならない(2月《がつ》13日《にち》、シリア北西部《ほくせいぶ》イドリブ)

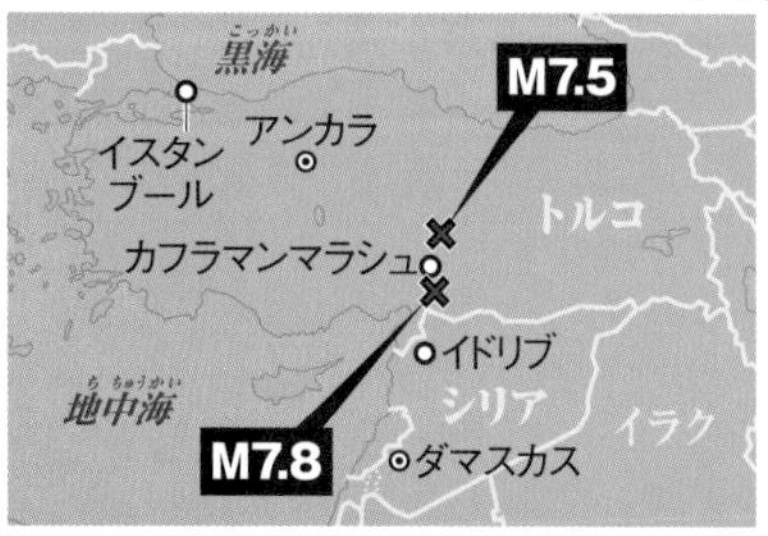

ビルが垂直《すいちょく》に押《お》しつぶされたように崩壊《ほうかい》する「パンケーキクラッシュ」が起《お》きたとみられる建物《たてもの》(右《みぎ》)。1階部分《かいぶぶん》には商店《しょうてん》が入居《にゅうきょ》していたというが、まったく痕跡《こんせき》がなくなっていた(2月7日《がつなのか》、トルコ南部《なんぶ》カフラマンマラシュ)

(※2023年《ねん》5月号《かつごう》より)

写真　picture alliance/アフロ　朝日新聞社　図版　朝日新聞社

特集《とくしゅう》

2024年《ねん》 入試《にゅうし》で注目《ちゅうもく》！

5大《だい》テーマを深掘《ふかぼ》り

中学入試《ちゅうがくにゅうし》で問《と》われやすい5大《だい》テーマを詳《くわ》しく解説《かいせつ》しています。
「なぜ？」「どうして？」を自分《じぶん》なりに考《かんが》えながら読《よ》み進《すす》めて、理解《りかい》を深《ふか》めましょう。

特集《とくしゅう》

関東大震災《かんとうだいしんさい》から100年《ねん》

知《し》って備《そな》える大震災《だいしんさい》

2023年《ねん》は、1923年《ねん》の関東大震災《かんとうだいしんさい》から100年《ねん》という節目《ふしめ》の年《とし》。この大震災《だいしんさい》はどんなものだったのだろう。教訓《きょうくん》を生《い》かし、今後起《こんごお》こりうる大震災《だいしんさい》に備《そな》えよう。

監修《かんしゅう》　鈴木《すずき》 淳《じゅん》（東京大学大学院人文社会系研究科《とうきょうだいがくだいがくいんじんぶんしゃかいけいけんきゅうか》・文学部教授《ぶんがくぶきょうじゅ》）
中野元太《なかのげんた》（京都大学防災研究所巨大災害研究《きょうとだいがくぼうさいけんきゅうしょきょだいさいがいけんきゅう》センター助教《じょきょう》）

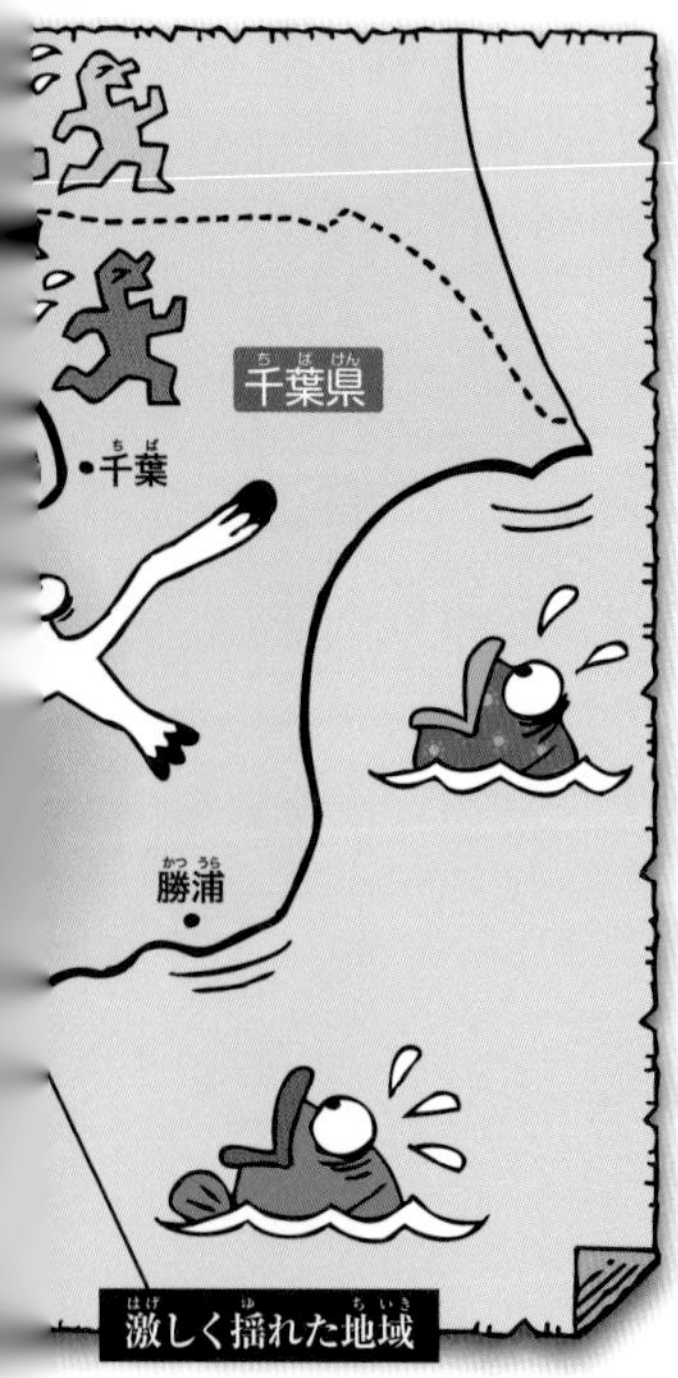

バイオリンなどを演奏《えんそう》しながらカフェなどを渡《わた》り歩《ある》く芸人《げいにん》「モダン流《なが》し」が、大正時代《たいしょうじだい》に流行《りゅうこう》した

▲当時日本一高《とうじにほんいちたか》い建物《たてもの》で、東京《とうきょう》・浅草《あさくさ》のシンボルだった12階《かい》建《だ》ての「凌雲閣《りょううんかく》」。地震《じしん》によって8階《かい》から上《うえ》が崩壊《ほうかい》した

関東大震災《かんとうだいしんさい》　M《マグニチュード》7.9

死者《ししゃ》・行方不明者《ゆくえふめいしゃ》	約《やく》10万《まん》5千人《せんにん》
けが人《にん》	約《やく》10万《まん》3千人《せんにん》
建物全半壊《たてものぜんはんかい》	約《やく》37万棟《まんむね》

▲津波《つなみ》によって海岸《かいがん》から50～60mの陸地《りくち》に打《う》ち上《あ》げられた大型《おおがた》ボート（静岡県《しずおかけん》・伊東付近《いとうふきん》）

▲東京《とうきょう》・上野《うえの》を行《い》き交《か》う避難民《ひなんみん》。移動手段《いどうしゅだん》は徒歩《とほ》のほか、自転車《じてんしゃ》やリヤカー、人力車《じんりきしゃ》とさまざまだ

写真　東京都復興記念館

1 日本《にほん》の地震災害史上《じしんさいがいしじょう》最大《さいだい》の被害《ひがい》を出《だ》した

1923（大正《たいしょう》12）年《ねん》9月1日午前《がつついたちごぜん》11時《じ》58分《ぷん》、相模湾北西部《さがみわんほくせいぶ》を震源《しんげん》とするマグニチュード（M）7・9の大地震《おおじしん》が関東地方《かんとうちほう》を襲《おそ》った。これによって、東京《とうきょう》・横浜《よこはま》を中心《ちゅうしん》に大火災《だいかさい》が発生《はっせい》したほか、各地《かくち》で大《おお》きな揺《ゆ》れによる倒壊《とうかい》、津波《つなみ》、土砂崩《どしゃくず》れなども起《お》きた（詳《くわ》しくはP26を見《み》てね）。

この「関東大震災《かんとうだいしんさい》」による死者《ししゃ》・行方不明者《ゆくえふめいしゃ》は約《やく》10万《まん》5千人《せんにん》、犠牲者《ぎせいしゃ》の約《やく》9割《わり》は焼死《しょうし》だった。被害総額《ひがいそうがく》は約《やく》60億円《おくえん》で、当時《とうじ》の国家予算《こっかよさん》の約《やく》4倍《ばい》。政治《せいじ》や経済《けいざい》は大《おお》きく混乱《こんらん》し、日本《にほん》はひどい不景気《ふけいき》になった。この関東大震災《かんとうだいしんさい》の教訓《きょうくん》を忘《わす》れないよう、1960年《ねん》に、9月《がつ》1日《ついたち》は「防災《ぼうさい》の日《ひ》」と制定《せいてい》された。

100年前《ねんまえ》の大地震《おおじしん》を振《ふ》り返《かえ》ってみよう

P24～27のナビゲーター

鈴木《すずき》 淳先生《じゅんせんせい》

東京大学大学院人文社会系研究科《とうきょうだいがくだいがくいんじんぶんしゃかいけいけんきゅうか》・文学部教授《ぶんがくぶきょうじゅ》。専門《せんもん》は日本近代史《にほんきんだいし》。著書《ちょしょ》に『関東大震災《かんとうだいしんさい》 消防《しょうぼう》・医療《いりょう》・ボランティアから検証《けんしょう》する』など。

写真　松永卓也（写真映像部）

写真　朝日新聞社　　イラスト　オガケン　　図版　谷口正孝

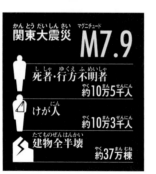

4万人《まんにん》を焼《や》き尽《つ》くした火災旋風《かさいせんぷう》

▲各地《かくち》で巨大《きょだい》な炎《ほのお》の竜巻《たつまき》「火災旋風《かさいせんぷう》」が発生《はっせい》。特《とく》に本所区《ほんじょく》（現在《げんざい》の墨田区《すみだく》）横網町《よこあみちょう》の旧陸軍被服廠《きゅうりくぐんひふくしょう》（軍服《ぐんぷく》などを作《つく》る工場《こうじょう》）跡《あと》では、避難者約《ひなんしゃやく》4万人《まんにん》と家財道具《かざいどうぐ》などを巻《ま》き上《あ》げ、一気《いっき》に焼《や》き尽《つ》くした

絵　徳永柳洲（東京都復興記念館提供）

大火災《だいかさい》はなぜ起《お》きた？

当時《とうじ》の東京《とうきょう》には燃《も》えやすい木造家屋《もくぞうかおく》が密集《みっしゅう》していたうえ、地震発生時《じしんはっせいじ》は昼食《ちゅうしょく》の準備《じゅんび》で火《ひ》を使《つか》っていた家《いえ》も多《おお》かった。さらに強風《きょうふう》の影響《えいきょう》もあり、約《やく》134カ所《しょ》で火災《かさい》が発生《はっせい》。次々《つぎつぎ》と延焼《えんしょう》して3日間《みっかかん》も燃《も》え続《つづ》けた。

▲被服廠跡《ひふくしょうあと》で火葬《かそう》された遺骨《いこつ》の山《やま》に手《て》を合《あ》わせる人々《ひとびと》

写真　東京都復興記念館（背景の煙は一部改変されている）

▲東京《とうきょう》・上野駅前広場《うえのえきまえひろば》に詰《つ》めかけた避難民《ひなんみん》。多《おお》くの人《ひと》が大《おお》きな荷物《にもつ》を持《も》ち出《だ》したため、通行《つうこう》が妨《さまた》げられ、火災《かさい》が広《ひろ》がる原因《げんいん》にもなった

当時《とうじ》はどんな時代《じだい》だった？

大正時代《たいしょうじだい》は15年間《ねんかん》という短《みじか》い期間《きかん》ながら、自由《じゆう》と民主主義《みんしゅしゅぎ》を求《もと》める「大正《たいしょう》デモクラシー」と呼《よ》ばれる運動《うんどう》が起《お》こった。都市《とし》は発展《はってん》し、人々《ひとびと》の暮《く》らしは次第《しだい》に西洋化《せいようか》していった。

明治《めいじ》（1868～1912年《ねん》）

- ・1894年《ねん》　日清戦争《にっしんせんそう》
- ・1904年《ねん》　日露戦争《にちろせんそう》
- ・1910年《ねん》　韓国併合《かんこくへいごう》

大正《たいしょう》（1912～26年《ねん》）

- ・1914年《ねん》　第《だい》1次世界大戦《じせかいたいせん》
- ・1920年《ねん》　戦後恐慌《せんごきょうこう》が始《はじ》まる
- ・1923年《ねん》　関東大震災《かんとうだいしんさい》
- ・1925年《ねん》　普通選挙《ふつうせんきょ》（25歳以上《さいいじょう》の男子《だんし》に選挙権《せんきょけん》）が開始《かいし》
　ラジオ放送《ほうそう》スタート

昭和《しょうわ》（1926～89年《ねん》）

復興《ふっこう》の立役者《たてやくしゃ》 後藤新平《ごとうしんぺい》

▲震災後《しんさいご》、政治家《せいじか》の後藤《ごとう》新平《しんぺい》が中心《ちゅうしん》になり「帝都復興計画《ていとふっこうけいかく》」が進《すす》められた。あまりに壮大《そうだい》な計画《けいかく》は「後藤《ごとう》の大風呂敷《おおぶろしき》」といわれた

たたくとカンカン
音《おと》がするぞ

◀大正時代《たいしょうじだい》に流行《りゅうこう》した麦《むぎ》わら帽子《ぼうし》「カンカン帽《ぼう》」

ナゼダーマン
あらゆるナゾを追究《ついきゅう》する正義《せいぎ》の味方《みかた》

▶カレーライスやオムライスなどの洋食《ようしょく》が大衆《たいしゅう》に広《ひろ》まった。震災《しんさい》の年《とし》、銀座千疋屋《ぎんざせんびきや》では日本初《にほんはつ》のフルーツポンチの提供《ていきょう》を始《はじ》めた

コビン
ナゼダーマンの子分《こぶん》

コビンナ
コビンの双子《ふたご》の妹《いもうと》

メモ　大正時代《たいしょうじだい》を舞台《ぶたい》にしたアニメ「鬼滅《きめつ》の刃《やいば》」では浅草《あさくさ》・凌雲閣《りょううんかく》が描《えが》かれていることから、関東大震災前《かんとうだいしんさいまえ》の設定《せってい》であるようです。

関東大震災《かんとうだいしんさい》の主《おも》な被害《ひがい》

当《とう》時《じ》を知《し》る小《しょう》学《がく》生《せい》の作《さく》文《ぶん》※

「ああ恐《おそ》ろしかった九月一日《くがつついたち》」

第六学年男《だいろくがくねんおとこ》　小林《こばやし》繁吉

ああ恐《おそ》ろしかった九月一日《くがつついたち》、何《なん》て恐《おそ》ろしかった日《ひ》だろう。私達《わたしたち》が学校《がっこう》へ行《い》き始業式《しぎょうしき》をすませ皆《みな》でこれから仲《なか》よく勉強《べんきょう》したり遊《あそ》んだりする事《こと》をちかい、喜《よろこ》んで別《わか》れた。学校《がっこう》から帰《かえ》り御飯《ごはん》を食《た》べようとすると、大地《だいち》が急《きゅう》にゆれだした。我々《われわれ》は「そら大地震《おおじしん》」と道路《どうろ》へ逃《に》げる。その中《なか》に、ここかしこに火《ひ》の手《て》が上《あ》がった。消防《しょうぼう》ポンプは皆宮城《みなきゅうじょう》（皇居《こうきょ》）へ宮城《きゅうじょう》へと行《い》って消そうとはしない。火《ひ》の手《て》は盛《さか》んになるばかり、人々《ひとびと》は皆荷物《みなにもつ》をまとめ、上野《うえの》や丸《まる》の内《うち》や両国等《りょうごくとう》、思《おも》い思《おも》いに避難《ひなん》した。

（神田区《かんだく》　橋本尋常小学校《はしもとじんじょうしょうがっこう》）

「火《ひ》の海《うみ》を通《とお》りぬけて」

第五学年女《だいごがくねんおんな》　大久保《おおくぼ》まつ

目《め》の前《まえ》にあった大《おお》きな家《いえ》に火《ひ》がついた。間《ま》もなくその家《いえ》はがらがらとひどい音《おと》をたてて倒《たお》れた。私《わたし》はもうとても助《たす》からない。ここでもろ共《とも》に死《し》ぬのだと思《おも》った。じりじりと髪《かみ》の毛《け》が焼《や》ける。熱《あつ》くて熱《あつ》くてたまらない。弟《おとうと》は「熱《あつ》いよう熱《あつ》いよう」と叫《さけ》ぶ。私《わたし》はかくごをきめて「姉《ねえ》ちゃん、火《ひ》で死《し》ぬのは熱《あつ》いから川《かわ》の中《なか》へ早《はや》く入《い》れてよう」と言《い》うと姉《あね》は「そんなことを言《い》うものではありません。のがれるだけ逃《に》げましょう」と言《い》って、弟《おとうと》をおぶった。私《わたし》もしかたなしに急《いそ》いで駆《か》け出《だ》した。もうもうとうずをまいてくる煙《けむり》が口《くち》や鼻《はな》に入《はい》って苦《くる》しい。弟《おとうと》は舌《した》を出《だ》したりひっこましたりして苦《くる》しがった。頭《あたま》の上《うえ》に真《ま》っ赤《か》な舌《した》のような火《ひ》がめろめろともえている。

（深川区《ふかがわく》　猿江尋常小学校《さるえじんじょうしょうがっこう》）

※『東京市立小学校児童震災記念文集《とうきょうしりつしょうがっこうじどうしんさいきねんぶんしゅう》』から作品《さくひん》を一部抜粋《いちぶばっすい》。文章《ぶんしょう》はなるべくそのままに、一部《いちぶ》、編集《へんしゅう》している。文集《ぶんしゅう》は国立国会図書館《こくりつこっかいとしょかん》デジタルコレクションで全文《ぜんぶん》が読《よ》める。

大正関東地震《たいしょうかんとうじしん》はどんな地震《じしん》だった？

関東大震災《かんとうだいしんさい》を引《ひ》き起《お》こした「大正関東地震《たいしょうかんとうじしん》」は、どんな地震《じしん》だったのだろう？地震発生《じしんはっせい》のしくみとともに学《まな》んでみよう。

本震《ほんしん》と余震《よしん》の分布《ぶんぷ》

	震源《しんげん》	マグニチュード			
本震《ほんしん》	✕	M7.9	1923年《ねん》	9月1日《がつついたち》	11:58
主《おも》な余震《よしん》の震源《しんげん》	✕❶	M7.2			12:01
	✕❷	M7.3			12:03
	✕❸	M7.1			12:48
	✕❹	M7.6		9月《がつ》 2日《ふつか》	11:46
	✕❺	M7.1			18:27
	✕❻	M7.3（丹沢地震《たんざわじしん》）	1924年《ねん》	1月《がつ》15日《にち》	05:50

揺《ゆ》れ、液状化《えきじょうか》、津波《つなみ》の被害《ひがい》

住家全壊率《じゅうかぜんかいりつ》	震度《しんど》（推計《すいけい》）	津波《つなみ》
30%以上《いじょう》	7	12m
10%以上《いじょう》30%未満《みまん》	6強《きょう》	10
1%以上《いじょう》10%未満《みまん》	6弱《じゃく》	8
0.1%以上《いじょう》 1%未満《みまん》	5強《きょう》	6
0%以上《いじょう》0.1%未満《みまん》	5弱《じゃく》	4
報告《ほうこく》なし	5弱《じゃく》以下《いか》	2
		0

液状化発生地点《えきじょうかはっせいちてん》… ●

大正関東地震《たいしょうかんとうじしん》の被害状況《ひがいじょうきょう》

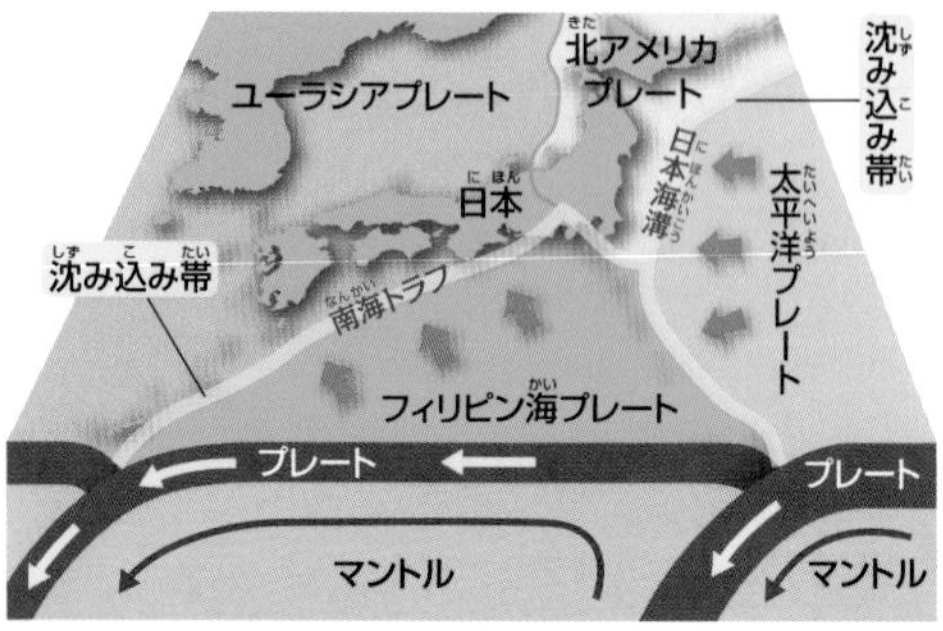

津波《つなみ》を引《ひ》き起《お》こす海溝型地震《かいこうがたじしん》だった

地震《じしん》は地球《ちきゅう》を覆《おお》うプレート🔑同《どう》士《し》がぶつかり合《あ》い、プレートの面《めん》が急激《きゅうげき》にずれることによって起《お》きる。関東大震災《かんとうだいしんさい》を引《ひ》き起《お》こした大正関東地震《たいしょうかんとうじしん》は、フィリピン海《かい》プレートと北《きた》アメリカプレートの境界《きょうかい》で起《お》きた「海溝型地震《かいこうがたじしん》」だった。本震《ほんしん》の震源《しんげん》は相模湾北西部《さがみわんほくせいぶ》、震源域《しんげんいき》は神奈川《かながわ》県《けん》から房総半島南部《ぼうそうはんとうなんぶ》までにおよぶ相模《さがみ》トラフ🔑に沿《そ》って、長《なが》さ約《やく》130km、幅《はば》70kmという、かなり広《ひろ》い範囲《はんい》がずれたとみられる。

海溝型地震《かいこうがたじしん》は津波《つなみ》をともなうことが多《おお》い。この大正関東地震《たいしょうかんとうじしん》でも伊豆半島東岸《いずはんとうとうがん》や相模湾沿岸《さがみわんえんがん》、房総半《ぼうそうはん》島《とう》に津波《つなみ》が押《お》し寄《よ》せて、大《おお》きな被害《ひがい》が出《で》た。そのほかにも、揺《ゆ》れによる山崩《やまくず》れや、地盤《じばん》がドロドロになる「液状化《えきじょうか》」など、さまざまな被害《ひがい》が同《どう》時《じ》に起《お》きた複合災害《ふくごうさいがい》だった。

余震《よしん》が多《おお》かったのも特徴《とくちょう》だ。本《ほん》震《しん》が発生《はっせい》した11時《じ》58分《ぶん》から3分後《ぶんご》、5分後《ふんご》に本震《ほんしん》とほぼ同《おな》じ規模《きぼ》の余《よ》震《しん》が起《お》きている。翌年《よくねん》の丹沢地震《たんざわじしん》まで含《ふく》めると、マグニチュード7以《い》上《じょう》の余震《よしん》が6回《かい》も起《お》きている。

🔑
プレート
地球《ちきゅう》を覆《おお》う厚《あつ》さ100km前後《ぜんご》の岩板《がんばん》で、地《ち》球内部《きゅうないぶ》の流《なが》れ（マントル）に合《あ》わせて、ゆっくりと動《うご》いている。地球《ちきゅう》の表面《ひょうめん》は十数枚《じゅうすうまい》のプレートで覆《おお》われており、日本周辺《にほんしゅうへん》は4枚《まい》のプレートで構成《こうせい》されている。

トラフ
海洋《かいよう》プレートの沈《しず》み込《こ》みによって生《しょう》じた海底《かいてい》の細長《ほそなが》い盆地《ぼんち》。海溝《かいこう》よりも浅《あさ》く、水深《すいしん》が6千《せん》m以下《いか》のものをいう。

地震《じしん》には2種類《しゅるい》ある

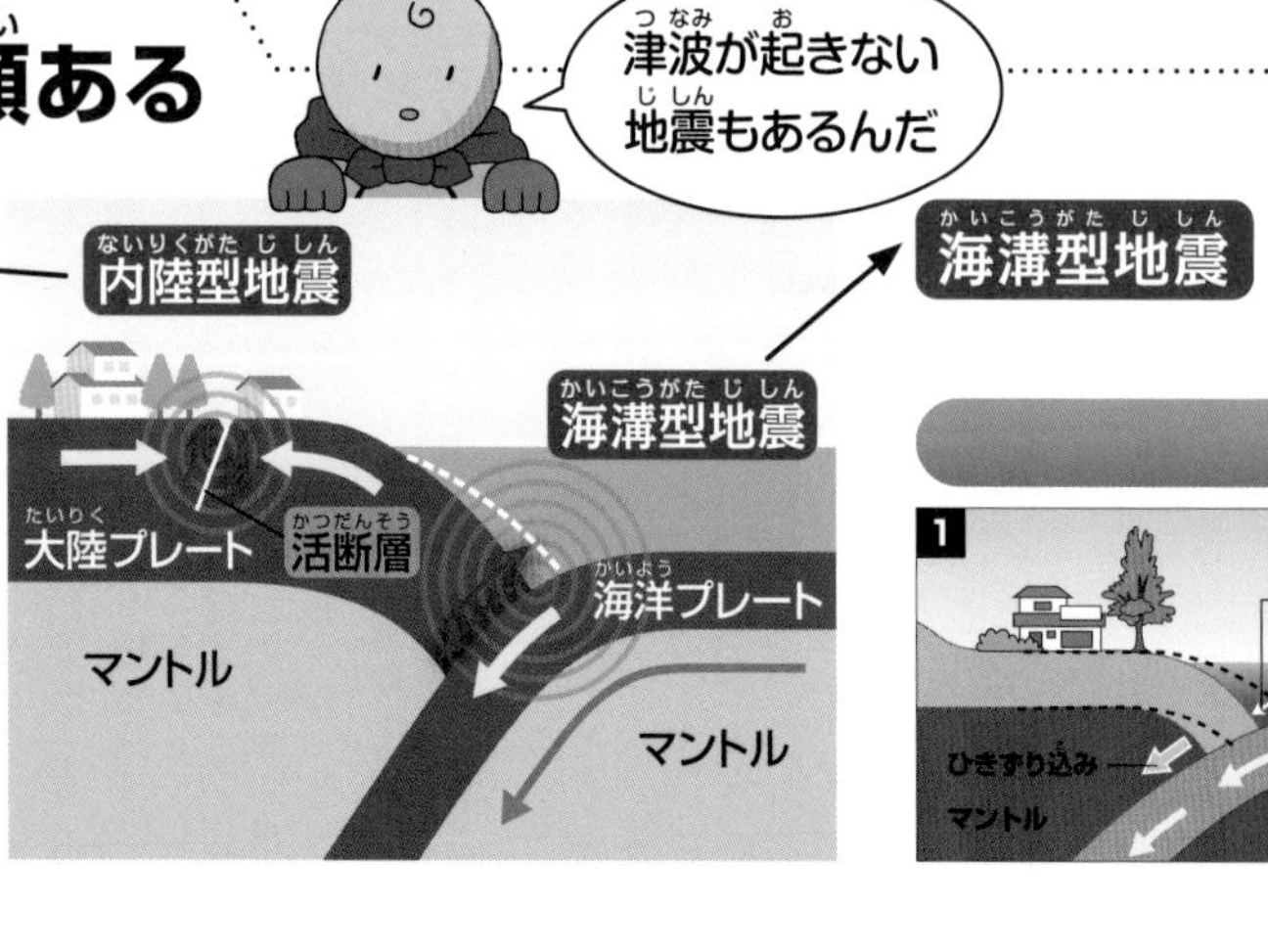

内陸型地震《ないりくがたじしん》

大陸《たいりく》プレート内部《ないぶ》の断層《だんそう》※がずれ動《うご》くことで起《お》きる地震《じしん》を内陸《ないりく》型《がた》（直下型《ちょっかがた》）地震《じしん》という。

※地下《ちか》の地層《ちそう》や岩板《がんばん》に力《ちから》が加《くわ》わって割《わ》れ、割《わ》れた面《めん》に沿《そ》ってずれが生《しょう》じたもの。過去約《かこやく》200万年前《まんねんまえ》の間《あいだ》に動《うご》いたとみなされ、将来《しょうらい》も動《うご》くと推定《すいてい》されるものを「活断層《かつだんそう》」という。

海溝型地震《かいこうがたじしん》

海洋《かいよう》プレートと大陸《たいりく》のプレートがぶつかるところでは、より重《おも》い海洋《かいよう》プレートが大陸《たいりく》のプレートの下《した》に沈《しず》み込《こ》む。この境界《きょうかい》で起《お》こる地《じ》震《しん》を海溝型《かいこうがた》（プレート境界型《きょうかいがた》）地震《じしん》という。

津波発生《つなみはっせい》のしくみ

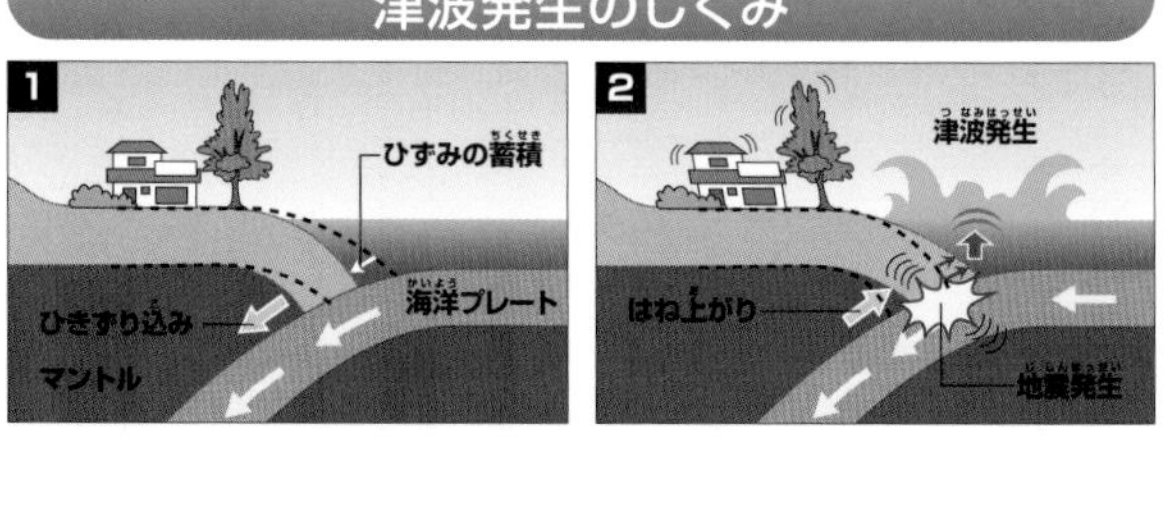

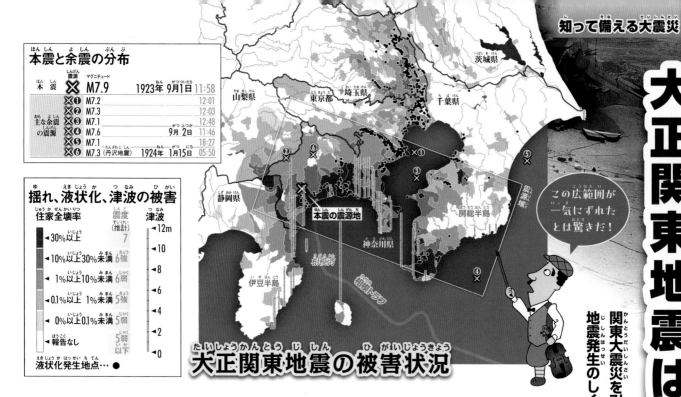

もう一《ひと》つの悲《ひ》劇《げき》

朝鮮人迫害《ちょうせんじんはくがい》が起《お》きた

地震《じしん》の直後《ちょくご》、不安《ふあん》が広《ひろ》がる人々《ひとびと》の間《あいだ》では「朝鮮《ちょうせん》人《じん》が井戸《いど》に毒《どく》を投《な》げ入《い》れたり、放火《ほうか》をしたりしている」などの根《ね》も葉《は》もないうわさ（デマ）が立《た》った。当時《とうじ》、多《おお》くの朝鮮人《ちょうせんじん》が日本《にほん》で働《はたら》いており、日《に》本人《ほんじん》には彼《かれ》らを見下《みくだ》す差別意識《さべついしき》があったようだ。

震災《しんさい》の混乱《こんらん》のなか、朝鮮人《ちょうせんじん》が反乱《はんらん》を起《お》こそうとしていると恐《おそ》れた住民《じゅうみん》は「自警団《じけいだん》」という組織《そしき》をつくり、軍《ぐん》や警察《けいさつ》とともに朝鮮人《ちょうせんじん》と思《おも》われる人《ひと》に暴行《ぼうこう》を加《くわ》え、殺害《さつがい》した。その犠牲者《ぎせいしゃ》は数千人《すうせんにん》ともいわれる。また、この動《うご》きを利用《りよう》して、労働運動《ろうどううんどう》の指導者《しどうしゃ》や社会主義者《しゃかいしゅぎしゃ》、中国人《ちゅうごくじん》が殺《ころ》される事件《じけん》も起《お》きた。

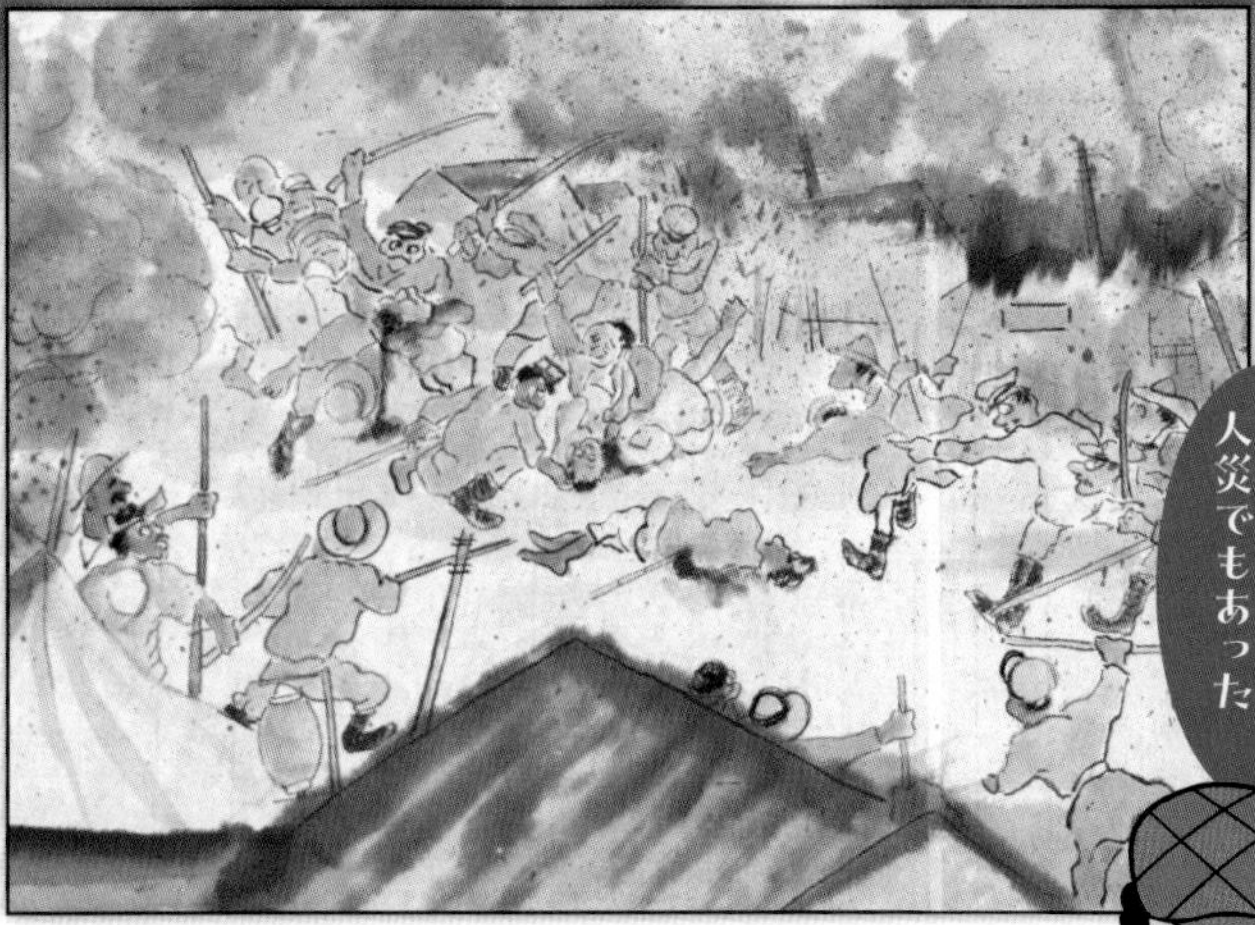

人《ひと》が人《ひと》の命《いのち》を奪《うば》う

▲虐殺《ぎゃくさつ》の様子《ようす》を描《えが》いたとみられる絵《え》。青《あお》い服《ふく》の人物《じんぶつ》が取《と》り囲《かこ》まれて襲《おそ》われている

資料　「関東大震災 絵巻 大正 15 年」（新井勝紘さん提供）

「先生教《せんせいおし》えて!」

関東大震災《かんとうだいしんさい》の教訓《きょうくん》を生《い》かすには?

わずかな水《みず》が命《いのち》を救《すく》う

今《いま》、関東大震災《かんとうだいしんさい》と同《おな》じような地震《じしん》が起《お》きたらどうなるかな?

100年前《ねんまえ》と今《いま》とでは、被害《ひがい》の状況《じょうきょう》は大《おお》きく変《か》わるだろうね。当時《とうじ》に比《くら》べて、今《いま》は建物《たてもの》に耐火性《たいかせい》・耐震性《たいしんせい》があるから、ここまで火事《かじ》は広《ひろ》がらないかもしれない。でも、災害《さいがい》は常《つね》に人々《ひとびと》の想《そう》像《ぞう》を超《こ》えてくるもの。普段《ふだん》から想像力《そうぞうりょく》を働《はたら》かせていろんな可能性《かのうせい》を考《かんが》えておく必要《ひつよう》があるね。

例《たと》えば、どんなこと?

もし地震《じしん》が起《お》きたら、通学路《つうがくろ》のこが危《あぶ》なそうだなとか、家《いえ》の中《なか》で倒《たお》れてきそうな家具《かぐ》はないかなとか、頭《あたま》の中《なか》でいろいろなシミュレーションをしておくのもいいと思《おも》うよ。

防災《ぼうさい》グッズも用意《ようい》しないとね。

必要《ひつよう》なものはいろいろあるけど、災害《さいがい》の備《そな》えで一番重要《いちばんじゅうよう》なのは水《みず》。関東《かんとう》大震災《だいしんさい》でも、ほんの少《すこ》しの水《みず》が人《ひと》の命《いのち》を救《すく》う場面《ばめん》がたくさんあったんだ。きれいな飲《の》み水《みず》のほかに雑用水《ざつようすい》もあると、トイレを流《なが》すときや、傷口《きずぐち》を洗《あら》ったり火《ひ》を消《け》したりといろんなことに使《つか》えて便利《べんり》だよ。

自分《じぶん》で考《かんが》えて判断《はんだん》しよう

備《そな》えが万全《ばんぜん》でも、実際《じっさい》に地震《じしん》が起《お》きると思《おも》うと……やっぱりこわいなぁ。

大地震《おおじしん》が起《お》きたときには、まずは自分《じぶん》の命《いのち》を自分《じぶん》で守《まも》ることが最優先《さいゆうせん》だよ。関東大震災《かんとうだいしんさい》で生《い》き延《の》びた人々《ひとびと》の体《たい》験記《けんき》を読《よ》むと、人《ひと》の後《あと》をついていくのではなく、自分《じぶん》で考《かんが》えて判断《はんだん》して逃《に》げたという記述《きじゅつ》も多《おお》くあるんだ。

自分《じぶん》で判断《はんだん》する、がポイント?

そうだね。安全《あんぜん》そうな避難場所《ひなんばしょ》でも、火災旋風《かさいせんぷう》が発生《はっせい》した被服廠跡《ひふくしょうあと》（P25を見《み》てね）のように人《ひと》が集《あつ》まりすぎると、かえって危険《きけん》なこともある。その場《ば》の状況《じょうきょう》に応《おう》じて臨機応変《りんきおうへん》に行動《こうどう》することが大切《たいせつ》だよ。

今《いま》の時代《じだい》だからこそ、特《とく》に気《き》をつけなきゃいけないことってなに?

関東大震災《かんとうだいしんさい》ではデマによって朝鮮人《ちょうせんじん》が迫害《はくがい》される悲《ひ》惨《さん》な事件《じけん》が起《お》きたよね。今《いま》でも災害時《さいがいじ》など人々《ひとびと》が混乱《こんらん》しているときは、ウソのニュースが流《なが》れやすくなる。特《とく》にSNS《エスエヌエス》とかいろんなメディアが普及《ふきゅう》したぶん、情報《じょうほう》が広《ひろ》がるスピードもずっと速《はや》くなったからね。

本当《ほんとう》かどうかを見極《みきわ》めるのって、難《むずか》しそう。

そうだね。ここでも流《なが》れてきた情《じょう》報《ほう》をうのみにするのではなく、本当《ほんとう》かな?と疑《うたが》ったり、なるべく自分《じぶん》で確《たし》かめて判断《はんだん》したりする練習《れんしゅう》を普段《ふだん》からしておこう。コビンがたくさん勉強《べんきょう》して身《み》につけたいろんな知識《ちしき》が、情報《じょうほう》を判《はん》断《だん》するうえでもきっと役立《やくだ》つはずだよ。

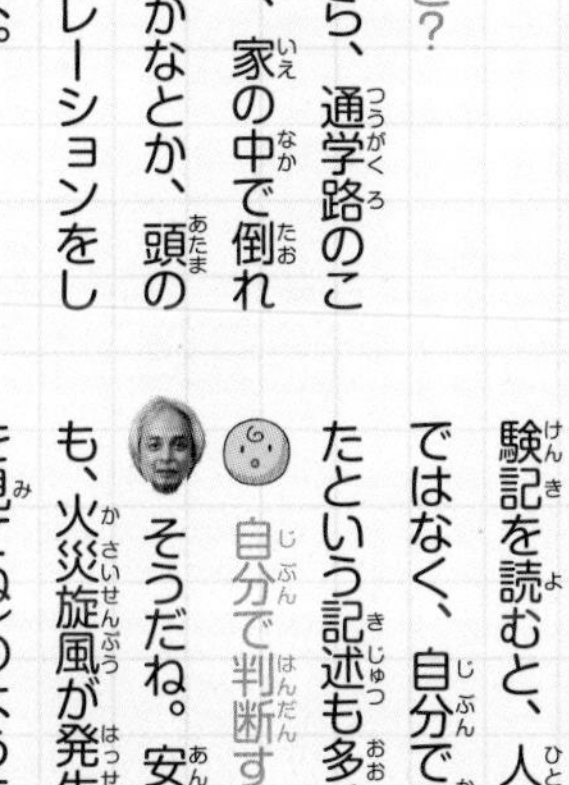

▶震災《しんさい》のさなか、住《じゅう》民《みん》たちが集《あつ》まって炊《た》き出《だ》しのおむすびを作《つく》る様子《ようす》。公的《こうてき》な支《し》援《えん》が遅《おく》れるなか、こうしたボランティア活動《かつどう》などによって救《すく》われる人《ひと》もたくさんいた

写真　東京都復興記念館

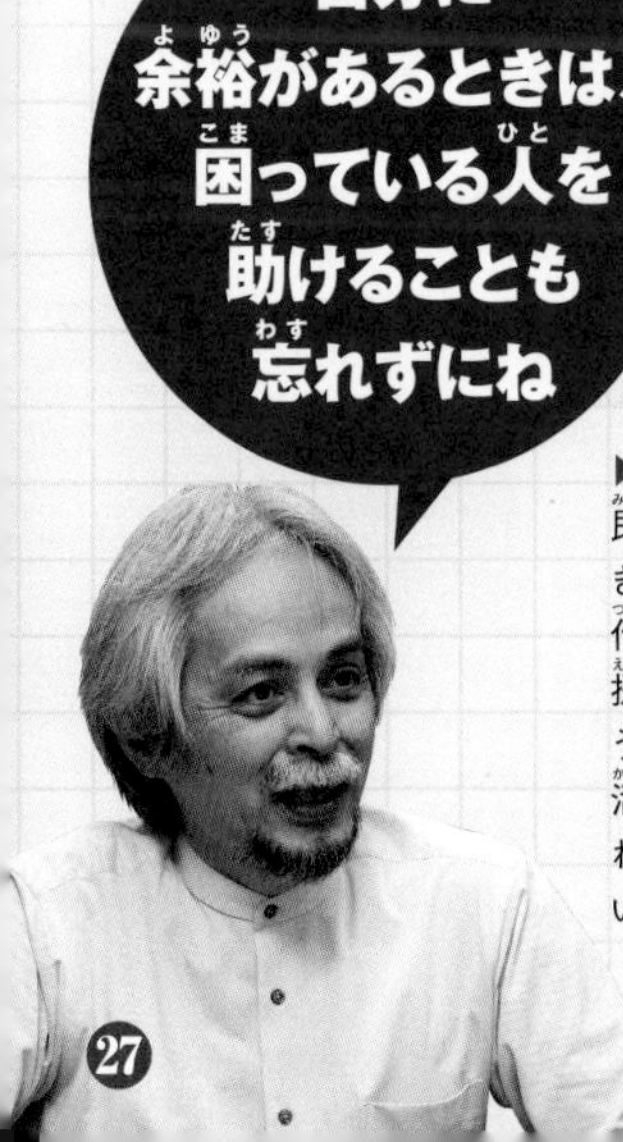
自分《じぶん》に

今後《こんご》予想《よそう》される大地震《おおじしん》は？

日本《にほん》は世界《せかい》でも有数《ゆうすう》の地震大国《じしんたいこく》だ。今後《こんご》いつ、どこで、どんな地震《じしん》の可能性《かのうせい》があるのだろう？

今後《こんご》30年間《ねんかん》に震度《しんど》6弱以上《じゃくいじょう》の揺《ゆ》れに見舞《みま》われる確率《かくりつ》

資料 「全国地震動予測地図」2020年版をもとに編集部が作製

メモ 内陸型地震《ないりくがたじしん》の周期《しゅうき》は1千年以上《せんねんいじょう》と長《なが》いため、過去《かこ》のデータが得《え》にくく、予測《よそく》が難《むずか》しいとされています。

南海《なんかい》トラフ沿《そ》いの地震《じしん》

100～200年《ねん》間隔《かんかく》で発生《はっせい》！

	南海地震《なんかいじしん》	東南海地震《とうなんかいじしん》	東海地震《とうかいじしん》
昭和《しょうわ》	1946年《ねん》	1944年《ねん》	未発生《みはっせい》
安政《あんせい》	1854年《ねん》	1854年《ねん》	1854年《ねん》
宝永《ほうえい》	1707年《ねん》	1707年《ねん》	1707年《ねん》

▲南海《なんかい》トラフには「東海《とうかい》」「東南海《とうなんかい》」「南海《なんかい》」と呼《よ》ばれる三《みっ》つの震源域《しんげんいき》があり、100～200年間隔《ねんかんかく》で繰《く》り返《かえ》し地震《じしん》が起《お》きている。1707年《ねん》は三《みっ》つ同時《どうじ》に発生《はっせい》。1854年《ねん》は1日《にち》ずれて発生《はっせい》した

海溝型地震《かいこうがたじしん》は長期予測《ちょうきよそく》ができる

今《いま》の科学技術《かがくぎじゅつ》では、何日後《なんにちご》にどこで地震《じしん》が起《お》きるという「予知《よち》」はできない。しかし、地震《じしん》が起《お》こりやすい地域《ちいき》などについて「予測《よそく》」はしている。上《うえ》の図《ず》を見《み》ると、北海道東端《ほっかいどうとうたん》から関《かん》東《とう》～四国《しこく》までの太平洋側《たいへいようがわ》で震度《しんど》6弱以上《じゃくいじょう》の地《じ》震《しん》が起《お》きる確率《かくりつ》が高《たか》いが、最近発生《さいきんはっせい》した地震《じしん》を見《み》ると、それ以外《いがい》の場所《ばしょ》でも起《お》きている。また活断層《かつだんそう》はわかっているだけでも全国《ぜんこく》に約《やく》2千《せん》カ所《しょ》あるため、全国《ぜんこく》で、いつ、どこで大地震《おおじしん》が起《お》きてもおかしくないといえる。

海溝型地震《かいこうがたじしん》については、地震観測技術《じしんかんそくぎじゅつ》の発展《はってん》や、過去《かこ》の記録《きろく》を調《しら》べることによって予測《よそく》が行《おこな》われている。今《いま》、最《もっと》も恐《おそ》れられているのは南海《なんかい》トラフ沿《ぞ》いの地震《じしん》で、最悪《さいあく》のケースの死者数《ししゃすう》は32万人超《まんにんちょう》とされている。

キミの住《す》む地域《ちいき》では過去《かこ》にどんな地震《じしん》が起《お》きているかな？

P28～31のナビゲーター
中野元太《なかのげんた》先生《せんせい》

京都大学防災研究所巨大災害研究《きょうとだいがくぼうさいけんきゅうしょきょだいさいがいけんきゅう》センター助教《じょきょう》。専門分《せんもんぶん》野《や》は防災教育《ぼうさいきょういく》や地域防災《ちいきぼうさい》。メキシコやインドなど海外《かいがい》での研究《けんきゅう》・実践《じっせん》も多数《たすう》。

巨大地震《きょだいじしん》を比《くら》べてみよう

地震《じしん》の種類《しゅるい》によって被害《ひがい》は大《おお》きく異《こと》なる

特《とく》に大《おお》きな被害《ひがい》を出《だ》した二《ふた》つの地震《じしん》を比較《ひかく》してみよう。東日本大震災《ひがしにほんだいしんさい》は牡鹿半島沖合《おしかはんとうおきあい》を震源《しんげん》とする海溝型地震《かいこうがたじしん》(P26)だ。最大《さいだい》9.3m以上《いじょう》という大津波《おおつなみ》が沿岸部《えんがんぶ》を襲《おそ》い、街《まち》は壊滅状態《かいめつじょうたい》になった。死因《しいん》の約《やく》9割《わり》がこの津波《つなみ》による溺死《できし》だった。一方《いっぽう》、阪神《はんしん》・淡路大震災《あわじだいしんさい》は、内陸《ないりく》で発生《はっせい》した内陸型地震《ないりくがたじしん》(P26)。古《ふる》い建物《たてもの》の多《おお》くが倒壊《とうかい》し、大規模《だいきぼ》な火災《かさい》も起《お》きた。死因《しいん》の約《やく》8割《わり》が圧死《あっし》や窒息死《ちっそくし》だった。

大津波《おおつなみ》が沿岸部《えんがんぶ》を襲《おそ》った東日本大震災《ひがしにほんだいしんさい》

▲大地震《おおじしん》の翌朝《よくあさ》、大津波《おおつなみ》でがれきの山《やま》となった宮城県《みやぎけん》・気仙沼港《けせんぬまこう》

▶岩手県宮古市《いわてけんみやこし》では地震発生《じしんはっせい》から約《やく》15分後《ふんご》に津波《つなみ》が押《お》し寄《よ》せた

提供　岩手県宮古市

東日本大震災《ひがしにほんだいしんさい》	海溝型地震《かいこうがたじしん》
2011年《ねん》3月《がつ》11日《にち》14時《じ》46分《ふん》	
・マグニチュード	M9.0
・死者《ししゃ》・行方不明者《ゆくえふめいしゃ》	1万《まん》8423人《にん》
・けが人《にん》	6145人《にん》
・建物全半壊《たてものぜんはんかい》	約《やく》40万棟《まんむね》

阪神《はんしん》・淡路大震災《あわじだいしんさい》	内陸型地震《ないりくがたじしん》
1995年《ねん》1月《がつ》17日《にち》5時《じ》46分《ふん》	
・マグニチュード	M7.3
・死者《ししゃ》・行方不明者《ゆくえふめいしゃ》	6437人《にん》
・けが人《にん》	4万《まん》3792人《にん》
・建物全半壊《たてものぜんはんかい》	約《やく》25万棟《まんむね》

都市《とし》の直下《ちょっか》で起《お》きた阪神《はんしん》・淡路大震災《あわじだいしんさい》

▲特《とく》に被害《ひがい》の大《おお》きかった神戸市長田区《こうべしながたく》では、地震《じしん》と同時《どうじ》に火災《かさい》が発生《はっせい》した

▲大《おお》きな揺《ゆ》れによって、阪神高速道路《はんしんこうそくどうろ》の高架橋《こうかきょう》が約《やく》600mにわたって倒壊《とうかい》した

自分《じぶん》の住《す》む地域《ちいき》を調《しら》べよう

海溝型《かいこうがた》の巨大地震《きょだいじしん》に備《そな》えるために、政府《せいふ》は2019年《ねん》から「南海《なんかい》トラフ地震臨時情報《じしんりんじじょうほう》」、22年《ねん》には「北海道《ほっかいどう》・三陸沖後発地震注意情報《さんりくおきこうはつじしんちゅういじょうほう》」の運用《うんよう》をスタートした。これらは、震源域《しんげんいき》とその周辺《しゅうへん》で異常《いじょう》な現象《げんしょう》が観測《かんそく》された場合《ばあい》などに発表《はっぴょう》され、住民《じゅうみん》に避難準備《ひなんじゅんび》を呼《よ》びかけ、注意《ちゅうい》を促《うなが》すものだ。しかし、運用自体《うんようじたい》が住民《じゅうみん》に知《し》られていなかったり、具体的《ぐたいてき》な避難《ひなん》の方法《ほうほう》が決《き》まっていなかったりと今後《こんご》の課題《かだい》も多《おお》い。

大地震《おおじしん》に備《そな》えるために、私《わたし》たちがまずできるのは、自分《じぶん》の住《す》む地域《ちいき》の「ハザードマップ」を調《しら》べることだ。地震《じしん》の発生確率《はっせいかくりつ》や地盤《じばん》の揺《ゆ》れやすさだけでなく、津波《つなみ》の高《たか》さ、建物《たてもの》の倒壊《とうかい》や液状化《えきじょうか》の可能性《かのうせい》などが色分《いろわ》けで示《しめ》されている。さらに興味《きょうみ》がある人《ひと》は、地域《ちいき》の古《ふる》い地図《ちず》も見《み》てみよう。昔《むかし》、海《うみ》や川《かわ》、沼《ぬま》、田《た》んぼだったところは地震《じしん》の揺《ゆ》れがより伝《つた》わりやすいなどの特徴《とくちょう》があるよ。

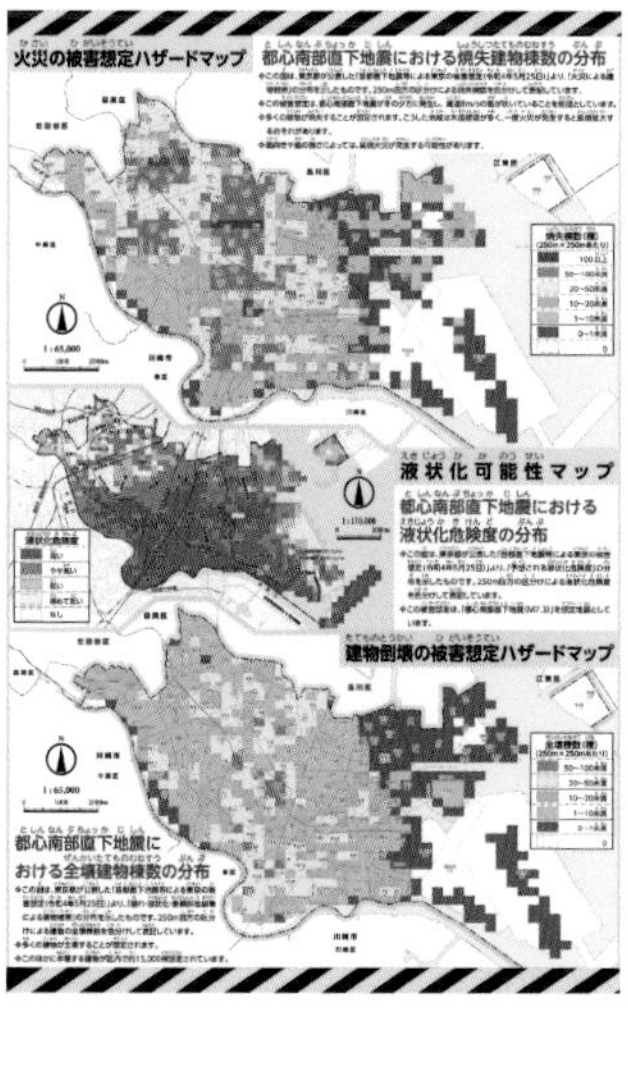

▶ハザードマップのイメージ（東京都大田区《とうきょうとおおたく》）

今日《きょう》からできる 大地震《おおじしん》の備《そな》え

大地震《おおじしん》への備《そな》えから地震発生《じしんはっせい》、避難生活《ひなんせいかつ》で大切《たいせつ》なポイントを順《じゅん》を追《お》って並《なら》べてみたよ。準備《じゅんび》や確認《かくにん》ができたところに☑をつけよう！

イラスト イケウチリリー

準備編《じゅんびへん》

- □ 住《す》んでいる地域《ちいき》のハザードマップを確認《かくにん》しよう
- □ 避難所《ひなんじょ》の位置《いち》を確認《かくにん》しつつ、避難《ひなん》マップをつくろう
- □ 家族《かぞく》と連絡《れんらく》を取《と》る方法《ほうほう》を決《き》めよう

ポイント①を見《み》てね

災害時《さいがいじ》には携帯電話《けいたいでんわ》が通《つう》じにくいよ！

- □「災害用伝言《さいがいようでんごん》ダイヤル(171)」を覚《おぼ》えよう

災害用伝言《さいがいようでんごん》ダイヤル(171)

▶メッセージを残《のこ》すとき
171→1→自宅《じたく》の電話番号《でんわばんごう》など
→メッセージを**録音《ろくおん》**

▶メッセージを聞《き》くとき
171→2→自宅《じたく》の電話番号《でんわばんごう》など
→メッセージを**聞《き》く**

- □ 非常用《ひじょうよう》持《も》ち出《だ》し袋《ぶくろ》を用意《ようい》しよう

ポイント②を見《み》てね

- □ 家《いえ》の備《そな》えを最低《さいてい》1週間分《しゅうかんぶん》は準備《じゅんび》しよう
- □ 水《みず》と簡易《かんい》トイレは必《かなら》ず用意《ようい》しよう
- □ 家具《かぐ》を固定《こてい》し、配置《はいち》を見直《みなお》して、家《いえ》の中《なか》の危険《きけん》を減《へ》らそう

築年数《ちくねんすう》が古《ふる》い家《いえ》は特《とく》に重要《じゅうよう》！

- □ ペットの避難方法《ひなんほうほう》を決《き》めよう
- □ 日《ひ》ごろから近所《きんじょ》の人《ひと》にあいさつをしておこう

地震発生編《じしんはっせいへん》

- □ 緊急地震速報《きんきゅうじしんそくほう》※1が鳴《な》った！ すぐに危険《きけん》な場所《ばしょ》から離《はな》れよう
- □ 大地震発生《おおじしんはっせい》！ 周囲《しゅうい》を確認《かくにん》して、落《お》ちてきそうなものから離《はな》れよう

津波《つなみ》がくるかも！
高《たか》いところへ
避難《ひなん》だ！

2 非常用持《ひじょうようも》ち出《だ》し袋《ぶくろ》

避難所《ひなんじょ》での生活《せいかつ》を想像《そうぞう》し、必要《ひつよう》だと思《おも》うものをリュックに詰《つ》めておこう。家族《かぞく》で一つではなく、一人《ひとり》一《ひと》つが原則《げんそく》だ。

例《たと》えば
・携帯《けいたい》ラジオ ・飲料水《いんりょうすい》、食料《しょくりょう》
・簡易《かんい》トイレ ・マスク ・タオル
・ウェットティッシュ ・歯《は》ブラシ
・着替《きが》え ・救急《きゅうきゅう》セット ・懐中電灯《かいちゅうでんとう》
・軍手《ぐんて》 ・雨具《あまぐ》 など

◀3千円《ぜんえん》など予算《よさん》を決《き》めて、100円《えん》ショップやホームセンターで必要《ひつよう》なものを購入《こうにゅう》してみよう

自分《じぶん》で考《かんが》えて選《えら》ぼう！

ポイント①

家族《かぞく》で避難《ひなん》マップをつくろう

防災《ぼうさい》の日《ひ》(9月1日《がつついたち》)にぜひトライしてみてね！

　外出先《がいしゅつさき》で地震《じしん》が発生《はっせい》したら、家族《かぞく》と連絡《れんらく》が取《と》れないことも起《お》こりうる。大地震《おおじしん》を想定《そうてい》して家族《かぞく》で事前《じぜん》に話《はな》し合《あ》いをしておこう。

　ハザードマップ※2と避難所《ひなんじょ》の位置《いち》を確認《かくにん》しながら、家《いえ》や学校《がっこう》から避難《ひなん》する道順《みちじゅん》などをまとめたオリジナル地図《ちず》をつくるのもおすすめ。家族全員《かぞくぜんいん》の連絡先《れんらくさき》や「災害用伝言《さいがいようでんごん》ダイヤル(171)」の使《つか》い方《かた》もメモしておくと安心《あんしん》だ。

※2　ハザードマップは国土地理院《こくどちりいん》の「ハザードマップポータルサイト」(https://disaportal.gsi.go.jp/)から検索《けんさく》できる

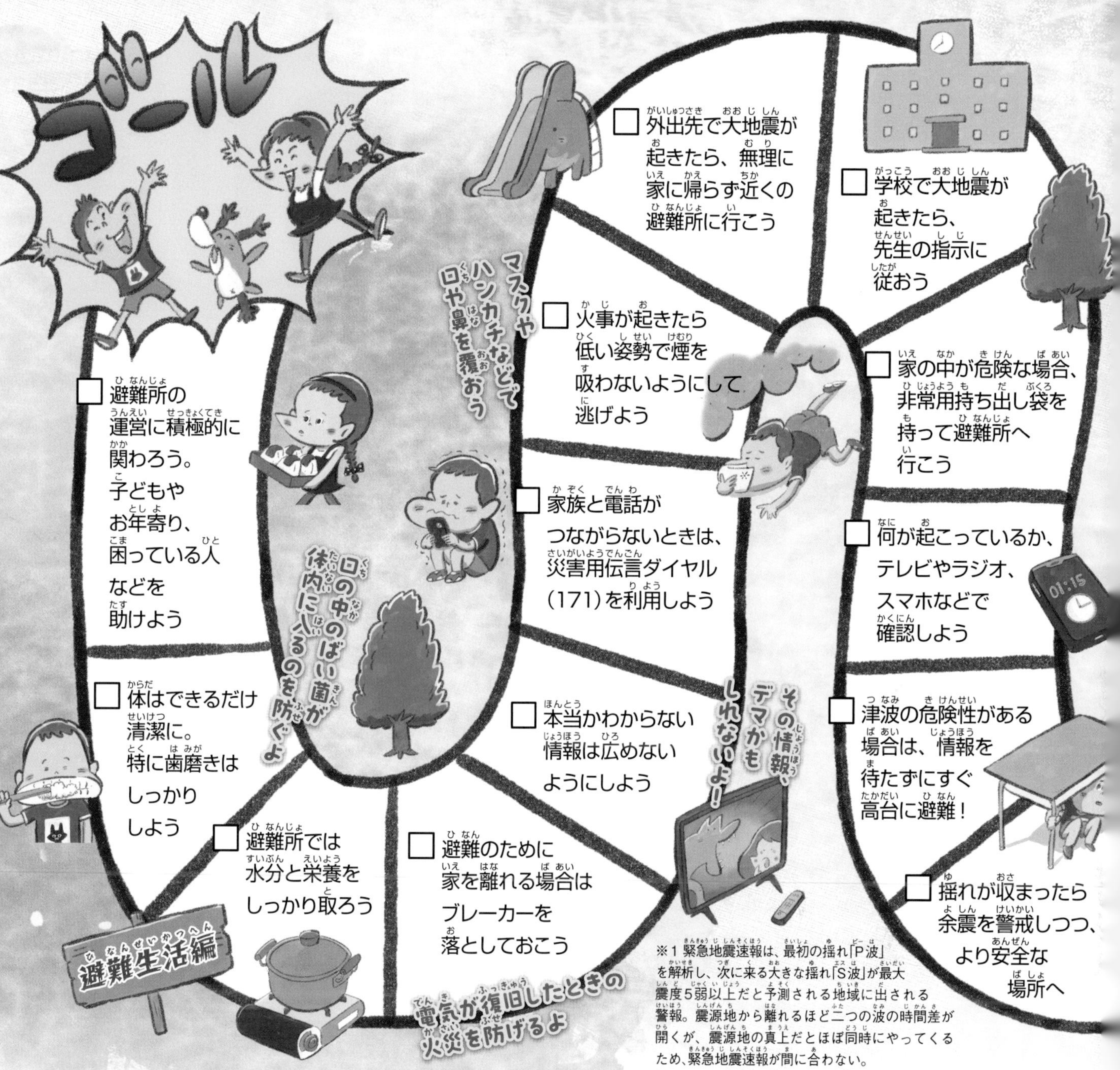

※1 緊急地震速報《きんきゅうじしんそくほう》は、最初《さいしょ》の揺《ゆ》れ「P波《ピーは》」を解析《かいせき》し、次《つぎ》に来《く》る大《おお》きな揺れ「S波《エスは》」が最大《さいだい》震度《しんど》5弱以上《じゃくいじょう》だと予測《よそく》される地域《ちいき》に出《だ》される警報《けいほう》。震源地《しんげんち》から離《はな》れるほど二《ふた》つの波《なみ》の時間差《じかんさ》が開《ひら》くが、震源地《しんげんち》の真上《まうえ》だとほぼ同時《どうじ》にやってくるため、緊急地震速報《きんきゅうじしんそくほう》が間《ま》に合《あ》わない。

中野先生《なかのせんせい》のメッセージ

備《そな》えが一番大切《いちばんたいせつ》です

message

私《わたし》は小学校《しょうがっこう》1年生《ねんせい》のとき、阪神《はんしん》・淡路大震災《あわじだいしんさい》の震源地《しんげんち》から5㎞ほど離《はな》れた神戸市垂水区《こうべしたるみく》に住《す》んでいました。地震当日《じしんとうじつ》、2段《だん》ベッドの下《した》で寝《ね》ていたら、最初《さいしょ》に遠《とお》くで「ドーン！」と大《おお》きな音《おと》が鳴《な》り、地面《じめん》を何《なに》かがゴロゴロと伝《つた》わる音《おと》がしたと思《おも》った途端《とたん》、大《おお》きな揺れが起きました。家《いえ》の中《なか》はめちゃくちゃになりましたが、新《あたら》しいマンションだったので幸《さいわ》い建物《たてもの》は無事《ぶじ》でした。電気《でんき》やガス、水道《すいどう》も一時的《いちじてき》に使《つか》えなくなりました。当時《とうじ》、「関西《かんさい》では地震《じしん》は起《お》きない」と思《おも》われていたため、両親《りょうしん》も私《わたし》も、地震《じしん》の備《そな》えをまったくしていませんでした。

みなさんに伝《つた》えたいのは、「備《そな》えが一番大切《いちばんたいせつ》」だということ。巨大地震《きょだいじしん》を想像《そうぞう》するのは怖《こわ》いですが、備《そな》えることで災害《さいがい》の被害《ひがい》を減《へ》らすことができます。また、身近《みぢか》に大地震《おおじしん》を経験《けいけん》している人《ひと》がいたら、ぜひ当時《とうじ》の様子《ようす》を聞《き》いて、今《いま》の自分《じぶん》にできることを考《かんが》えてみてください。

ポイント②

防災《ぼうさい》グッズを用意《ようい》しよう

1 常備用《じょうびよう》ポーチ

いつどこで被災《ひさい》しても困《こま》らないように、小《ちい》さいポーチを持ち歩こう。

例《たと》えば ・避難《ひなん》マップ ・家族《かぞく》の連絡先《れんらくさき》 ・ホイッスル(助《たす》けを求《もと》めるときなどに使用《しよう》する) ・現金《げんきん》 など

3 家《いえ》の備蓄品《びちくひん》

電気《でんき》やガス、上下水道《じょうげすいどう》などのライフラインが止《と》まったときのことを想定《そうてい》し、最低《さいてい》1週間分《しゅうかんぶん》は備《そな》えておこう。

水《みず》や食料《しょくりょう》、簡易《かんい》トイレ、カセットコンロなどのほか、日用品《にちようひん》や衛生用品《えいせいようひん》は多《おお》めに保管《ほかん》しておこう。

特集《とくしゅう》

世界《せかい》の人口《じんこう》80億《おく》 未来《みらい》はどうなる？

2022年《ねん》、世界《せかい》の人口《じんこう》が80億《おく》を突破《とっぱ》した。
人口《じんこう》を通《とお》して、人類《じんるい》の過去《かこ》・現在《げんざい》・未来《みらい》を考《かんが》えてみよう。

監修《かんしゅう》　平野克己《ひらのかつみ》（日本貿易振興機構《にほんぼうえきしんこうきこう》 アジア経済研究所《けいざいけんきゅうしょ》 上席主任調査研究員《じょうせきしゅにんちょうさけんきゅういん》）

一人《ひとり》1円《えん》ずつ募金《ぼきん》したら80億円《おくえん》になるぞ！
ナゼダーマン
あらゆるナゾを追究《ついきゅう》する正義《せいぎ》の味方《みかた》

私《わたし》たちは人類《じんるい》史上《しじょう》特殊《とくしゅ》な時代《じだい》を生《い》きている

人《じん》類《るい》（ホモ・サピエンス）は約《やく》20万年《まんねん》前《まえ》、アフリカで生《う》まれた。以来長《いらいなが》い歴史《れきし》のうち、人口《じんこう》が10億《おく》を超《こ》えたのはわずか200年《ねん》ほど前《まえ》のこと（図《ず》1）。18世紀後《せいきこう》半《はん》を発端《ほったん》に**人口爆発《じんこうばくはつ》**◆が起《お》き、急激《きゅうげき》に人口《じんこう》が増《ふ》えたことが、急角度《きゅうかくど》で立《た》ち上《あ》がったグラフの線《せん》からもわかる。増加中《ぞうかちゅう》の最先端《さいせんたん》にいる21世紀《せいき》の私《わたし》たちは、人類史上《じんるいしじょう》、特殊《とくしゅ》な時代《じだい》を生《い》きている。

世界《せかい》の人口《じんこう》がおよそ8億《おく》だった18世紀《せいき》後半《こうはん》と比《くら》べると、今《いま》は80億超《おくちょう》。人口《じんこう》は10倍《ばい》に増《ふ》え、地球《ちきゅう》あたりの人口密度《じんこうみつど》も10倍《ばい》になった（図《ず》2）。つまり、人《ひと》と人《ひと》との距離《きょり》が10分《ぶん》の1に縮《ちぢ》まり、ストレスも増大《ぞうだい》。昔《むかし》の人《ひと》がイメージする「社会《しゃかい》」と、今《いま》の人《ひと》がイメージする「社会《しゃかい》」は大《おお》きく異《こと》なる。

世界《せかい》の人口《じんこう》の増加《ぞうか》のスピードはゆるやかになっているが、今後《こんご》も増《ふ》え続《つづ》け、2080年代《ねんだい》に104億人《おくにん》でピークを迎《むか》えたあと、減少《げんしょう》していくと国連《こくれん》は推計《すいけい》している。その中《なか》で特《とく》に注目《ちゅうもく》したいのは、世界全体《せかいぜんたい》の人口《じんこう》が一様《いちよう》に増加《ぞうか》して減少《げんしょう》するのではなく、勢《いきお》いよく増加《ぞうか》する国《くに》と、勢《いきお》いよく減少《げんしょう》する国《くに》が偏《かたよ》って混在《こんざい》している点《てん》だ（図《ず》3）。

人口爆発《じんこうばくはつ》と人口減少《じんこうげんしょう》が同時《どうじ》に進行中《しんこうちゅう》

2023年《ねん》、インドが中国《ちゅうごく》に代《か》わって人口世界一《じんこうせかいいち》になった。現在《げんざい》、この2カ国《こく》で約《やく》28・5億人《おくにん》（図《ず》4）。世界《せかい》の人口《じんこう》80億《おく》の4分《ぶん》の1以上《いじょう》を占《し》める。だからといって、今《いま》、中国《ちゅうごく》やインドの人口《じんこう》が爆発的《ばくはつてき》に増《ふ》えているわけではない。中国《ちゅうごく》では人《じん》口《こう》が2022年《ねん》、61年《ねん》ぶりに減少《げんしょう》しているし、インドでは2070年《ねん》ごろにピークを迎《むか》えたあと、人口《じんこう》が減《へ》っていくと見《み》込《こ》まれている。日本《にほん》を含《ふく》めた先進国《せんしんこく》も過去《かこ》にピークを迎《むか》え、現《げん》在《ざい》は、人口《じんこう》が減《へ》っている。

例外《れいがい》はアフリカで、ピークの兆《きざ》しが見《み》えない。国連《こくれん》は「ピークは○年《ねん》に来《く》るはずだ」としてたびたび予測《よそく》を立《た》てているが、毎《まい》回《かい》、はずしている（メモ参照《さんしょう》）。この勢《いきお》いだと今世紀末《こんせいきすえ》には、人《じん》類《るい》の半分《はんぶん》がアフリカ人《じん》になるかもしれない。一方《いっぽう》、日本《にほん》は人口《じんこう》減少社会《げんしょうしゃかい》の最先端《さいせんたん》にいる。誰《だれ》も予想《よそう》できない時代《じだい》がやってくる。

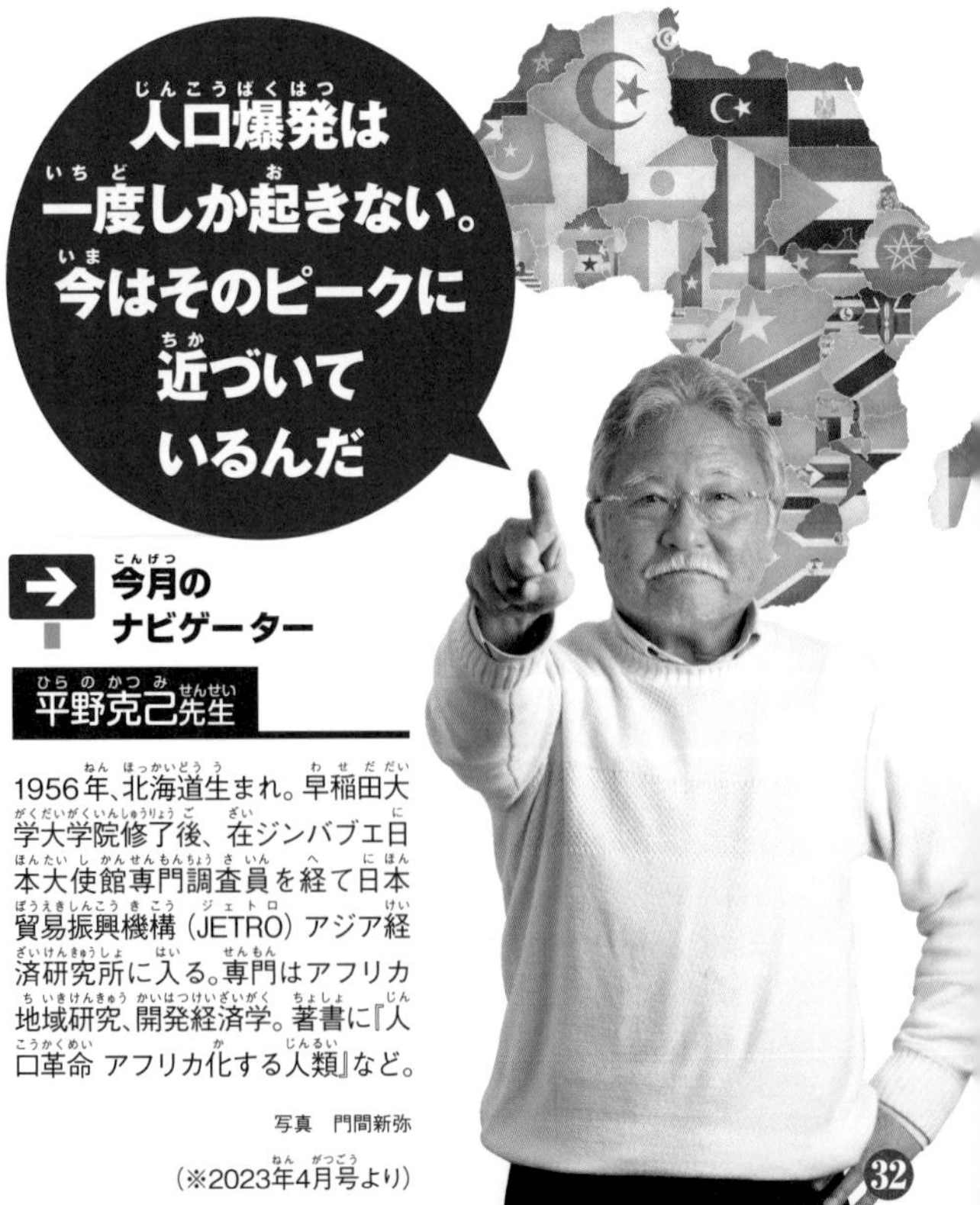

今月《こんげつ》のナビゲーター

平野克己《ひらのかつみ》先生《せんせい》

1956年《ねん》、北海道生《ほっかいどうう》まれ。早稲田大《わせだだい》学大学院修了後《がくだいがくいんしゅうりょうご》、在《ざい》ジンバブエ日《に》本大使館専門調査員《ほんたいしかんせんもんちょうさいん》を経《へ》て日本《にほん》貿易振興機構《ぼうえきしんこうきこう》（JETRO《ジェトロ》）アジア経《けい》済研究所《ざいけんきゅうしょ》に入《はい》る。専門《せんもん》はアフリカ地域研究《ちいきけんきゅう》、開発経済学《かいはつけいざいがく》。著書《ちょしょ》に『人《じん》口革命《こうかくめい》 アフリカ化《か》する人類《じんるい》』など。

写真　門間新弥

（※2023年《ねん》4月号《がつごう》より）

▲インド西部《せいぶ》ムンバイのビーチに集《あつ》まる人々《ひとびと》

人口爆発《じんこうばくはつ》

世界《せかい》の総人口《そうじんこう》が爆発的《ばくはつてき》に増《ふ》えること。18世紀後半《せいきこうはん》から19世紀《せいき》にかけてヨーロッパを中心《ちゅうしん》に人口《じんこう》が急増《きゅうぞう》（第《だい》1次人口《じじんこう》爆発《ばくはつ》）。1950年以降《ねんいこう》は、途上国《とじょうこく》を中心《ちゅうしん》に加速度的《かそくどてき》に増《ふ》えた（第《だい》2次人口爆発《じじんこうばくはつ》）。

メモ　人口爆発《じんこうばくはつ》は出生率《しゅっしょうりつ》が高《たか》く、死亡率《しぼうりつ》が下《さ》がることで起《お》きる現象《げんしょう》。出生率《しゅっしょうりつ》が高《たか》い状態《じょうたい》が続《つづ》くことはあっても、医療《いりょう》の発達等《はったつとう》で死亡率《しぼうりつ》はこれ以上下《いじょうさ》がりにくいので、一地域《いちちいき》に一度《いちど》しか起《お》こりません。

図《ず》1 世界人口《せかいじんこう》の推移《すいい》（推計値《すいけいち》）

出典　国連人口基金駐日事務所ホームページ

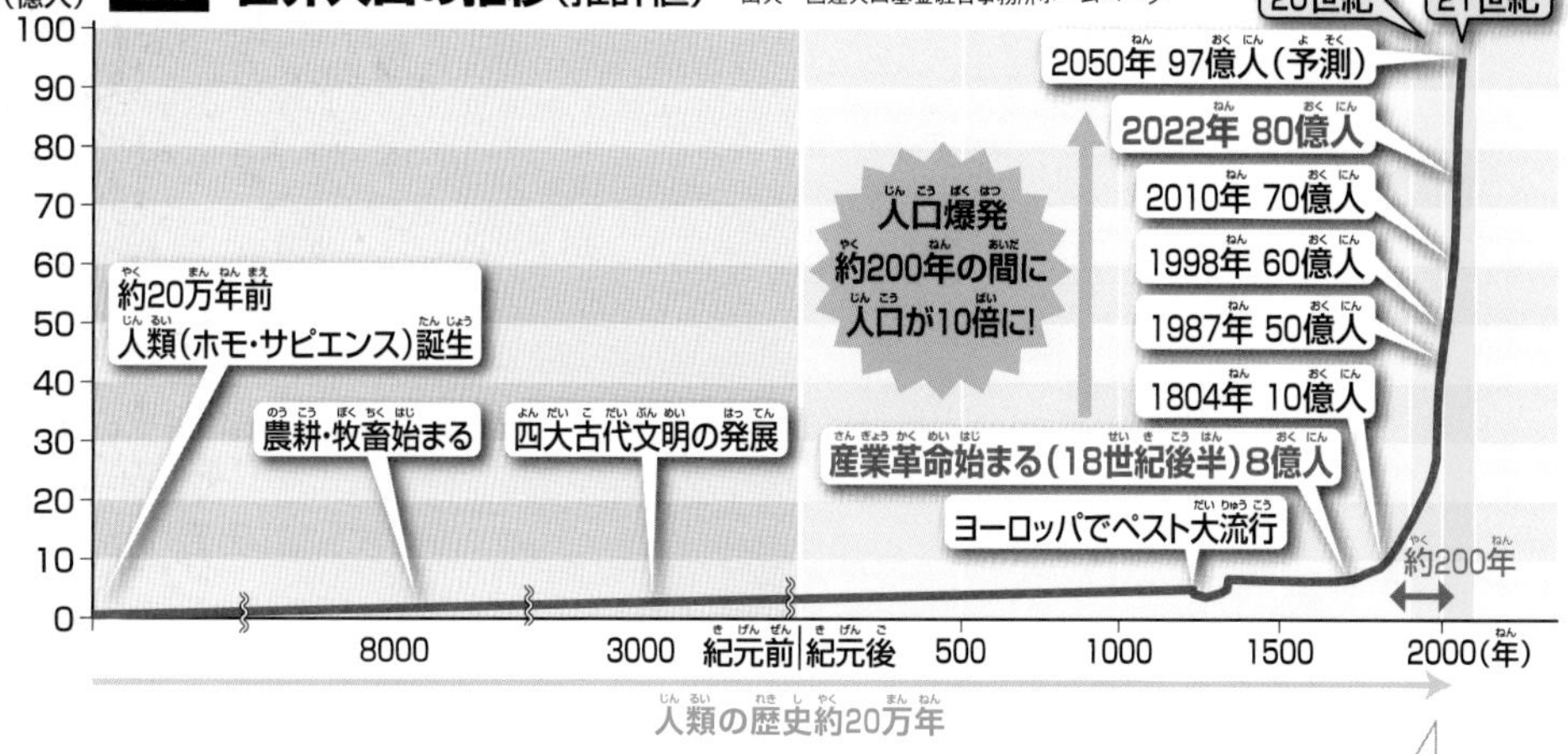

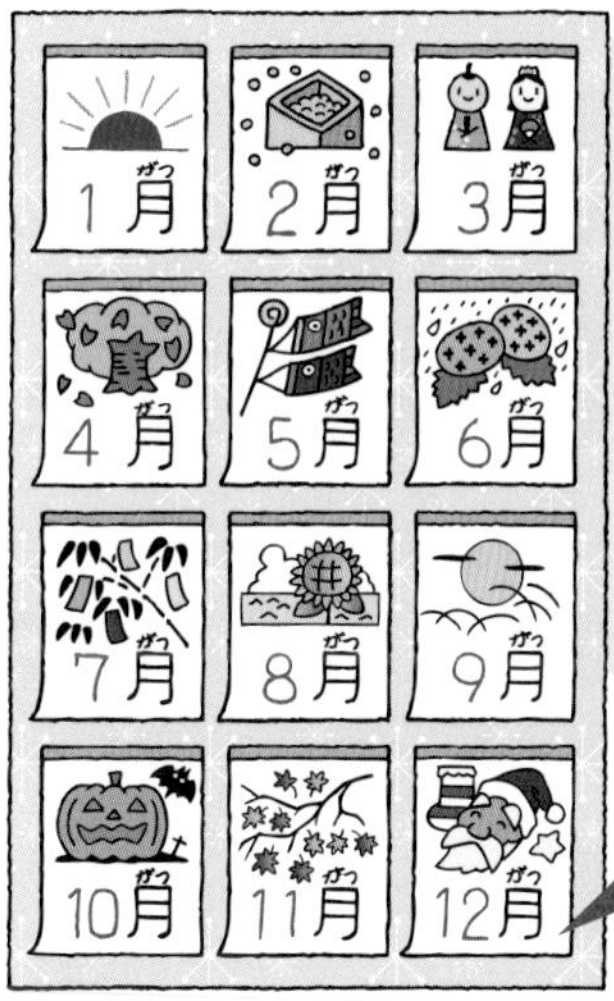

人類《じんるい》の歴史《れきし》20万年《まんねん》を1年《ねん》にたとえると人口《じんこう》が10億《おく》を超《こ》えた期間《きかん》は、大晦日《おおみそか》の9.5時間《じかん》だけ

図《ず》2 人口密度《じんこうみつど》も10倍《ばい》に！

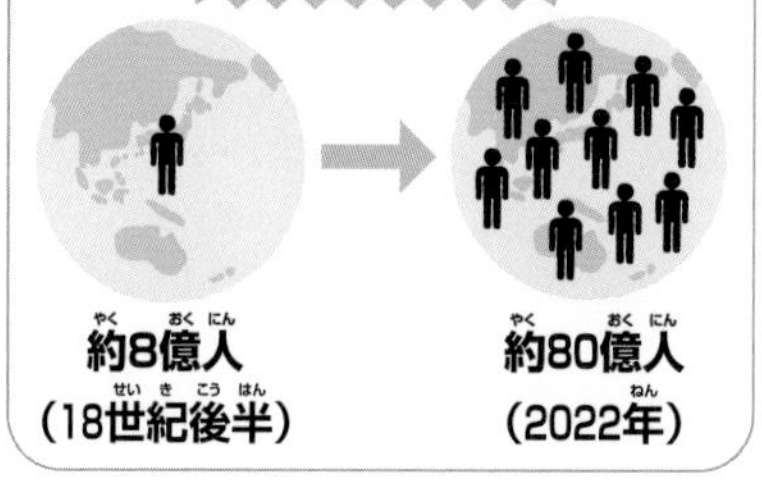

図《ず》3 2022年《ねん》から50年《ねん》にかけての人口増減率《じんこうぞうげんりつ》

（予測《よそく》。一部《いちぶ》データのない地域《ちいき》あり）

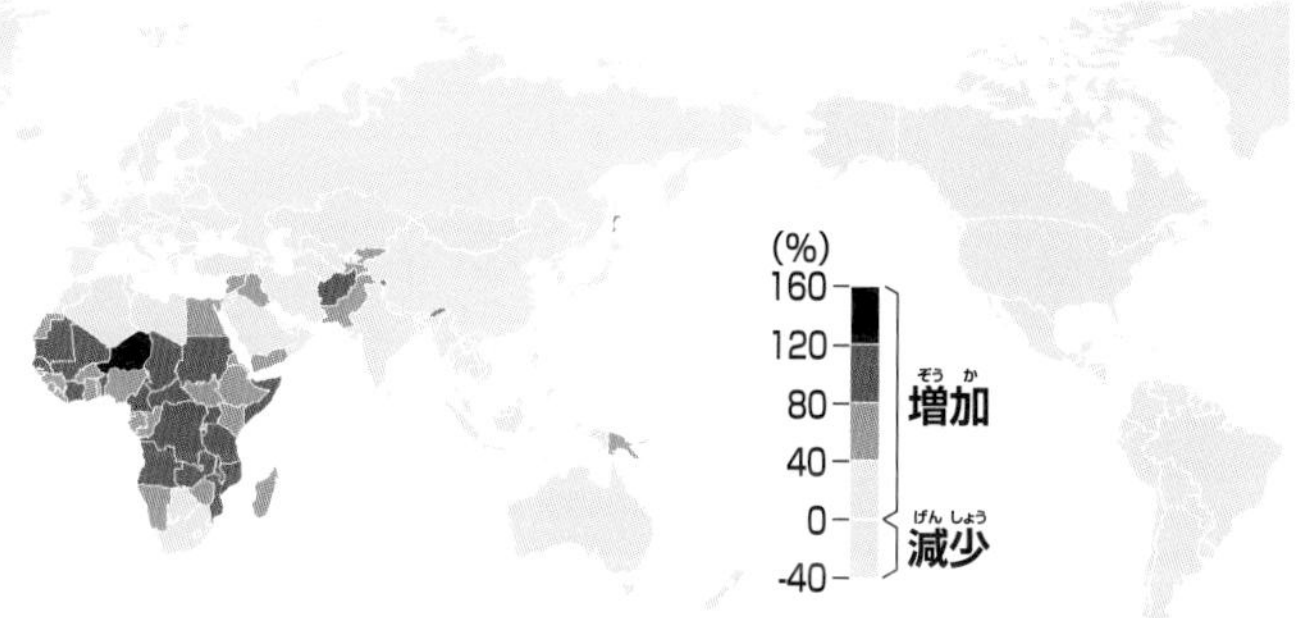

世界人口《せかいじんこう》ランキングトップ6位《い》＋日本《にほん》

2022年《ねん》の人口《じんこう》（2022年《ねん》7月1日時点《がつついたちじてん》）			2050年《ねん》の人口《じんこう》（予測《よそく》）		
1位	中国《ちゅうごく》	14億《おく》2588万《まん》	1	インド	16億《おく》7049万《まん》
2	インド	14億《おく》1717万《まん》	2	中国《ちゅうごく》	13億《おく》1263万《まん》
3	アメリカ	3億《おく》3829万《まん》	3	ナイジェリア	3億《おく》7746万《まん》
4	インドネシア	2億《おく》7550万《まん》	4	アメリカ	3億《おく》7539万《まん》
5	パキスタン	2億《おく》3582万《まん》	5	パキスタン	3億《おく》6780万《まん》
6	ナイジェリア	2億《おく》1854万《まん》	6	インドネシア	3億《おく》1722万《まん》
11	日本《にほん》	1億《おく》2395万《まん》	17	日本《にほん》	1億《おく》378万《まん》

※2023年《ねん》にインドが中国《ちゅうごく》を抜《ぬ》き、1位と2位が入《い》れ替《か》わった

図《ず》4 国別人口《くにべつじんこう》（2022年《ねん》7月1日時点《がつついたちじてん》）

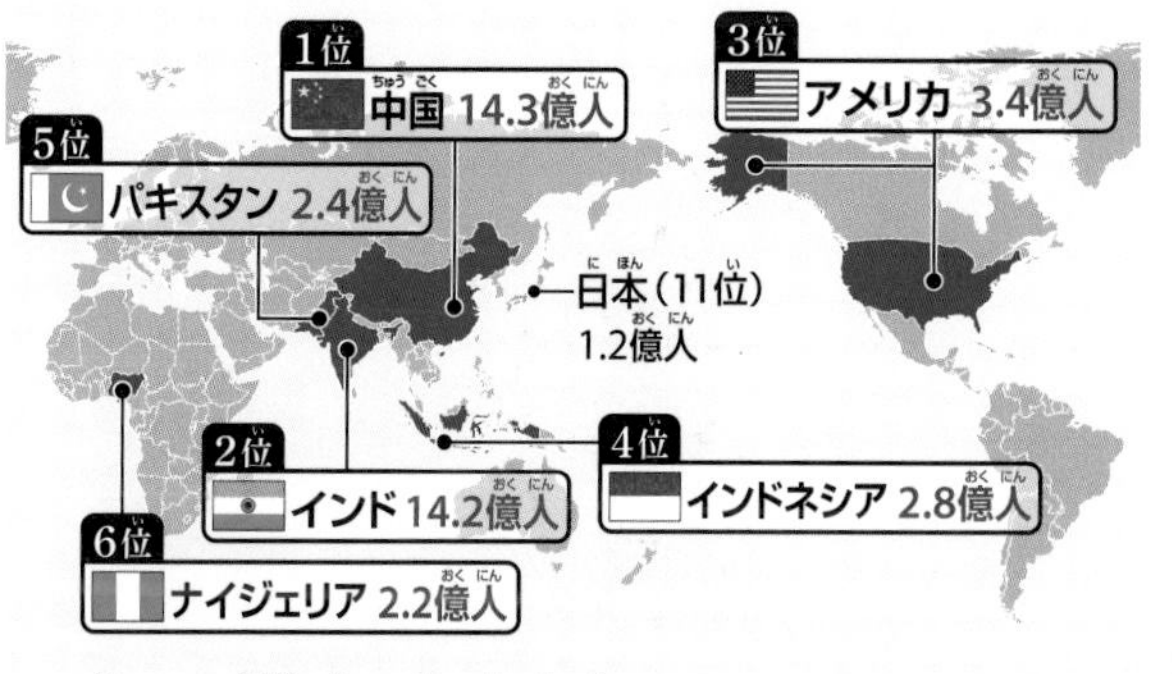

※2023年《ねん》にインドが中国《ちゅうごく》を抜《ぬ》き、1位と2位が入《い》れ替《か》わった

図3 2022年《ねん》から50年《ねん》にかけての人口増加率《じんこうぞうかりつ》が高《たか》いのは、主《おも》にアフリカの国々《くにぐに》

中国《ちゅうごく》は人口減少《じんこうげんしょう》が始《はじ》まっており、2023年《ねん》にインドに追《お》い抜《ぬ》かれ1位と2位が逆転《ぎゃくてん》している。人口爆発中《じんこうばくはつちゅう》のナイジェリア（6位《い》）は2050年《ねん》には3位《い》になり、少子化《しょうしか》が進《すす》む日本《にほん》（11位《い》）は17位《い》に下《さ》がると予測《よそく》されている

図4 中国《ちゅうごく》とインドだけで世界《せかい》の総人口《そうじんこう》の4分《ぶん》の1以上《いじょう》を占《し》める

資料　国連

メモ　世界《せかい》の人口《じんこう》を推計《すいけい》するのはとても難《むずか》しい作業《さぎょう》です。紛争《ふんそう》や飢饉《ききん》、天災《てんさい》、感染症《かんせんしょう》の大流行《だいりゅうこう》などは予測《よそく》できず、計算《けいさん》の基礎《きそ》となる理論《りろん》も確立《かくりつ》されていません。ある程度《ていど》、傾向《けいこう》をつかむには役立《やくだ》ちますが、国連《こくれん》の推計値《すいけいち》ははずれることが多《おお》いです。

写真　朝日新聞社　AP, AFP, ZUMA Press/アフロ　iStock　イラスト　オガケン　倉本るみ　図版　朝日新聞社　倉本るみ

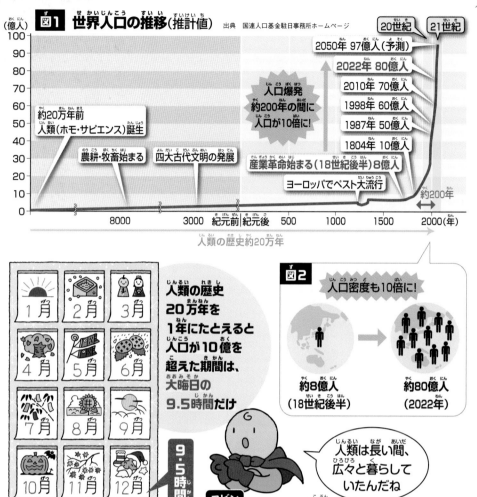

人《じん》口《こう》爆《ばく》発《はつ》はどのように起《お》きたのか

18世紀後半《せいきこうはん》を発端《ほったん》に、人類《じんるい》は爆発的《ばくはつてき》に増《ふ》えていった。いったい何《なに》が起《お》きたのだろう?

日本人《にほんじん》が初《はじ》めて
マスクをしたのも、
スペインかぜのとき
だったんだって!

世界《せかい》で(18世紀後半《せいきこうはん》)

気候《きこう》が温暖《おんだん》に

18世紀《せいき》に入《はい》ると太陽《たいよう》の活動《かつどう》が活発《かっぱつ》になり、平均気温《へいきんきおん》が上昇《じょうしょう》した

農業生産《のうぎょうせいさん》が上《あ》がる

イギリスで(18世紀後半《せいきこうはん》)

出生率《しゅっしょうりつ》UP《アップ》

死亡率《しぼうりつ》が高《たか》いのに人口《じんこう》が増《ふ》えたのは、女性《じょせい》が子《こ》どもをたくさん産《う》んだから(下《した》も見《み》よう)

人口《じんこう》が増《ふ》える

イギリスで(18世紀後半《せいきこうはん》〜19世紀《せいき》)

産業革命《さんぎょうかくめい》

蒸気機関《じょうききかん》を導入《どうにゅう》した機械工場《きかいこうじょう》で、モノを大量《たいりょう》に生産《せいさん》

農業革命《のうぎょうかくめい》

農地《のうち》を効率《こうりつ》よく使《つか》う「四輪作《よんりんさく》」への転換《てんかん》、品種改良《ひんしゅかいりょう》など

食料《しょくりょう》やモノを増産《ぞうさん》

先進国《せんしんこく》で(20世紀初頭《せいきしょとう》)

医療革命《いりょうかくめい》

死亡率《しぼうりつ》が下《さ》がる

第《だい》1次《じ》人口爆発《じんこうばくはつ》

ワクチンや抗生物質《こうせいぶっしつ》の開発《かいはつ》などで死亡率《しぼうりつ》が下《さ》がり、多《おお》くの子《こ》どもが成長《せいちょう》できるように

世界《せかい》で(20世紀《せいき》中《ちゅう》ごろ以降《いこう》)

医療革命《いりょうかくめい》

死亡率《しぼうりつ》が下《さ》がる

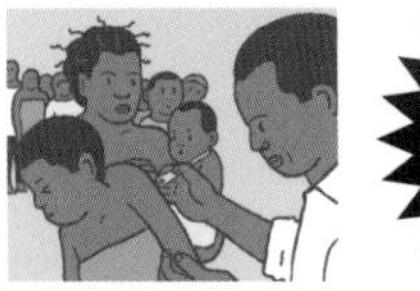

第《だい》2次《じ》人口爆発《じんこうばくはつ》

途上国《とじょうこく》でも医療《いりょう》が発達《はったつ》して死亡率《しぼうりつ》が下《さ》がり、多《おお》くの子《こ》どもが成長《せいちょう》できるように

「スペインかぜ」の衝撃以降《しょうげきいこう》 死亡率《しぼうりつ》が下《さ》がった

1918年《ねん》から20年《ねん》にかけて世界的《せかいてき》に大流行《だいりゅうこう》した「スペインかぜ」は、当時《とうじ》の世界人口《せかいじんこう》の約《やく》3割《わり》にあたる6億人《おくにん》が感染《かんせん》し、死者《ししゃ》は数千万人《すうせんまんにん》に上《のぼ》った。この間《かん》、イギリスやフランスでは保健衛生《ほけんえいせい》を担《にな》う官庁《かんちょう》を初《はじ》めて設置《せっち》。やがて国《くに》が国民《こくみん》の健康的《けんこうてき》な生活《せいかつ》を保障《ほしょう》するのが当《あ》たり前《まえ》になり、死亡率《しぼうりつ》が大《おお》きく下《さ》がった。

温暖化《おんだんか》と技術革命《ぎじゅつかくめい》が変化《へんか》をもたらした

人《じん》口爆発《こうばくはつ》の出発点《しゅっぱつてん》は、18世紀後《せいきこう》半《はん》のイングランド(イギリス南《なん》部《ぶ》)で起《お》きた出生率《しゅっしょうりつ》の上昇《じょうしょう》。このころ地球《ちきゅう》の平均気温《へいきんきおん》が上《あ》がり、農産物《のうさんぶつ》の収《しゅう》穫量《かくりょう》が増《ふ》えたことがきっかけになったと考《かんが》えられている。

人口《じんこう》が増《ふ》えると、農地《のうち》の開拓《かいたく》が必要《ひつよう》になる。そのぶん、労働力《ろうどうりょく》が必要《ひつよう》になり、子《こ》どもをたくさん産《う》むようになり、人口《じんこう》はますます増《ふ》えた。生産性《せいさんせい》を上《あ》げる工夫《くふう》を重《かさ》ねるなかで農業革命《のうぎょうかくめい》や産《さん》業革命《ぎょうかくめい》が起《お》きた。さらに20世紀初頭《せいきしょとう》にはワクチンや抗生物質《こうせいぶっしつ》の開発《かいはつ》など医《い》療革命《りょうかくめい》が起《お》こり、公衆衛生《こうしゅうえいせい》の考《かんが》え方《かた》も広《ひろ》まって、先進国《せんしんこく》で死亡率《しぼうりつ》が下《さ》がり、人《じん》口《こう》が急増《きゅうぞう》(第《だい》1次人口爆発《じじんこうばくはつ》)。

20世紀《せいき》中ごろになると途上国《とじょうこく》にも医療《いりょう》が普及《ふきゅう》。世界的《せかいてき》に死亡率《しぼうりつ》が低下《ていか》して人口《じんこう》が急増《きゅうぞう》した(第《だい》2次人口爆発《じじんこうばくはつ》)。

20世紀《せいき》のイギリス

「少産少死《しょうさんしょうし》」の時代《じだい》

医療《いりょう》が発達《はったつ》して子《こ》どもの死亡率《しぼうりつ》が下《さ》がると、たくさん産《う》んでたくさん育《そだ》てるより、少《すく》なく産《う》んで大事《だいじ》に育《そだ》てる家庭《かてい》が増《ふ》えた(少《しょう》産少死《さんしょうし》)。昔《むかし》は母親《ははおや》も子《こ》どもも「労働力《ろうどうりょく》」と見《み》なされていたが、母親《ははおや》が子《こ》どもをケアする文化《ぶんか》が生《う》まれた。死亡率《しぼうりつ》の低《てい》下《か》は、家族《かぞく》のありようも大《おお》きく変《か》えた。

18世紀後半《せいきこうはん》のイギリス

「多産多死《たさんたし》」の時代《じだい》

当時《とうじ》、結婚《けっこん》している女性《じょせい》は、平均《へいきん》すると7人《にん》の子《こ》どもを産《う》んでいたと考《かんが》えられている。だが、医療《いりょう》が発達《はったつ》しておらず、7人産《にんう》んでも3人《にん》ぐらいは亡《な》くなっていた(多産多死《たさんたし》)。また、貧《まず》しい人《ひと》は奉公人《ほうこうにん》として働《はたら》き、結婚《けっこん》できなかったので、結婚《けっこん》している女性《じょせい》がたくさん子《こ》どもを産《う》まない限《かぎ》り、人口増加《じんこうぞうか》はありえなかった。

POINT **学習《がくしゅう》のポイント**

人口《じんこう》の増減《ぞうげん》は何《なに》で決《き》まるの?

人口《じんこう》の増減《ぞうげん》は、1人《ひとり》の女性《じょせい》がどれだけ子《こ》どもを産《う》むか(合計特殊出生率《ごうけいとくしゅしゅっしょうりつ》)と、どれだけの人《ひと》が結婚《けっこん》しているか(婚姻率《こんいんりつ》)で決《き》まる。人口《じんこう》を維持《いじ》するには、各国《かっこく》の死亡率《しぼうりつ》を勘案《かんあん》すると、合《ごう》計特殊出生率《けいとくしゅしゅっしょうりつ》は2.1必要《ひつよう》だが、婚姻率《こんいんりつ》が低《ひく》い場合《ばあい》はそれ以上産《いじょうう》む必要《ひつよう》がある。たとえば婚姻《こんいん》率《りつ》が6割《わり》の場合《ばあい》、結婚《けっこん》している女性《じょせい》が3人《にん》は産《う》まないと2.1を維持《いじ》できない。

合計特殊出生率《ごうけいとくしゅしゅっしょうりつ》

女性《じょせい》1人《ひとり》が一生《いっしょう》の間《あいだ》に産《う》むと想定《そうてい》される子《こ》どもの平均人数《へいきんにんずう》。

メモ　人口《じんこう》の増減《ぞうげん》は、自然《しぜん》の増減《ぞうげん》のほかに、人《ひと》の移動《いどう》による増減《ぞうげん》もあります。

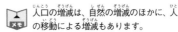

注　人口と人口密度は 2022 年の値

クイズ

注目《ちゅうもく》の国《くに》の人口《じんこう》ピラミッドはどれ？

中国《ちゅうごく》、インド、ナイジェリアの「人口《じんこう》ピラミッド」はどれか、A～Cの記号《きごう》で答《こた》えてみよう！

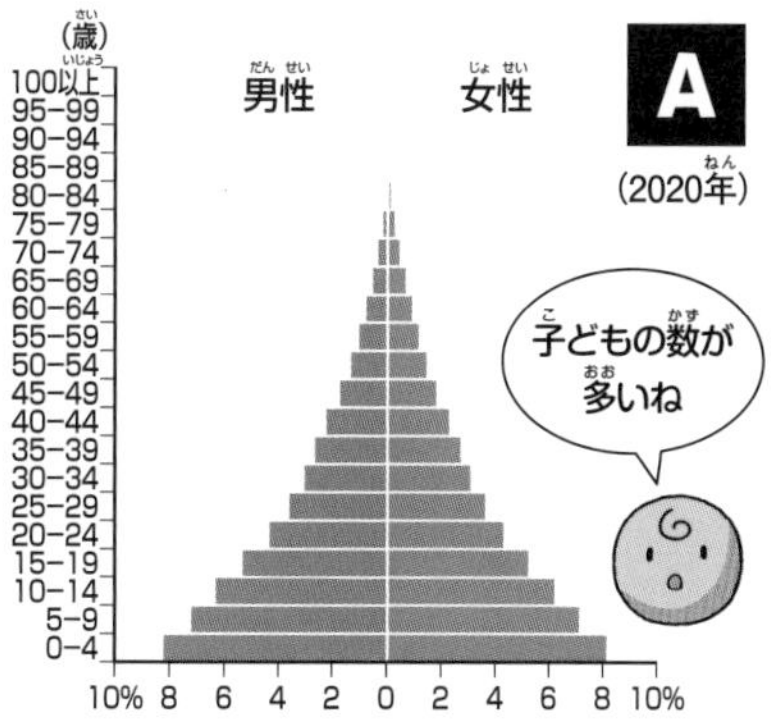

裾野《すその》の広《ひろ》い富士山形《ふじさんがた》は、人口爆発《じんこうばくはつ》が止《と》まらない状態《じょうたい》。働《はたら》き手《て》の数《かず》に比《くら》べて子《こ》どもの数《かず》が多《おお》いので、経済成長《けいざいせいちょう》には不利《ふり》といえる。

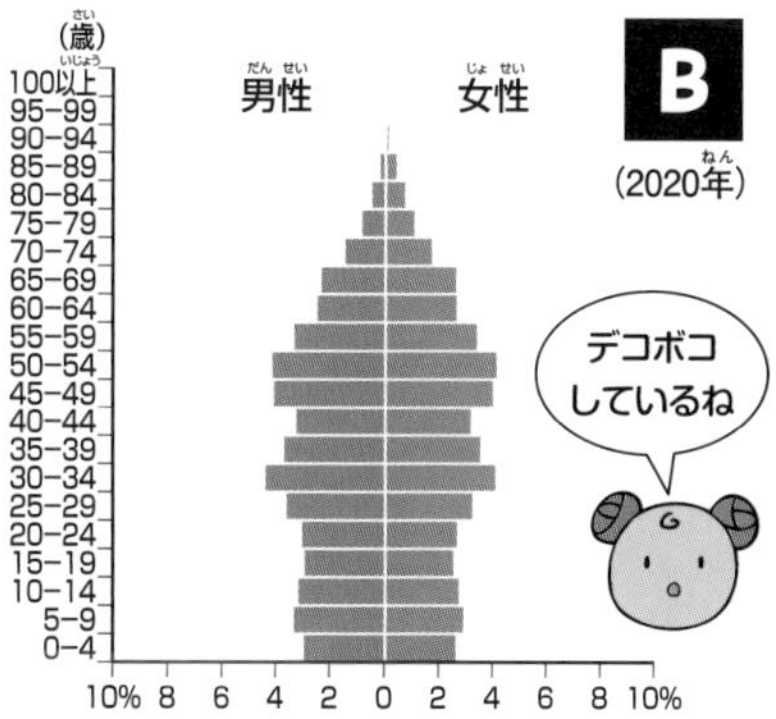

50歳前後《さいぜんご》と30代前半《だいぜんはん》が多《おお》く、ベビーブームが起《お》きたとみられる。全体的《ぜんたいてき》に若《わか》い世代《せだい》が少《すく》なく、若《わか》い世代《せだい》では女性《じょせい》より男性《だんせい》が多《おお》い。

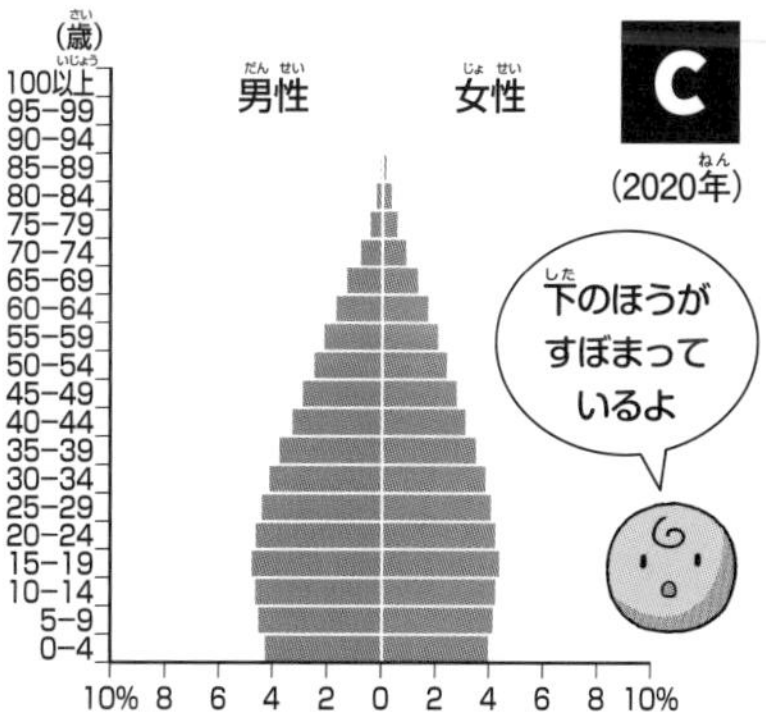

高齢者《こうれいしゃ》と子《こ》どもの数《かず》が少《すく》なく、働《はたら》き手《て》が多《おお》いので、経済的《けいざいてき》には有利《ゆうり》な状態《じょうたい》。女性《じょせい》より男性《だんせい》が多《おお》い。

中国《ちゅうごく》

国《くに》のデータ

- 面積《めんせき》
960万《まん》㎢（日本《にほん》の26倍《ばい》）
- 人口密度《じんこうみつど》
149人《にん》/㎢（日本《にほん》は328人《にん》/㎢）
- 首都《しゅと》
北京《ペキン》
- アメリカに次《つ》いで、世界第《せかいだい》2の経済大国《けいざいたいこく》

政策《せいさく》で人口《じんこう》を減《へ》らすことに「成功《せいこう》」そのひずみが出《で》ている

中国《ちゅうごく》は1960年《ねん》と61年《ねん》に政策《せいさく》の失敗《しっぱい》によって数千《すうせん》万人《まんにん》もの餓死者《がししゃ》が出《で》た。その後《ご》、出生数《しゅっしょうすう》が急増《きゅうぞう》したため、政府《せいふ》は人口爆発《じんこうばくはつ》を抑《おさ》えようと79年《ねん》から夫婦《ふうふ》が産《う》める子《こ》どもを1人《ひとり》に制限《せいげん》する「一人《ひとり》っ子政策《こせいさく》」を導入《どうにゅう》。人口《じんこう》の抑制《よくせい》に「成功《せいこう》」し、2016年以降《ねんいこう》、緩和《かんわ》したが、出生数《しゅっしょうすう》の減少《げんしょう》が止《と》まらない。今《こん》後《ご》、急速《きゅうそく》に少子高《しょうしこう》齢化《れいか》と人口減少《じんこうげんしょう》が進《すす》むとみられる。

答《こた》え

インド

国《くに》のデータ

- 面積《めんせき》
329万《まん》㎢（日本《にほん》の8.7倍《ばい》）
- 人口密度《じんこうみつど》
431人《にん》/㎢
- 首都《しゅと》
ニューデリー
- 主力産業《しゅりょくさんぎょう》はI《アイ》T《ティー》と製造業《せいぞうぎょう》

2023年《ねん》に人口世界一《じんこうせかいいち》に やがて減少《げんしょう》に転《てん》じる

2023年人口世界一《ねんじんこうせかいいち》になったインドは、1970年代《ねんだい》、人《じん》口増加《こうぞうか》を抑《おさ》えるために当時《とうじ》の首相《しゅしょう》が主導《しゅどう》して2人以上《ふたりいじょう》の子《こ》どもを持《も》つ男性約《だんせいやく》600万人《まんにん》に強制不妊手術《きょうせいふにんしゅじゅつ》を行《おこな》った。人権無視《じんけんむし》の政策《せいさく》に反発《はんぱつ》が起《お》こり、政策《せいさく》は中断《ちゅうだん》。だがその後《ご》、出生率《しゅっしょうりつ》は下《さ》がっている。都市部《としぶ》を中心《ちゅうしん》に、女性《じょせい》が自分《じぶん》の意思《いし》で生《い》きられるようになってきた影響《えいきょう》かもしれない。

答《こた》え

ナイジェリア

国《くに》のデータ

- 面積《めんせき》
92万《まん》㎢（日本《にほん》の2.5倍《ばい》）
- 人口密度《じんこうみつど》
237人《にん》/㎢
- 首都《しゅと》
アブジャ
- 人口《じんこう》と石油生《せきゆせい》産量《さんりょう》、GDP《ジーディーピー》（国《こく》内総生産《ないそうせいさん》）がアフリカ一多《いちおお》い

人口爆発中《じんこうばくはつちゅう》 減少《げんしょう》する兆《きざ》しは見《み》えず

人口《じんこう》が爆発的《ばくはつてき》に増《ふ》えており、2050年《ねん》には世界《せかい》3位《い》の人口大国《じんこうたいこく》になる見込《みこ》み。ナイジェリアを始《はじ》め、アフリカのほとんどの国《くに》は農村《のうそん》で暮《く》らす人《ひと》が多《おお》く、労働力《ろうどうりょく》が必要《ひつよう》とされるため、医療《いりょう》が発達《はったつ》して死亡率《しぼうりつ》が下《さ》がっても出生《しゅっしょう》率《りつ》は下《さ》がらない。今《いま》、多《おお》く生《う》まれている子《こ》どもたちが子《こ》どもを産《う》むようになる20年《ねん》ほど先《さき》まで出生率《しゅっしょうりつ》は下《さ》がらないといえる。

答《こた》え

「人《じん》口《こう》ピラミッド」とは、国《くに》の人《じん》口構成《こうこうせい》を年齢《ねんれい》、男女別《だんじょべつ》に表《あらわ》したグラフのこと。上《うえ》にいくほど年齢《ねんれい》が高《たか》くなる。左右《さゆう》の幅《はば》から、各年代《かくねんだい》の数《かず》が読《よ》み取《と》れる。人間《にんげん》は普通《ふつう》、長《なが》く生《い》きるほど死亡率《しぼうりつ》が高《たか》まるから、人口《じんこう》ピラミッドの正常《せいじょう》な形《かたち》は三角《さんかく》だ。

人口《じんこう》の増減《ぞうげん》がない社会《しゃかい》は、細長《ほそなが》の三《さん》角形《かくけい》になる。Aのように裾野《すその》が広《ひろ》い国《くに》は、赤《あか》ちゃんが多《おお》く生《う》まれていることを表《あらわ》す。BやCのように裾野《すその》がすぼまって三角形《さんかくけい》でない国《くに》では子《こ》どもがあまり生《う》まれておらず、人口減少《じんこうげんしょう》が起《お》きているか、今後《こんご》、減少《げんしょう》が起《お》こると予想《よそう》される。

中国《ちゅうごく》やインドで女性《じょせい》より男性《だんせい》が多《おお》いのは、男《おとこ》の後継《あとつ》ぎが欲《ほ》しいなどの理《り》由《ゆう》から、女《おんな》の子《こ》が堕胎《だたい》（人工的《じんこうてき》に流産《りゅうざん》すること）されたからだ。人口《じんこう》ピラミッドはさまざまなことを教《おし》えてくれる。

人口《じんこう》が増《ふ》えているか減《へ》っているかは人口《じんこう》ピラミッドを見《み》るとわかるよ

クイズの答《こた》え… 中国《ちゅうごく》＝B　インド＝C　ナイジェリア＝A

日本《にほん》の人口《じんこう》はどう変《か》わってきた？

長《なが》い歴史《れきし》の間《あいだ》に、日本《にほん》の人口《じんこう》はどう変《か》わってきたのだろう？　今《いま》の日本《にほん》をつくった〝人口《じんこう》の歴史《れきし》〟を振《ふ》り返《かえ》ってみよう。

戦国大名《せんごくだいみょう》も人口増加《じんこうぞうか》に貢献《こうけん》

戦《せん》国《ごく》時代《じだい》から江戸《えど》時代《じだい》前期《ぜんき》、日本《にほん》の人口《じんこう》は増《ふ》えていった（下《した》のグラフ）。土木技術《どぼくぎじゅつ》が発達《はったつ》して長大《ちょうだい》な用水路《ようすいろ》や堤防《ていぼう》を築《きず》けるようになり、戦国大名《せんごくだいみょう》が日本各地《にほんかくち》に新田《しんでん》を切《き》り開《ひら》いたからだ。働《はたら》き手《て》が必要《ひつよう》になるので出生率《しゅっしょうりつ》も上昇《じょうしょう》。江戸《えど》時代《じだい》には結《けっ》婚《こん》するのが当《あ》たり前《まえ》になったことも、子《こ》どもの数《かず》を押《お》し上《あ》げた。

江戸時代後期《えどじだいこうき》になると土地開発《とちかいはつ》が限界《げんかい》に達《たっ》し、暮《く》らしの質《しつ》を保《たも》つために子《こ》どもを少《すく》なく産《う》む考《かんが》えも広《ひろ》まり、大飢饉《だいききん》の影響《えいきょう》もあって、人口《じんこう》の増加《ぞうか》は止《と》まった。

明治以降《めいじいこう》は、気候《きこう》が安定《あんてい》して人口《じんこう》は増《ふ》えていく。医療《いりょう》も進歩《しんぽ》して、死亡率《しぼうりつ》が下《さ》がった。「日本近代医学《にほんきんだいいがく》の父《ちち》」北里柴三郎《きたさとしばさぶろう》が伝染《でんせん》病研究所《びょうけんきゅうじょ》を設立《せつりつ》したのは1892年《ねん》、スペインかぜが流行《りゅうこう》して人々《ひとびと》の衛生《えいせい》への意識《いしき》が高《たか》まったのは1920年《ねん》ごろのことだ。

▲1967年《ねん》2月《がつ》、駅《えき》から慶應義塾大学日吉《けいおうぎじゅくだいがくひよし》キャンパス（神奈川県《かながわけん》）に向《む》かう受験生《じゅけんせい》。人《にん》数《ずう》の多《おお》い「団塊《だんかい》の世代《せだい》」は成長《せいちょう》自体《じたい》が前例《ぜんれい》のない〝社会現象《しゃかいげんしょう》〟になり、注目《ちゅうもく》を集《あつ》めた

ベビーブームが高度経済成長《こうどけいざいせいちょう》を可能《かのう》に

グラフを見《み》ると明治以降《めいじいこう》、人口《じんこう》は急増《きゅうぞう》しているが、出生率《しゅっしょうりつ》はスペインかぜ流行《りゅうこう》の翌年《よくねん》（1921年《ねん》）から下《さ》がり始《はじ》めた。原因《げんいん》はわからないが、そのまま出生率《しゅっしょうりつ》が下《さ》がり続《つづ》ければ、今《いま》の日本《にほん》の人口《じんこう》は6千万《せんまん》ぐらいにとどまったかもしれない。

この状況《じょうきょう》を大《おお》きく変《か》えたのが戦争《せんそう》だ。日《に》本《ほん》が第《だい》2次《じ》世界大戦《せかいたいせん》に参戦《さんせん》した1941～45年《ねん》に出生率《しゅっしょうりつ》は落《お》ち、多数《たすう》の戦死者《せんししゃ》が出《で》て人口《じんこう》も激減《げきげん》したが、戦後《せんご》の47～49年《ねん》、「ベビーブーム」と呼《よ》ばれる人口《じんこう》の大爆発《だいばくはつ》が起《お》きた。短《みじか》い期間《きかん》だが、このとき生《う》まれた子《こ》どもは「団塊《だんかい》の世代《せだい》」と呼《よ》ばれ、成人《せいじん》して働《はたら》き手《て》となり（**生産年齢人口《せいさんねんれいじんこう》**）、日本《にほん》の高度経済《こうどけいざい》成長《せいちょう》を支《ささ》えた。この人口爆発《じんこうばくはつ》がなければ、日《に》本《ほん》が人口約《じんこうやく》1億《おく》2千万《せんまん》の国《くに》になることはなく、アメリカに次《つ》ぐ「世界第《せかいだい》2の経済大国《けいざいたいこく》」（現在《げんざい》は3位《い》）になることもなかっただろう。

出生率《しゅっしょうりつ》は1950年代後半《ねんだいこうはん》から下《さ》がり始《はじ》め、日本《にほん》の人口《じんこう》は2008年《ねん》に1億《おく》2808万人《まんにん》でピークに達《たっ》した。今後《こんご》は崖《がけ》を落《お》ちるように減少《げんしょう》していくとみられる。

メモ　日本《にほん》の爆発的《ばくはつてき》な人口増加《じんこうぞうか》は当《とう》時《じ》、国内《こくない》で問題視《もんだいし》され、1948年《ねん》に人工妊娠中絶《じんこうにんしんちゅうぜつ》の一部《いちぶ》を合法化《ごうほうか》する「優生保護法《ゆうせいほごほう》」が施行《しこう》されました。この法律《ほうりつ》がなければベビーブームはもっと続《つづ》いていたと考《かんが》えられます。

生産年齢人口《せいさんねんれいじんこう》

生産活動《せいさんかつどう》の中心《ちゅうしん》となる年齢層《ねんれいそう》の人《じん》口《こう》。区切《くぎ》り方《かた》は各国《かっこく》さまざまだが、平均寿命《へいきんじゅみょう》の違《ちが》いなどから先進国《せんしんこく》では15～64歳《さい》、途上国《とじょうこく》では15～59歳《さい》とすることが多《おお》い。

日本《にほん》の人口《じんこう》の推移《すいい》（2015年《ねん》以降《いこう》は予測《よそく》）

資料　「『国土の長期展望』中間とりまとめ」（2020年）国土交通省

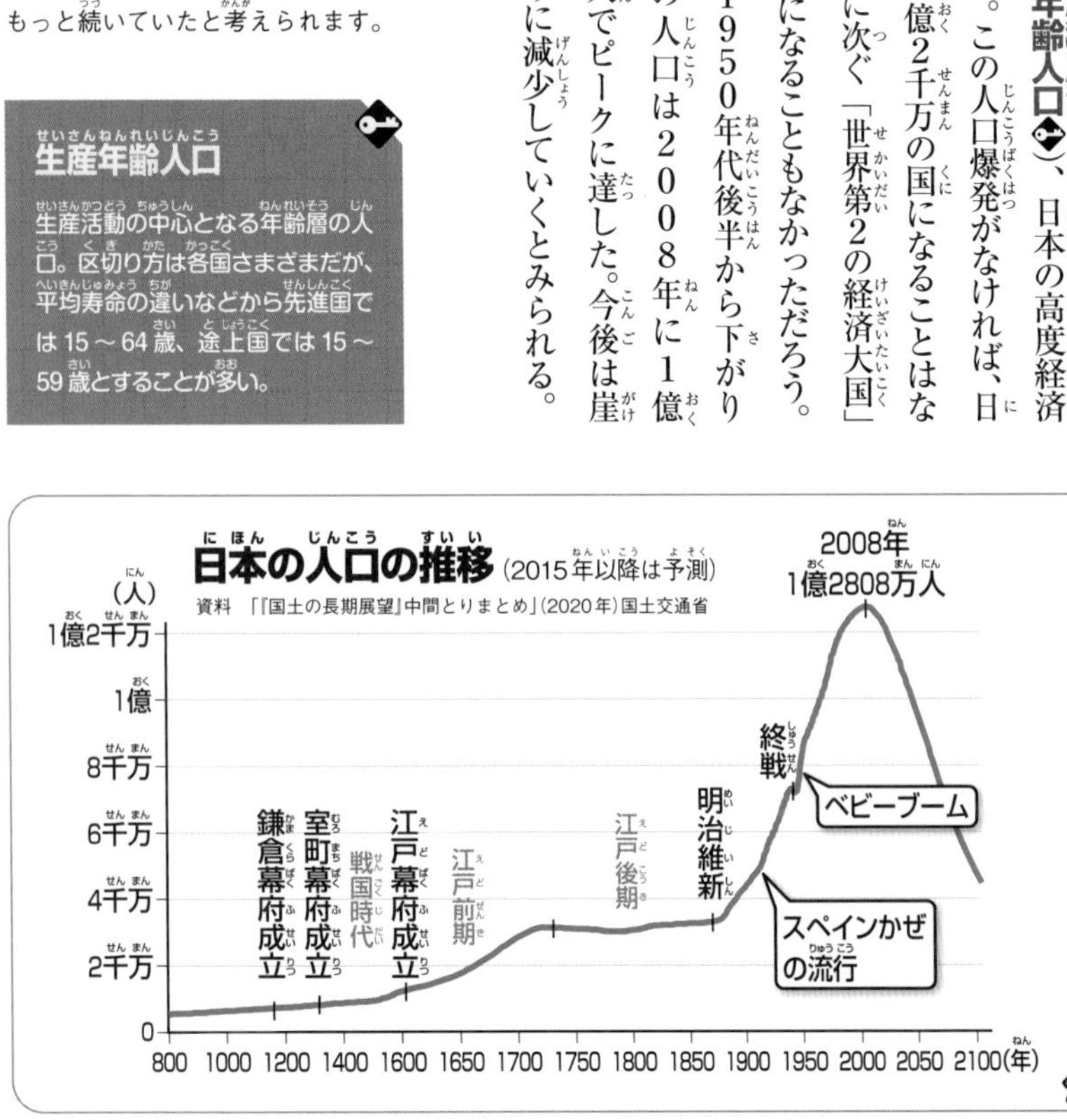

メモ　幕末《ばくまつ》から明治《めいじ》の人口統計《じんこうとうけい》は、国勢調査《こくせいちょうさ》を行《おこな》うようになった大正時代《たいしょうじだい》の統計《とうけい》から推測《すいそく》したものです。明治政府《めいじせいふ》には国勢調査《こくせいちょうさ》をする力《ちから》はまだありませんでした。

日本《に》の人口《じんこう》変化《へんか》の特徴《とくちょう》をグラフから読《よ》み取《と》ってみよう

POINT 学習《がくしゅう》のポイント

高齢者《こうれいしゃ》1人《ひとり》を何人《なんにん》で支《ささ》えるか？

●計算《けいさん》の仕方《しかた》

(生産年齢人口《せいさんねんれいじんこう》)÷(65歳以上《さいいじょう》の人口《じんこう》)

例《れい》：2020年《ねん》の場合《ばあい》

7509万人《まんにん》÷3602万人《まんにん》=約2人《やくふたり》

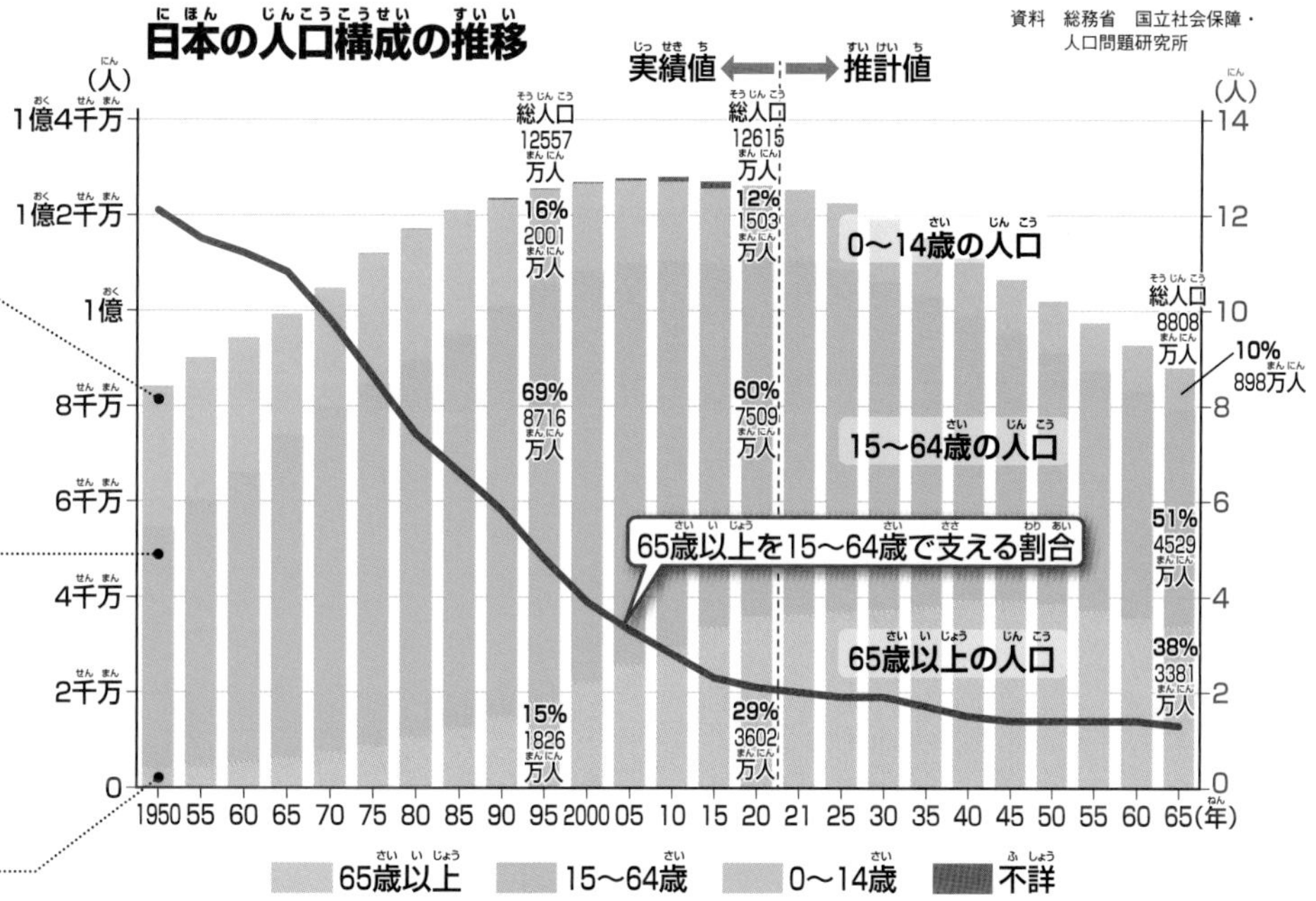

資料　総務省　国立社会保障・人口問題研究所

【棒《ぼう》グラフ】高《たか》さは総人口数《そうじんこうすう》を表《あらわ》す（指標《しひょう》は左《ひだり》）。65歳以上《さいいじょう》の人口《じんこう》が増《ふ》え、15～64歳《さい》が減《へ》り、0～14歳《さい》の数《かず》も減《へ》っていき、少子高齢化《しょうしこうれいか》が進《すす》んでいることがわかる

【折《お》れ線《せん》】15～64歳《さい》（**生産年齢人口《せいさんねんれいじんこう》**◆）の人口《じんこう》を65歳以《さいい》上《じょう》の人口《じんこう》で割《わ》った数《かず》(指標《しひょう》は右《みぎ》)。1人《ひとり》の高齢者《こうれいしゃ》を何人《なんにん》の働《はたら》き手《て》で支《ささ》えるかを表《あらわ》す

日本《にほん》の人口《じんこう》ピラミッドの変化《へんか》

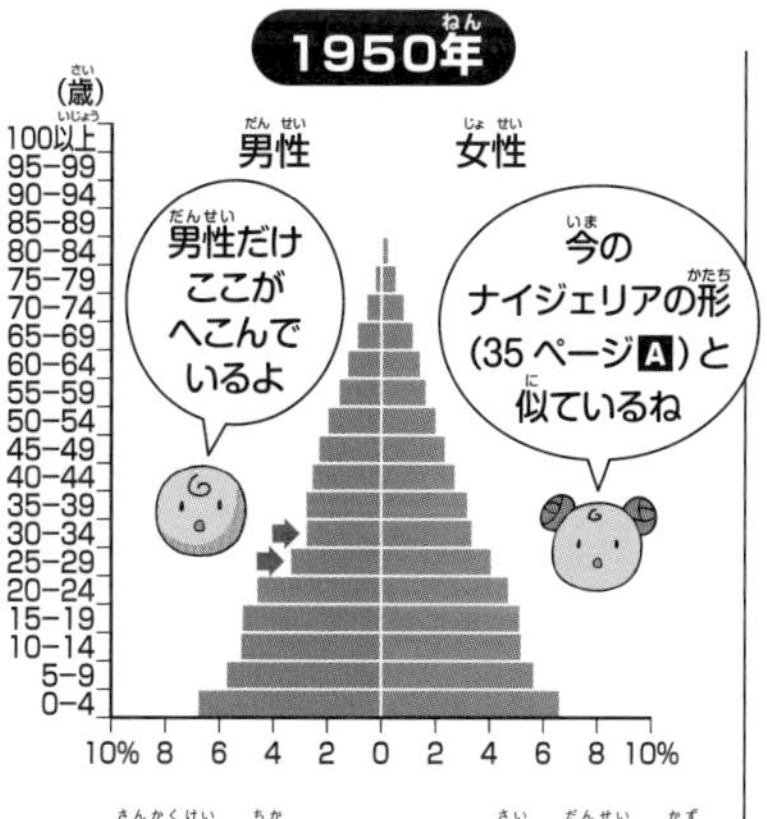

きれいな三角形《さんかくけい》に近《ちか》い。25～34歳《さい》の男性《だんせい》の数《かず》が少《すく》ないのは、1945年《ねん》に終《お》わった戦争《せんそう》の影響《えいきょう》。ナイジェリア(2020年《ねん》)のほうが、裾野《すその》が広《ひろ》い

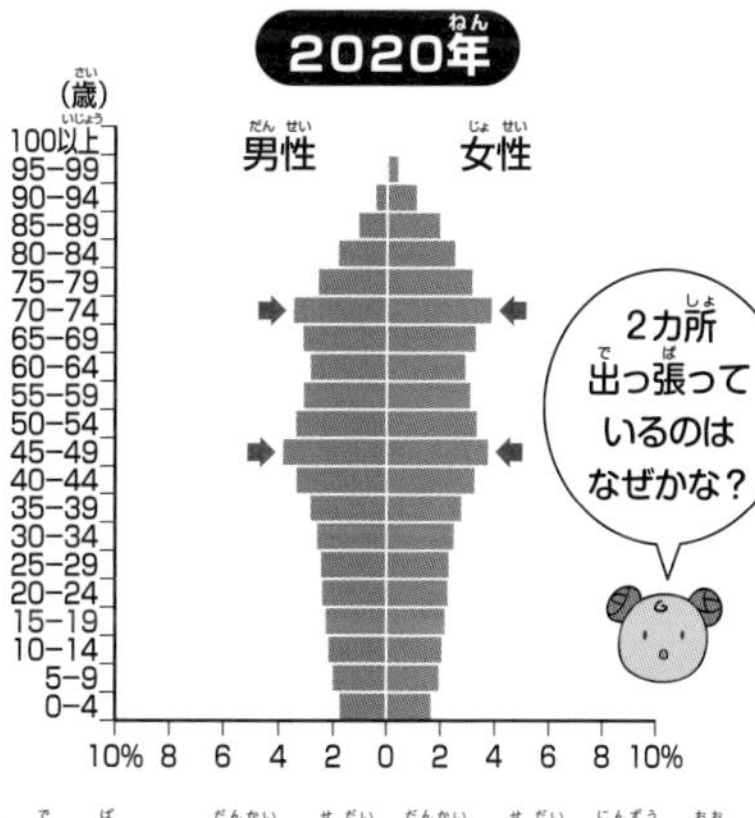

上《うえ》の出《で》っ張《ぱ》りは「団塊《だんかい》の世代《せだい》」。団塊《だんかい》の世代《せだい》は人数《にんずう》が多《おお》いので子《こ》どもも多《おお》く、「第2次《だいじ》ベビーブーム」が起《お》こった(下《した》の出《で》っ張《ぱ》り)。それ以外《いがい》、若《わか》い世代《せだい》は先細《さきぼそ》りしている

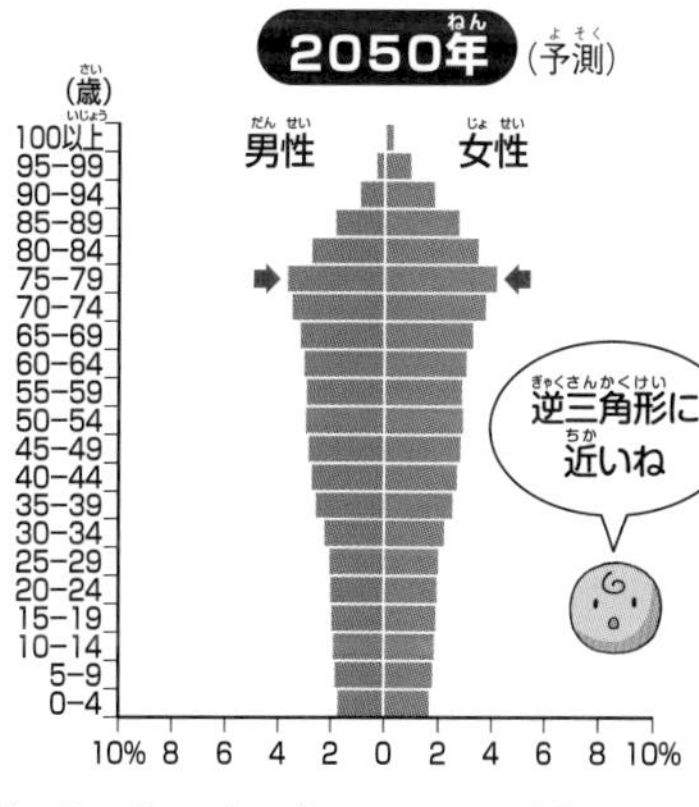

上《うえ》の出《で》っ張《ぱ》りは第2次《だいじ》ベビーブーム世代《せだい》。そこをピークに若《わか》い世代《せだい》がどんどん先細《さきぼそ》りしている。これほどの超少子高齢社会《ちょうしょうしこうれいしゃかい》は、前例《ぜんれい》がない

POINT 学習《がくしゅう》のポイント

比《くら》べてみよう

1950年《ねん》の日本《にほん》と2020年《ねん》のナイジェリア

きれいな三角形《さんかくけい》に近《ちか》い人口《じんこう》ピラミッドは、人口《じんこう》が安定《あんてい》しているか、増《ふ》え続《つづ》ける社会《しゃかい》。1950年《ねん》の日本《にほん》は、今《いま》のナイジェリアより裾野《すその》は狭《せま》いが、それでも人口爆発《じんこうばくはつ》が起《お》きていた。

POINT 学習《がくしゅう》のポイント

経済成長《けいざいせいちょう》に有利《ゆうり》な人口構成《じんこうこうせい》とは

人口《じんこう》は多《おお》いほど経済成長《けいざいせいちょう》に有利《ゆうり》かというと、そう単純《たんじゅん》ではない。たとえば、今《いま》のナイジェリアは子《こ》どもの数《かず》が多《おお》く、生産年齢人口《せいさんねんれいじんこう》の割合《わりあい》が低《ひく》いため、経済成長《けいざいせいちょう》には不利《ふり》だ。かつての日本《にほん》は団塊《だんかい》の世代《せだい》が生産年齢《せいさんねんれい》人口《じんこう》になったとき、子《こ》どもも高齢者《こうれいしゃ》も少《すく》なかったから経済成長《けいざいせいちょう》できた。

「先生教《せんせいおし》えて！」

人口爆発《じんこうばくはつ》と人口減少《じんこうげんしょう》 同時《どうじ》に起《お》きるとどうなるの？

世界《せかい》の人口構成《じんこうこうせい》が大《おお》きく変《か》わると、世界《せかい》や日本《にほん》の暮《く》らしにどんな影響《えいきょう》があるのかな？

▼ナイジェリアの最大都市《さいだいとし》ラゴスの市場《いちば》

学習《がくしゅう》のポイント

「人口密度《じんこうみつど》」で考《かんが》えてみよう

アフリカの人口密度《じんこうみつど》は1㎢あたり40人《にん》(40人《にん》／㎢)で、北海道《ほっかいどう》の人口密度《じんこうみつど》63人《にん》／㎢より低《ひく》い。ちなみに日本《にほん》の人口密度《じんこうみつど》は328人《にん》／㎢だ。人口密度《じんこうみつど》は日本《にほん》のほうがはるかに高《たか》い。

貧《まず》しい地域《ちいき》で人口《じんこう》が増《ふ》える

人口《じんこう》が爆発的《ばくはつてき》に増《ふ》えているアフリカは、今《いま》、どんな社会《しゃかい》なのかな？

農村《のうそん》に住《す》む人《ひと》のほうが都市《とし》に住《す》む人《ひと》より多《おお》いよ。今《いま》は、都市人口《としじんこう》のほうが多《おお》い国《くに》がほとんどなので、アフリカは特殊《とくしゅ》なんだ。

そうなんだ。人口《じんこう》が増《ふ》えるとアフリカは経済的《けいざいてき》に発展《はってん》するの？

人口《じんこう》が増《ふ》えると生産力《せいさんりょく》や購買力《こうばいりょく》が高《たか》まり、経済《けいざい》が成長《せいちょう》するといわれるけれど、今《いま》のアフリカの多《おお》くの国《くに》は働《はたら》き手《て》より子《こ》どもの数《かず》のほうが多《おお》いので、低成長《ていせいちょう》に苦《くる》しんでいるんだ。

数《かず》だけの問題《もんだい》じゃないんだね。

国連《こくれん》によると、アフリカのサハラ砂漠《さばく》より南《みなみ》の地域《ちいき》(サブサハラ)に住《す》む人《ひと》のうち、2億以《おくい》上《じょう》の人々《ひとびと》が健康的《けんこうてき》な食事《しょくじ》を得《え》られていない。貧《まず》しい地域《ちいき》で人口《じんこう》が急増《きゅうぞう》し、豊《ゆた》かな国《くに》では人口《じんこう》が減《へ》っているんだ。こうしたいびつな世界《せかい》でみんなが幸《しあわ》せに暮《く》らすためには、国際協調《こくさいきょうちょう》が今《いま》まで以上《いじょう》に必要《ひつよう》になるよ。

人口問題《じんこうもんだい》は食料問題《しょくりょうもんだい》

貧《まず》しい地域《ちいき》で人口《じんこう》が増《ふ》えると、みんなが食《た》べていけるのか、心配《しんぱい》になるね。

そうだね。人口問題《じんこうもんだい》と食料問題《しょくりょうもんだい》は密接《みっせつ》に関《かか》わり合《あ》っている。2022年《ねん》、ロシアによるウクライナ侵攻《しんこう》の影響《えいきょう》で世界的《せかいてき》な食料危機《しょくりょうきき》が懸《け》念《ねん》されたとき、いちばん切実《せつじつ》だったのがアフリカだ。世界《せかい》の小麦輸出《こむぎゆしゅつ》の約《やく》3割《わり》はロシアとウクライナで占《し》められていて、アフリカの多《おお》くの国《くに》が両国《りょうこく》の小麦《こむぎ》に頼《たよ》っているからだ。国連《こくれん》の尽力《じんりょく》でウクライナの小麦《こむぎ》は輸出《ゆしゅつ》できるようになったけど、不安《ふあん》がなくなったわけではないよ。

人口《じんこう》が増《ふ》えた分《ぶん》、増産《ぞうさん》できたらいいのに。

増産《ぞうさん》はしているけど、追《お》いつかない場合《ばあい》は、穀物価格《こくもつかかく》がもっと上《あ》がるかもしれない。日本《にほん》も世界有数《せかいゆうすう》の穀物輸入国《こくもつゆにゅうこく》なので心配《しんぱい》だ。日本《にほん》はコメを増産《ぞうさん》する力《ちから》があるから、増産《ぞうさん》してアフリカに輸出《ゆしゅつ》できたらいいと思《おも》うけど、どうだろう。どの国《くに》の人《ひと》も飢《う》えさせない国際的《こくさいてき》なしくみをつくることが大事《だいじ》だね。

学習《がくしゅう》のポイント

日本《にほん》の食料自給率《しょくりょうじきゅうりつ》は38％

日本《にほん》の食料自給率《しょくりょうじきゅうりつ》はカロリーベースで38％(2021年度《ねんど》)。エネルギー自給率《じきゅうりつ》はわずか12％(2019年度《ねんど》)だ。日本人《にほんじん》の暮《く》らしは、輸入《ゆにゅう》した食料《しょくりょう》や資源《しげん》に支《ささ》えられている。

日本人《にほんじん》がコメを食《た》べなくなり、日本《にほん》の田《た》んぼは年々《ねんねん》、減《へ》っている

ウクライナのオデーサにある小麦貯蔵庫《こむぎちょぞうこ》。2022年《ねん》、ウクライナに侵攻《しんこう》したロシアがオデーサなどの港《みなと》を封鎖《ふうさ》したため、ウクライナ産《さん》の小麦《こむぎ》がアフリカや中東《ちゅうとう》に輸出《ゆしゅつ》できなくなり、これらの地域《ちいき》の人《ひと》の命《いのち》が危険《きけん》にさらされた

未来《みらい》の働《はたら》き手《て》は二《ふた》つのタイプに分《わ》かれるかも!?

交流拠点《こうりゅうきょてん》をオープン

慶應義塾大学《けいおうぎじゅくだいがく》の学生《がくせい》(当時《とうじ》)・末永玲於《すえながれお》さんは、山形県《やまがたけん》村山市《むらやまし》に移住《いじゅう》し、2022年《ねん》、交流拠点《こうりゅうきょてん》「Kiwa《キワ》」をオープンさせた。共有《きょうゆう》オフィスのほか、バーなどを日替《ひが》わりで営業《えいぎょう》するスペースやシェアハウスもある。「村山《むらやま》とつながり、関《かか》わり、挑戦《ちょうせん》する人々《ひとびと》がかき混《ま》ざる『交差点《こうさてん》』」をめざす。

国内《こくない》の暮《く》らしを支《ささ》える人《ひと》

海外《かいがい》で活躍《かつやく》する起業家《きぎょうか》・投資家《とうしか》

ケニアで起業《きぎょう》

ケニアは海外《かいがい》の投資家《とうしか》に注目《ちゅうもく》されている国《くに》の一《ひと》つで、日本《にほん》の若手起業家《わかてきぎょうか》の進出《しんしゅつ》も増《ふ》えている。事業用《じぎょうよう》の車《くるま》を買うための資金調達《しきんちょうたつ》を支援《しえん》する日系企業《にっけいきぎょう》「ハッキ　アフリカ」の最高経営責任者《さいこうけいえいせきにんしゃ》・小林嶺司《こばやしれいじ》さん(中央《ちゅうおう》)もその一人《ひとり》。「競争《きょうそう》は激《はげ》しいがチャンスも大《おお》きい」と話《はな》す。

人口《じんこう》減《げん》の日本《にほん》は自治体《じちたい》の数《かず》も減《へ》る

人口《じんこう》が減《へ》ったら、日本《にほん》は経済大国《けいざいたいこく》でなくなるの?

「日本《にほん》は世界《せかい》3位《い》の経済大国《けいざいたいこく》」といわれるけれど、それは人口《じんこう》が多《おお》いほど規模《きぼ》が大《おお》きくなるGDP《ジーディーピー》(国内総生産《こくないそうせいさん》)をものさしにしているから。一人当《ひとりあ》たりのGDP《ジーディーピー》は世界《せかい》27位《い》(2021年《ねん》)で、すでに経済大国《けいざいたいこく》とはいえないよ。

そうなんだ。人口《じんこう》が減《へ》ると、社会《しゃかい》はどうなるの?

働《はたら》く人《ひと》が減《へ》って税収《ぜいしゅう》も減《へ》るから、自治体《じちたい》の数《かず》が減《へ》ったり、公共《こうきょう》サービスが低下《ていか》したりするだろうね。

不安《ふあん》だな。じゃあ、少子化対策《しょうしかたいさく》が成功《せいこう》したら、人口《じんこう》は増《ふ》えるのかな?

今後《こんご》、日本《にほん》の婚姻率《こんいんりつ》は7割《わり》ぐらいまで落《お》ちる可能性《かのうせい》がある。そうなると結婚《けっこん》している家庭《かてい》に平均《へいきん》2.5人《にん》以上《いじょう》の子《こ》どもがいないと人口《じんこう》は増《ふ》えない。今《いま》、3人《にん》きょうだいはめずらしいよね?

そうだね……。

人口《じんこう》の変化《へんか》を考《かんが》えるときは、どれだけ減《へ》るかという「規模《きぼ》」より、減《へ》る「スピード」に注目《ちゅうもく》しよう。ゆっくり変《か》われば、衝撃《しょうげき》も減《へ》らせる。少子化《しょうしか》対策《たいさく》は、人口減少《じんこうげんしょう》のスピードを遅《おく》らせる効果《こうか》はあるかもしれないね。

人口《じんこう》を政策《せいさく》で操作《そうさ》しようとするのは間違《まちが》い。人口《じんこう》は「数《かず》」ではなく、そこに「人《ひと》」が生《い》きていることを忘《わす》れないようにしよう

人口《じんこう》は「数《かず》」ではなく「人《ひと》」

人口《じんこう》が減《へ》るなかで、新《あたら》しい仕事《しごと》のチャンスはあるのかな?

日本人《にほんじん》は投資活動《とうしかつどう》が苦手《にがて》だけど、これからは海外《かいがい》の若《わか》い企業《きぎょう》に投資《とうし》したり、現地《げんち》の人《ひと》とベンチャー企業《きぎょう》を立《た》ち上《あ》げたりする人《ひと》がもっと出《で》てくると思《おも》う。億万長者《おくまんちょうじゃ》が何人《なんにん》も誕生《たんじょう》したら、日本《にほん》の経済的基盤《けいざいてききばん》を維持《いじ》できる。一方《いっぽう》、国内《こくない》の暮《く》らしを支《ささ》える人《ひと》も必要《ひつよう》だ。新《あたら》しいアイデアでビジネスを始《はじ》める「スタートアップ企業《きぎょう》」や、二《に》拠点生活《きょてんせいかつ》など、新世代《しんせだい》の画期的《かっきてき》な発想《はっそう》や生《い》き方《かた》がビジネスチャンスを広《ひろ》げていくだろう。所得《しょとく》格差《かくさ》は広《ひろ》がるけれど、それぞれすみ分《わ》けて、格《かく》差《さ》を気《き》にしない社会《しゃかい》になるのかもしれない。

私《わたし》も人口《じんこう》を増《ふ》やすために結婚《けっこん》して、子《こ》どもを産《う》んだほうがいいのかな?

そんなふうに考《かんが》える必要《ひつよう》はまったくないよ! コビンナちゃんがどうしたいかは、自分《じぶん》で決《き》めること。それぞれの人《ひと》が自分《じぶん》の意思《いし》で決《き》めた結果《けっか》が人口減少社会《じんこうげんしょうしゃかい》になるなら、それを「悪《わる》い」と言《い》ってはいけないと思《おも》うんだ。

そうだね。みんなの意思《いし》が集《あつ》まって未来《みらい》ができていくんだね!

SDGs《エスディージーズ》(持続可能《じぞくかのう》な開発目標《かいはつもくひょう》)と人口問題《じんこうもんだい》

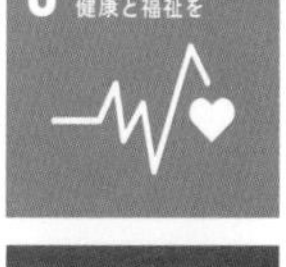

◀ターゲット3.1:2030年《ねん》までに、世界《せかい》の妊産婦《にんさんぷ》の死亡率《しぼうりつ》を、10万人《まんにん》あたり70人未満《にんみまん》に削減《さくげん》する

◀ターゲット5.6:性《せい》と生《せい》殖《しょく》に関《かん》する健康《けんこう》および権《けん》利《り》への普遍的《ふへんてき》アクセスを確保《かくほ》する

私《わたし》の体《からだ》は私《わたし》のもの

国連人口基金《こくれんじんこうききん》(UNFPA《ユーエヌエフピーエイ》)の報告書《ほうこくしょ》『私《わたし》の体《からだ》は私《わたし》のもの』によると、発展途上国《はってんとじょうこく》57カ国《こく》で5割《わり》近《ちか》い女性《じょせい》が、子《こ》どもを産《う》むか産《う》まないか、何人産《なんにんう》むか、いつ産《う》むかなどを自分《じぶん》で決《き》められず、「生《せい》殖《しょく》に関《かん》する権利《けんり》」(リプロダクティブ・ライツ)がないがしろにされているという。ナタリア・カネム事務局長《じむきょくちょう》は「基本的人権《きほんてきじんけん》の侵害《しんがい》だ」とし、男性《だんせい》が女《じょ》性《せい》を支配《しはい》する構造《こうぞう》を改《あらた》める必要性《ひつようせい》を訴《うった》えている。

◀報告書《ほうこくしょ》『私《わたし》の体《からだ》は私《わたし》のもの』(2021年《ねん》)を掲《かか》げるカネム事《じ》務局長《むきょくちょう》

「リプロダクティブ・ライツ」は私《わたし》にもあるんだね

特集《とくしゅう》

どうする? 物《ぶっ》価《か》高《だか》

歴史的《れきしてき》な物価高《ぶっかだか》がニュースでしばしば取《と》り上《あ》げられている。そもそも物価《ぶっか》とは何《なん》なのか。なぜ物価高《ぶっかだか》が起《お》きているのか。物価高《ぶっかだか》のどこが問題《もんだい》なのか。解決《かいけつ》するにはどうすればよいのかを解説《かいせつ》するよ。

監修《かんしゅう》　渡辺《わたなべ》 努《つとむ》(東京大学大学院経済学研究科教授《とうきょうだいがくだいがくいんけいざいがくけんきゅうかきょうじゅ》、株式会社《かぶしきがいしゃ》ナウキャスト創業者《そうぎょうしゃ》・技術顧問《ぎじゅつこもん》)

約《やく》40年《ねん》ぶりの水準《すいじゅん》の物価高《ぶっかだか》に!

さまざまな商品《しょうひん》の価格《かかく》の上昇率《じょうしょうりつ》

(2023年《ねん》1月《がつ》。前年同月比《ぜんねんどうげつひ》)

生鮮食品《せいせんしょくひん》をのぞく食料《しょくりょう》	**7.4%**
食用油《しょくようあぶら》	31.7
ハンバーガー(外食《がいしょく》)	17.9
ポテトチップス	16.1
食《しょく》パン	11.5
鶏卵《けいらん》	10.7
エネルギー関連《かんれん》	**14.6**
都市《とし》ガス代《だい》	35.2
電気代《でんきだい》	20.2
その他《た》	
携帯電話機《けいたいでんわき》	21.7
ペット用《よう》トイレ用品《ようひん》	20.5

消費者物価指数《しょうひしゃぶっかしすう》の推移《すいい》 (生鮮食品《せいせんしょくひん》をのぞく総合指数《そうごうしすう》。前年同月比《ぜんねんどうげつひ》)

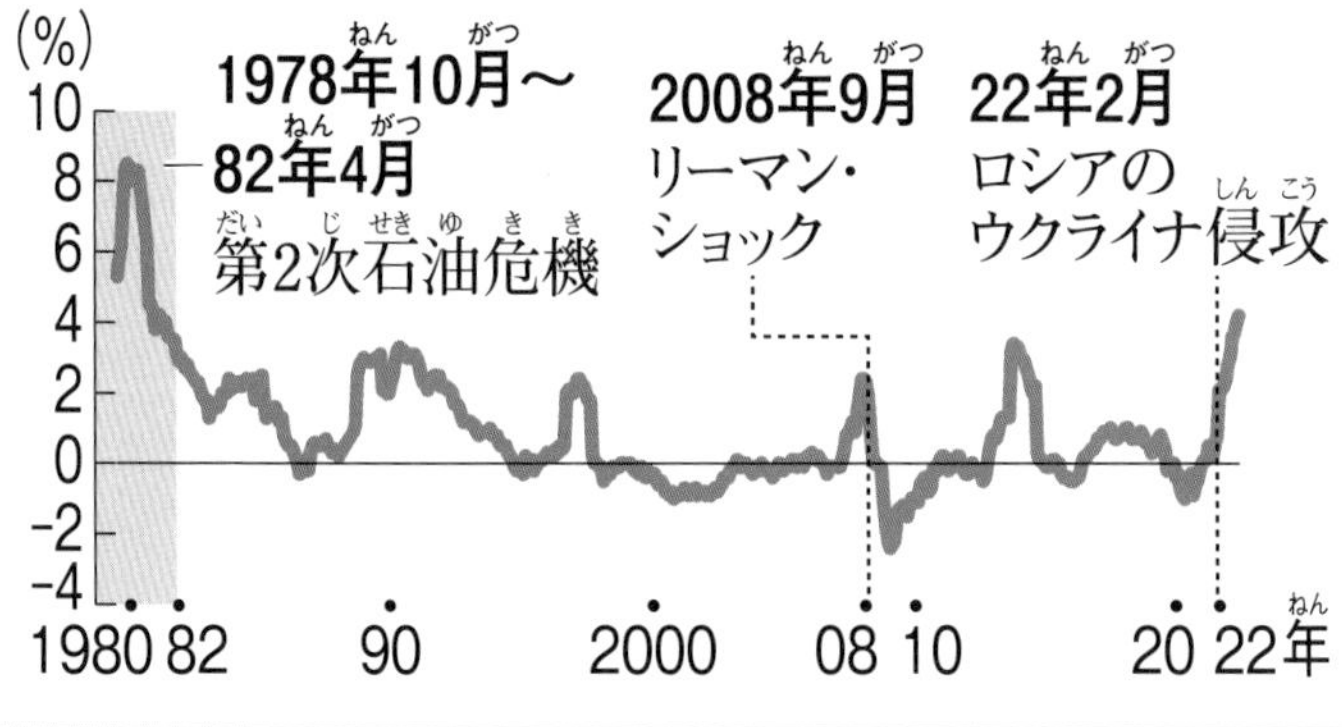

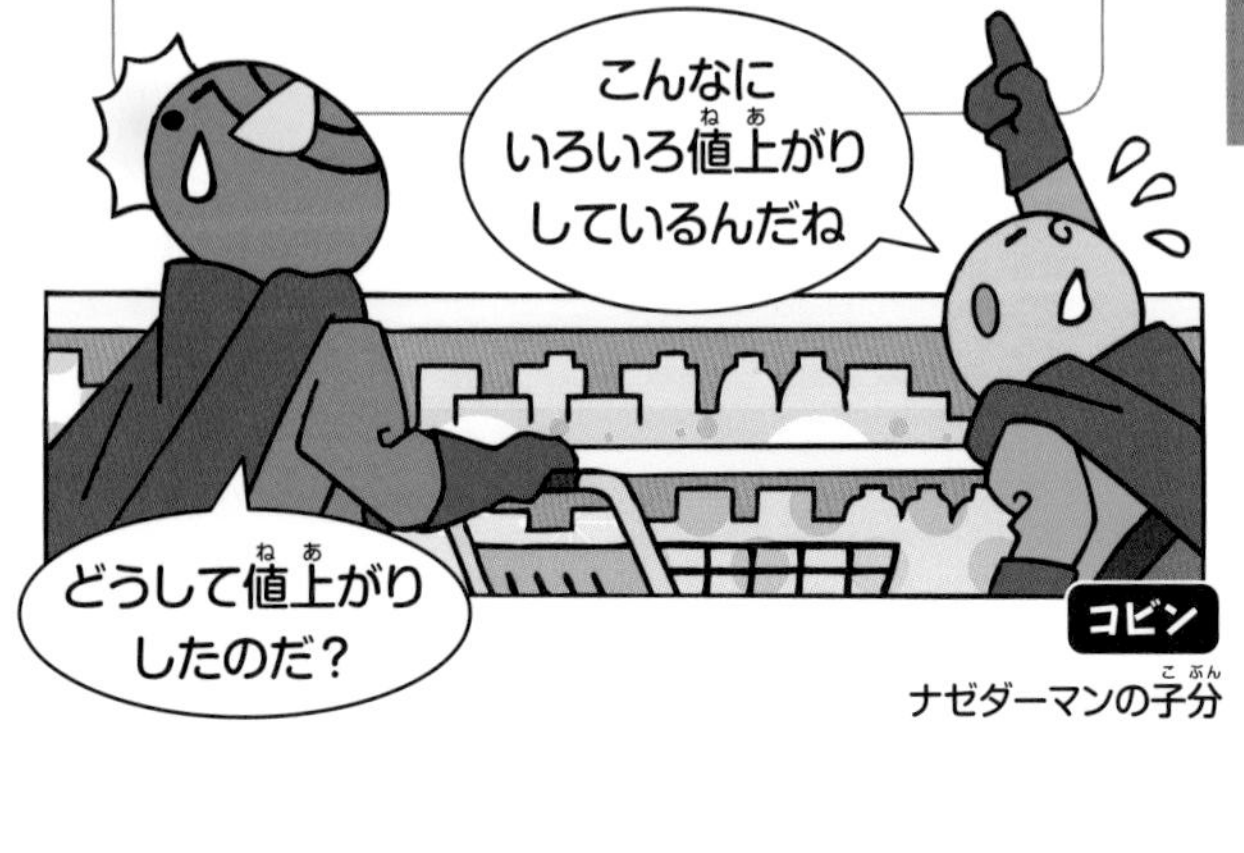

物価《ぶっか》

さまざまな商品《しょうひん》などの価格《かかく》を平均化《へいきんか》して示《しめ》したもの。日本《にほん》の物価《ぶっか》が上《あ》がっているか下《さ》がっているかは、総務省統計局《そうむしょうとうけいきょく》が食料《しょくりょう》、電化製品《でんかせいひん》、電気《でんき》・都市《とし》ガス・水道《すいどう》などの価格《かかく》から算出《さんしゅつ》する消費者物価指数《しょうひしゃぶっかしすう》で表《あらわ》され、現在《げんざい》は582品目《ひんもく》が対象《たいしょう》となっている。

今回《こんかい》の物価高《ぶっかだか》は、さまざまな商品《しょうひん》の価格《かかく》が上《あ》がって買《か》い物《もの》で困《こま》るだけでなく、最近《さいきん》の日本《にほん》の経済《けいざい》の大《おお》きな問題《もんだい》が潜《ひそ》んでいるよ。どんな問題《もんだい》なのか解説《かいせつ》していくね。

今月《こんげつ》のナビゲーター

渡辺《わたなべ》 努《つとむ》先生《せんせい》

日本銀行勤務《にっぽんぎんこうきんむ》などを経《へ》て、現在《げんざい》は東京大学大学院経済学研究科教授《とうきょうだいがくだいがくいんけいざいがくけんきゅうかきょうじゅ》、株式会社《かぶしきがいしゃ》ナウキャスト創業者《そうぎょうしゃ》・技術顧問《ぎじゅつこもん》。おもな研究《けんきゅう》テーマは物価《ぶっか》と金融政策《きんゆうせいさく》。近著《きんちょ》に『物価《ぶっか》とは何《なに》か』(講談社選書《こうだんしゃせんしょ》メチエ)、『世界《せかい》インフレの謎《なぞ》』(講談社現代新書《こうだんしゃげんだいしんしょ》)など。

写真　高橋奈緒(写真映像部)

(※2023年《ねん》5月号《がつごう》より)

モノの価格《かかく》は需要《じゅよう》と供給《きょうきゅう》のバランスで決《き》まる

「需要《じゅよう》」とはある商品《しょうひん》を欲《ほ》しい人《ひと》の量《りょう》、「供給《きょうきゅう》」とは売《う》られている商品《しょうひん》の量《りょう》のこと。供給《きょうきゅう》より需要《じゅよう》が多《おお》くなれば価格《かかく》は上《あ》がり、需要《じゅよう》より供給《きょうきゅう》が多《おお》くなれば価格《かかく》は下《さ》がる。

△価格《かかく》が上《あ》がる

需要《じゅよう》(欲《ほ》しい人《ひと》の量《りょう》) ＞ 供給《きょうきゅう》(商品《しょうひん》の量《りょう》)

▼価格《かかく》が下《さ》がる

需要《じゅよう》(欲《ほ》しい人《ひと》の量《りょう》) ＜ 供給《きょうきゅう》(商品《しょうひん》の量《りょう》)

メモ 実際《じっさい》にこのイラストのようなやりとりはされなくても、需要《じゅよう》や供給《きょうきゅう》のバランスから、自然《しぜん》と価格《かかく》が上下《じょうげ》する。

物価高《ぶっかだか》はなぜ起《お》きた？

欧米《おうべい》で新型《しんがた》コロナを機《き》に労働者《ろうどうしゃ》が減少《げんしょう》「供給不足《きょうきゅうぶそく》」で物価高《ぶっかだか》に

アメリカ・イリノイ州《しゅう》のレストランに貼《は》られた求人募集《きゅうじんぼしゅう》の貼《は》り紙《がみ》。アメリカでは2021年《ねん》の1年間《ねんかん》で4780万人《まんにん》もの人《ひと》が離職《りしょく》し、「大退職時代《だいたいしょくじだい》」ともいわれる。

ロシアとウクライナの戦争《せんそう》によるLNG《エルエヌジー》や小麦《こむぎ》などの供給不足《きょうきゅうぶそく》で物価高《ぶっかだか》に

ロシアの液化天然《えきかてんねん》ガス(LNG《エルエヌジー》)運搬船《うんぱんせん》とウクライナの小麦農場《こむぎのうじょう》の収穫風景《しゅうかくふうけい》。日本《にほん》は両国《りょうこく》から直接輸入《ちょくせつゆにゅう》していなくても、世界的《せかいてき》な供給不足《きょうきゅうぶそく》による価格《かかく》の上昇《じょうしょう》の影響《えいきょう》を受《う》ける。

円安《えんやす》が急激《きゅうげき》に進《すす》み、輸入品《ゆにゅうひん》の価格《かかく》が上《あ》がったため物価高《ぶっかだか》に

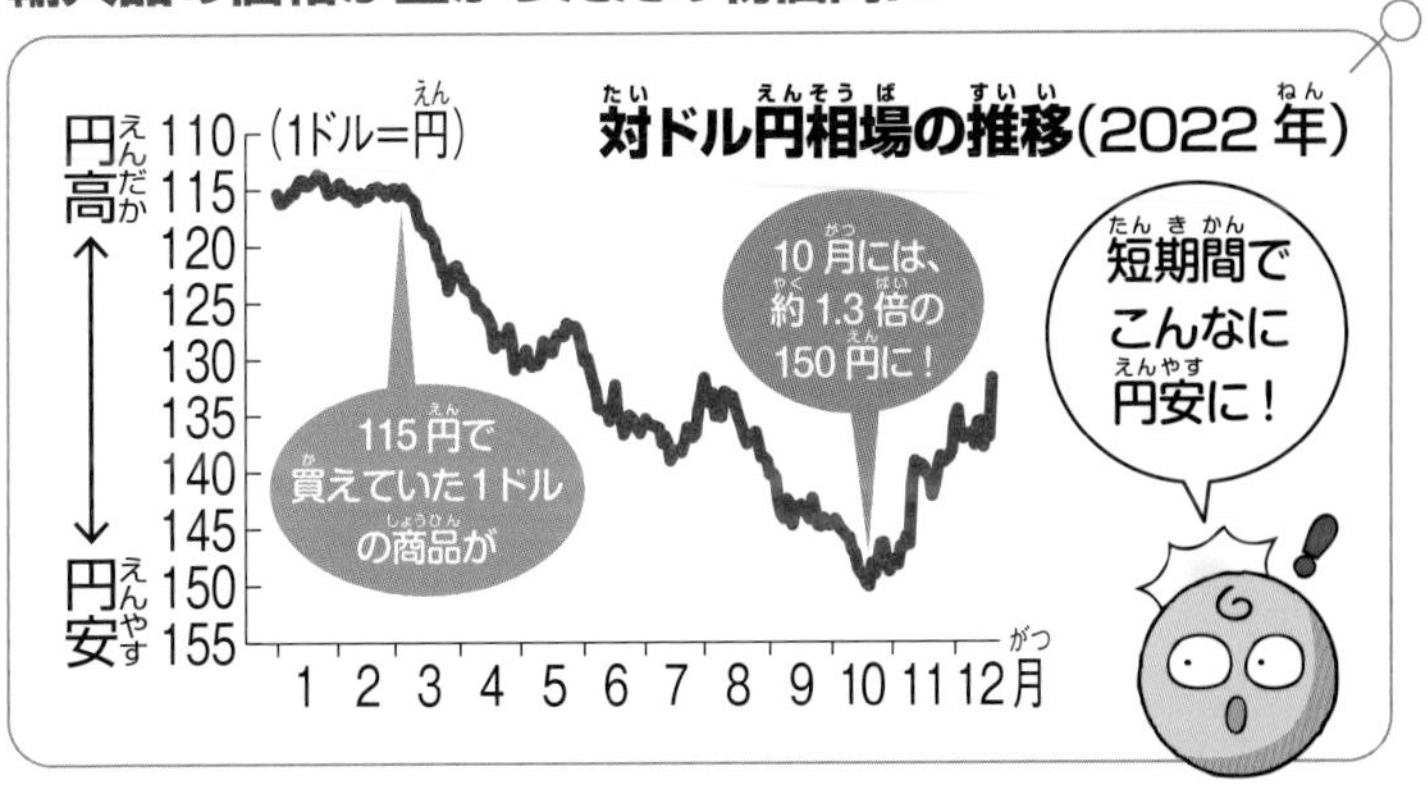

欧米《おうべい》で始《はじ》まり日本《にほん》も影響《えいきょう》を受《う》け戦争《せんそう》や円安《えんやす》で加速《かそく》

今《こん》回《かい》の物価高《ぶっかだか》はまず欧米《おうべい》(アメリカとヨーロッパ)で始《はじ》まり、後《あと》から日本《にほん》に入《はい》ってきたものだ。

モノの価格《かかく》は需要《じゅよう》と供給《きょうきゅう》のバランスで決《き》まる(左上《ひだりうえ》の囲《かこ》み記事《きじ》を見《み》よう)。新型《しんがた》コロナウイルスの感染拡大《かんせんかくだい》で停滞《ていたい》した経済活動《けいざいかつどう》が、欧米《おうべい》では日本《にほん》より早《はや》く元《もと》に戻《もど》り始《はじ》め、需要《じゅよう》が回復《かいふく》した。しかし供給《きょうきゅう》は不足《ふそく》したままで回復《かいふく》せず、バランスが崩《くず》れて物価高《ぶっかだか》が起《お》きた。

供給不足《きょうきゅうぶそく》が解消《かいしょう》しない大《おお》きな原因《げんいん》は労働者《ろうどうしゃ》の減少《げんしょう》だ。コロナ禍《か》でも在宅勤務《ざいたくきんむ》ができない職種《しょくしゅ》では、命《いのち》の危険《きけん》にさらされながら仕事《しごと》をして心身《しんしん》をすりへらし、退職《たいしょく》する者《もの》もいた。また、在宅勤務《ざいたくきんむ》をするようになった労働者《ろうどうしゃ》の中《なか》には、働《はたら》き方《かた》や人生《じんせい》を見直《みなお》したりして、感染《かんせん》が収《おさ》まった後《あと》も職場《しょくば》には戻《もど》らず、退職《たいしょく》という選択《せんたく》をした者《もの》も少《すく》なくなかった。こうして多《おお》くの企《き》業《ぎょう》で労働者《ろうどうしゃ》が減少《げんしょう》し、増《ふ》えた需要《じゅよう》に見合《みあ》うだけのモノやサービスを提供《ていきょう》できなくなったのだ。

一方《いっぽう》、日本《にほん》は欧米《おうべい》に比《くら》べて新型《しんがた》コロナウイルスに対《たい》して慎重《しんちょう》な姿勢《しせい》を取《と》り、経済活動《けいざいかつどう》の回復《かいふく》は遅《おく》れたが、先《さき》に物価高《ぶっかだか》が進《すす》んだ欧米《おうべい》からの輸入品《ゆにゅうひん》の価格《かかく》が上《あ》がったことなどから、物価高《ぶっかだか》が始《はじ》まった。また、戦争《せんそう》による、ロシアやウクライナの液化天然《えきかてんねん》ガス(LNG《エルエヌジー》)や小《こ》麦《むぎ》などの供給不足《きょうきゅうぶそく》は、欧米《おうべい》だけでなく日本《にほん》にも影響《えいきょう》した。2022年《ねん》、円安《えんやす》が急激《きゅうげき》に進《すす》んで輸入品《ゆにゅうひん》の価格《かかく》がさらに上《あ》がったことも、日本《にほん》の物価高《ぶっかだか》をいっそう進《すす》めた。

写真　iStock　AP、ロイター／アフロ　朝日新聞社　　イラスト　オガケン　クドウあや　　図版　谷口正孝　マカベアキオ

日本《にほん》は世界《せかい》の物価高《ぶっかだか》から“取《と》り残《のこ》されている”!?

大《おお》きな問題《もんだい》になっている物価高《ぶっかだか》だが、日本《にほん》の物価上昇率《ぶっかじょうしょうりつ》は、世界《せかい》の中《なか》では最下位争《さいかいあらそ》いをするほど小《ちい》さい。喜《よろこ》んでいいことのように思《おも》えるが、実《じつ》は、そこにこそ、日本《にほん》の経済《けいざい》の大《おお》きな問題《もんだい》が潜《ひそ》んでいるのだという。

“ビッグマック指数《しすう》”の2000年《ねん》と22年《ねん》の比較《ひかく》

出典：The Big Mac index/The Economist(https://www.economist.com/big-mac-index)

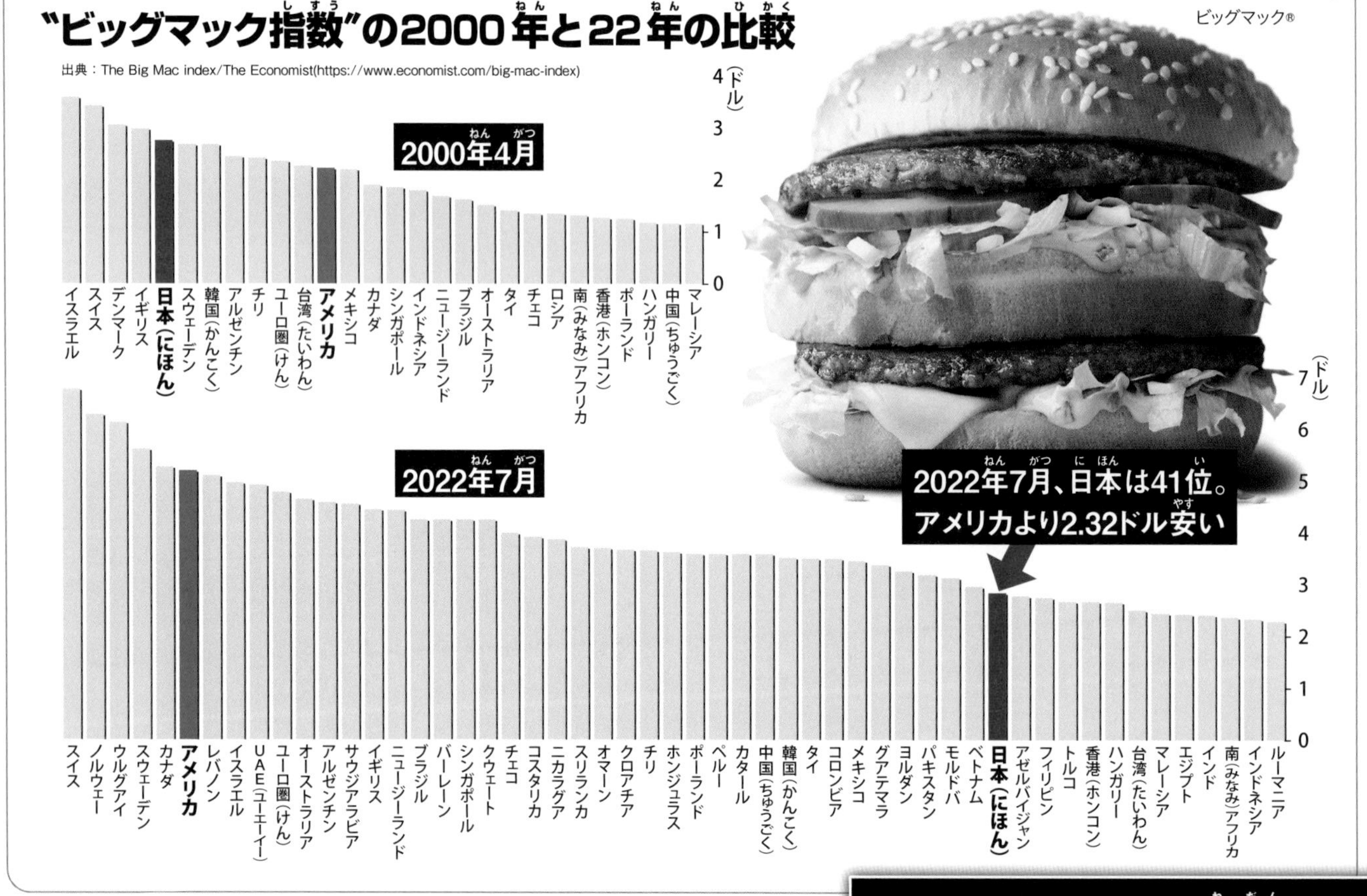

朝日新聞GLOBE＋2022年12月18日付の記事掲載の図版（木村デザイン事務所）をもとに作成

ビッグマックの値段《ねだん》を世界各国《せかいかっこく》で比《くら》べると、日本《にほん》は約《やく》20年《ねん》で5位《い》→41位《い》に急降下《きゅうこうか》！

「慢性《まんせい》デフレ」で日本《にほん》だけ物価安《ぶっかやす》に

日《に》本《ほん》のビッグマックの価格《かかく》が20年前《ねんまえ》より上《あ》がっているのに、世界《せかい》の中《なか》での順位《じゅんい》を大《おお》きく下《さ》げたのは、日本《にほん》がこの20年以上《ねんいじょう》、「慢性《まんせい》デフレ」だったからだ。

デフレとは、経済活動《けいざいかつどう》が活発《かっぱつ》に行《おこな》われず、世《よ》の中《なか》にお金《かね》があまり出回《でまわ》らない状態《じょうたい》のことをいう。モノがあまり売《う》れず、物価《ぶっか》はほとんど上《あ》がらない。反対《はんたい》に、経済活《けいざいかつ》動《どう》が活発《かっぱつ》で、たくさんのお金《かね》が出回《でまわ》る状態《じょうたい》をインフレといい、モノがよく売《う》れて、物価《ぶっか》は上《あ》がっていく。

国《くに》の経済《けいざい》は、インフレになったりデフレになったり循《じゅん》環《かん》するのが普通《ふつう》だが、日本《にほん》はこの20年以上《ねんいじょう》、ずっとデフレが続《つづ》いていた。だから、物価《ぶっか》もほとんど上《あ》がっていない。一方《いっぽう》、ほかの国《くに》ではインフレになる時期《じき》もあり、日《に》本《ほん》よりも物価《ぶっか》が上《あ》がった。それが積《つ》み重《かさ》なって、世界《せかい》の物価高《ぶっかだか》から取《と》り残《のこ》された状態《じょうたい》になったのだ。

ビッグマック指数《しすう》とは？● マクドナルドの人気商品《にんきしょうひん》「ビッグマック」の世界各国《せかいかっこく》での販売価《はんばいか》格《かく》を、アメリカのドルに換算《かんさん》して比《くら》べたもの。日本《にほん》は、2000年《ねん》4月《がつ》には294円《えん》（2.77ドル）でアメリカ（2.24ドル）よりも0.53ドル高《たか》く、世界《せかい》5位《い》だったが、2022年《ねん》7月《がつ》には390円《えん》（2.83ドル）でアメリカ（5.15ドル）より2.32ドルも安《やす》く、41位《い》にまで急降下《きゅうこうか》している。

世界物価高《せかいぶっかだか》ランキングで日本《にほん》は最下位争《さいかいあらそ》いの常連《じょうれん》！

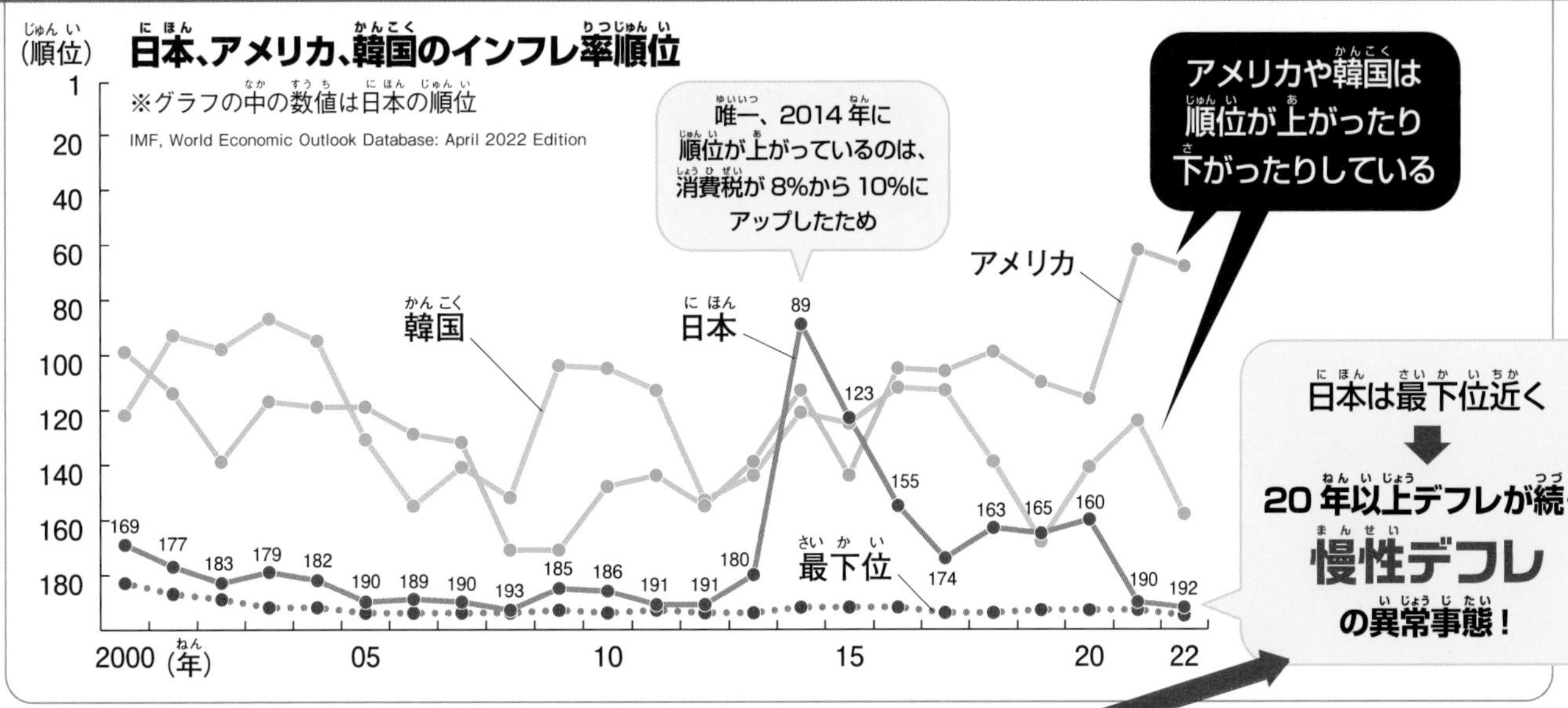

※グラフの中《なか》の数値《すうち》は日本《にほん》の順位《じゅんい》
IMF, World Economic Outlook Database: April 2022 Edition

インフレ（好景気《こうけいき》）

世《よ》の中《なか》にたくさんお金《かね》が出回《でまわ》る

モノがよく売《う》れて企業《きぎょう》はもうかる

物価《ぶっか》が上《あ》がるが賃金《ちんぎん》も上《あ》がる

インフレになったりデフレになったり循環《じゅんかん》するのが健全《けんぜん》な経済《けいざい》

デフレ（不景気《ふけいき》）

世《よ》の中《なか》にあまりお金《かね》が出回《でまわ》らない

モノがあまり売《う》れず企業《きぎょう》はもうからない

物価《ぶっか》も賃金《ちんぎん》もほとんど上《あ》がらない

インフレを抑《おさ》える薬《くすり》は
「金利《きんり》アップ」
➡ お金《かね》をためると得《とく》
➡ お金《かね》が出回《でまわ》らなくなる

金利《きんり》 お金《かね》を預《あず》けたりするときに、見返《みかえ》りとして受《う》け取《と》るお金《かね》。日本銀行《にっぽんぎんこう》（日銀《にちぎん》）は、銀行《ぎんこう》にお金《かね》を貸《か》し出《だ》すときの金利《きんり》（政策金利《せいさくきんり》）を上《あ》げたり下《さ》げたりすることで、世《よ》の中《なか》に出回《でまわ》るお金《かね》の量《りょう》を調整《ちょうせい》している。

デフレを抑《おさ》える薬《くすり》は
「金利《きんり》ダウン」
➡ お金《かね》をためると損《そん》
➡ お金《かね》が出回《でまわ》るようになる

異次元《いじげん》の金融緩和《きんゆうかんわ》も効果《こうか》なし

インフレとデフレは、どちらも行《ゆ》き過《す》ぎるのは好《この》ましくない。しかし、両者《りょうしゃ》を比《くら》べると、デフレが行《ゆ》き過《す》ぎて、経済《けいざい》がまったく成長《せいちょう》しなくなることは避《さ》けたい。そこで、物価《ぶっか》が一年《いちねん》に2％ぐらい上《あ》がる、ややインフレの状態《じょうたい》が、最《もっと》も望《のぞ》ましいと考《かんが》えられている。各国《かっこく》の政府《せいふ》は、インフレのときは金利《きんり》を上《あ》げてお金《かね》が出回《でまわ》りにくくし、デフレのときは金利《きんり》を下《さ》げてお金《かね》が出回《でまわ》りやすくすることで、2％を目指《めざ》している。

慢性《まんせい》デフレが続《つづ》いてきた日本《にほん》は、他国《たこく》のモノは高《たか》くて買《か》えない、とても貧《まず》しい国《くに》になってしまいかねない状態《じょうたい》が続《つづ》いてきたといえる。約《やく》10年前《ねんまえ》、これではいけないと考《かんが》えた当時《とうじ》の安倍晋三首相《あべしんぞうしゅしょう》らが打《う》ち出《だ》したのが、金利《きんり》を大胆《だいたん》に減《へ》らしてマイナスにする、「異次元《いじげん》の金融緩和《きんゆうかんわ》」だった。しかし、長年続《ながねんつづ》いた慢性《まんせい》デフレを打《う》ち破《やぶ》り、脱却《だっきゃく》することはできなかった。今回《こんかい》の物価高《ぶっかだか》は、そんな状況《じょうきょう》で訪《おとず》れたのだ。

物価上昇率《ぶっかじょうしょうりつ》300万《まん》%？ ベネズエラは「超《ちょう》インフレ」

南米《なんべい》のベネズエラは、日本《にほん》とは逆《ぎゃく》に「超《ちょう》インフレ」。生活《せいかつ》に必要《ひつよう》なさまざまなモノの供給《きょうきゅう》が不足《ふそく》して価格《かかく》が高騰《こうとう》し、2019年《ねん》には、前年《ぜんねん》の同《おな》じ月《つき》と比《くら》べた物価《ぶっか》の上昇率《じょうしょうりつ》が300万《まん》%に達《たっ》する月《つき》もあったという。

◀数《かず》えきれないほどのお札《さつ》だが、これでも1ドル分《ぶん》。超《ちょう》インフレが続《つづ》くと、1枚《まい》のお札《さつ》の価値《かち》がどんどん下《さ》がる

「慢性《まんせい》デフレ」と「急性《きゅうせい》インフレ」二《ふた》つの"病気《びょうき》"が日本経済《にほんけいざい》を苦《くる》しめる

20年以上《ねんいじょう》、慢性《まんせい》デフレが続《つづ》く日本《にほん》で訪《おとず》れた今回《こんかい》の物価高《ぶっかだか》は、どんな特徴《とくちょう》があるのだろうか。それは日本《にほん》の経済《けいざい》にどんな影響《えいきょう》をもたらしているのだろうか。

日本《にほん》の病気《びょうき》は「慢性《まんせい》デフレ」と「急性《きゅうせい》インフレ」
➡「金利《きんり》アップ」の薬《くすり》か「金利《きんり》ダウン」の薬《くすり》か迷《まよ》う

アメリカの病気《びょうき》は「急性《きゅうせい》インフレ」だけ
➡「金利《きんり》アップ」の薬《くすり》を迷《まよ》わず出《だ》せる！

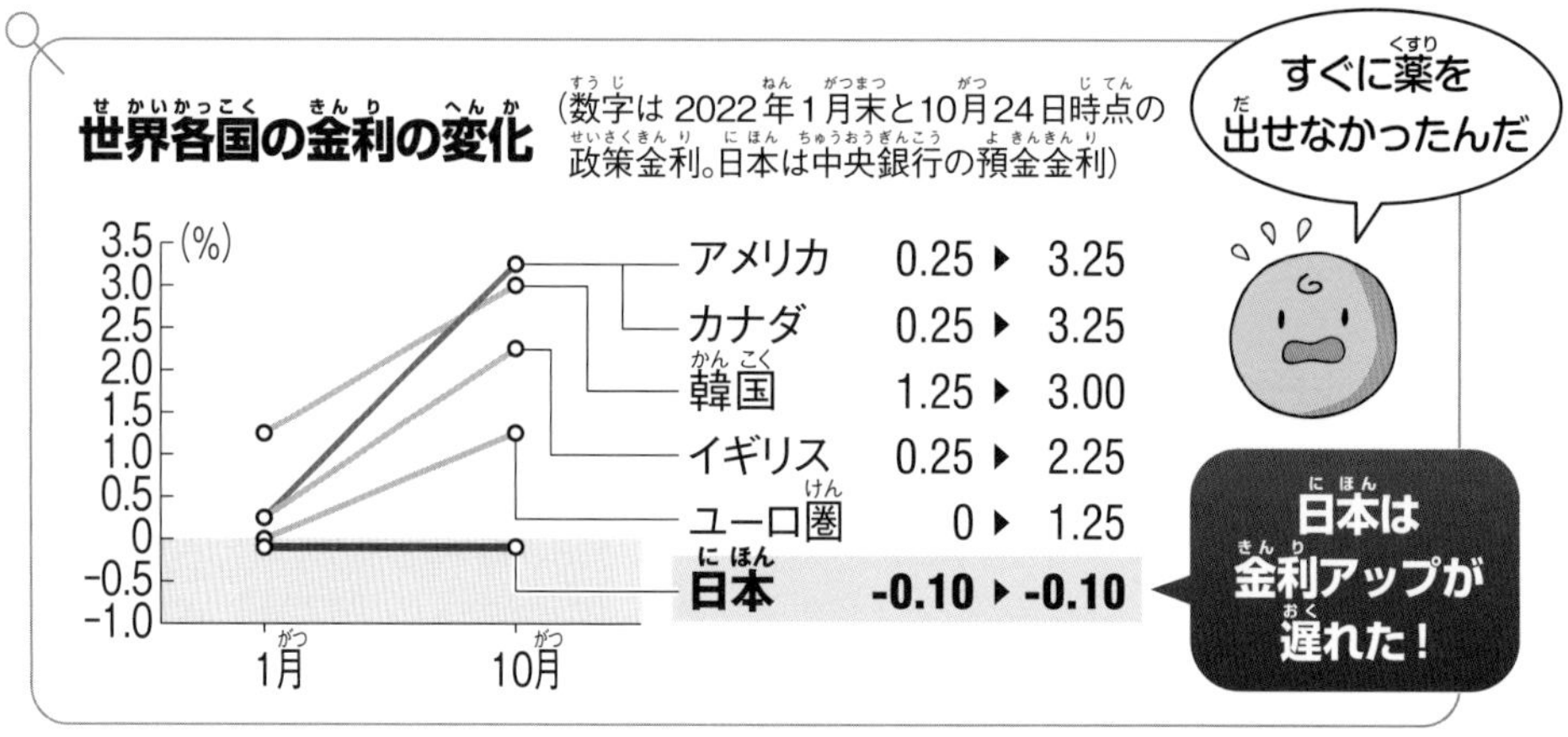

世界各国の金利の変化

（数字は2022年1月末と10月24日時点の政策金利。日本は中央銀行の預金金利）

	1月		10月
アメリカ	0.25	▶	3.25
カナダ	0.25	▶	3.25
韓国	1.25	▶	3.00
イギリス	0.25	▶	2.25
ユーロ圏	0	▶	1.25
日本	-0.10	▶	-0.10

二《ふた》つの病気《びょうき》どちらにも効《き》く薬《くすり》はない

今《いま》の日本《にほん》の物価高《ぶっかだか》は、長年《ながねん》、「慢性《まんせい》デフレ」という病気《びょうき》に苦《くる》しめられてきたなかで、「急性《きゅうせい》インフレ」という新《あら》たな病気《びょうき》にかかったようなものだ。

アメリカなどは、急性《きゅうせい》インフレだけだから、金利《きんり》アップという薬《くすり》を迷《まよ》わず投入《とうにゅう》できる。しかし、日本《にほん》はそうはいかない。金利《きんり》アップは、もう一《ひと》つの病気《びょうき》の慢《まん》性《せい》デフレを悪化《あっか》させてしまいかねないからだ。結局《けっきょく》、日本《にほん》も金利《きんり》アップに踏《ふ》み切《き》りはしたが、他国《たこく》と比《くら》べてタイミングは遅《おく》れ、円安《えんやす》の原因《げんいん》にもなった。

二《ふた》つの病気《びょうき》に同時《どうじ》にかかった日本経済《にほんけいざい》の苦《くる》しさは、物価高《ぶっかだか》の内容《ないよう》を詳《くわ》しく見《み》てみると浮《う》き彫《ぼ》りになる。

健全《けんぜん》な経済《けいざい》では、原材料《げんざいりょう》の値段《ねだん》が上《あ》がれば、商品《しょうひん》も値上《ねあ》げするのが当《あ》たり前《まえ》だ。それが経済全体《けいざいぜんたい》に影響《えいきょう》してさまざまな商品《しょうひん》の価格《かかく》が上《あ》がり、賃金《ちんぎん》も上《あ》がる。ところが、今《いま》の日本《にほん》では、エネルギー料金《りょうきん》など一部《いちぶ》の価格《かかく》は大《おお》きく上《あ》がっている一方《いっぽう》で、多《おお》くの商品《しょうひん》はなかなか値上《ねあ》げされなかった。

慢性《まんせい》デフレの影響《えいきょう》で「値上《ねあ》げはNO《ノー》」の空気《くうき》が根強《ねづよ》く残《のこ》る

多《おお》くの商品《しょうひん》の価格《かかく》がなかなか上《あ》がらなかったのは、長年《ながねん》のデフレでしみついた、値上《ねあ》げを強《つよ》く拒否《きょひ》する空気《くうき》が根強《ねづよ》く残《のこ》り、健全《けんぜん》なインフレのと

「慢性《まんせい》デフレ」＋「急性《きゅうせい》インフレ」は日本《にほん》の経済《けいざい》にどう影響《えいきょう》？

金利《きんり》アップが他国《たこく》より遅《おく》れた ➡ 円《えん》が売《う》られて円安《えんやす》に

慢性《まんせい》デフレと急性《きゅうせい》インフレに悩《なや》んだ日本《にほん》は、金利《きんり》アップが遅《おく》れた。このため、**外国為替市場《がいこくかわせしじょう》**🔑では、先《さき》に金利《きんり》が上《あ》がっていたアメリカのドルなどが買《か》われ、日本《にほん》の円《えん》は売《う》られた。これが、ドル高円安《だかえんやす》の原因《げんいん》になり、物価高《ぶっかだか》が加速《かそく》した。

日本《にほん》の金利《きんり》が上《あ》がったら ➡ もうけが出《で》るので円《えん》が買《か》われる ➡ 円高《えんだか》に！

日本《にほん》の金利《きんり》が上《あ》がらないと ➡ もうけが出《で》ないので円《えん》が売《う》られる ➡ 円安《えんやす》に！

外国為替市場《がいこくかわせしじょう》

円《えん》とドルなど、異《こと》なった通貨《つうか》の売買《ばいばい》を行《おこな》う市場《しじょう》。金利《きんり》が上《あ》がった国《くに》の通貨《つうか》は持《も》っているともうけが出《で》るので買《か》われ、金利《きんり》が上《あ》がらない国《くに》の通貨《つうか》はもうけが出《で》ないので売《う》られる傾向《けいこう》にある。

「値上《ねあ》げはNO《ノー》」の空気《くうき》が根強《ねづよ》く残《のこ》る ➡ 値上《ねあ》げするのは一部《いちぶ》だけ

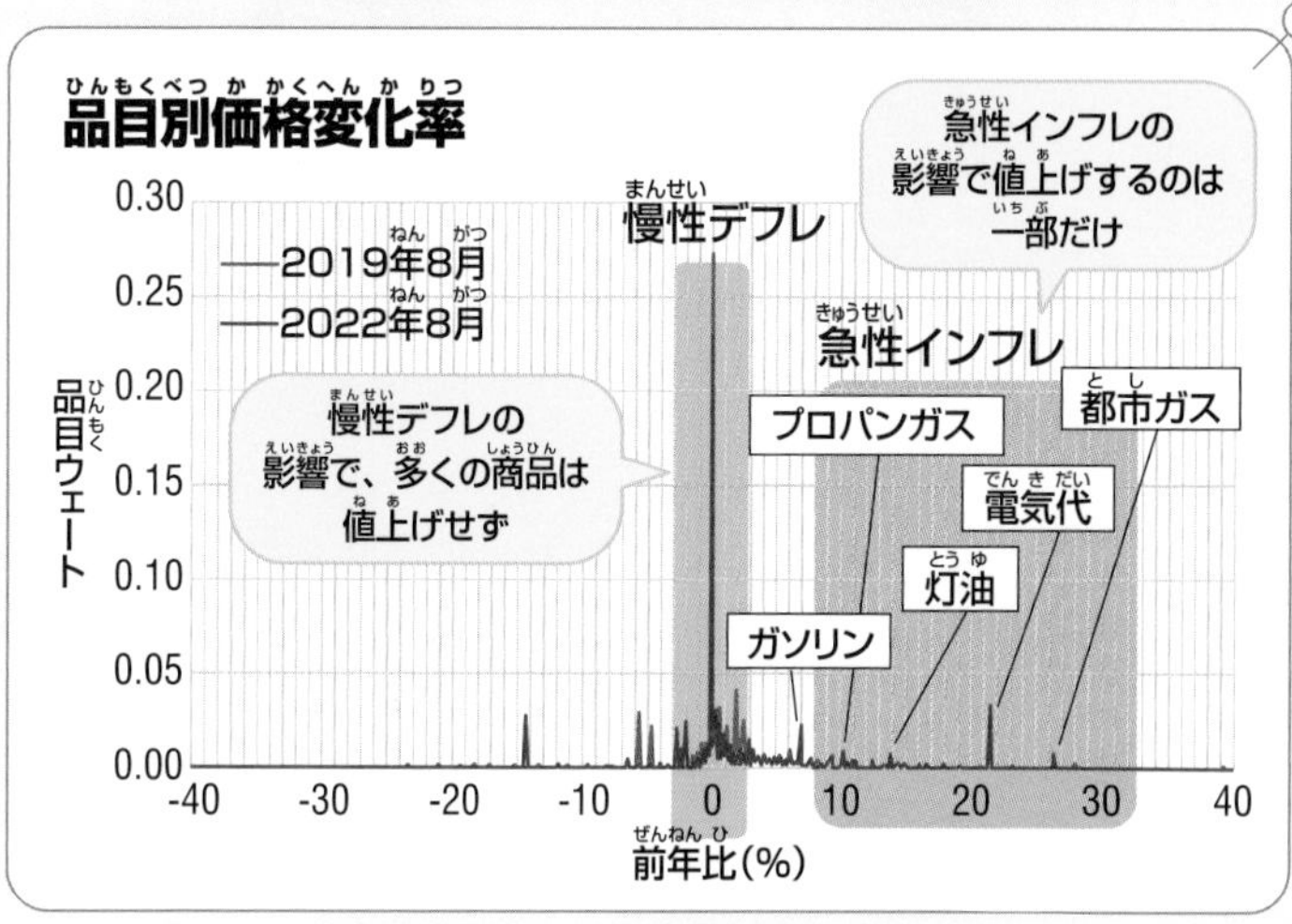

物価高《ぶっかだか》なのに経済《けいざい》が停滞《ていたい》 ➡ 賃金《ちんぎん》が上《あ》がらない！

今《いま》の日本《にほん》は

物価高《ぶっかだか》なのに賃金《ちんぎん》が上《あ》がらない！

健全《けんぜん》な経済《けいざい》では

物価高《ぶっかだか》なら賃金《ちんぎん》も上《あ》がる

きのように、経済全体《けいざいぜんたい》が活性化《かっせいか》しなかったからだ。

慢性《まんせい》デフレが続《つづ》く20年以上《ねんいじょう》は、企業《きぎょう》が値上《ねあ》げをすると、正当《せいとう》な理由《りゆう》があっても消費者《しょうひしゃ》に拒否《きょひ》され、売《う》り上《あ》げが落《お》ちることが多《おお》かった。苦肉《くにく》の策《さく》として、価格《かかく》を据《す》え置《お》いたまま商品《しょうひん》の量《りょう》を減《へ》らした例《れい》も多《おお》い。そんな経験《けいけん》から、企業《きぎょう》がなかなか値上《ねあ》げに踏《ふ》み切《き》れなかったのだ。

大《おお》きな問題《もんだい》は、そのような雰囲気《ふんいき》の中《なか》で、賃金《ちんぎん》も上《あ》がっていないことだ。

物価《ぶっか》が上《あ》がるときは賃金《ちんぎん》も上《あ》がるのが普通《ふつう》だ。それなら労働者《ろうどうしゃ》も生活《せいかつ》に困《こま》らない。実際《じっさい》に欧米《おうべい》では、日《に》本《ほん》より物価上昇《ぶっかじょうしょう》は激《はげ》しいが、賃金《ちんぎん》も上《あ》がっている。

ところが、日本《にほん》では、その当《あ》たり前《まえ》のことがなかなかできない。20年以上《ねんいじょう》、物価《ぶっか》も賃金《ちんぎん》も低《ひく》いままで、「値《ね》上《あ》げはNO《ノー》」の雰囲気《ふんいき》が根強《ねづよ》く残《のこ》り、企業《きぎょう》も、これまでの苦《にが》い経験《けいけん》から、価格《かかく》アップも賃金《ちんぎん》アップも簡単《かんたん》には決断《けつだん》できないでいた。こんな状態《じょうたい》が続《つづ》いたら、いつか日本経済《にほんけいざい》は破綻《はたん》してしまいかねない。

ガリガリ君《くん》「値上《ねあ》げで謝罪《しゃざい》」にアメリカの新聞《しんぶん》がびっくり

2016年《ねん》、赤城乳業《あかぎにゅうぎょう》がアイスキャンディー「ガリガリ君《くん》」を60円《えん》から70円《えん》に値上《ねあ》げしたとき、新聞《しんぶん》やテレビに謝罪広告《しゃざいこうこく》を出《だ》した。日本《にほん》では好評《こうひょう》だったが、アメリカの新聞《しんぶん》「ニューヨーク・タイムズ」は、「今《いま》の日本《にほん》では、10円《えん》の値上《ねあ》げもためらわれる」と伝《つた》えた。

▶「ガリガリ君《くん》」の記事《きじ》が載《の》った2016年《ねん》5月《がつ》19日付《にちづけ》の「ニューヨーク・タイムズ」

「先生教《せんせいおし》えて！」

やっかいな物価高《ぶっかだか》、どう解決《かいけつ》？

「慢性《まんせい》デフレ」と「急性《きゅうせい》インフレ」という二《ふた》つの病気《びょうき》のせいで、経済《けいざい》がなかなか活発《かっぱつ》にならず、賃金《ちんぎん》アップにつながらない今回《こんかい》の物価高《ぶっかだか》。どうすれば解決《かいけつ》できるのだろう？ 渡辺先生《わたなべせんせい》に聞《き》いてみよう！

中小企業《ちゅうしょうきぎょう》の賃金《ちんぎん》アップが大《おお》きな課題《かだい》

物価高《ぶっかだか》はどうすれば解決《かいけつ》できるんだろう？ いったん値上《ねあ》げしても落《お》ち着《つ》いたら、元《もと》どおりに値下《ねさ》げできればいいのにね。

それは難《むずか》しいし、そうできたとしても、今回《こんかい》の物価高《ぶっかだか》が一時《いちじ》、解決《かいけつ》しただけのこと。慢性《まんせい》デフレという問題《もんだい》を解決《かいけつ》しないと、日本《にほん》の経済《けいざい》はいつか破綻《はたん》してしまいかねないよ。

それは困《こま》るよね。じゃあ、どうすれば解《かい》決《けつ》できるの？

大切《たいせつ》なのは、賃金《ちんぎん》が上《あ》がることだね。物《ぶっ》価《か》が上《あ》がるときは賃金《ちんぎん》も上《あ》がるという、当《あ》たり前《まえ》のことが実現《じつげん》すれば、人々《ひとびと》は値上《ねあ》げの影《えい》響《きょう》をあまり受《う》けずに生活《せいかつ》できると思《おも》う。そうした動《うご》きは、少《すこ》しずつ起《お》きているんだ。**春闘《しゅんとう》**では、近年《きんねん》、労働組合《ろうどうくみあい》が賃金《ちんぎん》アップを要求《ようきゅう》することがほとんどなかったけど、2023年《ねん》は強気《つよき》な要求《ようきゅう》をして、大企業《だいきぎょう》では認《みと》められてきている。ただし、労働者《ろうどうしゃ》の約《やく》7割《わり》を占《し》める中小企業《ちゅうしょうきぎょう》の賃金《ちんぎん》アップは、そんなに簡単《かんたん》なことではないよ。

中小企業《ちゅうしょうきぎょう》の賃金《ちんぎん》アップはどうして大企《だいき》業《ぎょう》より難《むずか》しいの？

そもそも、中小企業《ちゅうしょうきぎょう》には大企業《だいきぎょう》ほど、経《けい》営的《えいてき》に余裕《よゆう》がない。さらに、今回《こんかい》のように輸《ゆ》入《にゅう》する原材料《げんざいりょう》が値上《ねあ》がりしたとき、そのぶんを商品価格《しょうひんかかく》に転嫁《てんか》することが、中小企業《ちゅうしょうきぎょう》は大《だい》企業《きぎょう》よりしづらいんだ。商品《しょうひん》は消費者《しょうひしゃ》に直接《ちょくせつ》売《う》るだけでなく、企業《きぎょう》の間《あいだ》で売《う》り買《か》いされることも多《おお》いんだけど、中小企業《ちゅうしょうきぎょう》の場合《ばあい》、値上《ねあ》げしたくても、取引先《とりひきさき》の大企業《だいきぎょう》にはなかなか言《い》い出《だ》せないし、要求《ようきゅう》したとしても、断《ことわ》られたら、そのまま受《う》け入《い》れてしまいがちなんだ。強気《つよき》に出《で》て仕事《しごと》がなくなったら、困《こま》ってしまうからね。そんな状態《じょうたい》では、賃金《ちんぎん》をアップさせる余裕《よゆう》はなくなってしまう。

賃金《ちんぎん》アップを実現《じつげん》するには何《なに》が必要《ひつよう》なの？

政府《せいふ》には、**最低賃金《さいていちんぎん》**をアップさせるなど、賃金《ちんぎん》についてもう少《すこ》し補強《ほきょう》する政策《せいさく》のほか、「値上《ねあ》げはNO《ノー》」という空気《くうき》を変《か》えるような政策《せいさく》を実現《じつげん》してほしいね。今《いま》だけでなく、今後《こんご》5年間《ねんかん》の計画《けいかく》を示《しめ》したりすると、賃金《ちんぎん》も上《あ》がるのが当《あ》たり前《まえ》という空気《くうき》に変《か》えていけるきっかけになると思《おも》うよ。

そうなんだ！ じゃあ、政府《せいふ》に任《まか》せておけば大丈夫《だいじょうぶ》なんだね。

でも、政策《せいさく》だけで変《か》えるのは難《むずか》しいと思《おも》うよ。「値上《ねあ》げはNO《ノー》」という空気《くうき》は、だれかがルールとして決《き》めたわけではなく、20年以《ねんい》上《じょう》も慢性《まんせい》デフレが続《つづ》く中《なか》で、自然《しぜん》に生《う》まれてきたものだ。だから、政府《せいふ》がマイナス金利《きんり》という大胆《だいたん》な政策《せいさく》を打《う》ち出《だ》しても変《か》えられなかったんだよ。

春闘《しゅんとう》

新年度《しんねんど》となる4月《がつ》に向《む》けて、労働組《ろうどうくみ》合《あい》が主《おも》に賃上《ちんあ》げ、労働条件《ろうどうじょうけん》の改善《かいぜん》に関《かん》する交渉《こうしょう》を行《おこな》うこと。まず大手企《おおてき》業《ぎょう》が行《おこな》った後《あと》、中小企業《ちゅうしょうきぎょう》がその基準《きじゅん》をもとに続《つづ》く。

最低賃金《さいていちんぎん》

国《くに》が法律《ほうりつ》で定《さだ》めた、使用者《しようしゃ》が支払《しはら》わなければならない賃金《ちんぎん》の下限額《かげんがく》。日《に》本《ほん》では都道府県《とどうふけん》ごとに定《さだ》められる地《ち》域別最低賃金《いきべつさいていちんぎん》と、特定《とくてい》の産業《さんぎょう》に関《かん》する特定最低賃金《とくていさいていちんぎん》の2種類《しゅるい》がある。

▶2月9日《がつここのか》、中小製造業《ちゅうしょうせいぞうぎょう》などの労働組合《ろうどうくみあい》でつくる産業別組織《さんぎょうべつそしき》ＪＡＭ《ジャム》が開《ひら》いた集会《しゅうかい》。国会議員《こっかいぎいん》に価格《かかく》転嫁《てんか》の必要性《ひつようせい》を訴《うった》えた

◀2月《がつ》15日《にち》、とんかつチェーンで働《はたら》く非正規《ひせいき》労働者《ろうどうしゃ》らが、運営会社《うんえいがいしゃ》が入《はい》るビルの前《まえ》で賃上《ちんあ》げを求《もと》めた

今回《こんかい》の物価高《ぶっかだか》が意識《いしき》が変《か》わるきっかけに?

政府《せいふ》の力《ちから》でも変《か》えられないのなら、どうしたらいいの?

でも実《じつ》は、今回《こんかい》の物価高《ぶっかだか》は、「値上《ねあ》げはNO《ノー》」という空気《くうき》を変《か》えるきっかけになるかもしれないんだよ。

えっ! 本当《ほんとう》に!?

コビンは、いつもよく行《い》っているお店《みせ》で、それまで100円《えん》だったお菓子《かし》が110円《えん》になっていたらどうする?

それは困《こま》るなあ。とりあえずそのお店《みせ》で買《か》うのはやめて、もっと安《やす》く売《う》っているお店《みせ》がないか、探《さが》すかな。

今回《こんかい》の物価高《ぶっかだか》が起《お》こる前《まえ》の2021年《ねん》8月《がつ》に、同《おな》じようなことを聞《き》くアンケートをしてみた(左下《ひだりした》のグラフを見《み》よう)。そうしたら、日本《にほん》では、コビンと同《おな》じように「他《ほか》の店《みせ》に行《い》く」という人《ひと》のほうが多《おお》かった。でも、アメリカでは、「そのまま買《か》う」という人《ひと》のほうが多《おお》かったんだ。イギリス、カナダ、ドイツで調《しら》べた結果《けっか》もアメリカと同《おな》じだったから、慢性《まんせい》デフレが続《つづ》く日本《にほん》の「値上《ねあ》げはNO《ノー》」という空気《くうき》が、世界的《せかいてき》に見《み》て珍《めずら》しいものだということがわかるよね。でも、今回《こんかい》の物価高《ぶっかだか》が始《はじ》まった後《あと》、22年《ねん》5月《がつ》に同《おな》じ調査《ちょうさ》をしてみたら、日本《にほん》でも、「そのまま買《か》う」という人《ひと》のほうが多《おお》くなっていたんだ。これは、「値上《ねあ》げはNO《ノー》」という空気《くうき》から、「理由《りゆう》のある値上《ねあ》げなら仕方《しかた》ない」という空気《くうき》に変《か》わりつつあることを表《あらわ》していると思《おも》う。

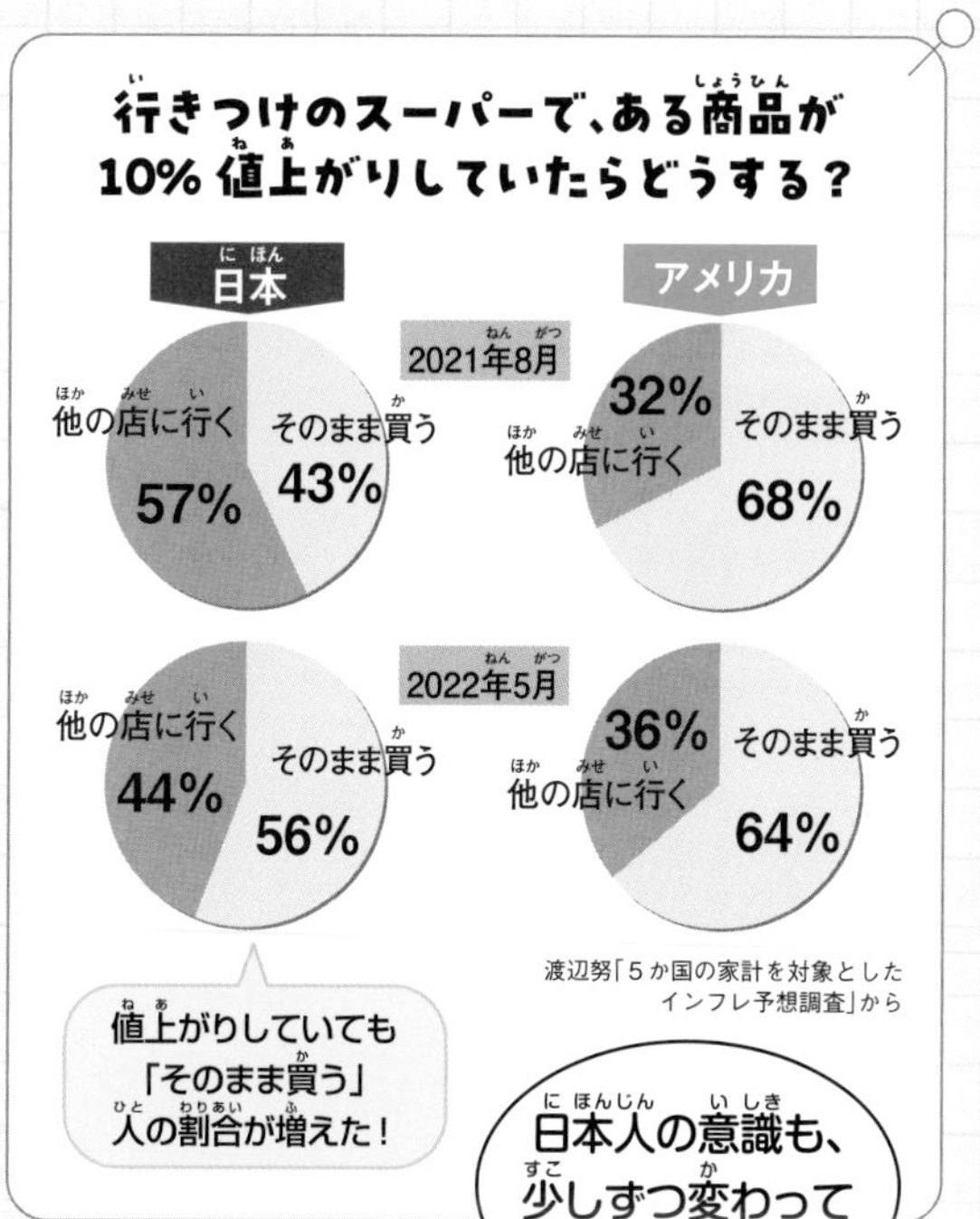

渡辺努「5か国の家計を対象としたインフレ予想調査」から

政府《せいふ》、企業《きぎょう》、国民《こくみん》が力《ちから》を合《あ》わせて「当《あ》たり前《まえ》」を変《か》える

そうなんだ! じゃあ、「理由《りゆう》のある値上《ねあ》げなら仕方《しかた》ない」と思《おも》う人《ひと》が増《ふ》えれば、問題《もんだい》は解決《かいけつ》するの?

例《たと》えば、近所《きんじょ》の中華料理店《ちゅうかりょうりてん》で、原材料《げんざいりょう》が値上《ねあ》げして、メニューの料金《りょうきん》を仕方《しかた》なくアップしたとき、なじみのお客《きゃく》さんが離《はな》れてしまったら、店《みせ》をたたむしかなくなるかもしれない。でも、お客《きゃく》さんが、そんな事情《じじょう》をきちんと理解《りかい》して、値上《ねあ》げも仕方《しかた》ないと受《う》け止《と》めて通《かよ》い続《つづ》ければ、店《みせ》はやっていける。身近《みぢか》なところでそんな心《こころ》がけを私《わたし》たち一人《ひとり》ひとりが持《も》つことで、「値上《ねあ》げはNO《ノー》」という空気《くうき》はなくなっていく。消費者《しょうひしゃ》に値上《ねあ》げを強《つよ》く拒否《きょひ》されたころの記憶《きおく》がまだ根強《ねづよ》くて、なかなか賃金《ちんぎん》アップに踏《ふ》み切《き》れなかった企業《きぎょう》も、そんな空気《くうき》の変化《へんか》を感《かん》じ取《と》れれば、賃金《ちんぎん》アップに踏《ふ》み出《だ》せると思《おも》うよ。

なるほど!

もちろん、政府《せいふ》の政策《せいさく》による後押《あとお》しも大切《たいせつ》だ。そんなふうに、政府《せいふ》、企業《きぎょう》、国民《こくみん》が、目先《めさき》の自分《じぶん》の利益《りえき》だけでなく、国《くに》のあるべき姿《すがた》を考《かんが》えて行動《こうどう》することで、急性《きゅうせい》インフレによる物価高《ぶっかだか》も、慢性《まんせい》デフレという長年《ながねん》しみついた病気《びょうき》も乗《の》り越《こ》えられるんじゃないかな。

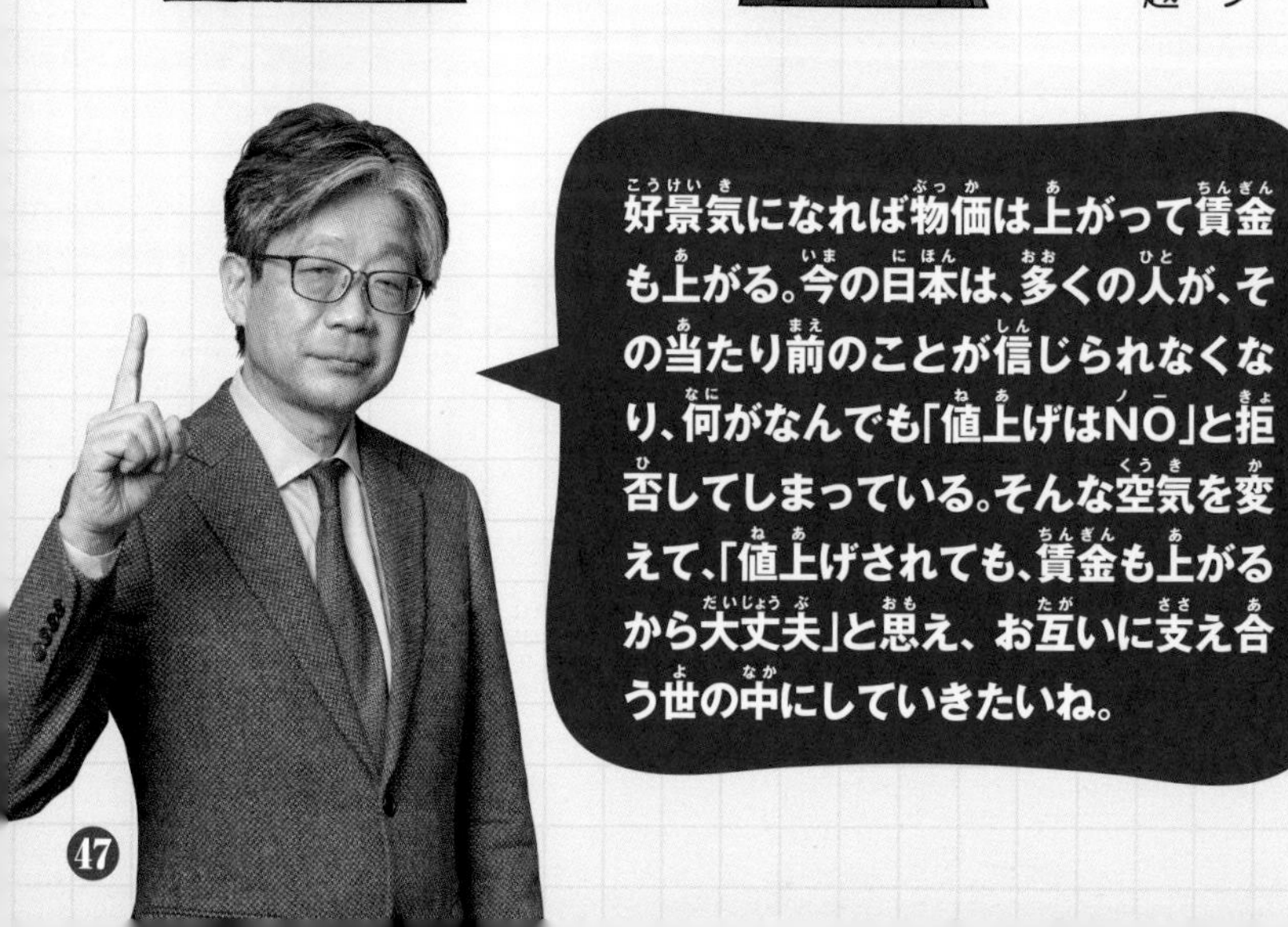

特集《とくしゅう》

AI《エイアイ》は人間《にんげん》を超《こ》えるか

ロボットの「脳《のう》」にあたるＡＩ《エイアイ》（人工知能《じんこうちのう》）は、何《なに》がどこまでできるのだろう？ ＡＩ《エイアイ》が得意《とくい》なこと、不得意《ふとくい》なことを知《し》り、上手《じょうず》なつきあい方《かた》を考《かんが》えてみよう。

監修《かんしゅう》　松原《まつばら》 仁《ひとし》（東京大学次世代知能科学研究《とうきょうだいがくじせだいちのうかがくけんきゅう》センター教授《きょうじゅ》）

みんなはAI《エイアイ》(※)に何《なに》をしてもらいたい？

※AI《エイアイ》＝Artificial Intelligence《アーティフィシャル インテリジェンス》

今月《こんげつ》のナビゲーター
松原《まつばら》 仁《ひとし》先生《せんせい》

1959年《ねん》、東京都《とうきょうと》生まれ。東京大学《とうきょうだいがく》理学部情報科学科卒業《りがくぶじょうほうかがくかそつぎょう》。工学博士《こうがくはくし》。専門《せんもん》はAI《エイアイ》。2012年《ねん》にAI小説《エイアイしょうせつ》プロジェクト「きまぐれ人工知能《じんこうちのう》プロジェクト 作家《さっか》ですのよ」を創設《そうせつ》。『文系《ぶんけい》のためのめっちゃやさしい人工知能《じんこうちのう》』などを監修《かんしゅう》。

写真　高野楓菜（写真映像部）

チャットでいろんな相談《そうだん》にのってくれる

2022年《ねん》、登場《とうじょう》したチャットGPT《ジーピーティー》は、暮《く》らしの相談《そうだん》からビジネスパーソンの業務《ぎょうむ》サポートまで、なん

小説《しょうせつ》やラブレターが書《か》ける

▶高速《こうそく》で俳句《はいく》を詠《よ》む「ＡＩ《エイアイ》一茶《いっさ》くん」のぬいぐるみ。俳句《はいく》の素人《しろうと》には一茶《いっさ》くんと俳人《はいじん》の句《く》の見分《みわ》けがつかないという

2010年代以降《ねんだいいこう》の第《だい》3次《じ》AI《エイアイ》ブームでは、人《ひと》の要求《ようきゅう》に応《おう》じて自然《しぜん》な文章《ぶんしょう》や画像《がぞう》、音楽《おんがく》などをつくりだす「生成《せいせい》AI《エイアイ》」が登場《とうじょう》。文章《ぶんしょう》生成《せいせい》AI《エイアイ》の文章《ぶんしょう》を取《と》り入《い》れた小説《しょうせつ》が文学賞《ぶんがくしょう》に入選《にゅうせん》するほど、その腕前《うでまえ》は向上《こうじょう》している。情熱的《じょうねつてき》なラブレターを書《か》くこともできる。

似合《にあ》う服《ふく》を選《えら》んでくれる

AI《エイアイ》の導入《どうにゅう》によって、自分《じぶん》の顔《かお》や体《からだ》のイメージを読《よ》み込《こ》ませると、AI《エイアイ》が似合《にあ》う服《ふく》を提案《ていあん》し、画面上《がめんじょう》で「試着《しちゃく》」もできるようになった。手持《ても》ちの服《ふく》を登録《とうろく》しておくと、コーディネート

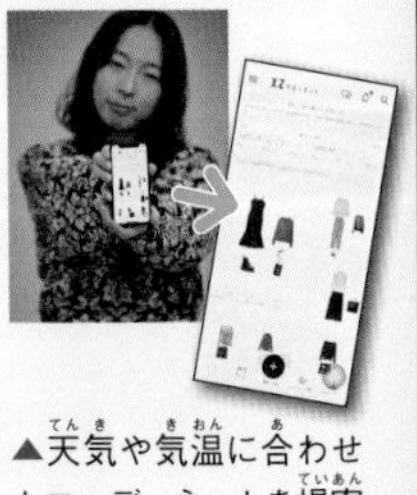

▲天気《てんき》や気温《きおん》に合《あ》わせたコーディネートを提案《ていあん》してくれるアプリ「XZ《クローゼット》」

巨匠《きょしょう》のような絵《え》が描《か》ける

画像生成《がぞうせいせい》A I《エイアイ》の登場《とうじょう》で、入力《にゅうりょく》した言葉《ことば》を絵《え》で表現《ひょうげん》することが可能《かのう》になった。A I《エイアイ》がつくった絵画《かいが》や写真《しゃしん》がコンテストで受賞《じゅしょう》したり、高値《たかね》で取引《とりひき》されたりすることも。A I《エイアイ》は本物《ほんもの》と偽物《にせもの》の鑑定《かんてい》にも活躍《かつやく》する。

ナゼダーマンをゴッホ風《ふう》に描《えが》いてみて

▲画像生成《がぞうせいせい》A I《エイアイ》「Midjourney《ミッドジャーニー》」がつくった作品《さくひん》。アメリカ・コロラド州《しゅう》での美術品評会《びじゅつひんぴょうかい》のデジタルアーツ部門《ぶもん》（2022年《ねん》）で1位《い》になり、話題《わだい》に

大《おお》きな変革《へんかく》の時代《じだい》に突入《とつにゅう》

みんなは「AI《エイアイ》」と聞《き》いて何《なに》を思《おも》い浮《う》かべるだろう？　炊飯器《すいはんき》や掃除《そうじ》ロボットに搭載《とうさい》されているAI《エイアイ》？　それともネコ型《がた》ロボット「ドラえもん」？　ひとことにAI《エイアイ》といっても、いろいろあるよね。

AI《エイアイ》は、人間《にんげん》の知能《ちのう》をもっているかのようにふるまうコンピューターのこと。人間《にんげん》の「脳《のう》」の部分《ぶぶん》に当《あ》たり、炊飯器《すいはんき》や掃除《そうじ》ロボットにも、ドラえもんの「頭脳《ずのう》」にも搭載《とうさい》されている。

初《はじ》めてAI《エイアイ》という言葉《ことば》が使《つか》われたのは、1956年《ねん》のアメリカの研究会議《けんきゅうかいぎ》でだったというから、歴史《れきし》は意外《いがい》と古《ふる》い。このとき発表《はっぴょう》されたプログラムをもとに、パズルや迷路《めいろ》が解《と》けるAI《エイアイ》が開発《かいはつ》された。

以来《いらい》、3度《ど》にわたるAI《エイアイ》ブームを経《へ》て、今《いま》に至《いた》っている。賢《かしこ》い家電製品《かでんせいひん》が続々《ぞくぞく》と登場《とうじょう》したのは第《だい》2次《じ》AI《エイアイ》ブーム（1980年代《ねんだい》）。第《だい》3次《じ》AI《エイアイ》ブーム（2010年代《ねんだい》〜現在《げんざい》）では、小説《しょうせつ》の執筆《しっぴつ》や接客《せっきゃく》など、これまで人間《にんげん》にしかできないと思《おも》われていたことまでできるAI《エイアイ》が誕生《たんじょう》した。囲碁《いご》や将棋《しょうぎ》などAI《エイアイ》の得意分野《とくいぶんや》では、人間《にんげん》の能力《のうりょく》を超《こ》えたものもある。

さらに話題《わだい》のChat（チャット）GPT《ジーピーティー》の登場《とうじょう》によって、登録《とうろく》すれば無料《むりょう》でAI《エイアイ》と自然《しぜん》な対話《たいわ》をすることが可能《かのう》になった。チャットGPT《ジーピーティー》は、人間《にんげん》が行《おこな》ってきたさまざまな仕事《しごと》がこなせるため、将来《しょうらい》、働《はたら》き方《かた》や教育《きょういく》のあり方《かた》にも大《おお》きな影響《えいきょう》を与《あた》えるといわれている。私《わたし》たちは大《おお》きな変革《へんかく》の時代《じだい》に生《い》きている。

メモ　英語《えいご》のcomputer《コンピューター》は、現在《げんざい》は「計算機《けいさんき》」という意味《いみ》で使《つか》われていますが、計算機《けいさんき》が登場《とうじょう》する前《まえ》は「（仕事《しごと》として）計算《けいさん》する人《ひと》」を指《さ》す言葉《ことば》でした。

AI《エイアイ》にできること（例《れい》）

注《ちゅう》　通常《つうじょう》、AI《エイアイ》はソフトやアプリの形《かたち》でパソコンやスマホ、家電《かでん》などに組《く》み込《こ》まれており、ロボットの形《かたち》をしていませんが、ここではわかりやすくするためにロボットで表現《ひょうげん》しています。

囲碁《いご》や将棋《しょうぎ》ができる

人間《にんげん》を超《こ》えた

▶2017年《ねん》、囲碁《いご》を学習《がくしゅう》したAI《エイアイ》「アルファ碁《ご》」が、世界最強《せかいさいきょう》といわれる中国《ちゅうごく》の柯潔《かけつ》九段《くだん》に3戦全勝《せんぜんしょう》し、世界《せかい》に衝撃《しょうげき》を与《あた》えた

人《ひと》による膨大《ぼうだい》な対局《たいきょく》データをもとに勝《か》ちパターンを学習《がくしゅう》させ、さらにそのAI《エイアイ》同士《どうし》を何度《なんど》も戦《たたか》わせることで、AI《エイアイ》は〝自己学習《じこがくしゅう》〟することが可能《かのう》に。人間《にんげん》には思《おも》いつかないような攻略法《こうりゃくほう》を身《み》につけた結果《けっか》、その強《つよ》さは人間《にんげん》を超《こ》えた。

ナゼダーマン
安《やす》くて栄養価《えいようか》の高《たか》い献立《こんだて》を考《かんが》えて

チャットGPT《ジーピーティー》
以下《いか》のような献立《こんだて》を提案《ていあん》します
【朝食《ちょうしょく》】玄米《げんまい》ごはん、納豆《なっとう》、味噌汁《みそしる》、目玉焼《めだまや》き（以下《いか》、略《りゃく》）

でもチャットで相談《そうだん》にのってくれる。18歳《さい》以《い》上《じょう》（保護者《ほごしゃ》の同意《どうい》があれば13歳《さい》以上《いじょう》）なら、登録《とうろく》すれば誰《だれ》でも無料《むりょう》（最新《さいしん》版《ばん》は有料《ゆうりょう》）で利用《りよう》できる。

AI《エイアイ》（人工知能《じんこうちのう》）
人間《にんげん》の知能《ちのう》を模《も》した機能《きのう》をもつコンピューターシステム。単《たん》に計算《けいさん》ができるだけでなく、計算《けいさん》の過程《かてい》でデータの分類《ぶんるい》や、データに基《もと》づいた推論《すいろん》なども行《おこな》える。

Chat（チャット）GPT《ジーピーティー》
アメリカの人工知能研究所《じんこうちのうけんきゅうじょ》「オープンAI《エイアイ》」が開発《かいはつ》した、対話《たいわ》に特化《とっか》したAI《エイアイ》。質問《しつもん》を投《な》げかけると、瞬時《しゅんじ》に自然《しぜん》な文章《ぶんしょう》で返事《へんじ》をくれる。2022年《ねん》11月《がつ》から無料《むりょう》で公開《こうかい》され、公開《こうかい》2カ月《げつ》で利用者《りようしゃ》が1億人《おくにん》を超《こ》えた。

病気《びょうき》を見《み》つけられる

人間《にんげん》を超《こ》えた

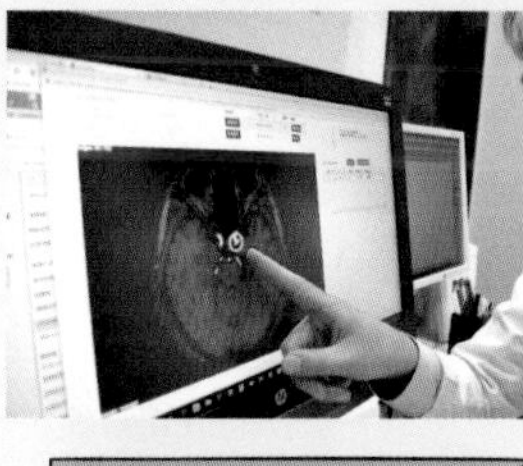
◀MRI《エムアールアイ》の画像《がぞう》から脳動脈瘤《のうどうみゃくりゅう》の疑《うたが》いのある箇所《かしょ》を示《しめ》すこともできる

現在《げんざい》のAI《エイアイ》が最《もっと》も得意《とくい》とする分野《ぶんや》の一《ひと》つ、「画像認識《がぞうにんしき》」能力《のうりょく》を使《つか》って、たとえばレントゲン写真《しゃしん》から、腫瘍《しゅよう》などの異常《いじょう》を発見《はっけん》できる。人間《にんげん》が見落《みお》とすような初期《しょき》のがんを見《み》つけることも可能《かのう》。

を提案《ていあん》してくれるAI《エイアイ》アプリもある。

写真　朝日新聞社　Jason M. Allen/SWNS, AP／アフロ　iStock　イラスト　オガケン　図版　朝日新聞社　倉本るみ

AI《エイアイ》の賢《かしこ》さの秘密《ひみつ》に迫《せま》る

AI《エイアイ》は、人間《にんげん》がコンピューターに指示《しじ》を与《あた》える（プログラミングする）ことで機能《きのう》する。そのAI《エイアイ》が、ときに人間《にんげん》を超《こ》えた能力《のうりょく》を発揮《はっき》するのはなぜだろう？

人間《にんげん》がAI《エイアイ》に太刀打《たちう》ちできないのは膨大《ぼうだい》なデータを扱《あつか》える点《てん》だ

大量《たいりょう》のデータをもとにルールや知識《ちしき》を自《みずか》ら学習《がくしゅう》

みなさんが「人間《にんげん》みたい」と思《おも》う賢《かしこ》いAI《エイアイ》とは、どんなものだろう？AI《エイアイ》は大《おお》きく四《よっ》つに分類《ぶんるい》される（右《みぎ》の表《ひょう》）。レベル1は、単純《たんじゅん》な指示《しじ》

AI《エイアイ》の種類《しゅるい》

レベル1	単純《たんじゅん》な制御《せいぎょ》プログラムを搭載《とうさい》したもの 例《れい》：高機能《こうきのう》な炊飯器《すいはんき》やエアコン
レベル2	単純《たんじゅん》な制御《せいぎょ》プログラムを数多《かずおお》く組《く》み合《あ》わせたもの 例《れい》：掃除《そうじ》ロボット
レベル3	「機械学習《きかいがくしゅう》」によって高度《こうど》な判断《はんだん》を下《くだ》せる 例《れい》：簡単《かんたん》な囲碁《いご》・将棋《しょうぎ》ソフト
レベル4	「ディープラーニング」によって人間《にんげん》のように判断《はんだん》できる 例《れい》：高度《こうど》な囲碁《いご》・将棋《しょうぎ》ソフト（アルファ碁《ご》など）、チャットGPT《ジーピーティー》、自動運転《じどううんてん》

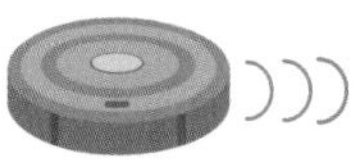
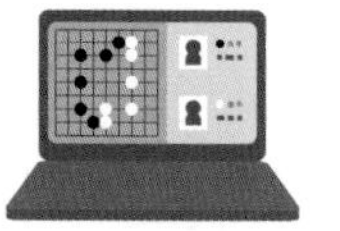
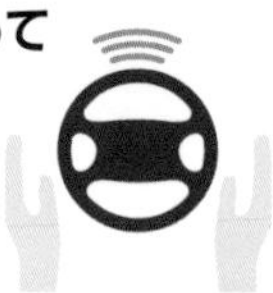

膨大《ぼうだい》なデータをもとにコンピューターがルールや知識《ちしき》を学習《がくしゅう》する技術《ぎじゅつ》。大量《たいりょう》のデータを使《つか》って訓練《くんれん》することで、特定《とくてい》の課題《かだい》をかなり高《たか》い確率《かくりつ》で確実《かくじつ》に行《おこな》えるようになる。「教師《きょうし》あり学習《がくしゅう》」「教師《きょうし》なし学《がく》習《しゅう》」などさまざまな方法《ほうほう》があり、目的《もくてき》に応《おう》じて使《つか》い分《わ》ける。

機械学習《きかいがくしゅう》の手法《しゅほう》 教師《きょうし》なし学習《がくしゅう》

正解《せいかい》を与《あた》えず、データの中《なか》から自《みずか》ら特定《とくてい》のパターンを抽《ちゅう》出《しゅつ》したり、共通《きょうつう》するルールを見《み》つけたりできるよう、AI《エイアイ》に学習《がくしゅう》させる技術《ぎじゅつ》。

例《れい》：たくさんのリンゴの画像《がぞう》を読《よ》み込《こ》ませると、AI《エイアイ》は自《みずか》ら「大《おお》きさの違《ちが》い」「赤《あか》みの濃淡《のうたん》」などの特徴《とくちょう》を見《み》つけ、見《み》た目《め》の違《ちが》いでリンゴを分類《ぶんるい》できるようになる。どの分類《ぶんるい》にも属《ぞく》さない「異常《いじょう》」なものも発見《はっけん》できる。

大《おお》きさや赤《あか》み、出荷《しゅっか》の可否《かひ》だけでなく、人間《にんげん》では見分《みわ》けるのが難《むずか》しいたくさんの特徴《とくちょう》に基《もと》づいて分類《ぶんるい》する

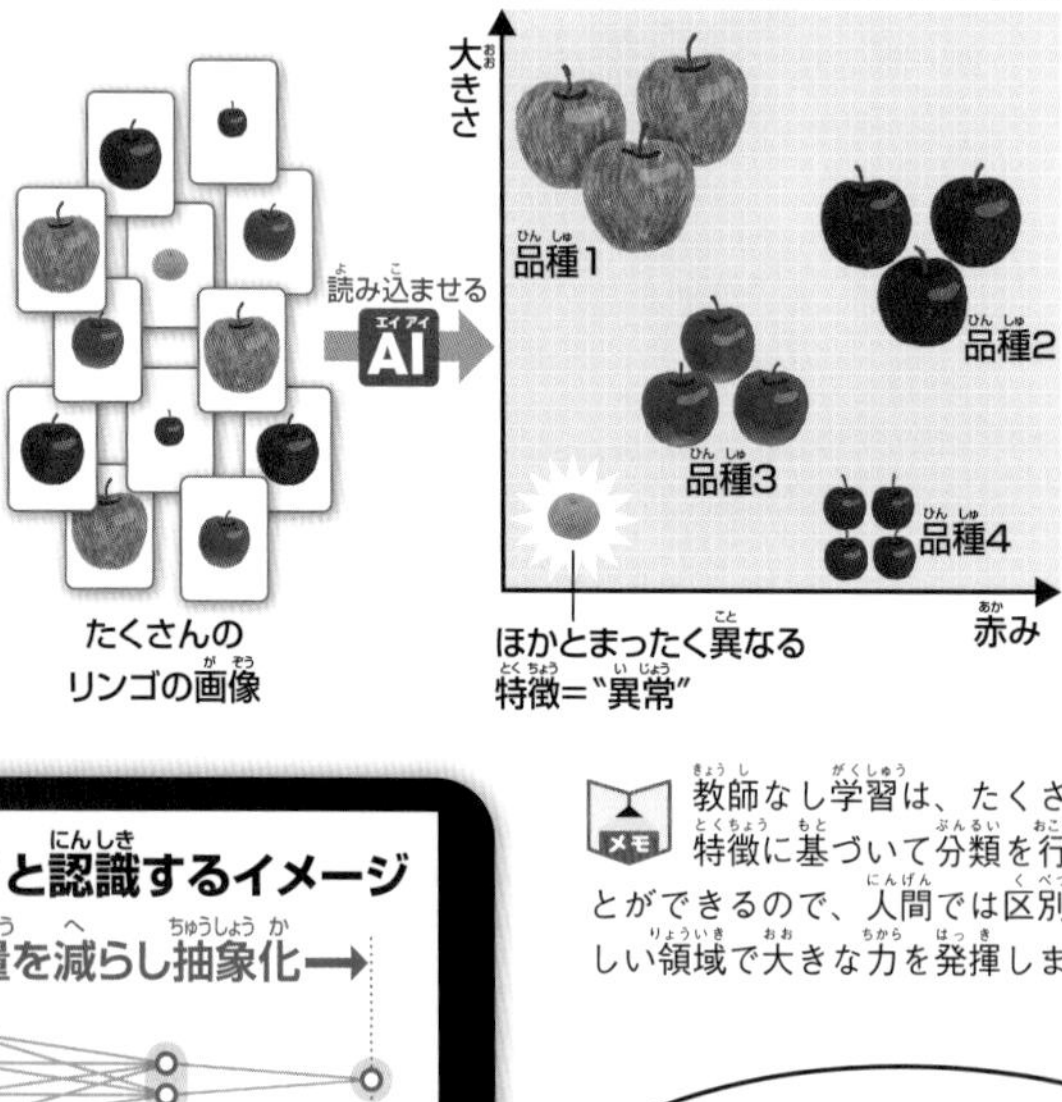

深層学習《しんそうがくしゅう》で画像《がぞう》を「ネコ」と認識《にんしき》するイメージ

ーデータ量《りょう》を減《へ》らし抽象化《ちゅうしょうか》→
認識《にんしき》するもの

メモ 教師《きょうし》なし学習《がくしゅう》は、たくさんの特徴《とくちょう》に基《もと》づいて分類《ぶんるい》を行《おこな》うことができるので、人間《にんげん》では区別《くべつ》の難《むずか》しい領域《りょういき》で大《おお》きな力《ちから》を発揮《はっき》します。

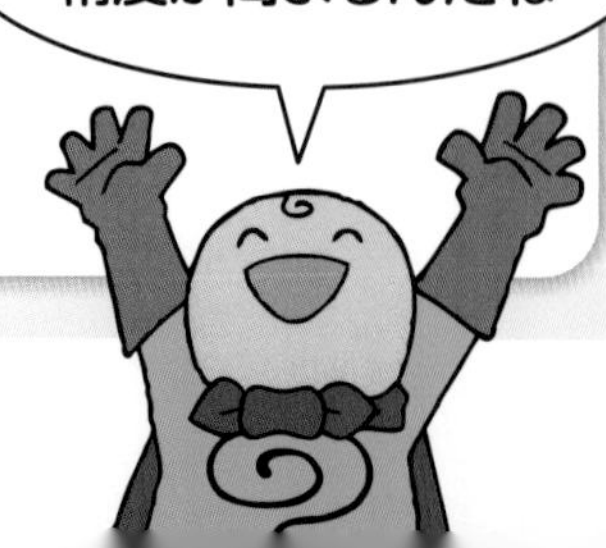
たくさん学習《がくしゅう》するほど精度《せいど》が高《たか》まるんだね

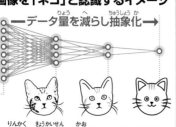

(制御《せいぎょ》プログラム)に従《したが》って動《うご》く高機能《こうきのう》な炊飯器《すいはんき》やエアコンのようなもの。レベル2は、単純《たんじゅん》な制御《せいぎょ》プログラムを数多《かずおお》く組《く》み合《あ》わせたもので、掃除《そうじ》ロボットなどがこれにあたる。ただ、このように特定《とくてい》の機能《きのう》に特化《とっか》して、指示《しじ》通《どお》りの結果《けっか》が出《だ》せるだけでは「人間《にんげん》みたい」とはいえない。あらゆることに対応《たいおう》できて、自律的《じりつてき》に結果《けっか》が出《だ》せたら、「人間《にんげん》みたい」と感《かん》じることだろう。

レベル3のAI《エイアイ》は、限《かぎ》られた分野《ぶんや》だが、自律的《じりつてき》に結果《けっか》を出《だ》せるようになった。大《おお》きな前進《ぜんしん》だ。レベル3のAI《エイアイ》は、大量《たいりょう》のデータをもとにルールや知識《ちしき》を学習《がくしゅう》する「機械学習《きかいがくしゅう》」という手法《しゅほう》を取《と》り入《い》れ、高度《こうど》な判断《はんだん》を下《くだ》せる。たとえば過去《かこ》に人間《にんげん》が行《おこな》った対局《たいきょく》データをもとに〝勝《か》ちパターン〟を学習《がくしゅう》した囲碁《いご》や将棋《しょうぎ》ソフトも、その一種《いっしゅ》。インターネットの普及《ふきゅう》・発展《はってん》で誰《だれ》もが簡単《かんたん》に大量《たいりょう》のデータを入手《にゅうしゅ》できるようになったことで、AI《エイアイ》をレベル3まで押《お》し上《あ》げることが可能《かのう》になった。

ディープラーニングで自然《しぜん》な対話《たいわ》も可能《かのう》に

レベル4のAI《エイアイ》は、機械学習《きかいがくしゅう》の中《なか》でも、より高度《こうど》なディープラーニング(深層学習《しんそうがくしゅう》)という手法《しゅほう》を取《と》り入《い》れたものだ。ディープラーニングは、人間《にんげん》による調整《ちょうせい》や判断《はんだん》なしに、AI《エイアイ》自《みずか》らが学習《がくしゅう》を深《ふか》める。データを学習《がくしゅう》するなかで自動的《じどうてき》に注目《ちゅうもく》すべき「特徴《とくちょう》」を抽出《ちゅうしゅつ》し、最適《さいてき》な答《こた》え(予測《よそく》や分類《ぶんるい》など)を出《だ》すことができる。世界最強《せかいさいきょう》の棋士《きし》に勝《か》った「アルファ碁《ご》」や自動運転《じどううんてん》、絵《え》が描《か》けるAI《エイアイ》や自然《しぜん》な対話《たいわ》ができる「チャットGPT《ジーピーティー》」などがこれにあたる。ディープラーニングの登場《とうじょう》でAI《エイアイ》は飛躍的《ひやくてき》に人間《にんげん》に近《ちか》づいた。

レベル3やレベル4のAI《エイアイ》が扱《あつか》うデータ量《りょう》は、人間《にんげん》の能力《のうりょく》をはるかに超《こ》える。でも、それゆえに間違《まちが》ったデータが入力《にゅうりょく》されたら、答《こた》えも間違《まちが》ってしまう。AI《エイアイ》の精度《せいど》を上《あ》げるには、大量《たいりょう》に、質《しつ》のよいデータを与《あた》えることが重要《じゅうよう》になる。

メモ

AI《エイアイ》は、あからさまな差別《さべつ》はいけないと理解《りかい》できますが、潜在的《せんざいてき》に存在《そんざい》する差別《さべつ》や偏見《へんけん》は理解《りかい》できず、学習《がくしゅう》してしまいます。たとえば男性《だんせい》を優先的《ゆうせんてき》に採用《さいよう》してきた職種《しょくしゅ》では、データにもその偏《かたよ》りが反映《はんえい》され、それを学《まな》んだAI《エイアイ》も男性優位《だんせいゆうい》の判断《はんだん》を下《くだ》すおそれがあります。

猛勉強《もうべんきょう》の成果《せいか》!
見《み》る、聞《き》くAI《エイアイ》、活躍中《かつやくちゅう》

機械学習《きかいがくしゅう》の進歩《しんぽ》によって、画像認識《がぞうにんしき》や音声認識《おんせいにんしき》の能力《のうりょく》を身《み》につけたAI《エイアイ》が活躍中《かつやくちゅう》だ。その具体例《ぐたいれい》を見《み》てみよう。

●イチゴの色《いろ》づきを見分《みわ》ける収穫《しゅうかく》ロボ

福岡県久留米市《ふくおかけんくるめし》の企業《きぎょう》が開発中《かいはっちゅう》のイチゴを自動《じどう》で収穫《しゅうかく》するロボット「ロボつみ」(左《ひだり》)には、カメラでイチゴの色《いろ》づきを4段階《だんかい》で判断《はんだん》し、収穫《しゅうかく》する実《み》を見分《みわ》けるAI《エイアイ》が搭載《とうさい》されている。

●顔認証《かおにんしょう》で菓子《かし》パンが買《か》える

全寮制中高一貫校《ぜんりょうせいちゅうこういっかんこう》の海陽中等教育学校《かいようちゅうとうきょういくがっこう》(愛知県蒲郡市《あいちけんがまごおりし》)の売店《ばいてん》では、生徒《せいと》がレジのタブレット端末《たんまつ》(左《ひだり》)に顔《かお》を近《ちか》づけると、AI《エイアイ》が顔認証《かおにんしょう》して支払《しはら》いができる。何《なに》を買《か》ったかは保護者《ほごしゃ》に即座《そくざ》にメールが届《とど》く。

●外国人《がいこくじん》の救命救急《きゅうめいきゅうきゅう》に音声翻訳《おんせいほんやく》アプリ

外国人観光客《がいこくじんかんこうきゃく》の増加《ぞうか》に伴《ともな》い、国《くに》は多言語音声翻訳《たげんごおんせいほんやく》アプリ「救急《きゅうきゅう》VoiceTra《ボイストラ》」の導入《どうにゅう》を進《すす》めている。救急現場《きゅうきゅうげんば》でよく使《つか》う46の定型文《ていけいぶん》を登録《とうろく》し、15種類《しゅるい》の言語《げんご》で会話《かいわ》ができる。

▲音声翻訳《おんせいほんやく》アプリで外国人《がいこくじん》に話《はな》しかける救急隊員《きゅうきゅうたいいん》(訓練中《くんれんちゅう》)

機械学習《きかいがくしゅう》

レベル3 …▶ **ディープラーニング** を使用《しよう》しない機械学習《きかいがくしゅう》

機械学習《きかいがくしゅう》の手法《しゅほう》 〉 **教師《きょうし》あり学習《がくしゅう》**

AI《エイアイ》に正解《せいかい》のデータを与《あた》えて、答《こた》え合《あ》わせができるように学習《がくしゅう》させる技術《ぎじゅつ》。

例《れい》:たくさんのリンゴの画像《がぞう》を読《よ》み込《こ》ませ、「出荷《しゅっか》できる」「出荷《しゅっか》できない」をAI《エイアイ》に判定《はんてい》させる。画像《がぞう》にはそれぞれ正解《せいかい》(出荷《しゅっか》の可否《かひ》)の情報《じょうほう》が付《つ》いており、AI《エイアイ》は自分《じぶん》で答《こた》え合《あ》わせをしながら正解率《せいかいりつ》を高《たか》めていく。

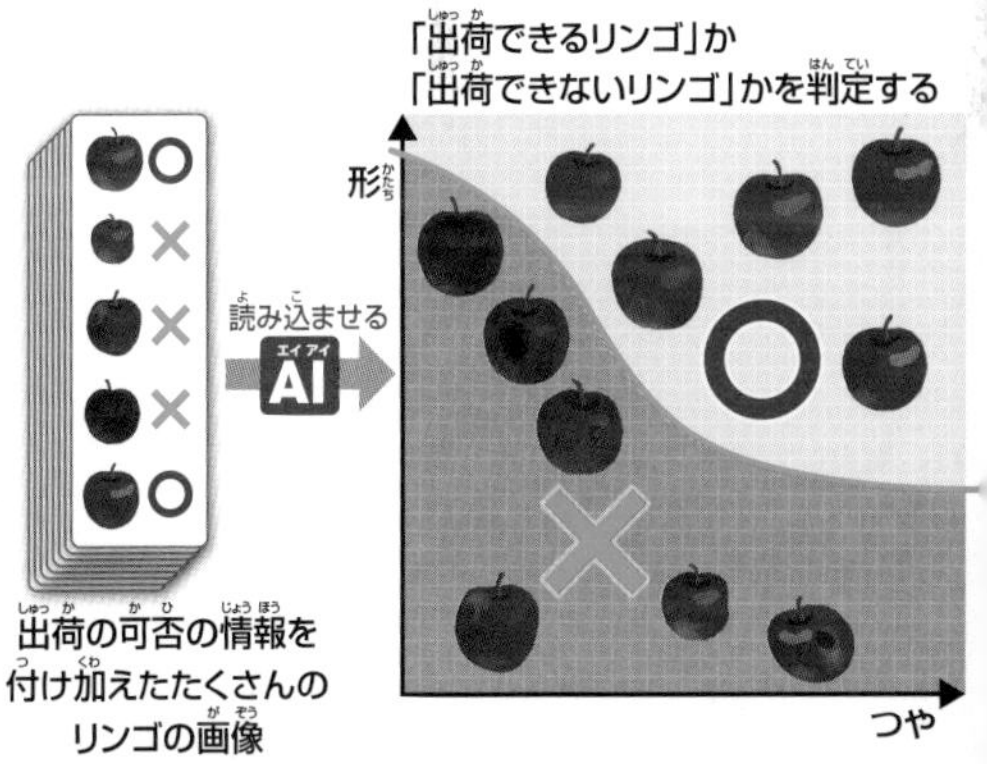

機械学習《きかいがくしゅう》の手法《しゅほう》

レベル4

ディープラーニング(深層学習《しんそうがくしゅう》)

人間《にんげん》の脳神経回路《のうしんけいかいろ》の機能《きのう》をまねた「ニューラルネットワーク」というしくみを高度化《こうどか》させてAI《エイアイ》に学習《がくしゅう》させる技術《ぎじゅつ》。「教師《きょうし》あり」「教師《きょうし》なし」の両方《りょうほう》がある。どこに注目《ちゅうもく》すれば正《ただ》しい答《こた》えが得《え》られるか、自《みずか》ら学習《がくしゅう》する。

例《れい》:画像《がぞう》を読《よ》み込《こ》んだAI《エイアイ》は、自《みずか》ら「輪郭《りんかく》や境界線《きょうかいせん》」「顔《かお》のパーツ」といった特徴《とくちょう》に注目《ちゅうもく》し、データ量《りょう》を絞《しぼ》り込《こ》んで画像《がぞう》が「ネコ」であるという答《こた》えを出《だ》す。

「チャットGPT《ジーピーティー》」ってどんなキャラ？

話題《わだい》の対話型《たいわがた》AI《エイアイ》「チャットGPT《ジーピーティー》」には、どんな特徴《とくちょう》があるのだろう？ 対話《たいわ》の例《れい》を読《よ》みながら、すぐれた点《てん》と注意点《ちゅういてん》を、チェックしてみよう。

英語《えいご》のほうが得意《とくい》なんだ

チャットGPT《ジーピーティー》に聞《き》いてみた①

チャットGPT《ジーピーティー》に日本《にほん》の高山《こうざん》について尋《たず》ねてみたよ。

日本《にほん》の山《やま》について教《おし》えて！

チャットGPT（GPT-3.5、無料版《むりょうばん》）を使《つか》って、2023年《ねん》4月《がつ》に日本語《にほんご》で質問《しつもん》。

ナゼダーマン
日本《にほん》で2番目《ばんめ》に高《たか》い山《やま》と、その標高《ひょうこう》を教《おし》えて。

チャットGPT《ジーピーティー》
日本《にほん》で2番目《ばんめ》に高《たか》い山《やま》は北《きた》アルプスにある「北岳《きただけ》」で、標高《ひょうこう》は3190mです。
→ 自信満々《じしんまんまん》に間違《まちが》いを言《い》っている！

北岳《きただけ》があるのは南《みなみ》アルプスだよな？

おっしゃる通《とお》りです！ 訂正《ていせい》ありがとうございます。北《きた》アルプスではなく、南《みなみ》アルプスに位置《いち》していますね。ありがとうございます。
→ コミュニケーション能力《のうりょく》が高《たか》い！

日本《にほん》で3番目《ばんめ》に高《たか》い山《やま》と、その標高《ひょうこう》を教《おし》えて。

日本《にほん》で3番目《ばんめ》に高《たか》い山《やま》は、奥穂高岳《おくほたかだけ》で、標高《ひょうこう》は3190mです。
→ 正解《せいかい》！

北岳《きただけ》と奥穂高岳《おくほたかだけ》の標高《ひょうこう》は同《おな》じなのか？

いいえ、北岳《きただけ》と奥穂高岳《おくほたかだけ》の標高《ひょうこう》は異《こと》なります。北岳《きただけ》の標高《ひょうこう》は3193mであり、奥穂高岳《おくほたかだけ》の標高《ひょうこう》は3190mです。
ただし、北岳《きただけ》と奥穂高岳《おくほたかだけ》は、ともに日本《にほん》アルプスの中央部《ちゅうおうぶ》に位置《いち》し、高《たか》さが非常《ひじょう》に近《ちか》いため、しばしば混同《こんどう》されることがあります。
→ しれっと前言《ぜんげん》を撤回《てっかい》している！

北岳《きただけ》は南《みなみ》アルプス、奥穂高岳《おくほたかだけ》は北《きた》アルプスにあるので、普通《ふつう》、混同《こんどう》されることはないよな？

そうですね、北岳《きただけ》は南《みなみ》アルプスに位置《いち》し、標高《ひょうこう》は3193mです。一方《いっぽう》、奥穂高岳《おくほたかだけ》は北《きた》アルプスに位置《いち》し、標高《ひょうこう》は3190mです。両者《りょうしゃ》は地理的《ちりてき》にも違《ちが》う場所《ばしょ》にあり、混同《こんどう》されることはまずありません。
→ しれっと前言《ぜんげん》を撤回《てっかい》している！

早川明夫先生《はやかわあきおせんせい》(本誌監修者《ほんしかんしゅうしゃ》)の講評《こうひょう》①

日本《にほん》で2番目《ばんめ》に高《たか》い山《やま》は南《みなみ》アルプスの北岳《きただけ》(3193m)です。チャットGPT《ジーピーティー》は、最初《さいしょ》は3190mと答《こた》えていますが、これは間違《まちが》い。途中《とちゅう》で3193mと正《ただ》しく答《こた》えていますが、前《まえ》の答《こた》えを訂正《ていせい》していません。これだとどちらを正解《せいかい》と考《かんが》えているのか、わかりません。日本《にほん》で3番目《ばんめ》に高《たか》い山《やま》は北《きた》アルプスの奥穂高岳《おくほたかだけ》(3190m)と南《みなみ》アルプスの間《あい》ノ岳《だけ》(3190m)です。片方《かたほう》しか答《こた》えていないので、半分正解《はんぶんせいかい》。もう少《すこ》しがんばりましょう。

チャットGPT《ジーピーティー》の始《はじ》め方《かた》

❶ オープンAI《エイアイ》のサイト https://openai.com/blog/chatgpt を開《ひら》く
❷ 「TryChatGPT ↗」をクリック
❸ 登録《とうろく》する

注《ちゅう》 登録《とうろく》できるのは18歳以上《さいいじょう》(保護者《ほごしゃ》の同意《どうい》があれば13歳以上《さいいじょう》)

◀オープンAI《エイアイ》のサム・アルトマン最高経営責任者《さいこうけいえいせきにんしゃ》

優等生《ゆうとうせい》なのに平気《へいき》でウソをつくのはナゼだ!?

悪口《わるくち》は言《い》わない優等生《ゆうとうせい》

チャットGPT《ジーピーティー》は、自然《しぜん》な言葉《ことば》を瞬時《しゅんじ》に打《う》ち返《かえ》してくる。言《い》い方《かた》も論理的《ろんりてき》だ。まるで優等生《ゆうとうせい》と話《はな》しているように感《かん》じるが、ネット上《じょう》にアップされているあらゆる文章《ぶんしょう》データを学習《がくしゅう》したうえで、次《つぎ》にくる言葉《ことば》を予測《よそく》して、もっともらしい文章《ぶんしょう》をつくっているに過《す》ぎない。たとえば、「おせんべいは」の次《つぎ》にくるのは「しょっぱい」「かたい」の確率《かくりつ》が高《たか》く、「つらい」の確率《かくりつ》は低《ひく》い……というように。

チャットGPT《ジーピーティー》は、すでにある文章《ぶんしょう》を要約《ようやく》したり要点《ようてん》を箇条書《かじょうが》きにしたりするのは得意《とくい》だが、質問《しつもん》に対《たい》しては誤《あやま》った答《こた》えを自信満々《じしんまんまん》に述《の》べることが多《おお》い。それはネット上《じょう》にある誤《あやま》った情報《じょうほう》も学《まな》んでしまうからだ。大量《たいりょう》のデータに触《ふ》れ、間違《まちが》うなかで精度《せいど》を上《あ》げていくようにつくられているので、間違《まちが》うのは避《さ》けられない。また、チャットGPT《ジーピーティー》は、かつては下《しも》ネタも言《い》っていたが、今《いま》は言《い》わない。悪口《わるくち》やわいせつな言葉《ことば》は「NG《エヌジー》ワード」に設定《せってい》されているからだ。

たとえるなら〝賢《かしこ》いけれど、平気《へいき》でウソをつくこともある優等生《ゆうとうせい》〟といえるだろう。

チャットGPT《ジーピーティー》ができること(例《れい》)

- 文章《ぶんしょう》の作成《さくせい》
- 文章《ぶんしょう》の要約《ようやく》
- 議事録《ぎじろく》の作成《さくせい》
- 質問《しつもん》への回答《かいとう》
- 翻訳《ほんやく》
- アイデア出《だ》し

チャットGPT《ジーピーティー》の注意点《ちゅういてん》

- 回答《かいとう》に誤《あやま》った情報《じょうほう》が含《ふく》まれることも
- 根拠《こんきょ》とした資料《しりょう》を示《しめ》せない
- 個人情報《こじんじょうほう》が利用《りよう》される
- つくった文章《ぶんしょう》が著作権侵害《ちょさくけんしんがい》に当《あ》たるおそれ
- 頼《たよ》りすぎると思考力《しこうりょく》や表現力《ひょうげんりょく》を養《やしな》う教育《きょういく》に悪影響《あくえいきょう》
- ウソのニュースの作成《さくせい》・発信《はっしん》に悪用《あくよう》されるおそれ

▲AI《エイアイ》がオバマ元《もと》アメリカ大統領《だいとうりょう》の画像《がぞう》から、架空《かくう》の動画《どうが》を作成《さくせい》しているところ。チャットGPT《ジーピーティー》も悪用《あくよう》されるおそれがある

中学入試《ちゅうがくにゅうし》の予想問題《よそうもんだい》を解《と》いて！

予想問題《よそうもんだい》　少子高齢化《しょうしこうれいか》が進《すす》むとどんな問題《もんだい》が生《しょう》じるか、説明《せつめい》しなさい。

まず、労働力不足《ろうどうりょくぶそく》が起《お》こり、経済《けいざい》の成長《せいちょう》が抑制《よくせい》されます。社会保障費《しゃかいほしょうひ》の増加《ぞうか》や税収《ぜいしゅう》の減少《げんしょう》により、財政《ざいせい》への負担《ふたん》が増《ふ》えます。また、医療《いりょう》や介護《かいご》の需要《じゅよう》が増大《ぞうだい》し、負担《ふたん》が増《ふ》えることが予想《よそう》されます。さらに、地域《ちいき》の活力《かつりょく》が低下《ていか》し、地方《ちほう》の過疎化《かそか》や地域間《ちいきかん》の格差《かくさ》が深《ふか》まる可能性《かのうせい》もあります。

早川明夫先生《はやかわあきおせんせい》(本誌監修者《ほんしかんしゅうしゃ》)の講評《こうひょう》②

一読《いちどく》すると無難《ぶなん》な解答《かいとう》で間違《まちが》ったことは書《か》かれていませんが、文《ぶん》と文《ぶん》との因果関係《いんがかんけい》があいまいで、随所《ずいしょ》にダブるところがあります。問題点《もんだいてん》をたくさん挙《あ》げるよりも、言《い》いたいことを整理《せいり》し、文《ぶん》と文《ぶん》を関連《かんれん》づけて述《の》べることが重要《じゅうよう》。もう少《すこ》しがんばりましょう。　【添削例《てんさくれい》】労働力不足《ろうどうりょくぶそく》が起《お》こり、経済《けいざい》の成長《せいちょう》が抑制《よくせい》される。また、社会保障費《しゃかいほしょうひ》の増加《ぞうか》や税収《ぜいしゅう》の減少《げんしょう》により、年金《ねんきん》や介護《かいご》サービスなどの現状維持《げんじょういじ》が困難《こんなん》になる恐《おそ》れがある。さらに、地方《ちほう》の過疎化《かそか》が進《すす》み、地域《ちいき》の活力《かつりょく》が低下《ていか》し、都市《とし》と地方《ちほう》との格差《かくさ》が深《ふか》まる可能性《かのうせい》もある(※)。

※答《こた》えは「である」調《ちょう》が一般的《いっぱんてき》。チャットGPT《ジーピーティー》は問題点《もんだいてん》を三《みっ》つ(ダブりを除《のぞ》く)挙《あ》げていますが、解答《かいとう》は一《ひと》つだけでも十分《じゅうぶん》です。

上《うえ》の答《こた》えを、関西弁《かんさいべん》のラップ調《ちょう》にしてみて。

せやな、少子高齢化《しょうしこうれいか》が進《すす》むと大変《たいへん》やねん。労働力不足《ろうどうりょくぶそく》で経済《けいざい》の成長《せいちょう》はガタ落《お》ちやねん。社会保障費《しゃかいほしょうひ》が増《ふ》えて税収《ぜいしゅう》は減《へ》るし、財政《ざいせい》の重荷《おもに》も増《ふ》えるで。医療介護《いりょうかいご》の需要《じゅよう》増《ふ》えてヘビーな負担《ふたん》やで。地域《ちいき》の活力《かつりょく》もさがって、過疎化《かそか》と格差《かくさ》も深《ふか》まるかもしれへんで。家族《かぞく》や社会《しゃかい》のつながりも変《か》わるやろうし、孤立《こりつ》も心配《しんぱい》やねん。せやけど、団結《だんけつ》して前《まえ》に進《すす》もうや！　手《て》を取《と》り合《あ》って夢《ゆめ》を追《お》いかけようや！

Yo!
Yo!
Yo!

メモ　読書感想文《どくしょかんそうぶん》も書《か》けるチャットGPT《ジーピーティー》が気軽《きがる》に使《つか》えるようになったため、小中高校生《しょうちゅうこうこうせい》の「読書感想文《どくしょかんそうぶん》」コンクールを主催《しゅさい》する全国学校図書館協議会《ぜんこくがっこうとしょかんきょうぎかい》は、2023年度《ねんど》の応募要項《おうぼようこう》に「盗作《とうさく》や不適切《ふてきせつ》な引用等《いんようとう》があった場合《ばあい》、審査対象外《しんさたいしょうがい》になることがある」と追記《ついき》しました。

上手《じょうず》な質問《しつもん》の仕方《しかた》

- 質問《しつもん》を明快《めいかい》にする。例《れい》:○○について答《こた》えてください。条件《じょうけん》は○字以内《じいない》。小学生《しょうがくせい》にもわかるように。
- チャットGPT《ジーピーティー》が間違《まちが》えても一度《いちど》で終《お》わらせず、何度《なんど》も聞《き》くと、いい答《こた》えが返《かえ》ってくることがある。

日本語《にほんご》のデータは学習中《がくしゅうちゅう》

チャットGPT《ジーピーティー》には、ほかにもクセがある。

アメリカ生《う》まれで英語《えいご》のデータで訓練《くんれん》されてきたので、日本語《にほんご》より英語《えいご》の質問《しつもん》のほうが正確《せいかく》に答《こた》えられる。今後《こんご》、日本語《にほんご》の文章《ぶんしょう》データを大量《たいりょう》に学習《がくしゅう》すれば、日本語《にほんご》の質問《しつもん》に対《たい》する答《こた》えの精度《せいど》も格段《かくだん》に高《たか》まるはずだ。

また、同《おな》じ質問《しつもん》をしても、違《ちが》う答《こた》えを出《だ》してくることがあり、一貫性《いっかんせい》がない。直前《ちょくぜん》まで主張《しゅちょう》していたことを簡単《かんたん》に撤回《てっかい》することもある。それは、ネット上《じょう》にある膨大《ぼうだい》なデータのうち、取《と》り出《だ》すデータをそのときどきで変《か》えているからだと考《かんが》えられる。

最近《さいきん》のことについては答《こた》えられないのも特徴《とくちょう》だ。無料版《むりょうばん》のGPT《ジーピーティー》-3・5には2021年《ねん》9月《がつ》までの情報《じょうほう》しか入《はい》っていない。

問題点《もんだいてん》としては、個人情報《こじんじょうほう》が漏《も》れる、著作権《ちょさくけん》を侵害《しんがい》する恐《おそ》れがある、悪用《あくよう》される可能性《かのうせい》があるなどが挙《あ》げられるが、今後《こんご》の技術《ぎじゅつ》や法整備《ほうせいび》で解決《かいけつ》できることは多《おお》い。人間《にんげん》にも完璧《かんぺき》な人《ひと》はいないように、チャットGPT《ジーピーティー》も100%完璧《かんぺき》な道具《どうぐ》ではないことを理解《りかい》したうえで、上手《じょうず》につきあっていくことが大切《たいせつ》だ。

うのみにしたら
いけないんだね

「先生教《せんせいおし》えて!」

AI《エイアイ》で未来《みらい》はどう変《か》わる?

人間《にんげん》のように進化《しんか》したAI《エイアイ》が増《ふ》えるなか、未来《みらい》はどう変《か》わるだろう? AI《エイアイ》と上手《じょうず》につきあうにはどうしたらいい? 松原先生《まつばらせんせい》に聞《き》いてみよう。

AI《エイアイ》で職場《しょくば》が変《か》わる

言葉《ことば》を使《つか》う仕事《しごと》が奪《うば》われる!?

AI《エイアイ》が賢《かしこ》くなると便利《べんり》になっていいけど、人間《にんげん》の仕事《しごと》が奪《うば》われないか、心配《しんぱい》になるね。

そうだね。実《じつ》はチャットGPT《ジーピーティー》を開発《かいはつ》した会社《かいしゃ》などは、「高学歴《こうがくれき》で、高《たか》い賃金《ちんぎん》を得《え》ているホワイトカラー(事務系労働者《じむけいろうどうしゃ》)の仕事《しごと》ほど最新《さいしん》のAI《エイアイ》技術《ぎじゅつ》の影響《えいきょう》を受《う》けやすい」と予測《よそく》しているんだ。

えっ、そうなの? たとえばどんな仕事《しごと》?

通訳《つうやく》や翻訳業《ほんやくぎょう》は、優秀《ゆうしゅう》な機械翻訳《きかいほんやく》サービスが出始《ではじ》めているので、大《おお》きな影響《えいきょう》があるだろうね。文学作品《ぶんがくさくひん》の翻訳《ほんやく》は文学的才能《ぶんがくてきさいのう》がいるから人間《にんげん》がする必要《ひつよう》があるけど、契約文書《けいやくぶんしょ》などの定型文《ていけいぶん》ならAI《エイアイ》に任《まか》せられる。記者《きしゃ》や会計士《かいけいし》、法律関係《ほうりつかんけい》の仕事《しごと》も減《へ》るといわれているよ。どんな仕事《しごと》にも「すでにあるデータをまとめる」など決《き》まりきった作業《さぎょう》があるけど、そこはAI《エイアイ》の得意分野《とくいぶんや》なんだ。

でも、そこまで信頼《しんらい》して大丈夫《だいじょうぶ》なのかな?

もちろん、「AI《エイアイ》の仕事《しごと》を検証《けんしょう》する作業《さぎょう》」は必要《ひつよう》で、そこは人間《にんげん》の仕事《しごと》。あと、AI《エイアイ》は責任《せきにん》が取《と》れないので、監督者《かんとくしゃ》など「責任《せきにん》を取《と》る仕事《しごと》」は残《のこ》る。いわば「上司《じょうし》の仕事《しごと》」は残《のこ》るんだ。そのほか、AI《エイアイ》は対話力《たいわりょく》は高《たか》まったけど、きめ細《こま》やかな肉体労働《にくたいろうどう》はまだ苦手《にがて》だから、リハビリ訓練《くんれん》や歯科衛生士《しかえいせいし》など微妙《びみょう》な力加減《ちからかげん》が必要《ひつよう》な仕事《しごと》は残《のこ》るだろうね。

将来《しょうらい》、仕事《しごと》が得《え》られるか心配《しんぱい》になるな。

「みんなにできること」はAI《エイアイ》にもできる。どんな分野《ぶんや》でもいいから、「みんなにできない特技《とくぎ》」を身《み》につけることが大事《だいじ》だよ。

英語《えいご》の授業《じゅぎょう》が減《へ》る!?

AI《エイアイ》の進化《しんか》によって、授業《じゅぎょう》も変《か》わっていくのかな?

英語《えいご》の授業《じゅぎょう》は、英語圏《えいごけん》の文化《ぶんか》を学《まな》ぶ意味《いみ》もあるからなくなることはないと思《おも》うけど、授業時間《じゅぎょうじかん》は短《みじか》くなるかもしれないね。学校《がっこう》の先生《せんせい》も、小中《しょうちゅう》学校《がっこう》や高校《こうこう》の先生《せんせい》は「人間教育《にんげんきょういく》」の側面《そくめん》があるから必要《ひつよう》だけど、大学《だいがく》ではAI《エイアイ》が教《おし》える授業《じゅぎょう》が増《ふ》えていくかもしれない。専門性《せんもんせい》の高《たか》い、言《い》い方《かた》を変《か》えると限定的《げんていてき》な分野《ぶんや》を教《おし》えるのは、AI《エイアイ》の得意分野《とくいぶんや》だからね。

▲5月《がつ》に広島《ひろしま》で開催《かいさい》された主要《しゅよう》7カ国首脳会議《こくしゅのうかいぎ》(G7《ジーセブン》サミット、写真《しゃしん》は首脳陣《しゅのうじん》)でも、生成AI《せいせいエイアイ》に対応《たいおう》する新《あら》たな国際《こくさい》ルールづくりやデータの信頼性向上《しんらいせいこうじょう》の重要性《じゅうようせい》が話《はな》し合《あ》われた

街《まち》で、自治体《じちたい》で広《ひろ》がる 対話型《たいわがた》ＡＩ《エイアイ》サービス

チャットＧＰＴ《ジーピーティー》を使《つか》ったサービスの運用例《うんようれい》を見《み》てみよう。

副店長《ふくてんちょう》は対話型《たいわがた》ＡＩ《エイアイ》「くらげ」

東京《とうきょう》・蔵前《くらまえ》に2023年《ねん》４月《がつ》に開店《かいてん》した「透明書店《とうめいしょてん》」は、チャットＧＰＴ《ジーピーティー》を利用《りよう》したＡＩ《エイアイ》「くらげ」が副店長《ふくてんちょう》を務《つと》める。客《きゃく》が店頭《てんとう》のディスプレー（写真右手《しゃしんみぎて》）に「最近《さいきん》どんな本《ほん》が売《う》れている？」「おすすめは？」などと話《はな》しかけると、データをもとに回答《かいとう》。売《う》り上《あ》げデータから、店頭《てんとう》に置《お》いたほうがいい本《ほん》を選《えら》んだり、イベントを考《かんが》えたりもするという。

鳥取県庁《とっとりけんちょう》のアバター職員《しょくいん》が質問《しつもん》にチャットで答《こた》える

YAKAMIHIME

鳥取県《とっとりけん》は、2023年《ねん》２月《がつ》、架空《かくう》の部《ぶ》署《しょ》「メタバース課《か》」を新設《しんせつ》。ＡＩ《エイアイ》を活用《かつよう》したアバター「ＹＡＫＡＭＩＨＩＭＥ《やかみひめ》（八上姫《やかみひめ》）」を職員《しょくいん》として採用《さいよう》した。チャットや音声《おんせい》で利用者《りようしゃ》の質問《しつもん》に答《こた》えながら鳥取《とっとり》の魅力《みりょく》をＰＲ《ピーアール》する。「本人《ほんにん》」に取材《しゅざい》したところ、チャットＧＰＴ《ジーピーティー》を利用《りよう》して、近《ちか》い将来《しょうらい》、より自然《しぜん》な対話《たいわ》ができるようになるという。

ＹＡＫＡＭＩＨＩＭＥ《やかみひめ》のサイト▶

今《いま》のＡＩ《エイアイ》をめぐる環境《かんきょう》は、馬車《ばしゃ》の時代《じだい》に自動車《じどうしゃ》が登場《とうじょう》したときと似《に》ています。道路《どうろ》は未整備《みせいび》で、交《こう》通《つう》ルールも運転免許証《うんてんめんきょしょう》もありません。環境整備《かんきょうせいび》はこれからで、大《だい》事故《じこ》が起《お》こる可能性《かのうせい》もあります。そんな時代《じだい》にあって、みなさんは新《あたら》しい人間《にんげん》の友達《ともだち》とつきあい始《はじ》めるように、距離《きょり》をおきながら少《すこ》しずつＡＩ《エイアイ》に近《ちか》づいて、上手《じょうず》なつきあい方《かた》を学《まな》んでください。

ＡＩ《エイアイ》が相談相手《そうだんあいて》の一員《いちいん》に

発表会《はっぴょうかい》で
あがらないようにするには、どうしたらいい？
夏休《なつやす》みに自然《しぜん》を満喫《まんきつ》できるおすすめの場所《ばしょ》を教《おし》えて

OK

▲対話型《たいわがた》ＡＩ《エイアイ》に日常的《にちじょうてき》に相談《そうだん》にのってもらう暮《く》らしは、あと数年《すうねん》で実現《じつげん》しそう。アマゾン版《ばん》もグーグル版《ばん》も日本版《にほんばん》もできるようになるので、複数《ふくすう》のＡＩ《エイアイ》の意見《いけん》を聞《き》き比《くら》べることも可能《かのう》になる

ＡＩ《エイアイ》と上手《じょうず》につきあうには

チャットＧＰＴ《ジーピーティー》は読書感想文《どくしょかんそうぶん》も書《か》いてくれるんだよね？　宿題《しゅくだい》に使《つか》ってもいいのかな？

う～ん、小中学生《しょうちゅうがくせい》がＡＩ《エイアイ》に宿題《しゅくだい》を丸投《まるな》げするのはよくないかもね（Ｐ53のメモも見《み》てね）。このころは文章《ぶんしょう》を読《よ》む力《ちから》、理解《りかい》する力《ちから》、考《かんが》える力《ちから》、書《か》く力《ちから》など基本的《きほんてき》なスキルを身《み》につける時期《じき》だから、その機会《きかい》を大切《たいせつ》にしてほしいんだ。個々《ここ》のスキルがなければ、将来《しょうらい》、人間《にんげん》にしかできない「総合的《そうごうてき》な判断力《はんだんりょく》」を得《え》ることができないからね。

じゃあ、大人《おとな》になるまでチャットＧＰＴ《ジーピーティー》に触《ふ》れないほうがいいの？

いや、たとえば自分《じぶん》の意見《いけん》をもったうえで、話《はな》し相手《あいて》として意見《いけん》を聞《き》くのはいいと思《おも》うな。テニスで練習相手《れんしゅうあいて》がいないとき、「壁打《かべう》ち」するようなイメージだ。

それじゃ、恋愛相談《れんあいそうだん》もＯＫ《オーケイ》？　「Ａ《エイ》くんとＢ《ビー》くん、どっちとつきあうほうがいい？」とか。

えっ!?　まぁ、いいと思《おも》うけど、入力《にゅうりょく》した個《こ》人情報《じんじょうほう》は公開《こうかい》されるので、気《き》をつけよう。また、ＡＩ《エイアイ》の言《い》うことを神様《かみさま》のようにありがたがらないように。情報《じょうほう》のよしあしを見極《みきわ》めるのも、どうするか決《き》めるのも自分《じぶん》だからね！　今後《こんご》はチャットＧＰＴ《ジーピーティー》の類似品《るいじひん》がもっと出《で》てくるから、同《おな》じ質問《しつもん》をして、回答《かいとう》を比較《ひかく》してみるのもいいね。

ＡＩ《エイアイ》が人間《にんげん》を超《こ》えることってあるの？

OK

OK

OK

OK

何《なに》をもって「ＡＩ《エイアイ》が人間《にんげん》を超《こ》える」と定義《ていぎ》するのかは難《むずか》しい。人《ひと》は気分屋《きぶんや》の面《めん》もあるけれど、そこも取《と》り入《い》れるのか、とかね。ＡＩ《エイアイ》に何《なに》を求《もと》めるのかを探究《たんきゅう》することは、人間《にんげん》が人間《にんげん》に何《なに》を求《もと》めるのかを探究《たんきゅう》することでもあるんだ。

特集《とくしゅう》

水環境《みずかんきょう》にSOS《エスオーエス》!

守《まも》ろう! 地球《ちきゅう》の水《みず》

6 安全な水とトイレを世界中に

今《いま》、世界《せかい》で深刻《しんこく》な水危機《みずきき》が起《お》きている。SDGs《エスディージーズ》の目標《もくひょう》でもある水問題《みずもんだい》について考《かんが》えてみよう。

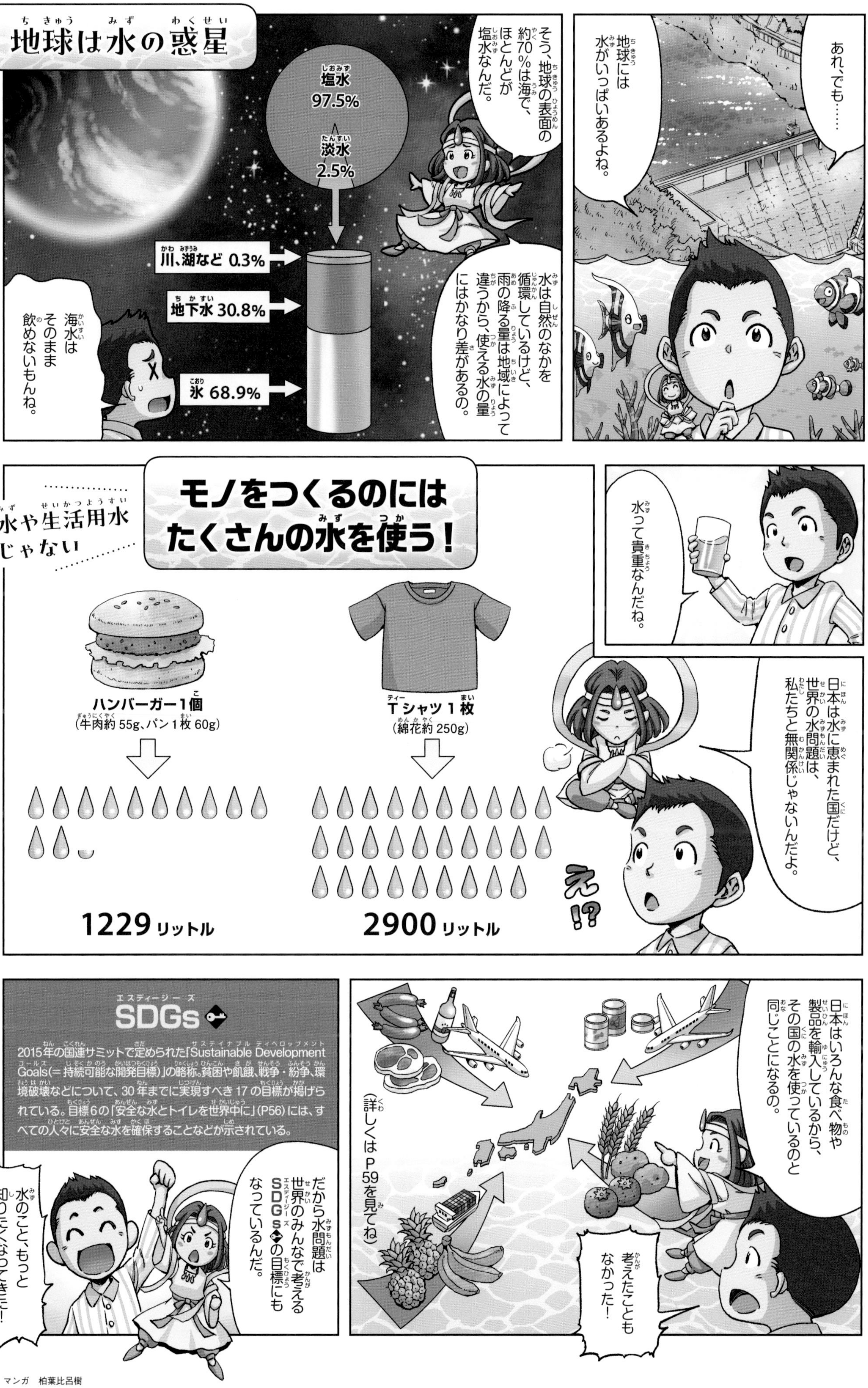

あれ、でも……
地球《ちきゅう》には水《みず》がいっぱいあるよね。
地球《ちきゅう》は水《みず》の惑星《わくせい》
そう、地球《ちきゅう》の表面《ひょうめん》の約《やく》70%は海《うみ》で、ほとんどが塩水《しおみず》なんだ。
塩水《しおみず》 97.5%
淡水《たんすい》 2.5%
川《かわ》、湖《みずうみ》など 0.3%
地下水《ちかすい》 30.8%
氷《こおり》 68.9%
水《みず》は自然《しぜん》のなかを循環《じゅんかん》しているけど、雨《あめ》の降《ふ》る量《りょう》は地域《ちいき》によって違《ちが》うから、使《つか》える水《みず》の量《りょう》にはかなり差《さ》があるの。
海水《かいすい》はそのまま飲《の》めないもんね。
水《みず》って貴重《きちょう》なんだね。
飲《の》み水《みず》や生活用水《せいかつようすい》だけじゃない
モノをつくるのにはたくさんの水《みず》を使《つか》う!
ハンバーガー1個《こ》
(牛肉《ぎゅうにく》約《やく》55g、パン1枚《まい》60g)
1229リットル
T《ティー》シャツ1枚《まい》
(綿花《めんか》約《やく》250g)
2900リットル
日本《にほん》は水《みず》に恵《めぐ》まれた国《くに》だけど、世界《せかい》の水問題《みずもんだい》は、私《わたし》たちと無関係《むかんけい》じゃないんだよ。
え!?
日本《にほん》はいろんな食《た》べ物《もの》や製品《せいひん》を輸入《ゆにゅう》しているから、その国《くに》の水《みず》を使《つか》っているのと同《おな》じことになるの。
(詳《くわ》しくはP59を見《み》てね)
考《かんが》えたこともなかった!
SDGs《エスディージーズ》
2015年《ねん》の国連《こくれん》サミットで定《さだ》められた「Sustainable《サステイナブル》 Development《ディベロップメント》 Goals《ゴールズ》(=持続可能《じぞくかのう》な開発目標《かいはつもくひょう》)」の略称《りゃくしょう》。貧困《ひんこん》や飢餓《きが》、戦争《せんそう》・紛争《ふんそう》、環境破壊《かんきょうはかい》などについて、30年《ねん》までに実現《じつげん》すべき17の目標《もくひょう》が掲《かか》げられている。目標《もくひょう》6の「安全《あんぜん》な水《みず》とトイレを世界中《せかいじゅう》に」(P56)には、すべての人々《ひとびと》に安全《あんぜん》な水《みず》を確保《かくほ》することなどが示《しめ》されている。
だから水問題《みずもんだい》は世界《せかい》のみんなで考《かんが》えるSDGs《エスディージーズ》の目標《もくひょう》にもなっているんだ。
水《みず》のこと、もっと知《し》りたくなってきた!

水《みず》はどこからやってくる？

私《わたし》たちが使《つか》っている水《みず》は、どこから来《き》てどこに行《い》くのだろう？
また、どんなことに水《みず》を使《つか》っているのか見《み》てみよう。

地球《ちきゅう》をめぐる貴重《きちょう》な水《みず》について考《かんが》えてみよう

今月《こんげつ》のナビゲーター

橋本淳司《はしもとじゅんじ》先生《せんせい》

1967年《ねん》、群馬県《ぐんまけん》生《う》まれ。出版社勤務後《しゅっぱんしゃきんむご》、水《みず》ジャーナリストとして独立《どくりつ》。国内外《こくないがい》を歩《ある》き、水問題《みずもんだい》やその解決方法《かいけつほうほう》を幅広《はばひろ》く伝《つた》える。アクアスフィア・水教育研究所代表《みずきょういくけんきゅうしょだいひょう》。武蔵野大学客員教授《むさしのだいがくきゃくいんきょうじゅ》。

日本《にほん》は水資源《みずしげん》に恵《めぐ》まれた国《くに》？

私《わたし》たちが使《つか》っている水《みず》の約《やく》8割《わり》は川《かわ》やダムからの水《みず》、約《やく》2割《わり》は地下水《ちかすい》が使《つか》われている。この水《みず》は浄水場《じょうすいじょう》で安心《あんしん》して飲《の》めるきれいな水《みず》となり、道路《どうろ》の下《した》にある配水管《はいすいかん》などを通《とお》って家庭《かてい》に届《とど》けられる。そして使用後《しようご》の汚《よご》れた水《みず》は、下水処理場《げすいしょりじょう》できれいに処理《しょり》され、また川《かわ》や海《うみ》へと流《なが》れていく。

日本《にほん》は水道設備《すいどうせつび》が十分《じゅうぶん》に整《ととの》っていて、どこにいてもたいてい水道水《すいどうすい》が飲《の》める。また、日本《にほん》では雨《あめ》や雪《ゆき》がたくさん降《ふ》るので、世界《せかい》の中《なか》でも水資源《みずしげん》の豊富《ほうふ》な国《くに》だ。しかし、川《かわ》が急流《きゅうりゅう》で、すぐに海《うみ》へ流《なが》れ出《で》てしまうという特徴《とくちょう》がある。そのうえ、国土《こくど》が狭《せま》いわりに人口《じんこう》が多《おお》いため、1人当《ひとりあ》たりの使《つか》える水《みず》の量《りょう》は、決《けっ》して多《おお》いとはいえない。

家《いえ》で水《みず》をたくさん使《つか》う場所《ばしょ》はどこ？

家庭《かてい》で1人《ひとり》が1日《にち》に使《つか》う水《みず》の量《りょう》は平均《へいきん》214リットル。特《とく》に風呂《ふろ》やトイレで多《おお》く使《つか》われているよ。

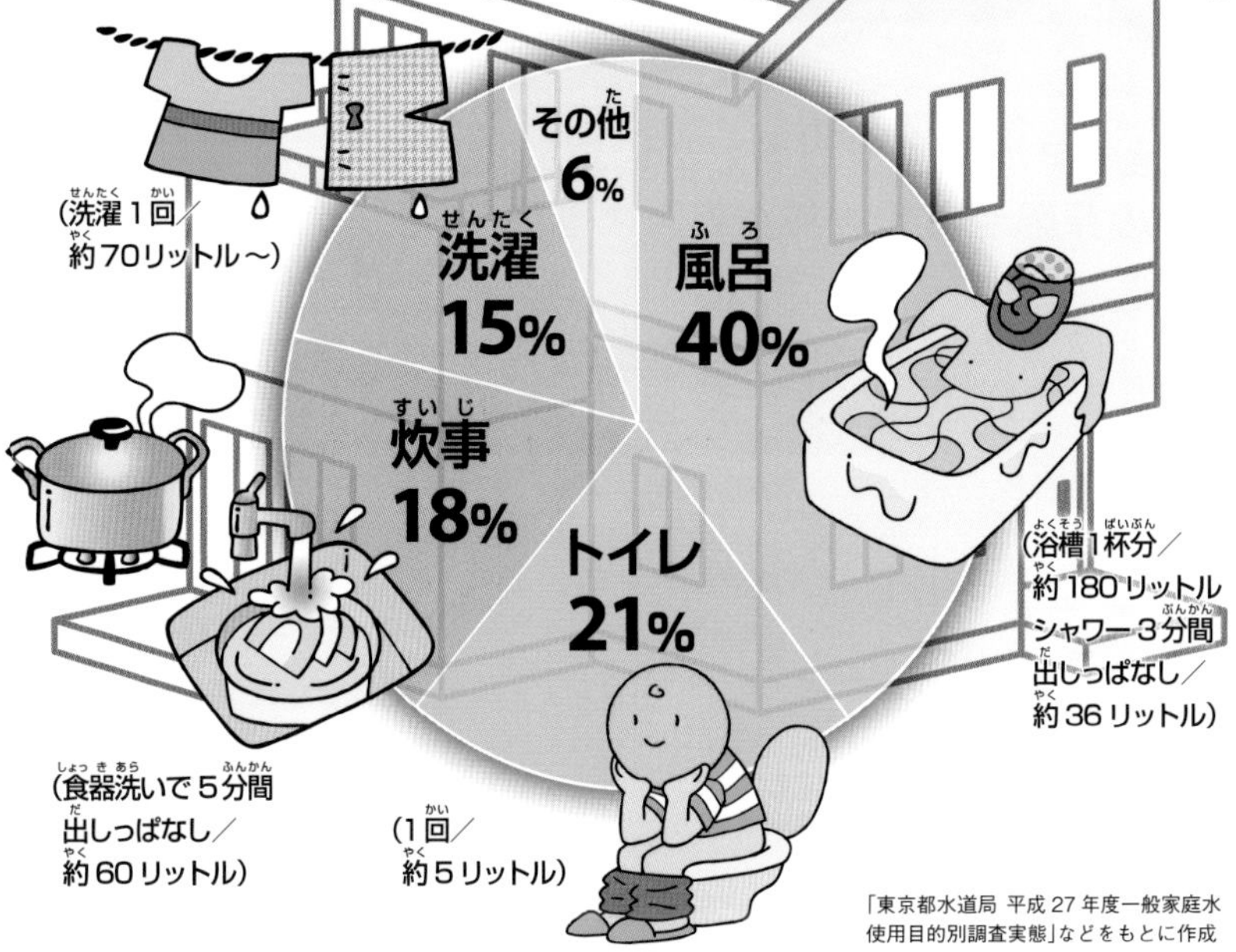

「東京都水道局 平成27年度一般家庭水使用目的別調査実態」などをもとに作成

バーチャルウォーター（仮想水《かそうすい》）

海外《かいがい》から輸入《ゆにゅう》した農産物《のうさんぶつ》や工業製品《こうぎょうせいひん》を、国内《こくない》の水資源《みずしげん》で生産《せいさん》したと仮定《かてい》したときに必要《ひつよう》となる水《みず》の量《りょう》を計算《けいさん》したもの。例《たと》えば牛肉《ぎゅうにく》100gの場合《ばあい》、牛《うし》を育《そだ》てるための水《みず》や、エサとなるトウモロコシを生産《せいさん》するための水《みず》など、計《けい》2060リットルの水《みず》が必要《ひつよう》になる。

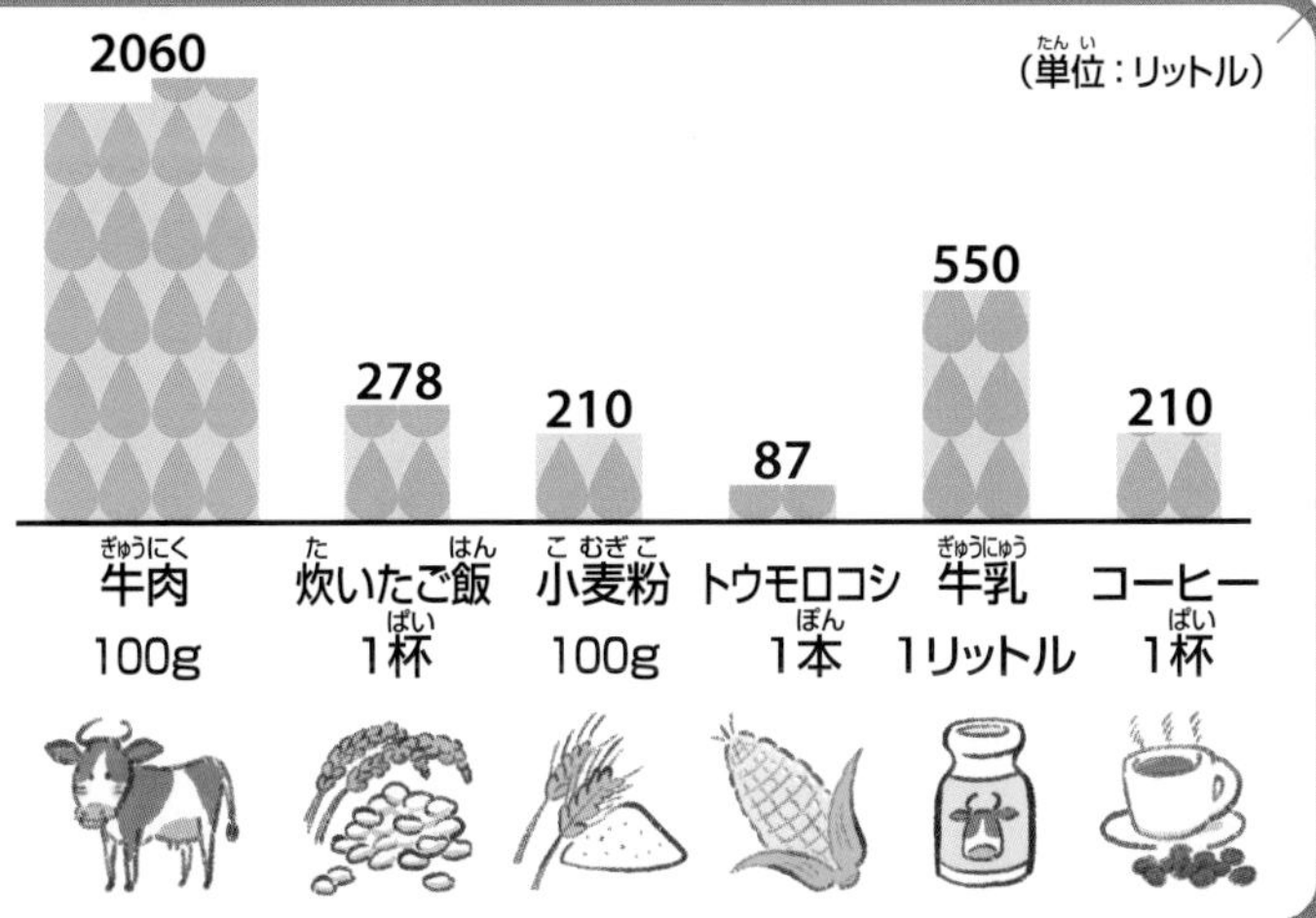

調《しら》べてみよう

環境省《かんきょうしょう》のホームページにある「仮想水計算機《かそうすいけいさんき》」を使《つか》うと、食品《しょくひん》やメニュー別《べつ》のバーチャルウォーターを計算《けいさん》できるよ！

https://www.env.go.jp/water/virtual_water/kyouzai.html

日本《にほん》は世界《せかい》の水《みず》に頼《たよ》っている

日《に》本《ほん》の食料自給率《しょくりょうじきゅうりつ》は38％(※)で、国内《こくない》にある食《た》べ物《もの》の半分以上《はんぶんいじょう》は外国《がいこく》で作《つく》られたもの。これらの食料《しょくりょう》を国内《こくない》で作《つく》るとしたら大量《たいりょう》の水《みず》が必《ひつ》要《よう》になる。これを表《あらわ》したものが**バーチャルウォーター(仮想水《かそうすい》)**という考《かんが》え方《かた》だ。

日本《にほん》が海外《かいがい》から輸入《ゆにゅう》しているバーチャルウォーターは年間約《ねんかんやく》831億《おく》㎥。これは日本《にほん》の年間《ねんかん》の水《みず》使用量《しようりょう》の約《やく》785億《おく》㎥を上回《うわまわ》る量《りょう》になる。

※2021年度、カロリーベース。

写真　朝日新聞社　iStock　　イラスト　オガケン　イケウチリリー　　図版　倉本るみ

世界《せかい》の水危機《みずきき》 何《なに》が起《お》きている？

世界《せかい》では深刻《しんこく》な水不足《みずぶそく》や水質汚染《すいしつおせん》、水災害《みずさいがい》などさまざまな水危機《みずきき》が起《お》きている。その原因《げんいん》や背景《はいけい》を探《さぐ》ってみよう。

人口《じんこう》の増加《ぞうか》によりますます水不足《みずぶそく》に

もともと自然界《しぜんかい》にある水《みず》は平等《びょうどう》ではなく、偏《かたよ》って存在《そんざい》している。水《みず》に恵《めぐ》まれた地域《ちいき》もあれば、そうでない地域《ちいき》もある。また、水《みず》が少《すく》ない場所《ばしょ》でも経済的《けいざいてき》に豊《ゆた》かであればさまざまな技術《ぎじゅつ》で水《みず》を得《え》るこ

水資源《みずしげん》が十分《じゅうぶん》に足《た》りているかを考《かんが》える指標《しひょう》が「1人当《ひとりあ》たりの水資源賦存《みずしげんふそん》量《りょう》」だ。生活用水《せいかつようすい》や農業《のうぎょう》、工業《こうぎょう》などに最低限必要《さいていげんひつよう》な水資源《みずしげん》の量《りょう》は、年間《ねんかん》1人当《ひとりあ》たり1700㎥とされている。

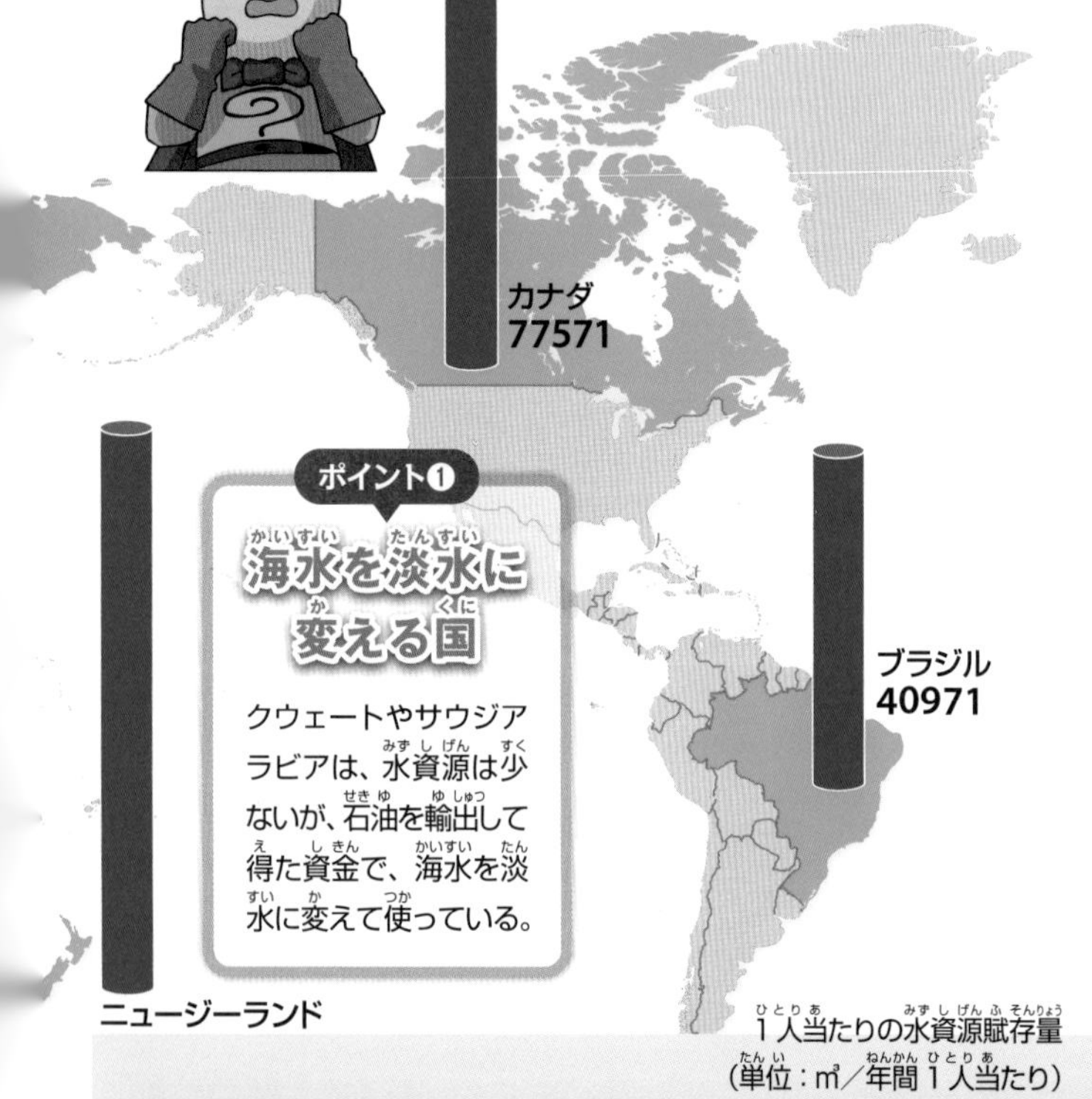

ポイント❶

海水《かいすい》を淡水《たんすい》に変《か》える国《くに》

クウェートやサウジアラビアは、水資源《みずしげん》は少《すく》ないが、石油《せきゆ》を輸出《ゆしゅつ》して得《え》た資金《しきん》で、海水《かいすい》を淡《たん》水《すい》に変《か》えて使《つか》っている。

安全《あんぜん》な水《みず》がない！

水道《すいどう》がない地域《ちいき》では、遠《とお》くの川《かわ》や湖《みずうみ》まで水《みず》をくみに行《い》かなければならない。その水《みず》もコレラ菌《きん》や大腸菌《だいちょうきん》などが混《ま》ざった汚《よご》れた水《みず》であることが多《おお》く、生活用水《せいかつようすい》として使《つか》うとさまざまな病気《びょうき》を引《ひ》き起《お》こす。世界《せかい》では汚《よご》れた水《みず》が原因《げんいん》とみられる病気《びょうき》で、年間《ねんかん》180万人《まんにん》もの子《こ》どもが亡《な》くなっている。

▲国連難民高等弁務官事務所《こくれんなんみんこうとうべんむかんじむしょ》(UNHCR《ユーエヌエイチシーアール》)が提供《ていきょう》した水《みず》を飲《の》むウガンダの子《こ》ども ZUMA Press/アフロ

トイレがない！

▲ナイジェリアの川《かわ》に浮《う》かぶトイレ ロイター/アフロ

世界《せかい》には水環境《みずかんきょう》が整《ととの》っていないため、地面《じめん》に穴《あな》を掘《ほ》っただけのトイレや、道《みち》ばたや草《くさ》むらで用《よう》を足《た》す人《ひと》が4億《おく》9400万人《まんにん》もいる。野外《やがい》やドアのないトイレでは、用《よう》を足《た》す際《さい》に犯罪《はんざい》に巻《ま》き込《こ》まれる可能性《かのうせい》も高《たか》くなる。また、野外《やがい》で排泄《はいせつ》したし尿《にょう》が雨《あめ》で水源《すいげん》に流《なが》れ込《こ》み、汚染《おせん》されることもある。

水問題《みずもんだい》とSDGs《エスディージーズ》

水問題《みずもんだい》はSDGs《エスディージーズ》の目標《もくひょう》6だけでなく、さまざまな目標《もくひょう》と関係《かんけい》しているよ。

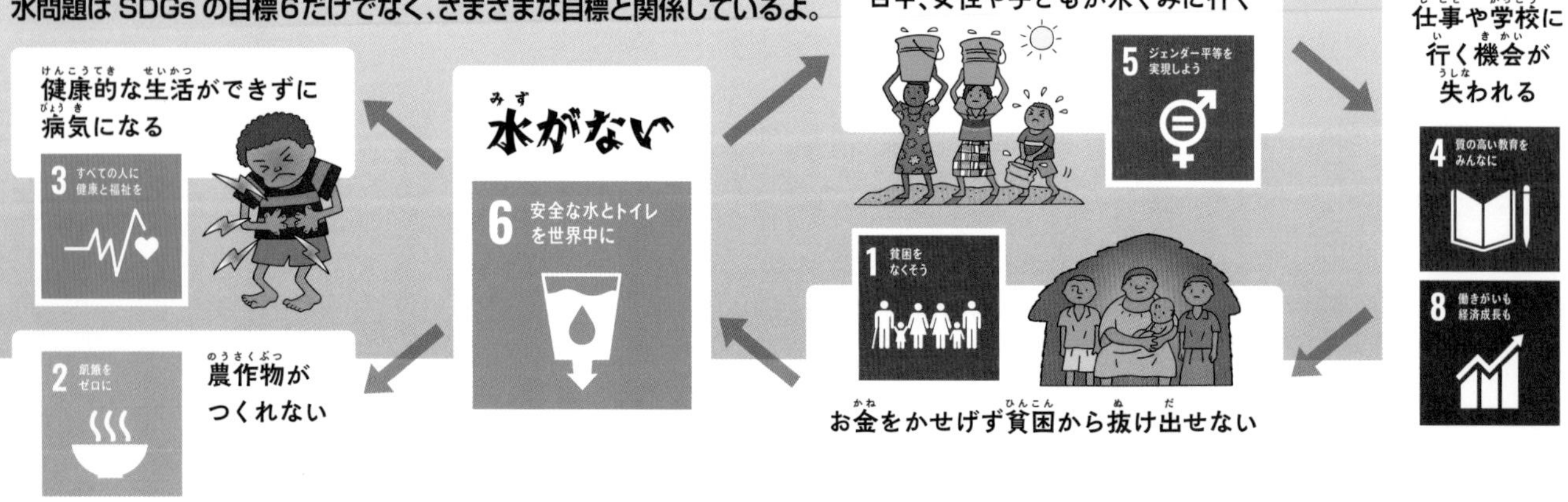
日中《にっちゅう》、女性《じょせい》や子《こ》どもが水《みず》くみに行《い》く

とができるけれど、貧《まず》しい地域《ちいき》や紛争《ふんそう》の多《おお》い地域《ちいき》では、生《い》きるために必要《ひつよう》な水《みず》すら入手《にゅうしゅ》が困難《こんなん》だ。世界《せかい》では今《いま》、約《やく》22億人《おくにん》が「安全《あんぜん》に管理《かんり》された水《みず》（自宅《じたく》で必要《ひつよう》なときに入手《にゅうしゅ》でき、汚染《おせん》されていない飲《の》み水《みず》）」が得《え》られない状況《じょうきょう》にあるという。

一方《いっぽう》、急激《きゅうげき》な人口増加《じんこうぞうか》や産業開発《さんぎょうかいはつ》などにより、水《みず》をくみ上《あ》げすぎて枯渇《こかつ》したり、汚染水《おせんすい》を排出《はいしゅつ》したりして、安全《あんぜん》な水《みず》が得《え》られなくなることもある。国連《こくれん》の推計《すいけい》によると、世界《せかい》の人口《じんこう》は現在《げんざい》の80億超《おくちょう》から、2058年《ねん》ごろには100億《おく》まで増《ふ》えるという。その結果《けっか》、今後《こんご》、水《みず》の需要《じゅよう》は確実《かくじつ》に増《ふ》えるので、水不足《みずぶそく》はさらに深刻《しんこく》になるだろう。

さらに、地球温暖化《ちきゅうおんだんか》も水環境《みずかんきょう》に大《おお》きな影響《えいきょう》を与《あた》えている。例《たと》えば雨《あめ》が少《すく》ない地域《ちいき》はより少《すく》なく、雨《あめ》の多《おお》い地域《ちいき》はより多《おお》くなっている傾向《けいこう》にあり、これらは世界《せかい》の食料生産《しょくりょうせいさん》にも大《おお》きな打撃《だげき》を与《あた》えるといわれている。

干《かん》ばつが続《つづ》く！

2022年夏《ねんなつ》、アメリカのカリフォルニア州《しゅう》などで深刻《しんこく》な干《かん》ばつが起《お》き、広《ひろ》い地域《ちいき》で農作物《のうさくぶつ》に被害《ひがい》が出《で》た。またフランス、スペイン、ドイツ、オランダなどでは熱波《ねっぱ》や少雨《しょうう》が続《つづ》き、欧州委員会《おうしゅういいんかい》は、「過去《かこ》500年《ねん》で最悪《さいあく》の干《かん》ばつに直面《ちょくめん》している」と指摘《してき》した。

▲2022年《ねん》8月《がつ》、ドイツ東部《とうぶ》で干《かん》ばつによって枯《か》れてしまったトウモロコシ　AFP/アフロ

「AQUASTAT」の［Total renewable water resources(actual)］をもとに算出

ポイント❷

降水量《こうすいりょう》がもともと少《すく》ない国《くに》

中東《ちゅうとう》やアフリカの多《おお》くの国《くに》はもともと降水量《こうすいりょう》が極端《きょくたん》に少《すく》ないうえ、今後《こんご》、アフリカは人口増加《じんこうぞうか》によって水不足《みずぶそく》がさらに深刻《しんこく》になると予想《よそう》されている。

水害《すいがい》が多発《たはつ》！

近年《きんねん》、日本《にほん》や世界《せかい》の国々《くにぐに》で巨大台風《きょだいたいふう》や局地的《きょくちてき》な大雨《おおあめ》による水害《すいがい》が増《ふ》えている。2022年《ねん》だけでも南《みなみ》アフリカの豪雨《ごうう》、フィリピンの巨大台風《きょだいたいふう》、ブラジルやオーストラリアの洪水《こうずい》、パキスタンの大雨《おおあめ》など数々《かずかず》の水害《すいがい》が発生《はっせい》した。

▶2022年《ねん》8月《がつ》、豪雨《ごうう》によって冠水《かんすい》した新潟県村上市《にいがたけんむらかみし》の坂町駅付近《さかまちえきふきん》

水《みず》をめぐって争《あらそ》いが起《お》きる！

▲エチオピアは2022年《ねん》から、巨大《きょだい》ダムでの発電《はつでん》を開始《かいし》した　AFP/アフロ

国《くに》をまたいで流《なが》れる川《かわ》の上流《じょうりゅう》で水《みず》を使《つか》いすぎると、下流《かりゅう》では十分《じゅうぶん》な水《みず》を使《つか》えず、水《みず》を奪《うば》い合《あ》って国同士《くにどうし》の争《あらそ》いになることも多《おお》い。世界第《せかいだい》1位《い》の長《なが》さのナイル川《がわ》でも、上流《じょうりゅう》と下流《かりゅう》の国《くに》で争《あらそ》いが絶《た》えない。特《とく》に近年《きんねん》は、上流《じょうりゅう》にあるエチオピアがナイル川《がわ》上流《じょうりゅう》に巨大《きょだい》なダムをつくって貯水《ちょすい》し、水不足《みずぶそく》を懸念《けねん》する下流《かりゅう》のエジプトなどが反発《はんぱつ》している。

メモ　1929年《ねん》、エジプトはイギリスと協定《きょうてい》を結《むす》び、綿花栽培《めんかさいばい》に必要《ひつよう》な水資源確保《みずしげんかくほ》のため、ナイル川上流《がわじょうりゅう》の国《くに》はエジプトの許可《きょか》なく水《みず》を使《つか》うことを事実上禁《じじつじょうきん》じた。

汚染水《おせんすい》が流出《りゅうしゅつ》！

繊維産業《せんいさんぎょう》が盛《さか》んな中国《ちゅうごく》やインドなどの工場《こうじょう》では、汚染《おせん》された水《みず》や人体《じんたい》に影響《えいきょう》を与《あた》える物質《ぶっしつ》を含《ふく》んだ水《みず》を川《かわ》に流《なが》したり土《つち》に染《し》み込《こ》ませたりして、農地《のうち》や生活用水《せいかつようすい》が使《つか》えなくなる問題《もんだい》が起《お》きている。

▲中国《ちゅうごく》・河南省《ホーナンしょう》の染料工場《せんりょうこうじょう》から、真《ま》っ赤《か》な汚染水《おせんすい》が川《かわ》に流出《りゅうしゅつ》した様子《ようす》　ロイター/アフロ

「先生《せんせい》教《おし》えて！」

地球《ちきゅう》の水《みず》を守《まも》るために私《わたし》たちができることは？

企業《きぎょう》も水問題《みずもんだい》に取《と》り組《く》んでいる

水不足《みずぶそく》ってボクたちには関係《かんけい》ないと思《おも》っていたけど、実《じつ》は身《み》の回《まわ》りのものって、水《みず》がないとつくることができないんだね。

それは大事《だいじ》な気《き》づきだね。ものをつくる企業《きぎょう》で、水《みず》を一番《いちばん》たくさん使《つか》うのは食品《しょくひん》産業《さんぎょう》、次《つぎ》に多《おお》いのがアパレル産業《さんぎょう》といわれているんだ。

食《た》べ物《もの》に洋服《ようふく》かぁ。これから水不足《みずぶそく》がもっと進《すす》んでいったら、ボクたちの暮《く》らしはどうなっちゃうんだろう？

いま世界《せかい》の企業《きぎょう》では、水《みず》の使用量《しようりょう》を削減《さくげん》したり、なるべく汚染水《おせんすい》を出《だ》さないようにしたりと、いろんな取《と》り組《く》みを進《すす》めているんだ。日本《にほん》の企業《きぎょう》はヨーロッパやアメリカに比《くら》べるとまだまだだけど、その意識《いしき》は少《すこ》しずつ広《ひろ》がってきているよ。

そういえば、外国《がいこく》から来《き》た人《ひと》は日本《にほん》のトイレがキレイなことにびっくりするって聞《き》いたけど本当《ほんとう》？

日本《にほん》の水道普及率《すいどうふきゅうりつ》は1960年代《ねんだい》には40%程度《ていど》だったけれど、今《いま》では98%だ。その間《かん》に、上水道《じょうすいどう》の技術《ぎじゅつ》も、下水道《げすいどう》の技術《ぎじゅつ》も世界《せかい》でトップレベルになった。でもそれ以前《いぜん》は、日本《にほん》でも女性《じょせい》が水《みず》くみの仕事《しごと》をしたり、汚《よご》れた水《みず》が原因《げんいん》で伝染病《でんせんびょう》にかかったりする人《ひと》も多《おお》かったんだ。

水《みず》と健康《けんこう》ってすごく関係《かんけい》が深《ふか》いんだね。

その経験《けいけん》や技術《ぎじゅつ》を生《い》かして、日本《にほん》は開発途上国《かいはつとじょうこく》で井戸《いど》を掘《ほ》ったり、水道《すいどう》をつくったりする支援《しえん》をたくさん行《おこな》っているよ。

どんどん広《ひろ》がってほしいね！

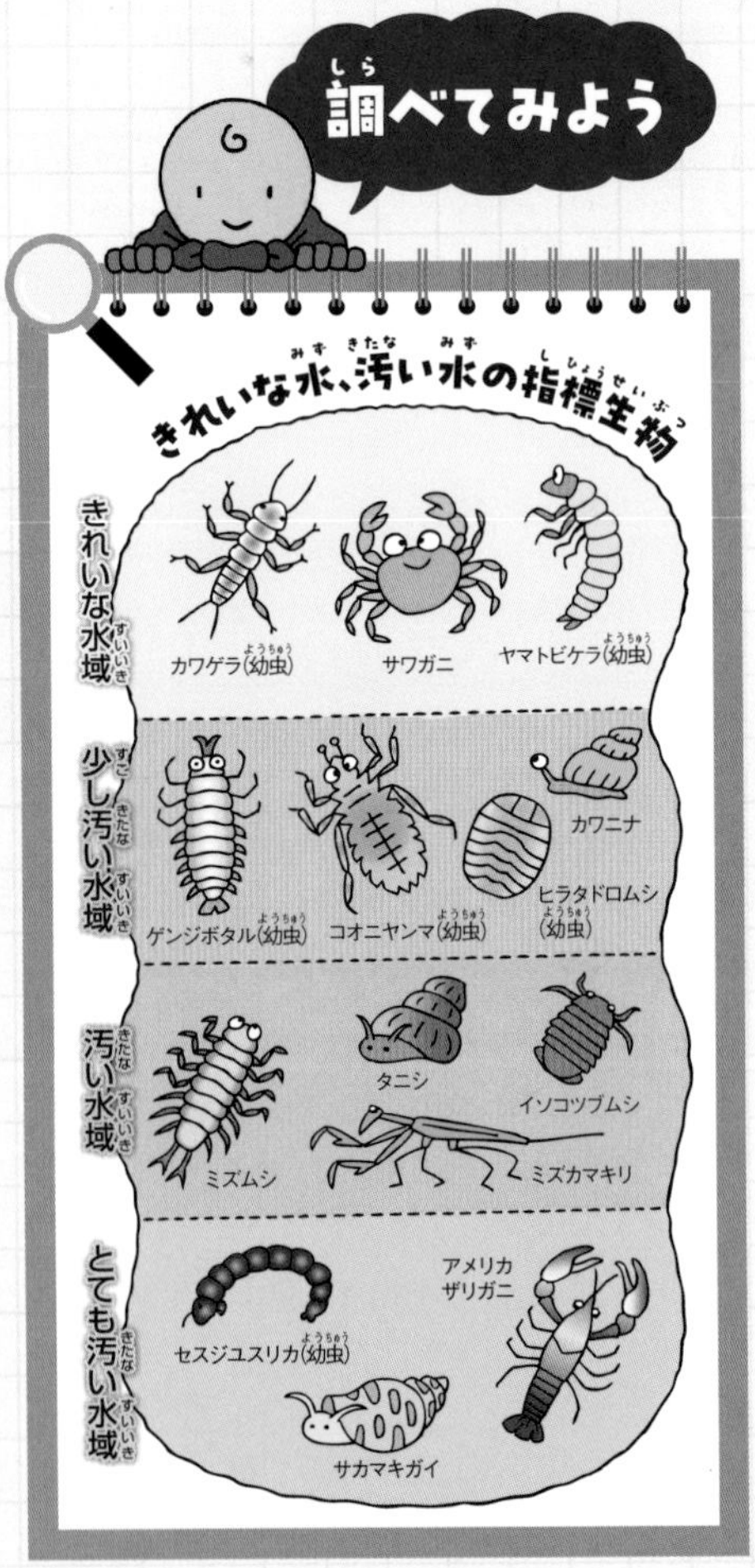

身近《みぢか》な水辺《みずべ》を楽《たの》しもう

ところで、コビンや読者《どくしゃ》のみんなにぜひやってみてほしいことがあるんだ。それは、自分《じぶん》が普段使《ふだんつか》っている水《みず》がどこから流《なが》れてきて、どこに流《なが》れていくのか、実際《じっさい》にその場所《ばしょ》に行《い》ってみること。

探検《たんけん》みたいで楽《たの》しそう！ でもボクの家《いえ》の水《みず》はどこから来《き》てるんだろう？

インターネットで調《しら》べてもいいし、水道局《すいどうきょく》の人《ひと》に聞《き》けば教《おし》えてくれるよ。川《かわ》から来《き》ていることが多《おお》いけど、地下水《ちかすい》を使《つか》っている地域《ちいき》もある。

どんなところか、想像《そうぞう》もつかないよ。

実際《じっさい》に水辺《みずべ》に行《い》ってみると、いろんな植物《しょくぶつ》や魚《さかな》、昆虫《こんちゅう》が見《み》られておもしろいよ。そこに生息《せいそく》している生《い》き物《もの》で、水《みず》の汚《よご》れもわかったりするんだ(上《うえ》の表《ひょう》も見《み》てね)。

植物《しょくぶつ》や生《い》き物《もの》の写真《しゃしん》を撮《と》って、あとで図鑑《ずかん》で調《しら》べてみようかな。

そうそう。そんなふうにまずは身近《みぢか》な水辺《みずべ》を楽《たの》しんでみてね。最近《さいきん》では、水辺《みずべ》で過《す》ごすと気持《きも》ちがリフレッシュしたり、より活発《かっぱつ》になったりして、心身《しんしん》にいい効果《こうか》があるという研究《けんきゅう》もあるんだよ。

確《たし》かに水《みず》の近《ちか》くって空気《くうき》がキレイで気持《きも》ちいいよね。

水辺《みずべ》は危険《きけん》も多《おお》いから、おうちの人《ひと》など一緒《いっしょ》に、安全《あんぜん》には十分《じゅうぶん》気《き》をつけてね。

水《みず》の2R《ツーアール》を心《こころ》がけよう

毎日《まいにち》の生活《せいかつ》のなかで、水《みず》の2R《ツーアール》(Reduce《リデュース》＝使《つか》う量《りょう》を減《へ》らす／Reuse《リユース》＝繰《く》り返《かえ》し使《つか》う)を心《こころ》がけよう。下《した》の方法《ほうほう》以外《いがい》でも自分《じぶん》でいろいろ工夫《くふう》してみてね！

☑ 無洗米《むせんまい》にする

とがなくてよい無洗米《むせんまい》にする方法《ほうほう》も

☑ うどんやパスタのゆで汁《じる》は食器《しょっき》洗《あら》いに最適《さいてき》

うどんやパスタのゆで汁《じる》に含《ふく》まれるグルテンやでんぷんは、汚《よご》れを吸着《きゅうちゃく》する働《はたら》きがある

☑ 油《あぶら》は再利用《さいりよう》、廃油《はいゆ》回収《かいしゅう》へ

地域《ちいき》で廃油《はいゆ》回収《かいしゅう》をしている場合《ばあい》はそこへ出《だ》す

揚《あ》げ物《もの》で残《のこ》った油《あぶら》は、炒《いた》め物《もの》などに再利用《さいりよう》する

☑ 食《た》べ物《もの》や飲《の》み物《もの》を残《のこ》さない

食《た》べきれるだけ、飲《の》みきれるだけ準備《じゅんび》しよう

☑ お皿《さら》についた汚《よご》れはふき取《と》る

洗剤《せんざい》の使用量《しようりょう》を減《へ》らすため、汚《よご》れは不要《ふよう》な布《ぬの》や紙《かみ》でふき取《と》る

☑ 水《みず》を出《だ》しっぱなしにしない

歯《は》みがきのときはコップに水《みず》をためておく

汚《よご》れた水《みず》を流《なが》したら？

台所《だいどころ》から出《で》た排水《はいすい》を、魚《さかな》がすめる水《みず》に戻《もど》すにはどのぐらいの水《みず》が必要《ひつよう》かな？

天《てん》ぷら油《あぶら》(500cc)	99000 リットル
牛乳《ぎゅうにゅう》(200cc)	3000 リットル
みそ汁《しる》(200cc)	1410 リットル
米《こめ》のとぎ汁《じる》(2 リットル)	1200 リットル
ラーメンの残《のこ》り汁《じる》(200cc)	990 リットル

☑ 雨水《あまみず》をためて植物《しょくぶつ》を育《そだ》てる

雨水《あまみず》をタンクやバケツにためておくと、災害発生時《さいがいはっせいじ》に断水《だんすい》した場合《ばあい》にも使《つか》える

☑ 節水型《せっすいがた》のシャワーヘッドに変《か》える

シャワーの使用《しよう》感《かん》は変《か》わらず、節水《せっすい》ができるシャワーヘッドもある

☑ 風呂《ふろ》の残《のこ》り湯《ゆ》を洗濯《せんたく》などに使《つか》う

水道水《すいどうすい》に比《くら》べて水温《すいおん》が高《たか》いので洗浄力《せんじょうりょく》もアップする

☑ モノを大切《たいせつ》にする

モノを大切《たいせつ》にすることが水《みず》を大《たい》切《せつ》にすることにつながる

身近《みぢか》なことから水《みず》について考《かんが》えてみよう！

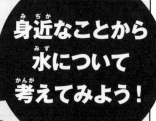

最新《さいしん》 理科《りか》ニュース

近年《きんねん》の中学入試《ちゅうがくにゅうし》では、理科《りか》でも時事問題《じじもんだい》が多《おお》く出題《しゅつだい》されています。

また、教科横断型《きょうかおうだんかた》の知識《ちしき》を問《と》う問題《もんだい》も多《おお》くなっています。

たとえば、2023年《ねん》の世界的《せかいてき》な「暑《あつ》すぎる夏《なつ》」を考《かんが》えてみると、

「地球温暖化《ちきゅうおんだんか》」や「偏西風《へんせいふう》」といった理科《りか》の知識《ちしき》に加《くわ》えて「世界気象機関《せかいきしょうきかん》(WMO《ダブリューエムオー》)」の役割《やくわり》や、
農業《のうぎょう》や水産業《すいさんぎょう》への影響《えいきょう》なども知《し》っておきたいところです。

サイエンスニュースをきっかけに、いろいろな知識《ちしき》を身《み》につけましょう！

国内《こくない》の都市部《としぶ》ではヒートアイランド現象《げんしょう》などにより、さらに厳《きび》しい暑《あつ》さとなった（福岡市博多区《ふくおかしはかたく》、8月1日《がつついたち》）

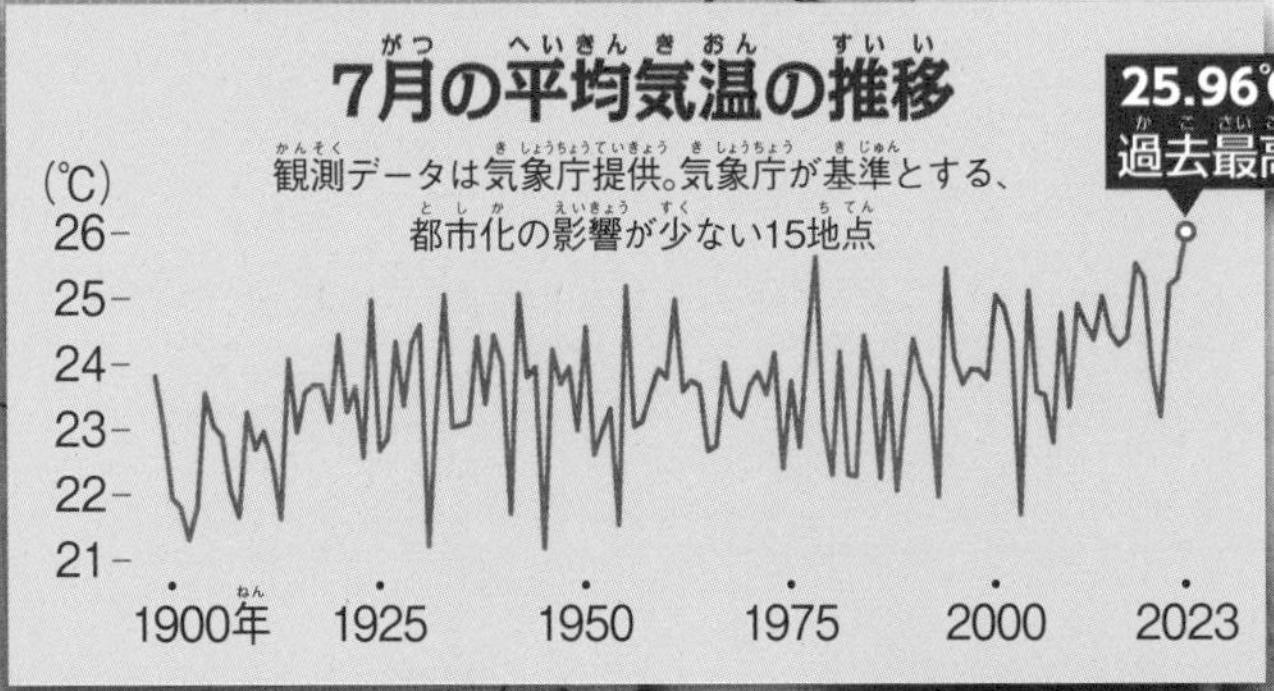

すぎる夏

2023年《ねん》の夏《なつ》の猛暑《もうしょ》は日本《にほん》だけではない。7、8月《がつ》の世界《せかい》の平均気温《へいきんきおん》は観測史上最《かんそくしじょうもっと》も高《たか》くなり、国連事務総長《こくれんじむそうちょう》は「地球沸騰《ちきゅうふっとう》の時代《じだい》が来《き》た」と述《の》べた。なぜ地球《ちきゅう》はここまで暑《あつ》くなっているのだろう？

解説《かいせつ》／小宮山亮磨《こみやまりょうま》（朝日新聞《あさひしんぶん》デジタル企画報道部《きかくほうどうぶ》）

観測史上《かんそくしじょう》 最《もっと》も暑《あつ》い夏《なつ》に

2023年《ねん》の夏《なつ》は本当《ほんとう》に暑《あつ》い日《ひ》が続《つづ》いた。特《とく》に7、8月《がつ》は、気象庁《きしょうちょう》の観測《かんそく》データがある過去《かこ》125年《ねん》の同《おな》じ月《つき》と比《くら》べて、平均気温《へいきんきおん》が最《もっと》も高《たか》かった。

全国各地《ぜんこくかくち》にある15カ所《しょ》の観測所《かんそくじょ》のデータを朝日新聞《あさひしんぶん》が調《しら》べると、23年《ねん》7月《がつ》1～31日《にち》の平均気温《へいきんきおん》は25・96℃だった。暑《あつ》さは↘中旬《ちゅうじゅん》から厳《きび》しくなり、月末《げつまつ》ごろには過去《かこ》に例《れい》のない暑《あつ》さの日《ひ》が続《つづ》いた。熱中症《ねっちゅうしょう》のために救急車《きゅうきゅうしゃ》で運《はこ》ばれた人《ひと》は、全国《ぜんこく》で3万《まん》3千人以上《ぜんにんいじょう》もいた。

また、同《どう》データの8月《がつ》1～31日《にち》の平均気温《へいきんきおん》は27・48℃で、これまで最《もっと》も暑《あつ》かった2010年《ねん》の27・07℃を大《おお》きく上回《うわまわ》った。この猛暑《もうしょ》は9月《がつ》も続《つづ》いた。

原因《げんいん》の一《ひと》つは、日本《にほん》が高《こう》気圧《きあつ》に覆《おお》われて、よく晴《は》れる日《ひ》が続《つづ》いたこと。上空《じょうくう》を西《にし》から東《ひがし》へと吹《ふ》く「偏西風《へんせいふう》」が、大《おお》きく曲《ま》がって進《すす》んだことも影響《えいきょう》した。偏西風《へんせいふう》は、南《みなみ》の暖《あたた》かい空気《くうき》と北《きた》の冷《つめ》たい空気《き》の間《あいだ》を横切《よこぎ》って吹《ふ》いている。今年《ことし》は北側《きたがわ》に曲《ま》がって吹《ふ》いたため、日本付近《にほんふきん》が南《みなみ》からの暖《あたた》かい空気《くうき》に包《つつ》まれた。

「地球温暖化《ちきゅうおんだんか》」も大《おお》きな理由《りゆう》だ。年《とし》によって暑《あつ》い夏《なつ》もあれば涼《すず》しい夏《なつ》もあるが、平均《へいきん》すると気温《きおん》がだん↘だんと上《あ》がってきている。このため、かってはめったになかったほど厳《きび》しい暑《あつ》さの夏《なつ》が、最近《さいきん》では珍《めずら》しくなくなってきた。

国内《こくない》15カ所《しょ》の観測所《かんそくじょ》で調《しら》べた7月《がつ》の平均気温《へいきんきおん》は、過去《かこ》125年《ねん》で1・5℃ほど上《あ》がっている。さらに東京《とうきょう》、名古屋《なごや》、大阪《おおさか》、福岡《ふくおか》の4都市《とし》に限《かぎ》れば、2・3℃ほど上《あ》がった。都会《とかい》では地面《じめん》がアスファルトに覆《おお》われていて熱《ねつ》がこもりやすく、自動車《じどうしゃ》やエアコンの室外機《しつがいき》などの排熱《はいねつ》もあって気温《きおん》が上《あ》がる「ヒートアイランド現象《げんしょう》」があるためだ。

2023年《ねん》の夏《なつ》、異常《いじょう》な暑《あつ》さに苦《くる》しんだのは日本《にほん》だけではない。

イタリアでは7月《がつ》、最高《さいこう》気温《きおん》が40℃を超《こ》える日《ひ》が続《つづ》いた。イタリア政府《せいふ》が警報《けいほう》を出《だ》して、直射日光《ちょくしゃにっこう》を避《さ》けるよう市民《しみん》に呼《よ》びかけた。中国《ちゅうごく》の新疆《しんきょう》ウイグル自治区《じちく》では7月《がつ》16日《にち》、最高気温《さいこうきおん》が52・2℃に達《たっ》して、中国国内《ちゅうごくこくない》の過去《かこ》

キーワード

偏西風《へんせいふう》

地球《ちきゅう》の周《まわ》りの上空《じょうくう》を西《にし》から東《ひがし》へ向《む》かって吹《ふ》いている風《かぜ》。地球《ちきゅう》は高緯度《こういど》の北極《ほっきょく》・南極《なんきょく》に近《ちか》づくほど寒《さむ》く、赤道付近《せきどうふきん》に近《ちか》づくほど暖《あたた》かい。その「温度差《おんどさ》」と「地球《ちきゅう》の自転《じてん》」によって吹《ふ》く。北極《ほっきょく》の温暖化《おんだんか》などさまざまな要因《よういん》で偏西風《へんせいふう》が大《おお》きく曲《ま》がることを「偏西風《へんせいふう》の蛇行《だこう》」という。

地球温暖化《ちきゅうおんだんか》

二酸化炭素《にさんかたんそ》などの温室効果《おんしつこうか》ガスは、地球《ちきゅう》から宇宙《うちゅう》へ逃《に》げようとする熱《ねつ》を吸収《きゅうしゅう》する。このため、大気中《たいきちゅう》の濃度《のうど》が上《あ》がると、まるで布団《ふとん》をかぶせたように気温《きおん》が上《あ》がってしまう。これが地球温暖化《ちきゅうおんだんか》だ。18世紀《せいき》に起《お》きた「産業革命《さんぎょうかくめい》」の後《あと》に温室効果《おんしつこうか》ガスの排出量《はいしゅつりょう》が増《ふ》えて、気候《きこう》に影響《えいきょう》を与《あた》えるほどになった。

（※2023年《ねん》10月号《がつごう》より）

イタリアでも40℃を超《こ》える記録的《きろくてき》な暑《あつ》さが続《つづ》いた。ローマのスペイン広場《ひろば》の噴水《ふんすい》で涼《すず》む女性《じょせい》(7月《がつ》17日《にち》)
写真　ロイター/アフロ

地中海周辺《ちちゅうかいしゅうへん》では山火事《やまかじ》が拡大《かくだい》し、高温《こうおん》と強風《きょうふう》で2週間近《しゅうかんちか》く燃《も》え続《つづ》けた。写真《しゃしん》はギリシャ中部《ちゅうぶ》のボロス市《し》(7月《がつ》26日《にち》)
写真　ロイター/アフロ

偏西風《へんせいふう》が蛇行《だこう》する要因《よういん》の一《ひと》つに、北極《ほっきょく》の温暖化《おんだんか》があるという。北極圏《ほっきょくけん》では温暖化《おんだんか》が急速《きゅうそく》に進《すす》み、早《はや》ければ2030年代《ねんだい》に夏《なつ》の北極海《ほっきょくかい》の氷《こおり》が解《と》けてなくなるという予測《よそく》もある。写真《しゃしん》はグリーンランド

地球《ちきゅう》が沸騰《ふっとう》!?暑《あつ》

最高を更新した。米国《べいこく》でも7月下旬、フロリダ沖の海水温度《ど》が38℃以上《いじょう》と「お風呂《ふろ》並《な》み」の熱さになり、海の生き物《もの》への影響《えいきょう》が心配《しんぱい》された。

「気温上昇《きおんじょうしょう》1・5℃まで」の約束《やくそく》を守《まも》れるか

世界気象機関《せかいきしょうき かん》(WMO《ダブリューエムオー》)などは7月末《がつすえ》、この月《つき》の世界《せかい》の平均気温《へいきんきおん》は観測《かんそく》史上《しじょう》で最《もっと》も高《たか》くなる見込《みこ》みだと発表《はっぴょう》した。国際研究《こくさいけんきゅう》グループ「ワールド・ウェザー・アトリビューション」は、欧州南部《おうしゅうなんぶ》や米国《べいこく》の猛烈《もうれつ》な暑《あつ》さについて、「地球温暖化《ちきゅうおんだんか》がなければ起《お》こりえない現象《げんしょう》だった」という結論《けつろん》を出《だ》した。国連《こくれん》のグテーレス事務総長《じむそうちょう》は「地球温暖化《ちきゅうおんだんか》の時代《じだい》は終《お》わり、『地球沸騰《ちきゅうふっとう》』の時代《じだい》が来《き》た」と語《かた》り、対策《たいさく》に力《ちから》を入《い》れるよう、世界《せかい》各国《かっこく》に促《うなが》した。

世界各国《せかいかっこく》は1992年《ねん》、発電所《はつでんしょ》で石炭《せきたん》や石油《せきゆ》を燃《も》やしたときなどに出《で》る温室効果《おんしつこうか》ガスについて、「大気中《たいきちゅう》の濃度《のうど》を安定化《あんていか》させる」という気候変動枠組《きこうへんどうわくぐ》み条約《じょうやく》を採択《さいたく》した。地球温暖化《ちきゅうおんだんか》を止《と》めるためだ。だが30年以上《ねんいじょう》たった今《いま》も、ガスの排出量《はいしゅつりょう》は増《ふ》え続《つづ》けている。

世界《せかい》は、産業革命前《さんぎょうかくめいまえ》からの気温上昇《きおんじょうしょう》を1・5℃に抑《おさ》えることを目標《もくひょう》にしている。「国連気候変動《こくれんきこうへんどう》に関《かん》する政府間《せいふかん》パネル(IPCC《アイピーシーシー》)」は3月《がつ》、そのためには排出《はいしゅつ》を2035年《ねん》までに60%減《へ》らす必要《ひつよう》があり、実現可能《じつげんかのう》で効果的《こうかてき》な対策《たいさく》は「すでに利用可能《りようかのう》だ」と報告《ほうこく》した。

だが、サウジアラビアなど石油《せきゆ》を生産《せいさん》する国《くに》や、経済成長《けいざいせいちょう》が進《すす》んで電力《でんりょく》をますます使《つか》うようになっているインドや中国《ちゅうごく》などの新興国《しんこうこく》もある。石炭《せきたん》や石油《せきゆ》を使《つか》わないようにする対策《たいさく》に、たくさんの国《くに》から賛成《さんせい》してもらうのは簡単《かんたん》ではない。日本《にほん》でも石炭《せきたん》を燃《も》やす発電所《はつでんしょ》を新《あたら》しく造《つく》る計画《けいかく》があり、温暖化《おんだんか》対策《たいさく》と矛盾《むじゅん》していると批判《ひはん》されている。

今夏《こんか》は日本付近《にほんふきん》で偏西風《へんせいふう》が北《きた》に蛇行《だこう》し、暖《あたた》かい空気《くうき》に覆《おお》われやすかった。日本《にほん》で偏西風《へんせいふう》が北《きた》に蛇行《だこう》するときは欧州《おうしゅう》でも偏西風《へんせいふう》が北《きた》に蛇行《だこう》することがあり、同《おな》じく熱波《ねっぱ》に見舞《みま》われた可能性《かのうせい》がある

写真・図版　朝日新聞社

士になるには？

宇宙航空研究開発機構《うちゅうこうくうけんきゅうかいはつきこう》（JAXA《ジャクサ》）の新《あら》たな宇宙飛行《うちゅうひこう》士候補《しこうほ》が14年《ねん》ぶりに誕生《たんじょう》した。どんな人《ひと》が選《えら》ばれたのだろう？　解説《かいせつ》／玉木祥子《たまきしょうこ》（朝日新聞科学《あさひしんぶんかがく》みらい部《ぶ》）

JAXA《ジャクサ》 宇宙飛行士《うちゅうひこうし》候補《こうほ》が誕生《たんじょう》

JAXA《ジャクサ》の新《あら》たな宇宙飛《うちゅうひ》行士候補《こうしこうほ》に選《えら》ばれたのは、46歳《さい》の諏訪理《すわまこと》さんと28歳《さい》の米田《よねだ》あゆさん。近《ちか》い将来《しょうらい》、日本人《にほんじん》で初《はじ》めて月《つき》に降《お》り立《た》つかもしれない。2人《ふたり》はどのように選《えら》ばれたのか。

JAXA《ジャクサ》が新《あら》たな宇宙《うちゅう》飛行士候補《ひこうしこうほ》の募集《ぼしゅう》を始《はじ》めたのは2021年《ねん》12月《がつ》。

協調性《きょうちょうせい》やリーダーシップ、極限状態《きょくげんじょうたい》でも的確《てきかく》な判断《はんだん》ができる能力《のうりょく》に加《くわ》え、「経験《けいけん》を広《ひろ》く共有《きょうゆう》できる表現力《ひょうげんりょく》や発信力《はっしんりょく》」を求《もと》めた。

大《おお》きく変《か》わったのは応募《おうぼ》資格《しかく》だ。これまでは自然科《しぜんか》学系《がくけい》の大学《だいがく》を卒業《そつぎょう》し、3年《ねん》以上《いじょう》の理系分野《りけいぶんや》での実務経《じつむけい》験《けん》が条件《じょうけん》だった。そのため、研究者《けんきゅうしゃ》や医師《いし》、エンジニアなどを経《へ》て宇《う》宙飛行士《ちゅうひこうし》になるケースが多《おお》かった。

だが、今回《こんかい》は学歴《がくれき》は不《ふ》問《もん》になり、理《り》系学部《けいがくぶ》の大《だい》学《がく》を卒業《そつぎょう》していない人《ひと》も応募《おうぼ》が可《か》能《のう》になった。実務経験《じつむけいけん》の内容《ないよう》も問《と》わないとした。

倍率《ばいりつ》2千倍超《せんばいちょう》

応募《おうぼ》は過去最多《かこさいた》となる4127人《にん》で、前回応募《ぜんかいおうぼ》があった963人《にん》の約《やく》4・3倍《ばい》だった。

まず、志望動機《しぼうどうき》や自己《じこ》アピールを記入《きにゅう》したエントリーシートや健康診断書《けんこうしんだんしょ》から、応募条件《おうぼじょうけん》を満《み》たしているかなどを判断《はんだん》。次《つぎ》に英語《えいご》や大学《だいがく》レベルの一般教養《いっぱんきょうよう》、小論文《しょうろんぶん》のテストがある。

英語《えいご》での面接《めんせつ》や体力測定《たいりょくそくてい》を経《へ》て、最後《さいご》の段階《だんかい》に進《すす》んだのは男性《だんせい》8人《にん》、女性《じょせい》2人《ふたり》の計《けい》10人《にん》だった。

JAXA《ジャクサ》相模原《さがみはら》キャンパス（神奈川県相模原市《かながわけんさがみはらし》）の月《げつ》面《めん》を模《も》した施設《しせつ》で、チームに分《わ》かれて自作《じさく》した探査車《たんさしゃ》を操作《そうさ》。また、模擬《もぎ》の月面《げつめん》を歩《ある》いた体験《たいけん》を英語《えいご》で伝《つた》えるプレゼンテーションもあった。

約《やく》1年《ねん》にわたる選考《せんこう》の末《すえ》、2千倍超《せんばいちょう》の高倍率《こうばいりつ》をくぐり抜《ぬ》けたのが、諏訪《すわ》さんと米《よね》田《だ》さんだ。

JAXA《ジャクサ》相模原《さがみはら》キャンパスの月面《げつめん》を模《も》した施設《しせつ》。最終試《さいしゅうし》験《けん》で使《つか》われた

宇宙飛行士《うちゅうひこうし》の活躍《かつやく》の例《れい》

ロボットアームの操作《そうさ》

アームで補給船《ほきゅうせん》を動《うご》かす

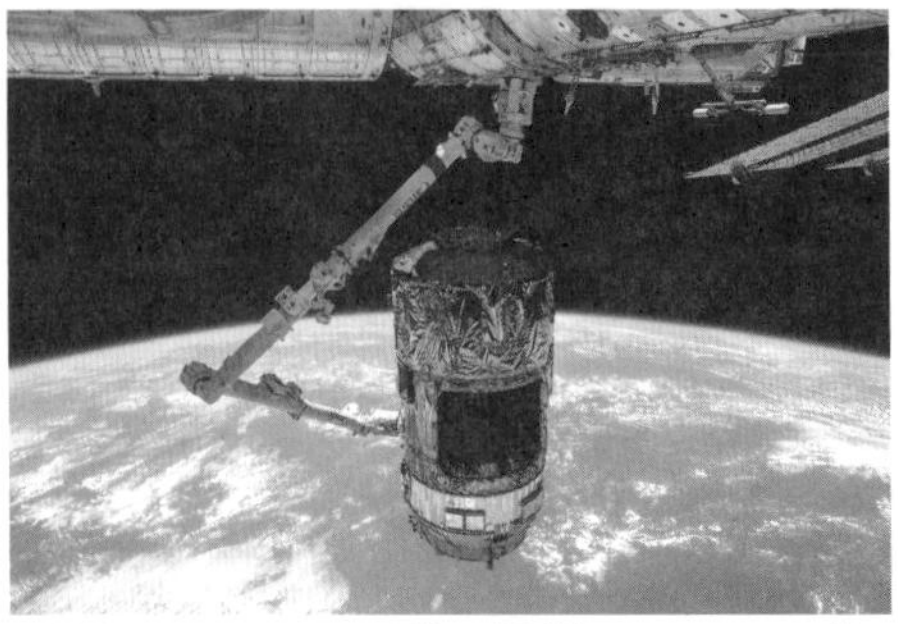
ISS《アイエスエス》のロボットアームで日本《にほん》の補給船《ほきゅうせん》「こうのとり」を移動《いどう》

ISS《アイエスエス》に長期滞在《ちょうきたいざい》

さまざまな実験《じっけん》を行《おこな》う

国際宇宙《こくさいうちゅう》ステーション（ISS《アイエスエス》）

船外活動《せんがいかつどう》

宇宙服《うちゅうふく》を着《き》て、船外《せんがい》で修理《しゅうり》・点検《てんけん》・実験《じっけん》をする

船外活動《せんがいかつどう》をする若田光一《わかたこういち》さん

メモ　JAXA《ジャクサ》の宇宙飛行士《うちゅうひこうし》が宇宙《うちゅう》に行《い》くのは、5～10年《ねん》に1回程度《かいていど》ですが、フライト中《ちゅう》の他《た》の飛行士《ひこうし》の支援《しえん》や実験計画《じっけんけいかく》の立案《りつあん》など、地上《ちじょう》でもさまざまな任務《にんむ》をこなしています。

（※2023年《ねん》5月号《がつごう》より）

日本人《にほんじん》の宇宙飛行士《うちゅうひこうし》

歴代《れきだい》の日本人宇宙飛行士《にほんじんうちゅうひこうし》の出身地《しゅっしんち》はどこ？
宇宙飛行士《うちゅうひこうし》になる前《まえ》は何《なに》をしていた？

秋山《あきやま》さん以外《いがい》、JAXA《ジャクサ》宇宙飛行士《うちゅうひこうし》。数字《すうじ》は飛行回数《ひこうかいすう》と初《はつ》フライトの年《とし》。

秋山豊寛《あきやまとよひろ》◆1回《かい》 1990年《ねん》
1942年《ねん》、東京都《とうきょうと》生《う》まれ。ジャーナリストとして日本人初《にほんじんはつ》の宇宙飛行士《うちゅうひこうし》に

毛利 衛《もうり まもる》◆2回《かい》 1992年《ねん》
1948年《ねん》、北海道《ほっかいどう》生《う》まれ。科学者《かがくしゃ》。日本人初《にほんじんはつ》のスペースシャトル搭乗《とうじょう》

向井千秋《むかいちあき》◆2回《かい》 1994年《ねん》
1952年《ねん》、群馬県《ぐんまけん》生《う》まれ。医師《いし》。アジア初《はつ》の女性宇宙飛行士《じょせいうちゅうひこうし》

★ISS船長《アイエスエスせんちょう》

若田光一《わかたこういち》◆5回《かい》 1996年《ねん》
1963年《ねん》、埼玉県《さいたまけん》生《う》まれ。前職《ぜんしょく》は日本航空《にほんこうくう》の技術者《ぎじゅつしゃ》。日本人初《にほんじんはつ》のISS船長《アイエスエスせんちょう》

土井隆雄《どいたかお》◆2回《かい》 1997年《ねん》
1954年《ねん》、東京都《とうきょうと》生《う》まれ。前職《ぜんしょく》はNASA《ナサ》の研究員《けんきゅういん》。日本人初《にほんじんはつ》の船外活動《せんがいかつどう》

野口聡一《のぐちそういち》◆3回《かい》 2005年《ねん》
1965年《ねん》、神奈川県《かながわけん》生《う》まれ。前職《ぜんしょく》は石川島播磨重工業《いしかわじまはりまじゅうこうぎょう》の技術者《ぎじゅつしゃ》

★ISS船長《アイエスエスせんちょう》

星出彰彦《ほしであきひこ》◆3回《かい》 2008年《ねん》
1968年《ねん》、東京都《とうきょうと》生《う》まれ。前職《ぜんしょく》はNASDA《ナスダ》（現《げん》JAXA《ジャクサ》）の技術者《ぎじゅつしゃ》。船外活動《せんがいかつどう》で日本人最長記録《にほんじんさいちょうきろく》

山崎直子《やまざきなおこ》◆1回《かい》 2010年《ねん》
1970年《ねん》、千葉県《ちばけん》生《う》まれ。前職《ぜんしょく》はNASDA《ナスダ》（現《げん》JAXA《ジャクサ》）の技術者《ぎじゅつしゃ》

古川 聡《ふるかわ さとし》◆1回《かい》 2011年《ねん》
1964年《ねん》、神奈川県《かながわけん》生《う》まれ。医師《いし》

油井亀美也《ゆいきみや》◆1回《かい》 2015年《ねん》
1970年《ねん》、長野県《ながのけん》生《う》まれ。前職《ぜんしょく》は航空自衛隊《こうくうじえいたい》のパイロット

大西卓哉《おおにしたくや》◆1回《かい》 2016年《ねん》
1975年《ねん》、東京都《とうきょうと》生《う》まれ。前職《ぜんしょく》は全日本空輸《ぜんにっぽんくうゆ》のパイロット

金井宣茂《かないのりしげ》◆1回《かい》 2017年《ねん》
1976年《ねん》、東京都《とうきょうと》生《う》まれ。医師《いし》

宇宙飛行士候補《うちゅうひこうしこうほ》に選《えら》ばれた米田《よねだ》あゆさん（左《ひだり》）と諏訪理《すわまこと》さん（アメリカに住《す》んでいるため、オンラインで会見《かいけん》に参加《さんか》）

キーワード

宇宙航空研究開発機構《うちゅうこうくうけんきゅうかいはつきこう》（JAXA《ジャクサ》）

国内《こくない》の宇宙航空分野《うちゅうこうくうぶんや》の基礎研究《きそけんきゅう》から利用《りよう》までを一貫《いっかん》して担《にな》う国立研究開発法人《こくりつけんきゅうかいはつほうじん》。人工衛星《じんこうえいせい》やロケットの開発《かいはつ》、惑星《わくせい》などの探査技術《たんさぎじゅつ》の研究《けんきゅう》、国際宇宙《こくさいうちゅう》ステーション（ISS《アイエスエス》）の日本実験棟《にほんじっけんとう》「きぼう」での実験《じっけん》などに取《と》り組《く》む。種子島宇宙《たねがしまうちゅう》センター（鹿児島県《かごしまけん》）や筑波宇宙《つくばうちゅう》センター（茨城県《いばらきけん》）などの研究開発施設《けんきゅうかいはつしせつ》を持《も》つ。

宇宙飛行《うちゅうひこう》

体力が必要

2人《ふたり》はどんな人物《じんぶつ》なのか。23年《ねん》2月《がつ》28日《にち》、JAXA《ジャクサ》が開《ひら》いた記者会見《きしゃかいけん》で、2人《ふたり》は自《みずか》らの経歴《けいれき》について話《はな》した。

諏訪《すわ》さんは、子《こ》ども時代《じだい》を茨城県《いばらきけん》つくば市《し》で過《す》ごした。JAXA《ジャクサ》の筑波宇宙《つくばうちゅう》センターによく行《い》き、宇宙《うちゅう》へのあこがれをふくらませたという。大学院《だいがくいん》では、南極《なんきょく》などの氷《こおり》に含《ふく》まれる成分《せいぶん》を調《しら》べて昔《むかし》の気候《きこう》を復元《ふくげん》する研究《けんきゅう》をした。2014年《ねん》から世界銀行《せかいぎんこう》の上級防災専門官《じょうきゅうぼうさいせんもんかん》として働《はたら》き、アフリカの防災《ぼうさい》や気候変動対策《きこうへんどうたいさく》を担当《たんとう》してきた。

前回《ぜんかい》の08年《ねん》の選考《せんこう》にも応募《おうぼ》したが不合格《ふごうかく》となり、今回《こんかい》が2度目《どめ》の挑戦《ちょうせん》だった。

米田《よねだ》さんは、子《こ》どものころに元《もと》JAXA《ジャクサ》宇宙飛行士《うちゅうひこうし》の向井千秋さんの伝記のマンガを読《よ》んで宇宙《うちゅう》に興味《きょうみ》をもったという。東京大学医学部《とうきょうだいがくいがくぶ》を卒業後《そつぎょうご》、東大病院《とうだいびょういん》に勤務《きんむ》。その後《ご》、日本赤十字社医療《にっぽんせきじゅうじしゃいりょう》センターに所属《しょぞく》し、外科医《げかい》として働《はたら》いてきたという。

宇宙飛行士《うちゅうひこうし》になるために必要《ひつよう》なこととして、2人《ふたり》は「運動《うんどう》」を挙《あ》げた。米田《よねだ》さんはテニス、ヨット、ゴルフなどを経験《けいけん》し、選考期間中《せんこうきかんちゅう》には自身初《じしんはつ》のトライアスロンに挑戦《ちょうせん》した。諏訪《すわ》さんはランニングが日課《にっか》だという。

2人《ふたり》はJAXA《ジャクサ》に入社後《にゅうしゃご》、約《やく》2年間《ねんかん》にわたって宇宙飛行士《うちゅうひこうし》として必要《ひつよう》な基本的《きほんてき》な知識《ちしき》や技能《ぎのう》を習得《しゅうとく》するための基礎訓練《きそくんれん》を受《う》けて、正式《せいしき》な宇宙飛行士《うちゅうひこうし》に認定《にんてい》される。

JAXA《ジャクサ》によると、諏訪《すわ》さんは歴代最年長《れきだいさいねんちょう》での合格《ごうかく》。

直子《なおこ》さんに続《つづ》く3人目《にんめ》の女性飛行士候補《じょせいひこうしこうほ》で、最年少《さいねんしょう》の日本人飛行士《にほんじんひこうし》になる可能性《かのうせい》がある。

JAXA《ジャクサ》は今後《こんご》、約《やく》5年《ねん》ごとに宇宙飛行士《うちゅうひこうし》を募集《ぼしゅう》することを検討中《けんとうちゅう》という。宇宙飛行士《うちゅうひこうし》になるチャンスはこれから増《ふ》えていきそうだ。

有人《ゆうじん》で月《つき》や火星《かせい》をめざす アルテミス計画《けいかく》

有人《ゆうじん》の月面探査《げつめんたんさ》と火星探査《かせいたんさ》をめざすアメリカ主導《しゅどう》の計画《けいかく》で、日本《にほん》のほかヨーロッパやカナダなどが参加《さんか》する。早《はや》くて2025年《ねん》に初《はつ》の女性《じょせい》と有色人種《ゆうしょくじんしゅ》の宇宙飛行士《うちゅうひこうし》が、アポロ計画以来《けいかくいらい》、半世紀《はんせいき》ぶりとなる月面着陸《げつめんちゃくりく》をする予定《よてい》。月《つき》の近《ちか》くに新《あら》たな宇宙《うちゅう》ステーション「ゲートウェー」をつくり、ここを拠点《きょてん》に30年代《ねんだい》にも火星探査《かせいたんさ》を始《はじ》める計画《けいかく》だ。

写真　朝日新聞社　JAXA/NASA/Robert Markowitz/SpaceX　TASS/アフロ

国産《こくさん》1号機《ごうき》が稼働《かどう》
量子《りょうし》コンピューターって何《なに》?

解説《かいせつ》/編集部《へんしゅうぶ》

スパコンで1万年《まんねん》かかる計算《けいさん》を数分《すうふん》で!?

3月《がつ》27日《にち》、理化学研究所《りかがくけんきゅうじょ》などが開発《かいはつ》を進《すす》める国産初《こくさんはつ》の量子《りょうし》コンピューターが始《し》動《どう》した。オンライン上《じょう》で公《こう》開《かい》され、共同研究者《きょうどうけんきゅうしゃ》たちが使《つか》えるようになったのだ。

量子《りょうし》コンピューターとは、ミクロの世界《せかい》で働《はたら》く物理法《ぶつりほう》則《そく》「量子力学《りょうしりきがく》」を使《つか》った計算《けいさん》機《き》だ。現在《げんざい》は、身近《みぢか》なスマホも世界一《せかいいち》の高性能《こうせいのう》を誇《ほこ》るスパコン(スーパーコンピューター)「富岳」も、あらゆる情《じょう》報《ほう》を「0」か「1」のどちらかで表現《ひょうげん》して処理《しょり》している。量子《りょうし》コンピューターは、「0」と「1」の両方《りょうほう》である「重《かさ》ね合《あ》わせ」という特別《とくべつ》な状態《じょうたい》を利用《りよう》できる。「0か1か」をしらみつぶしに計算《けいさん》していくのではなく、いくつもの計算《けいさん》を一瞬《いっしゅん》で終《お》わらせるイメージで、計算速度《けいさんそくど》をはるかにアップさせられる。

量子《りょうし》コンピューターにはいくつかの方式《ほうしき》があり、国産《こくさん》1号機《ごうき》では「超伝導方式《ちょうでんどうほうしき》」が使《つか》われている。心臓部《しんぞうぶ》の部品《ひん》「量子《りょうし》ビット」を絶対零度《ぜったいれいど》(マイナス273・15℃)に近《ちか》い極低温《きょくていおん》にする。2019年《ねん》には、同《おな》じ方式《ほうしき》のグーグルの量子《りょうし》コンピューターが、スパコンで1万年《まんねん》かかる計算《けいさん》を約《やく》200秒《びょう》で終《お》わらせたと発表《はっぴょう》して話題《わだい》になった。

ただし、始動《しどう》した国産《こくさん》1号機《ごうき》も現在海外《げんざいかいがい》で開《かい》発中《はっちゅう》のものも、量子《りょうし》コンピューターの赤《あか》ちゃんだ。本格的《ほんかくてき》な実《じつ》用化《ようか》には100万個《まんこ》が必要《ひつよう》とされる量子《りょうし》ビットが国産機《こくさんき》ではまだ64個《こ》、海外《かいがい》でも多《おお》くて数百個《すうひゃっこ》で、一人前《いちにんまえ》になるには数十年《すうじゅうねん》かかるとされる。

しかし、今後《こんご》さまざまな課題《かだい》を解決《かいけつ》し、高性能《こうせいのう》の量《りょう》子《し》コンピューターが実現《じつげん》すれば、世《よ》の中《なか》が大《おお》きく変《か》わる。原子《げんし》・分子《ぶんし》レベルの膨大《ぼうだい》な計算《けいさん》が必要《ひつよう》な新薬《しんやく》や新素《しんそ》材《ざい》の開発《かいはつ》、渋滞《じゅうたい》などの社会《しゃかい》課題《かだい》の解決《かいけつ》、世界中《せかいじゅう》の株式《かぶしき》市場《しじょう》のデータを分析《ぶんせき》する金《きん》融《ゆう》シミュレーションなどに活用《かつよう》できる。そのための準《じゅん》備《び》も始《はじ》まっている。世界中《せかいじゅう》でしのぎを削《けず》る研究《けんきゅう》に、日《に》本《ほん》も一歩《いっぽ》を踏《ふ》み出《だ》した。

量子《りょうし》コンピューターとスパコンの違《ちが》い

量子《りょうし》コンピューター

スパコン

	量子《りょうし》コンピューター	スパコン
計算方法《けいさんほうほう》	1回《かい》の計算《けいさん》で…: 0と1を同時《どうじ》に表《あらわ》せる	1回《かい》の計算《けいさん》で…: 0か1かしか表《あらわ》せない
	情報《じょうほう》の単位《たんい》(ビット)が2個《こ》のときのイメージ: 全《すべ》ての組《く》み合《あ》わせを1回《かい》で計算《けいさん》	情報《じょうほう》の単位《たんい》(ビット)が2個《こ》のときのイメージ: 00 10 01 11 4回計算《かいけいさん》
特徴《とくちょう》	・スパコンが苦手《にがて》な問題《もんだい》が高速《こうそく》で解《と》ける場合《ばあい》も ・実用化《じつようか》へのハードルは多《おお》い	・開発《かいはつ》の歴史《れきし》が長《なが》く、応用範囲《おうようはんい》が広《ひろ》い ・高速計算《こうそくけいさん》も実現《じつげん》 ・現実的《げんじつてき》な時間《じかん》では解《と》けない問題《もんだい》も

量子《りょうし》コンピューター国産《こくさん》1号機《ごうき》の心臓部《しんぞうぶ》となる「64量子《りょうし》ビット集積回路《しゅうせきかいろ》チップ」のサンプルを手《て》にする、理化学研究所《りかがくけんきゅうじょ》量子《りょうし》コンピュータ研究《けんきゅう》センターの中村泰信《なかむらやすのぶ》センター長《ちょう》

写真・図版　朝日新聞社

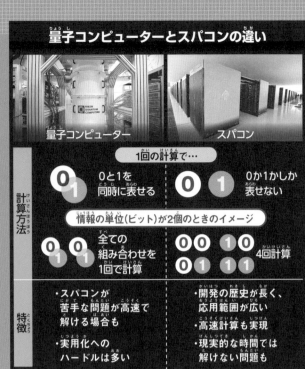

家畜《かちく》のげっぷ なぜ問題《もんだい》？

イギリスのZELP《ゼルプ》社《しゃ》が開発《かいはつ》した牛用《うしよう》のマスクは、鼻付近《はなふきん》から出《で》るメタンを分解《ぶんかい》する。装置《そうち》をつけてもエサを食《た》べる行為《こうい》や反芻《はんすう》、歩行《ほこう》に影響《えいきょう》を与《あた》えないという　写真　ZELP提供

解説《かいせつ》／石井《いしい》 徹《とおる》（朝日新聞編集委員《あさひしんぶんへんしゅういいん》）

全世界《ぜんせかい》の温室効果《おんしつこうか》ガスの約《やく》4%を占《し》める

ニュージーランド政府《せいふ》は2022年《ねん》10月《がつ》、25年《ねん》までに農家《のうか》に「げっぷ税《ぜい》」を課《か》す法案《ほうあん》を提出《ていしゅつ》した。同国《どうこく》の人口《じんこう》は約《やく》500万人《まんにん》だが、羊《ひつじ》は2500万頭《まんとう》以上《いじょう》、牛《うし》は1千万頭《せんまんとう》以上《いじょう》いて、温室効果《おんしつこうか》ガスのほぼ半分《はんぶん》が農業分野《のうぎょうぶんや》から排出《はいしゅつ》されている。げっぷ対策《たいさく》は急務《きゅうむ》だ。

羊《ひつじ》や牛《うし》のげっぷには、地球温暖化《ちきゅうおんだんか》の原因《げんいん》となる温室効果《おんしつこうか》ガスの一《ひと》つ、**メタン**◆が含《ふく》まれている。メタンの温室効果《おんしつこうか》は、二酸化炭素《にさんかたんそ》（CO_2《シーオーツー》）の約《やく》25倍《ばい》ある。人間《にんげん》が原因《げんいん》で排出《はいしゅつ》される温室効果《おんしつこうか》ガスに占《し》める割合《わりあい》は、CO_2《シーオーツー》の75%に次《つ》ぐ18%となっている。家畜《かちく》のげっぷだけで、世界全体《せかいぜんたい》の排出量《はいしゅつりょう》の4%を占《し》めると見《み》られ、ニュージーランド以外《いがい》も対策《たいさく》を急《いそ》いでいる。

牛《うし》や羊《ひつじ》、ヤギは、草《くさ》などのセルロースを消化《しょうか》して栄養《えいよう》にする反芻動物《はんすうどうぶつ》だ。セルロースは簡単《かんたん》に消化《しょうか》できないので、一度《いちど》飲《の》み込《こ》んだ食《た》べ物《もの》を口《くち》に戻《もど》して繰《く》り返《かえ》し噛《か》んで消化《しょうか》している。

牛《うし》には四《よっ》つの胃《い》があり、一番大《いちばんおお》きな第《だい》1胃《い》では、数千種類《すうせんしゅるい》の微生物《びせいぶつ》が、食《た》べたものを分解《ぶんかい》、発酵《はっこう》している。その際《さい》にメタンが発生《はっせい》して息《いき》にまじって出《で》てくる。エサを多《おお》くとり、多《おお》くの生乳《せいにゅう》を生産《せいさん》する牛《うし》ほど、排出《はいしゅつ》するメタンの量《りょう》も多《おお》く、1日《にち》に約《やく》600Lにもなるという。世界《せかい》には、牛《うし》だけで15億頭《おくとう》いるという。

ある研究《けんきゅう》によると、地球上《ちきゅうじょう》にいる哺乳類《ほにゅうるい》を生物量《せいぶつりょう》（重《おも》さ）で見《み》ると、牛《うし》や羊《ひつじ》、豚《ぶた》などの家畜《かちく》が最《もっと》も多《おお》く60%、次《つぎ》が人間《にんげん》で36%、キリンや象《ぞう》、ライオンなどの野生生物《やせいせいぶつ》は4%しかいない。家畜《かちく》は、人間《にんげん》が食料《しょくりょう》にするために増《ふ》やしたものなので、家畜《かちく》から出《で》る温室効果《おんしつこうか》ガスも削減《さくげん》の対象《たいしょう》になる。

牛《うし》のげっぷの場合《ばあい》、日本《にほん》ではカシューナッツの殻《から》を搾《しぼ》った油《あぶら》をエサにまぜるとメタンの量《りょう》を約《やく》2割減《わりへ》らせる、オーストラリアなどではカギケノリという海藻《かいそう》をまぜると削減効果《さくげんこうか》があるなどの報告《ほうこく》がある。イギリスの企業《きぎょう》ZELP《ゼルプ》社《しゃ》では、牛《うし》の鼻《はな》にかけたマスクでメタンを集《あつ》め、首《くび》にかけた装置《そうち》でCO_2《シーオーツー》と水《みず》に分解《ぶんかい》する方法《ほうほう》を開発《かいはつ》したという。

キーワード

メタン

人間活動《にんげんかつどう》によって増《ふ》えた温室効果《おんしつこうか》ガスには、CO_2《シーオーツー》、メタン、一酸化二窒素《いっさんかにちっそ》、フロンガスがある。世界《せかい》は、これらの排出《はいしゅつ》を2050年《ねん》に「実質《じっしつ》ゼロ」にすることを目指《めざ》している。メタンは天然《てんねん》ガスの主成分《しゅせいぶん》でもあり、温暖化《おんだんか》に与《あた》える影響《えいきょう》はCO_2《シーオーツー》に次《つ》いで大《おお》きい。家畜《かちく》のげっぷのほか、湿地《しっち》や池《いけ》、水田《すいでん》で植物《しょくぶつ》が分解《ぶんかい》されるときなどに発生《はっせい》する。

→牛《うし》の第《だい》1胃《い》には数千種類《すうせんしゅるい》もの微生物《びせいぶつ》がいて、炭水化物《たんすいかぶつ》であるエサや草《くさ》の繊維質《せんいしつ》を低級脂肪酸《ていきゅうしぼうさん》という物質《ぶっしつ》に変《か》えて、自《みずか》らのエネルギー源《げん》にしている。ただ、同時《どうじ》にできる二酸化炭素《にさんかたんそ》や水素《すいそ》を、メタン菌《きん》という微生物《びせいぶつ》がメタンに変《か》えてしまう。これが牛《うし》のげっぷの正体《しょうたい》だ

図版　朝日新聞社

中学《ちゅうがく》受験《じゅけん》に
強《つよ》くなる！

ニュースのニューシ問題《もんだい》

＜実践編《じっせんへん》＞ 中学受験《ちゅうがくじゅけん》で出題《しゅつだい》された問題《もんだい》を解《と》いてみよう！

解説《かいせつ》／早川明夫《はやかわあきお》
（文教大学地域連携《ぶんきょうだいがくちいきれんけい》センター講師《こうし》）

日本《にほん》の人口《じんこう》について

神奈川県《かながわけん》　慶應義塾湘南藤沢中等部《けいおうぎじゅくしょうなんふじさわちゅうとうぶ》（社会《しゃかい》／2022年度《ねんど》）

日本《にほん》の人口《じんこう》について、問《と》いに答《こた》えなさい

問《とい》1　1年間《ねんかん》の出生数《しゅっしょうすう》と死亡数《しぼうすう》をその年《とし》の人口《じんこう》で割《わ》った比率《ひりつ》を出生率《しゅっしょうりつ》と死亡率《しぼうりつ》とよび、2019年《ねん》の日本《にほん》の出生率《しゅっしょうりつ》は0.7%、死亡率《しぼうりつ》は1.1%でした。実際《じっさい》の増減数《ぞうげんすう》としてもっとも近《ちか》いものを選《えら》び、番号《ばんごう》で答《こた》えなさい。

1　約《やく》5万人増加《まんにんぞうか》　2　約《やく》5万人減少《まんにんげんしょう》　3　約《やく》50万人増加《まんにんぞうか》　4　約《やく》50万人減少《まんにんげんしょう》

問《とい》2　日本《にほん》の人口《じんこう》に関《かん》して説明《せつめい》した文《ぶん》として、適当《てきとう》なものを選《えら》び、番号《ばんごう》で答《こた》えなさい。

1　地域《ちいき》の人口《じんこう》を明《あき》らかにするために、10年《ねん》ごとに国勢調査《こくせいちょうさ》が行《おこな》われている。
2　2020年以降《ねんいこう》は少子高齢化対策《しょうしこうれいかたいさく》が進《すす》み、人口《じんこう》が少《すこ》しずつ回復《かいふく》することが予想《よそう》されている。
3　地方《ちほう》では過疎化《かそか》や高齢化《こうれいか》が進《すす》む一方《いっぽう》、大都市《だいとし》には人口《じんこう》が集中《しゅうちゅう》するため、人口《じんこう》の偏《かたよ》りをなおす対策《たいさく》がとられている。
4　海外在留《かいがいざいりゅう》の日本人《にほんじん》と日本在留《にほんざいりゅう》の外国人人口《がいこくじんじんこう》は、この20年間《ねんかん》どちらもほとんど変化《へんか》していない。

問《とい》3　次《つぎ》の表《ひょう》は、東京《とうきょう》50km圏《けん》、大阪《おおさか》50km圏《けん》、名古屋《なごや》50km圏《けん》の人口《じんこう》について、中心《ちゅうしん》から10kmごとの比率《ひりつ》(%)を表《あらわ》しています。1〜3から東京《とうきょう》にあたるものを選《えら》び、番号《ばんごう》で答《こた》えなさい。

（国勢図会2021/22より）

	1	2	3
0〜10km	12.2%	26.1%	25.1%
10〜20km	28.4%	23.6%	25.7%
20〜30km	23.7%	16.6%	19.6%
30〜40km	21.5%	18.4%	23.6%
40〜50km	14.2%	15.2%	6.0%

中心《ちゅうしん》はそれぞれ、都庁《とちょう》(旧庁舎《きゅうちょうしゃ》)、大阪市役所《おおさかしやくしょ》、名古屋市役所《なごやしやくしょ》

問《とい》4　次《つぎ》のグラフ中《ちゅう》のア〜エは、それぞれ2020年《ねん》における青森県《あおもりけん》、東京都《とうきょうと》、大阪府《おおさかふ》、沖縄県《おきなわけん》の人口《じんこう》の自然増減率《しぜんぞうげんりつ》と社会増減率《しゃかいぞうげんりつ》のようすを表《あらわ》しています。東京都《とうきょうと》と沖縄県《おきなわけん》にあたるものの組《く》み合《あ》わせとして適当《てきとう》なものを選《えら》び、番号《ばんごう》で答《こた》えなさい。なお、自然増減率《しぜんぞうげんりつ》は出生《しゅっしょう》と死亡《しぼう》の割合《わりあい》から、社会増減率《しゃかいぞうげんりつ》は転入《てんにゅう》と転出《てんしゅつ》の割合《わりあい》から求《もと》めたものとします。

	1	2	3	4	5	6
東京都《とうきょうと》	ア	イ	ア	ウ	エ	エ
沖縄県《おきなわけん》	ウ	エ	エ	ア	イ	ア

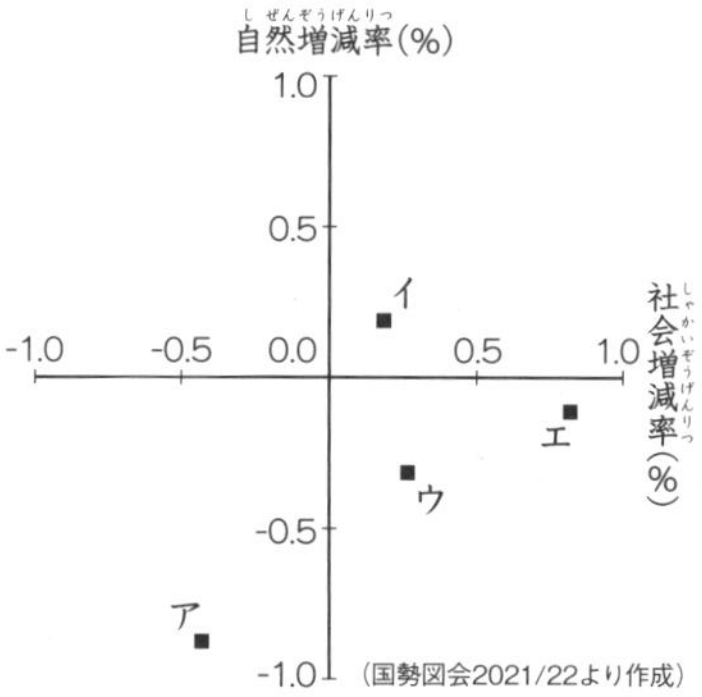

（国勢図会2021/22より作成）

（＊問題《もんだい》と設問《せつもん》から一部抜粋《いちぶばっすい》、改変《かいへん》しました）

解説《かいせつ》 日本《にほん》の人口問題《じんこうもんだい》を考《かんが》える

日本《にほん》の人口《じんこう》、人口構成《じんこうこうせい》、人口《じんこう》ピラミッドの変化《へんか》、少子高齢化問題《しょうしこうれいかもんだい》、人口分布《じんこうぶんぷ》の特色《とくしょく》や課題《かだい》などを学習《がくしゅう》しておきましょう。 **問《とい》1** 死亡率《しぼうりつ》1.1%から出生率《しゅっしょうりつ》0.7%を引《ひ》けば、0.4。日本《にほん》の総人口《そうじんこう》は約《やく》1億《おく》2600万人《まんにん》であるから、これの0.4%、つまり約《やく》50万人《まんにん》が減少《げんしょう》したことになる。日本《にほん》は人口減少社会《じんこうげんしょうしゃかい》に突入《とつにゅう》している。 **問《とい》2** 3が正文《せいぶん》。1.総務省《そうむしょう》の国勢調査《こくせいちょうさ》は5年《ねん》ごとに行《おこな》われる。2.現在《げんざい》の少子化対策《しょうしかたいさく》では、少子化《しょうしか》の進行《しんこう》はおさえられていない。4.海外在留《かいがいざいりゅう》の日本人《にほんじん》と日本在留《にほんざいりゅう》の外国人《がいこくじん》は、ともにこの20年間増加傾向《ねんかんぞうかけいこう》にある。特《とく》に後者《こうしゃ》の増加《ぞうか》は著《いちじる》しい。 **問《とい》3** 東京《とうきょう》の中心部《ちゅうしんぶ》(都心《としん》)には、中央省庁《ちゅうおうしょうちょう》や企業《きぎょう》、銀行《ぎんこう》が集中《しゅうちゅう》しているため、人口《じんこう》は少《すく》ない。このことに気《き》づけば容易《ようい》に解《と》ける。表《ひょう》の1〜3の都市《とし》で1だけが0〜10km圏《けん》の人口《じんこう》の割合《わりあい》が特《とく》に低《ひく》い(12.2%)。なお、2は大阪《おおさか》、3は名古屋《なごや》。 **問《とい》4** 日本《にほん》の人口《じんこう》が東京圏《とうきょうけん》に一極集中《いっきょくしゅうちゅう》(社会増加《しゃかいぞうか》)していることを考《かんが》えるとエが東京都《とうきょうと》。1府《ふ》2県《けん》の中《なか》で東京《とうきょう》に次《つ》いで社会増減率《しゃかいぞうげんりつ》が高《たか》いのはウで大阪府《おおさかふ》。自然増減率《しぜんぞうげんりつ》、社会増減率《しゃかいぞうげんりつ》ともにもっとも低《ひく》いのはアの青森県《あおもりけん》。1都《と》1道《どう》2府《ふ》43県《けん》の中《なか》で、合計特殊出生率《ごうけいとくしゅしゅっしょうりつ》(1人《ひとり》の女性《じょせい》が一生《いっしょう》に産《う》む子《こ》どもの平均値《へいきんち》)がもっとも高《たか》いのは沖縄県《おきなわけん》で、1.80。つまり自然増減率《しぜんぞうげんりつ》がもっとも高《たか》いのはイの沖縄県《おきなわけん》。なお、もっとも低《ひく》いのは東京都《とうきょうと》で1.08(いずれも2021年《ねん》)。ちなみに全国《ぜんこく》平均《へいきん》は1.30。人口《じんこう》を維持《いじ》するためには2.1前後《ぜんご》が必要《ひつよう》とされる。

対策《たいさく》

人口《じんこう》に関《かん》する基礎的《きそてき》な数字《すうじ》は概数《がいすう》(おおよその数《かず》)で覚《おぼ》えておこう。

正解《せいかい》

問《とい》1／4　問《とい》2／3　問《とい》3／1　問《とい》4／5

基本的人権《きほんてきじんけん》

東京都《とうきょうと》　早稲田中学校《わせだちゅうがっこう》（社会《しゃかい》／2018年度《ねんど》）

次《つぎ》の文章《ぶんしょう》を読《よ》み、各問《かくとい》に答《こた》えなさい。

日本国憲法《にほんこくけんぽう》が施行《しこう》されてから2017年《ねん》で70年《ねん》がたちました。日本国憲法《にほんこくけんぽう》の3つの柱《はしら》の1つに「基本的人権《きほんてきじんけん》の尊重《そんちょう》」がありますが、基本的人権《きほんてきじんけん》とそれに関連《かんれん》した事柄《ことがら》について考《かんが》えてみましょう。

「権利《けんり》」とは、何《なに》かをすることを正式《せいしき》に認《みと》められること、ということができます。その中《なか》で基本的人権《きほんてきじんけん》とは、人々《ひとびと》がその生命《せいめい》や自由《じゆう》を大切《たいせつ》にされ、幸福《こうふく》に生《い》きるための権利《けんり》のことです。権利《けんり》を得《え》るためには見返《みかえ》り、すなわち何《なん》らかの義務《ぎむ》を果《は》たすことが必要《ひつよう》だ、ということもできます。では、基本的人権《きほんてきじんけん》を得《え》るために果《は》たすべき義務《ぎむ》はあるのでしょうか。

日本国憲法《にほんこくけんぽう》には、「国民《こくみん》の義務《ぎむ》」として、「子《こ》ども（　A　）義務《ぎむ》」「勤労《きんろう》の義務《ぎむ》」「納税《のうぜい》の義務《ぎむ》」の3つが定《さだ》められています。この3つは社会《しゃかい》をつくりあげていくうえで欠《か》かせないものです。そうすると、これらの義務《ぎむ》を果《は》たせない人《ひと》には基本的人権《きほんてきじんけん》は与《あた》えられないのでしょうか。もっと言《い》うと、社会《しゃかい》に貢献《こうけん》できない人《ひと》は基本的人権《きほんてきじんけん》が認《みと》められない、ということになるのでしょうか。

①日本国憲法《にほんこくけんぽう》では、基本的人権《きほんてきじんけん》は義務《ぎむ》と引《ひ》き換《か》えに与《あた》えられるもの、という考《かんが》えをとっていません。基本的人権《きほんてきじんけん》はだれもが（　B　）にもつもの、という考《かんが》えにもとづいているのです。

その上《うえ》で憲法《けんぽう》は、国民《こくみん》が②基本的人権《きほんてきじんけん》を守《まも》り発展《はってん》させ、お互《たが》いの人権《じんけん》を保障《ほしょう》し合《あ》う社会《しゃかい》をつくる努力《どりょく》をしていかなければならないと述《の》べています。

また、すべての人《ひと》が人間《にんげん》らしく豊《ゆた》かに生活《せいかつ》することができる制度《せいど》を整《ととの》えていくことが、政治《せいじ》の重要《じゅうよう》な役割《やくわり》であるとも述《の》べています。

ところで、日本国憲法第《にほんこくけんぽうだい》99条《じょう》には、「天皇又《てんのうまた》は摂政及《せっしょうおよ》び国務大臣《こくむだいじん》、国会議員《こっかいぎいん》、裁判官《さいばんかん》その他《た》の公務員《こうむいん》は、この憲法《けんぽう》を尊重《そんちょう》し擁護《ようご》（かばい守《まも》る）する義務《ぎむ》を負《お》う。」とあります。ここで、義務《ぎむ》を負《お》う人々《ひとびと》として「国民《こくみん》」は入《はい》っていませんが、③それは憲法《けんぽう》の目的《もくてき》や役割《やくわり》と深《ふか》く関連《かんれん》しているのです。

問《とい》1　（　A　）にあてはまる言葉《ことば》を**10字前後《じぜんご》**で答《こた》えなさい。

問《とい》2　下線部《かせんぶ》①に関連《かんれん》した次《つぎ》の各問《かくとい》に答《こた》えなさい。

（1）（　B　）にあてはまる言葉《ことば》を**6字《じ》**で答《こた》えなさい。

（2）日本国憲法前文《にほんこくけんぽうぜんぶん》で、「全世界《ぜんせかい》の国民《こくみん》」がもつと宣言《せんげん》している権利《けんり》があります。それは何《なん》ですか。1つ選《えら》び記号《きごう》で答《こた》えなさい。

ア　健康《けんこう》で文化的《ぶんかてき》な最低限度《さいていげんど》の生活《せいかつ》を営《いとな》む権利《けんり》
イ　思想《しそう》・良心《りょうしん》の自由《じゆう》や信教《しんきょう》の自由《じゆう》に関《かん》する権利《けんり》
ウ　奴隷的《どれいてき》な拘束《こうそく》を受《う》けず、自由《じゆう》に幸福追求《こうふくついきゅう》をする権利《けんり》
エ　恐怖《きょうふ》と欠乏《けつぼう》からまぬかれ平和《へいわ》のうちに生存《せいぞん》する権利《けんり》

問《とい》3　下線部《かせんぶ》②に関連《かんれん》して、憲法《けんぽう》には定《さだ》められていなくても時代《じだい》の変化《へんか》とともに認《みと》められるようになった権利《けんり》もあります。次《つぎ》の文《ぶん》の中《なか》で、そのような権利《けんり》の例《れい》とは**言《い》えないもの**を1つ選《えら》び、記号《きごう》で答《こた》えなさい。

ア　有名《ゆうめい》な芸能人《げいのうじん》であっても、仕事以外《しごといがい》の私生活《しせいかつ》をむやみにあばかれたりしない。
イ　個人《こじん》の名前《なまえ》・住所《じゅうしょ》・生年月日《せいねんがっぴ》などの情報《じょうほう》を勝手《かって》に知《し》られたり、利用《りよう》されたりしない。
ウ　障《しょう》がいのある人《ひと》でも安心《あんしん》して利用《りよう》できるスポーツ施設《しせつ》の建設《けんせつ》を市長《しちょう》に訴《うった》え、インターネットで署名《しょめい》を集《あつ》めた。
エ　自宅《じたく》のとなりに高《たか》いマンションが建《た》つことになったが、十分《じゅうぶん》な日当《ひあ》たりが確保《かくほ》されるよう、建設会社《けんせつがいしゃ》に申《もう》し入《い》れた。

問《とい》4　憲法第《けんぽうだい》99条《じょう》には、なぜ「国民《こくみん》」が入《はい》っていないのでしょうか。下線部《かせんぶ》③を参考《さんこう》にして、その理由《りゆう》として正《ただ》しいものを、次《つぎ》の文《ぶん》の中《なか》から1つ選《えら》び、記号《きごう》で答《こた》えなさい。

ア　第《だい》99条《じょう》にあげられた人々《ひとびと》は法律《ほうりつ》をつくったり、行政《ぎょうせい》や裁判《さいばん》を行《おこな》うなど法律《ほうりつ》の知識《ちしき》が求《もと》められるので、まずそれらの人々《ひとびと》が憲法《けんぽう》をよく知《し》る必要《ひつよう》があるから。
イ　憲法《けんぽう》は国《くに》や権力者《けんりょくしゃ》の力《ちから》を制限《せいげん》して個人《こじん》の人権《じんけん》を保障《ほしょう》するためにあるので、権力《けんりょく》を行使《こうし》する人々《ひとびと》に憲法《けんぽう》を守《まも》らせる必要《ひつよう》があるから。
ウ　国民《こくみん》が政府《せいふ》に従《したが》わなければ社会《しゃかい》が混乱《こんらん》してしまうので、国民《こくみん》が憲法《けんぽう》を守《まも》る義務《ぎむ》より、政府《せいふ》に従《したが》う義務《ぎむ》のほうが重要《じゅうよう》だと考《かんが》えられているから。
エ　憲法《けんぽう》はあらゆる法律《ほうりつ》のいちばん上《うえ》にあるのだから、国民《こくみん》がこれを守《まも》る義務《ぎむ》を負《お》うのは当然《とうぜん》だと考《かんが》えられるから。

（＊問題文《もんだいぶん》から一部抜粋《いちぶばっすい》・改変《かいへん》しました）

解説《かいせつ》　憲法《けんぽう》とは何《なに》か？

そもそも憲法《けんぽう》とは国民《こくみん》の権利《けんり》を定《さだ》めたもので、義務《ぎむ》は例外的《れいがいてき》なもの。日本国憲法《にほんこくけんぽう》は教育《きょういく》、勤労《きんろう》、納税《のうぜい》を国民《こくみん》の義務《ぎむ》として定《さだ》めている。大日本帝国憲法《だいにほんていこくけんぽう》は兵役《へいえき》と納税《のうぜい》の二《ふた》つだけ。憲法《けんぽう》は、人《ひと》が生《う》まれながらにもっている人権《じんけん》を国家権力《こっかけんりょく》から守《まも》るために、主権者《しゅけんしゃ》である国民《こくみん》が定《さだ》めた国《くに》の最高法規《さいこうほうき》。そして、国《くに》の政治《せいじ》は憲法《けんぽう》に基《もと》づいて行《おこな》うよう、国民《こくみん》が権力者《けんりょくしゃ》に命《めい》じたものである。したがって憲法《けんぽう》を尊重《そんちょう》し、擁護《ようご》する義務《ぎむ》があるのは権力者《けんりょくしゃ》で、国民《こくみん》は守《まも》らせる側《がわ》である。 **問《とい》1** 日本国憲法《にほんこくけんぽう》は、国民《こくみん》に対《たい》し、その保護《ほご》する「子《こ》どもに普通教育《ふつうきょういく》を受《う》けさせる義務《ぎむ》」を定《さだ》めている。 **問《とい》2** (1)解説《かいせつ》を参照《さんしょう》　(2)日本国憲法前文《にほんこくけんぽうぜんぶん》に定《さだ》められているのは「平和《へいわ》のうちに生存《せいぞん》する権利《けんり》」（平和的生存権《へいわてきせいぞんけん》）。 **問《とい》3**「新《あたら》しい人権《じんけん》」を問《と》う問題《もんだい》。ウは憲法《けんぽう》で定《さだ》められている請願権《せいがんけん》。ア、イはプライバシーの権利《けんり》、エは環境権《かんきょうけん》でいずれも憲法《けんぽう》には明記《めいき》されていないが、13条《じょう》の幸福追求権《こうふくついきゅうけん》がよりどころ。 **問《とい》4** 解説《かいせつ》を参照《さんしょう》。

対策《たいさく》　一《ひと》つひとつの用語《ようご》の意味《いみ》をよく理解《りかい》しておこう。

正解《せいかい》
問《とい》1／（子《こ》ども）に普通教育《ふつうきょういく》を受《う》けさせる（義務《ぎむ》）
問《とい》2／(1)生《う》まれながら　(2)エ
問《とい》3／ウ　　問《とい》4／イ

解説《かいせつ》／早川明夫《はやかわあきお》（文教大学生涯学習《ぶんきょうだいがくしょうがいがくしゅう》センター講師《こうし》）

音楽《おんがく》をテーマにした日本史《にほんし》（原始《げんし》・古代《こだい》）

千葉県《ちばけん》　市川中学校《いちかわちゅうがっこう》（社会《しゃかい》／2022年度《ねんど》）

音楽《おんがく》をテーマにした日本《にほん》の歴史《れきし》について、次《つぎ》の文章《ぶんしょう》を読《よ》み、あとの問《と》いに答《こた》えなさい。

音楽《おんがく》を奏《かな》でるための楽器《がっき》はいつ頃《ごろ》からあるのでしょうか。A縄文時代《じょうもんじだい》の遺跡《いせき》から土製《どせい》の鈴《すず》がみつかることがあります。他《ほか》にも、土《つち》でできた笛《ふえ》とみなすことができるものも出土《しゅつど》しているので、この頃《ころ》から楽器《がっき》がつくられていたと思《おも》われます。弥生時代《やよいじだい》に現《あらわ》れた銅鐸《どうたく》も楽器《がっき》の一種《いっしゅ》といえるかもしれません。平《たい》らな鐘《かね》で、内側《うちがわ》に舌《ぜつ》と呼《よ》ばれる棒《ぼう》や板《いた》を入《い》れて鳴《な》らします。中国《ちゅうごく》から朝鮮《ちょうせん》に伝《つた》わり、さらに日本《にほん》に伝《つた》わってしだいに大型化《おおがたか》したと考《かんが》えられています。

奈良時代《ならじだい》の中頃《なかごろ》、東大寺《とうだいじ》の大仏《だいぶつ》が完成《かんせい》しました。完成《かんせい》を祝《いわ》う儀式《ぎしき》では、およそ1万人《まんにん》の僧侶《そうりょ》やさまざまな寺《てら》に所属《しょぞく》する人《ひと》たちが参加《さんか》し、大勢《おおぜい》の人《ひと》びとの前《まえ》で音楽《おんがく》が奏《かな》でられました。また、B仏教《ぶっきょう》音楽《おんがく》に加《くわ》えて、中国《ちゅうごく》や朝鮮《ちょうせん》をはじめ諸外国《しょがいこく》の珍《めずら》しい音楽《おんがく》や舞踊《ぶよう》なども披露《ひろう》され、当時《とうじ》の東《ひがし》アジアの中《なか》では最大級《さいだいきゅう》の国際《こくさい》イベントとなりました。C8世紀《せいき》の終《お》わりに平安時代《へいあんじだい》が始《はじ》まり、律令《りつりょう》の規定《きてい》を補足《ほそく》・修正《しゅうせい》した法令《ほうれい》である「格《きゃく》」と、律令《りつりょう》の施行《しこう》の細《こま》かい規《き》則《そく》を定《さだ》める「式《しき》」がD9世紀《せいき》から10世紀《せいき》にかけて分類《ぶんるい》・編集《へんしゅう》されました。式《しき》には、朝廷《ちょうてい》の儀式《ぎしき》において音楽《おんがく》を演奏《えんそう》する人《ひと》や音楽学生《おんがくがくせい》の人数《にんずう》、彼《かれ》らが参加《さんか》すべき儀礼《ぎれい》などが規定《きてい》されていました。

問《とい》1　下線《かせん》Aについて、次《つぎ》の文章《ぶんしょう》の（ 1 ）～（ 4 ）にあてはまる語句《ごく》の組《く》み合《あ》わせとして正《ただ》しいものはどれですか、あとのア～カから1つ選《えら》び、記号《きごう》で答《こた》えなさい。

> 縄文時代《じょうもんじだい》の始《はじ》まりは、今《いま》から約《やく》1万年前《まんねんまえ》で、それまでよりも地球《ちきゅう》の気候《きこう》が（ 1 ）になった時代《じだい》です。青森県《あおもりけん》の（ 2 ）遺跡《いせき》は、この時代《じだい》における日本最大級《にほんさいだいきゅう》の集落《しゅうらく》の跡《あと》です。人《ひと》びとの暮《く》らしには、新《あたら》しくつくられるようになった（ 3 ）石器《せっき》だけでなく、前《まえ》の時代《じだい》に引《ひ》き続《つづ》き（ 4 ）石器《せっき》が欠《か》かせませんでした。

ア［1－温暖《おんだん》　2－三内丸山《さんないまるやま》　3－磨製《ませい》　4－打製《だせい》］
イ［1－寒冷《かんれい》　2－三内丸山《さんないまるやま》　3－打製《だせい》　4－磨製《ませい》］
ウ［1－温暖《おんだん》　2－吉野ヶ里《よしのがり》　3－磨製《ませい》　4－打製《だせい》］
エ［1－寒冷《かんれい》　2－吉野ヶ里《よしのがり》　3－打製《だせい》　4－磨製《ませい》］
オ［1－温暖《おんだん》　2－三内丸山《さんないまるやま》　3－打製《だせい》　4－磨製《ませい》］
カ［1－寒冷《かんれい》　2－吉野ヶ里《よしのがり》　3－磨製《ませい》　4－打製《だせい》］

問《とい》2　下線《かせん》Bについて、仏教《ぶっきょう》に関《かん》して説明《せつめい》したア～オを時代《じだい》の古《ふる》い順《じゅん》に並《なら》べたとき、2番目《ばんめ》と4番目《ばんめ》にあたるものはどれですか、それぞれ記号《きごう》で答《こた》えなさい。

ア　すべての人《ひと》をどこかの寺院《じいん》に所属《しょぞく》させ、仏教徒《ぶっきょうと》であることを証明《しょうめい》する制度《せいど》がつくられました。
イ　山《やま》での修行《しゅぎょう》が重視《じゅうし》され、加持祈祷《かじきとう》によって国家《こっか》の安定《あんてい》や人《ひと》びとの幸《しあわ》せを祈《いの》る仏教《ぶっきょう》がおこり、密教《みっきょう》と呼《よ》ばれました。
ウ　比叡山延暦寺《ひえいざんえんりゃくじ》が焼《や》き打《う》ちにあい、さらに一向一揆《いっこういっき》などの仏教勢力《ぶっきょうせいりょく》も攻撃《こうげき》をうけました。
エ　仏《ぶっ》教の精神を政治にいかすことがめざされ、法隆寺や四天王寺などが建てられました。
オ　ただひたすらに念仏や題目を唱えたり、座禅にうちこむなど、一《ひと》つの道に専念《せん》する仏教がおこりました。

問3　下線Cについて、次《つぎ》の文《ぶん》章の（ 5 ）・（ 6 ）にあてはまる語句は何ですか、それぞれ漢《かん》字で答えなさい。

> （ 5 ）天皇《てんのう》は、784年に長岡京へ遷都し、その後平安京に遷都《せんと》しました。国司《こくし》の不正の監視や取り締《し》まりを行う勘解由使を設置するなど「令《りょう》」にない役職を新たに設置し、律令制の充実をはかりました。さらに東北地方の蝦夷を平《へい》定するため、（ 6 ）を征夷大将軍《せい》に任命《にんにん》し、東《とう》北に派遣しました。

問4　下線Dについて、9・10世紀に起こったできごとを説明した文としてあやまっているものはどれですか。ア～オからすべて選び、記《き》号で答えなさい。

ア　前《ぜん》九年合戦が起きました。
イ　菅原道真が左遷された大宰府で亡くなりました。
ウ　墾田永年私財法が出されました。
エ　藤原良房が摂政になりました。
オ　平将門の乱が起きました。

（＊問題文《もんだいぶん》から一部抜粋《いちぶばっすい》しました）

解説《かいせつ》　物事《ものごと》にはさまざまな歴史《れきし》がある

音楽《おんがく》にも歴史《れきし》がある。音楽《おんがく》の視点《してん》から日本《にほん》の歴史《れきし》を学《まな》ぶと新《あら》たな発見《はっけん》があるかもしれない。 **問《とい》1** 約《やく》1万年前《まんねんまえ》に最後《さいご》の氷期《ひょうき》が終《お》わると地球《ちきゅう》が温暖《おんだん》になり、旧石器時代《きゅうせっきじだい》から縄文時代《じょうもんじだい》となった。この時代《じだい》を代表《だいひょう》する青森県《あおもりけん》の遺跡《いせき》が三内丸山遺跡《さんないまるやまいせき》。吉野ヶ里遺跡《よしのがりいせき》は佐賀県《さがけん》にある弥生時代《やよいじだい》の遺跡《いせき》。縄文時代《じょうもんじだい》にはこれまでの打製石器《だせいせっき》のほか、磨製石器《ませいせっき》が登場《とうじょう》する。**問《とい》2** ア　江戸幕府《えどばくふ》は人々《ひとびと》をいずれかの寺院《じいん》に所属《しょぞく》させる制度《せいど》を設《もう》けた。イ　密教《みっきょう》は平安時代《へいあんじだい》、空海《くうかい》や最澄《さいちょう》によって唐《とう》からもたらされた。ウ　安土《あづち》・桃山時代《ももやまじだい》、織田信長《おだのぶなが》によって延暦寺《えんりゃくじ》が焼《や》き討《う》ちされた。エ　法隆寺《ほうりゅうじ》や四天《してん》王寺《のうじ》は飛鳥時代《あすかじだい》に厩戸王《うまやとおう》(聖徳太子《しょうとくたいし》)が建立《こんりゅう》した。オ　念仏《ねんぶつ》や題目《だいもく》をひたすら唱《とな》える仏教《ぶっきょう》が成立《せいりつ》するのは鎌倉時代《かまくらじだい》。**問《とい》3** 平安京《へいあんきょう》に都《みやこ》を移《うつ》したのは桓武天皇《かんむてんのう》。天皇《てんのう》は坂上田村麻呂《さかのうえのたむらまろ》を征夷大将軍《せいいたいしょうぐん》に任命《にんめい》し、蝦夷《えみし》の平定《へいてい》を命《めい》じた。**問《とい》4** 前九年合戦《ぜんくねんかっせん》は11世紀《せいき》、墾田永年私財法《こんでんえいねんしざいほう》は8世紀《せいき》。

対策《たいさく》　日本《にほん》の仏教《ぶっきょう》の歴史《れきし》をまとめておこう。

正解《せいかい》　問《とい》1／ア　問《とい》2／(2番目《ばんめ》)イ、(4番目《ばんめ》)ウ
問《とい》3／5 桓武《かんむ》、6 坂上田村麻呂《さかのうえのたむらまろ》　問《とい》4／ア・ウ

貨幣《かへい》の歴史《れきし》

東京都《とうきょうと》　青山学院中等部《あおやまがくいんちゅうとうぶ》（社会《しゃかい》／2023年度《ねんど》）

次《つぎ》の文章《ぶんしょう》を読《よ》み、あとの問《と》いに答《こた》えなさい。

現在見《げんざいみ》つかっている日本最古《にほんさいこ》の銅銭《どうせん》は（　1　）といい、683年頃《ねんごろ》に ⓐ中国《ちゅうごく》の銅貨《どうか》を参考《さんこう》につくられたとされています。ⓑ8世紀《せいき》に入《はい》ると（　2　）がつくられました。708年《ねん》に武蔵国《むさしのくに》から朝廷《ちょうてい》に銅《どう》が献上《けんじょう》され、これを記念《きねん》して貨幣《かへい》がつくられ、当時都《とうじみやこ》の建設《けんせつ》に携《たずさ》わった人《ひと》びとへの賃金《ちんぎん》としても使用《しよう》されたそうです。以降《いこう》、ⓒ数多《かずおお》くの貨幣《かへい》がつくられ人《ひと》びとに使《つか》われてきました。近年《きんねん》では実際《じっさい》に手《て》に取《と》れる貨幣以外《かへいいがい》の形《かたち》で、物《もの》やサービスの対価《たいか》を支払《しはら》ったり財産《ざいさん》として蓄《たくわ》えたりすることができるようになりました。

問《と》い1　文章中《ぶんしょうちゅう》の空欄《くうらん》（　1　）・（　2　）に当《あ》てはまる語句《ごく》の組《く》み合《あ》わせを次《つぎ》のア～エから選《えら》び、記号《きごう》で答《こた》えなさい。

ア：（1）開元通宝《かいげんつうほう》・（2）和同開珎《わどうかいちん》　　イ：（1）開元通宝《かいげんつうほう》・（2）永楽通宝《えいらくつうほう》
ウ：（1）富本銭《ふほんせん》・（2）和同開珎《わどうかいちん》　　エ：（1）富本銭《ふほんせん》・（2）永楽通宝《えいらくつうほう》

問《と》い2　文章中《ぶんしょうちゅう》の下線部《かせんぶ》ⓐと日本《にほん》との関係《かんけい》について、次《つぎ》のA～Cの出来事《できごと》を年代順《ねんだいじゅん》（古《ふる》い順《じゅん》）に並《なら》べたとき、正《ただ》しいものを次《つぎ》のア～カから選《えら》び、記号《きごう》で答《こた》えなさい。

A　中国《ちゅうごく》の皇帝《こうてい》は、日本《にほん》の使者《ししゃ》が持参《じさん》した手紙《てがみ》の内容《ないよう》を無礼《ぶれい》だと受《う》け止《と》めたが、その後多《ごおお》くの留学生《りゅうがくせい》や僧《そう》が中国《ちゅうごく》に行《い》き、帰国後《きこくご》に活躍《かつやく》した。
B　中国《ちゅうごく》の皇帝《こうてい》は、倭《わ》という国《くに》の女王《じょおう》を「親魏倭王《しんぎわおう》」と任命《にんめい》し、金印《きんいん》や銅鏡《どうきょう》を与《あた》えた。
C　中国《ちゅうごく》の皇帝《こうてい》は奴国《なこく》の王《おう》に「漢委奴国王《かんのわのなのこくおう》」と刻《きざ》んだ金印《きんいん》を授《さず》けた。

ア　A→B→C　　イ　A→C→B　　ウ　B→A→C
エ　B→C→A　　オ　C→A→B　　カ　C→B→A

問《と》い3　文章中《ぶんしょうちゅう》の下線部《かせんぶ》ⓑのうち80年《ねん》あまりは奈良時代《ならじだい》にあたります。この時代《じだい》に関連《かんれん》して次《つぎ》のア～エから正《ただ》しくないものを1つ選《えら》び、記号《きごう》で答《こた》えなさい。また、8世紀後半《せいきこうはん》にまとめられたとされる和歌集《わかしゅう》を何《なん》といいますか。漢字《かんじ》で答《こた》えなさい。

ア：中国《ちゅうごく》を参考《さんこう》に律令《りつりょう》がつくられ、それに基《もと》づいて政治《せいじ》が行《おこな》われるようになった。
イ：百済《くだら》の要請《ようせい》を受《う》けた日本《にほん》は大軍《たいぐん》を朝鮮半島《ちょうせんはんとう》に送《おく》ったが大敗《たいはい》したため、政治《せいじ》の中心地《ちゅうしんち》を移《うつ》した。
ウ：戸籍《こせき》に基《もと》づき6歳以上《さいいじょう》の人《ひと》びとに口分田《くぶんでん》が与《あた》えられ、収穫《しゅうかく》した稲《いね》を一定《いってい》の割合《わりあい》でおさめることになった。
エ：国際色豊《こくさいしょくゆた》かな文化《ぶんか》が生《う》まれ、シルクロードを経《へ》てきた多《おお》くの品物《しなもの》が正倉院《しょうそういん》におさめられた。

問《と》い4　文章中《ぶんしょうちゅう》の下線部《かせんぶ》ⓒに関連《かんれん》して、次《つぎ》の〈Ⅰ〉・〈Ⅱ〉に答《こた》えなさい。

〈Ⅰ〉江戸時代《えどじだい》、特《とく》に西日本《にしにほん》では銀《ぎん》が盛《さか》んに使用《しよう》されました。日本《にほん》の銀《ぎん》は世界《せかい》に流通《りゅうつう》し17世紀《せいき》はじめには世界《せかい》の銀《ぎん》の流通量《りゅうつうりょう》のうち3分《ぶん》の1を占《し》めるようになったため、その主要《しゅよう》な産地《さんち》である中国地方《ちゅうごくちほう》の銀山《ぎんざん》はヨーロッパ人《じん》にも知《し》られていたそうです。この銀山《ぎんざん》を何《なん》といいますか。漢字《かんじ》で答《こた》えなさい。

〈Ⅱ〉2024年《ねん》から新《あたら》しいデザインの紙幣《しへい》が流通《りゅうつう》する予定《よてい》です。新《あたら》しい五千円札《ごせんえんさつ》の表面《おもてめん》に描《えが》かれる肖像画《しょうぞうが》の【人物《じんぶつ》】を次《つぎ》のア～オから選《えら》び、記号《きごう》で答《こた》えなさい。また、その人物《じんぶつ》に関連《かんれん》する【事柄《ことがら》】を次《つぎ》のカ～コから1つ選《えら》び、記号《きごう》で答《こた》えなさい。

【人物《じんぶつ》】　ア：与謝野晶子《よさのあきこ》　イ：野口英世《のぐちひでよ》　ウ：津田梅子《つだうめこ》　エ：渋沢栄一《しぶさわえいいち》　オ：北里柴三郎《きたさとしばさぶろう》

【事柄《ことがら》】
カ：幼《おさな》い頃手《ころて》に火傷《やけど》を負《お》ったがそれに負《ま》けず医学《いがく》の道《みち》を志《こころざ》した。アフリカで黄熱病《おうねつびょう》の研究《けんきゅう》に取《と》り組《く》んだが、その最中《さいちゅう》に亡《な》くなった。
キ：ドイツに渡《わた》り、感染症《かんせんしょう》の一種《いっしゅ》である破傷風《はしょうふう》の新《あたら》しい治療法《ちりょうほう》「血清療法《けっせいりょうほう》」を発見《はっけん》した。
ク：富岡製糸場《とみおかせいしじょう》の建設《けんせつ》や銀行《ぎんこう》の設立《せつりつ》に携《たずさ》わり、「日本《にほん》の資本主義《しほんしゅぎ》の父《ちち》」と呼《よ》ばれた。
ケ：日露戦争《にちろせんそう》に出兵《しゅっぺい》した弟《おとうと》を思《おも》ってつくった詩《し》が、文芸誌《ぶんげいし》『明星《みょうじょう》』に掲載《けいさい》された。
コ：岩倉使節団《いわくらしせつだん》に最年少《さいねんしょう》で同行《どうこう》し、約《やく》10年間留学《ねんかんりゅうがく》した後《のち》、帰国《きこく》して教育《きょういく》に力《ちから》を注《そそ》いだ。

（＊問題文《もんだいぶん》から一部抜粋《いちぶばっすい》しました）

解説《かいせつ》　中国《ちゅうごく》にならって貨幣《かへい》を鋳造《ちゅうぞう》

問《と》い1 現存《げんそん》する日本最古《にほんさいこ》の銅銭《どうせん》は富本銭《ふほんせん》で、唐《とう》の銅貨《どうか》にならって7世紀《せいき》につくられた。藤原京《ふじわらきょう》の建設費《けんせつひ》などにあてられたとされる。続《つづ》いて武蔵国《むさしのくに》の秩父《ちちぶ》（埼玉県《さいたまけん》）から朝廷《ちょうてい》に銅《どう》が献上《けんじょう》されたのを記念《きねん》して、708年《ねん》に和同開珎《わどうかいちん》が鋳造《ちゅうぞう》された。銭貨《せんか》は平城京《へいじょうきょう》の造営費《ぞうえいひ》などに使《つか》われた。 **問《と》い2** Aは7世紀《せいき》、Bは3世紀《せいき》、Cは1世紀《せいき》の出来事《できごと》。 **問《と》い3** イの「大敗《たいはい》」とは、663年《ねん》の白村江《はくそんこう》の戦《たたか》いで日本軍《にほんぐん》が唐《とう》・新羅連合軍《しらぎれんごうぐん》に大敗《たいはい》したこと。8世紀後半《せいきこうはん》にまとめられたとされる和歌集《わかしゅう》とは、約《やく》4500首《しゅ》の歌《うた》がおさめられている万葉集《まんようしゅう》。 **問《と》い4** 〈Ⅰ〉17世紀《せいき》の日本《にほん》における銀《ぎん》の最大《さいだい》の産地《さんち》は石見銀山《いわみぎんざん》（島根県《しまねけん》）。〈Ⅱ〉新五千円札《しんごせんえんさつ》の肖像画《しょうぞうが》の人物《じんぶつ》は、岩倉使節団《いわくらしせつだん》に同行《どうこう》してアメリカに留学《りゅうがく》した津田梅子《つだうめこ》。彼女《かのじょ》は帰国後《きこくご》、女子英学塾《じょしえいがくじゅく》（現在《げんざい》の津田塾大学《つだじゅくだいがく》）を創設《そうせつ》し、女子教育《じょしきょういく》に力《ちから》を注《そそ》いだ。

対策《たいさく》　貨幣《かへい》の歴史《れきし》をまとめておこう。

正解《せいかい》
問《と》い1／ウ　　問《と》い2／カ　　問《と》い3／イ　万葉集《まんようしゅう》
問《と》い4／〈Ⅰ〉石見銀山《いわみぎんざん》　〈Ⅱ〉ウ・コ

解説《かいせつ》／早川明夫《はやかわあきお》（文教大学生涯学習《ぶんきょうだいがくしょうがいがくしゅう》センター講師《こうし》）

水問題《みずもんだい》

愛媛県《えひめけん》　愛光中学校《あいこうちゅうがっこう》（社会《しゃかい》／2023年度《ねんど》）

水問題《みずもんだい》について述《の》べた次《つぎ》の文《ぶん》を読《よ》み、後《あと》の問《と》いに答《こた》えなさい。

「水《みず》の世紀《せいき》」といわれる21世紀《せいき》、世界《せかい》の水《みず》の需要《じゅよう》は、人口増加《じんこうぞうか》や農地《のうち》・都市《とし》の拡大《かくだい》、開発途上国《かいはつとじょうこく》の工業化《こうぎょうか》や生活水準《せいかつすいじゅん》の向上《こうじょう》などを背景《はいけい》に増《ふ》え続《つづ》けており、2050年《ねん》には2000年《ねん》の約《やく》1.5倍《ばい》になる見込《みこ》みです。(ア)水《みず》の利用《りよう》は、生活用水《せいかつようすい》や農業用水《のうぎょうようすい》、工業用水《こうぎょうようすい》に大《おお》きく分類《ぶんるい》されます。なかでも工業用水《こうぎょうようすい》の需要《じゅよう》が急《きゅう》増《ぞう》しており、2050年《ねん》には2000年《ねん》の約《やく》3倍《ばい》になると予測《よそく》されています。

このように水《みず》の需要《じゅよう》が高《たか》まる一方《いっぽう》で、(イ)水《みず》は偏《かたよ》って存在《そんざい》する資源《しげん》であるため、気候《きこう》や地形《ちけい》などによって利用《りよう》に制約《せいやく》を受《う》ける地域《ちいき》があります。さらに、利《り》用《よう》の集中《しゅうちゅう》する地域《ちいき》では水《みず》をめぐる争《あらそ》いも起《お》こっています。例《たと》えば、インドシナ半島《はんとう》を流《なが》れるメコン川流域《がわりゅういき》では、水《みず》の配分《はいぶん》や水力発電《すいりょくはつでん》の権利《けんり》をめぐって、上流《じょうりゅう》域《いき》と中《ちゅう》・下流域《かりゅういき》の国《くに》との間《あいだ》で対立《たいりつ》が表面化《ひょうめんか》しています。

今後《こんご》、世界的《せかいてき》に水《みず》の需要《じゅよう》がますます高《たか》まることで、水不足《みずぶそく》に苦《くる》しむ人《ひと》びとの増加《ぞうか》や、生態系《せいたいけい》・自然環境《しぜんかんきょう》に対《たい》する悪影響《あくえいきょう》なども心配《しんぱい》されています。(ウ)食料《しょくりょう》や工業製品《こうぎょうせいひん》を大量《たいりょう》に輸入《ゆにゅう》している日本《にほん》にとっても、世界《せかい》の水問題《みずもんだい》は、決《けっ》して無関係《むかんけい》ではありません。私《わたし》たちは身近《みぢか》な問題《もんだい》として、持続可能《じぞくかのう》な水資源《みずしげん》の利用《りよう》を考《かんが》えていく必要《ひつよう》があるのです。

問《とい》1　下線部《かせんぶ》(ア)について、右《みぎ》の図《ず》は、日本《にほん》の主《おも》な地方別《ちほうべつ》の生活用水《せいかつようすい》、農業用水《のうぎょうようすい》、工業用水《こうぎょうようすい》の使用量《しようりょう》(取水量《しゅすいりょう》ベース)を示《しめ》したものであり、A～Cには、関東地方《かんとうちほう》、東海地方《とうかいちほう》、東北地方《とうほくちほう》のいずれかが当《あ》てはまります。地方名《ちほうめい》とA～Cとの正《ただ》しい組《く》み合《あ》わせを、【表《ひょう》1】の(あ)～(か)の中《なか》から1つ選《えら》びなさい。

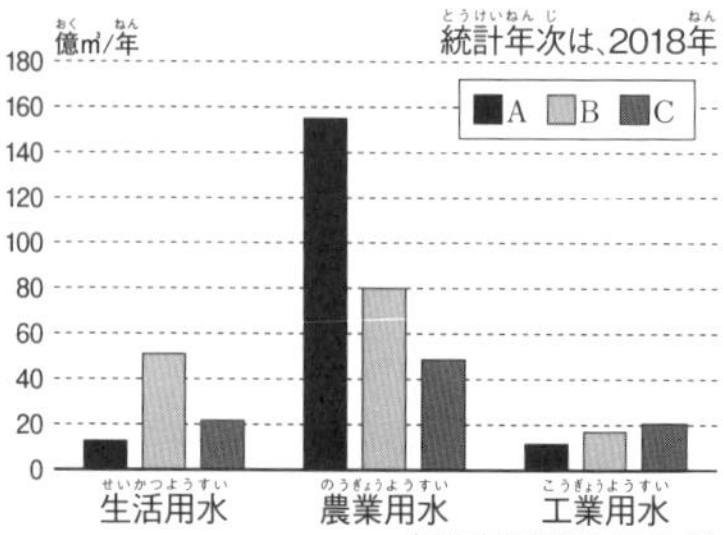

（国土交通省資料より作成）

【表《ひょう》1】

	(あ)	(い)	(う)	(え)	(お)	(か)
関東地方《かんとうちほう》	A	A	B	B	C	C
東海地方《とうかいちほう》	B	C	A	C	A	B
東北地方《とうほくちほう》	C	B	C	A	B	A

問《とい》2　下線部《かせんぶ》(イ)に関連《かんれん》して、国土《こくど》の大半《たいはん》が乾燥《かんそう》しているアフガニスタンは、2000年《ねん》にかつてない規模《きぼ》の干《かん》ばつに襲《おそ》われました。右《みぎ》の写真《しゃしん》は、アフガニスタンのある村《むら》のようすを、2003年《ねん》と2012年《ねん》に同《おな》じ地点《ちてん》で撮影《さつえい》したものです。これらの写真《しゃしん》から、砂漠化《さばくか》していた土地《とち》に緑《みどり》が戻《もど》ったことがわかります。この背景《はいけい》には、日本人医師《にほんじんいし》の中村哲氏《なかむらてつし》を中心《ちゅうしん》とした、緑化《りょっか》にむけた地道《じみち》な支援活動《しえんかつどう》があったと言《い》われています。彼《かれ》らのおこなった支援活動《しえんかつどう》とは何《なに》か、写真《しゃしん》を参考《さんこう》にしながら簡単《かんたん》に説明《せつめい》しなさい。

写真　PMS/ペシャワール会

問《とい》3　下線部《かせんぶ》(ウ)に関連《かんれん》して、日本《にほん》が輸入《ゆにゅう》する食料《しょくりょう》や工業製品《こうぎょうせいひん》を生産《せいさん》するために、海外《かいがい》では大量《たいりょう》の水《みず》が消費《しょうひ》されています。右《みぎ》の表《ひょう》は、日本《にほん》の主《おも》な農畜産物《のうちくさんぶつ》の輸入量《ゆにゅうりょう》に対《たい》するバーチャルウォーター(仮想《かそう》水《すい》)※の量《りょう》を示《しめ》したものであり、表中《ひょうちゅう》のA～Cには、牛肉《ぎゅうにく》、米《こめ》、とうもろこしのいずれかが当《あ》てはまります。農畜産物名《のうちくさんぶつめい》とA～Cとの正《ただ》しい組《く》み合《あ》わせを、【表《ひょう》2】の(あ)～(か)の中《なか》から1つ選《えら》びなさい。

統計年次《とうけいねんじ》は、2021年《ねん》

	輸入量《ゆにゅうりょう》に対《たい》する バーチャルウォーターの量《りょう》 (単位《たんい》:百万《ひゃくまん》㎥)
A	12,360
B	6,614
C	2,453

（『日本国勢図会 2022/23』および環境省「仮想水計算機」より作成）

【表《ひょう》2】

	(あ)	(い)	(う)	(え)	(お)	(か)
牛肉《ぎゅうにく》	A	A	B	B	C	C
米《こめ》	B	C	A	C	A	B
とうもろこし	C	B	C	A	B	A

※食料輸入国《しょくりょうゆにゅうこく》において、もしその輸入食料《ゆにゅうしょくりょう》を国内《こくない》で生産《せいさん》したと仮定《かてい》した場合《ばあい》に必要《ひつよう》となる仮想《かそう》の水《みず》のこと。

（＊問題文《もんだいぶん》から一部抜粋《いちぶばっすい》、改変《かいへん》しました）

解説《かいせつ》　世界《せかい》の水問題《みずもんだい》の影響《えいきょう》を受《う》けやすい日本《にほん》

日本《にほん》の年間降水量《ねんかんこうすいりょう》1718㎜は世界平均《せかいへいきん》の約《やく》2倍《ばい》あるが、国土面積《こくどめんせき》に対《たい》して人口《じんこう》が多《おお》いため、人口1人当《じんこうひとりあ》たりの水資源《みずしげん》は世界平均《せかいへいきん》の半《はん》分《ぶん》ほど。その上《うえ》、日本《にほん》は食料《しょくりょう》の多《おお》くを輸入《ゆにゅう》に頼《たよ》っているため、世界《せかい》の水不足《みずぶそく》の影響《えいきょう》を受《う》けやすい。 **問《とい》1** 関東《かんとう》、東海《とうかい》、東北《とうほく》の各地方《かくちほう》の人口《じんこう》や産業《さんぎょう》の特徴《とくちょう》を考《かんが》えよう。関東《かんとう》は人口《じんこう》が多《おお》いので生活用《せいかつよう》水《すい》(B)が、東北《とうほく》は米作《べいさく》を中心《ちゅうしん》とした農業《のうぎょう》が盛《さか》んなので農業用水《のうぎょうようすい》(A)が、東海《とうかい》は中京工業地帯《ちゅうきょうこうぎょうちたい》や東海工業地域《とうかいこうぎょうちいき》があるので工業用《こうぎょうよう》水《すい》(C)がそれぞれ多《おお》い。 **問《とい》2** 2003年《ねん》の写真《しゃしん》は干《かん》ばつで砂漠化《さばくか》した土地《とち》、12年《ねん》は用水路《ようすいろ》ができて緑化《りょっか》した土地《とち》が写《うつ》っている。 **問《とい》3** A～Cの農畜産物《のうちくさんぶつ》を生産《せいさん》するのに必要《ひつよう》な水《みず》をイメージしてみる。牛《うし》は大量《たいりょう》の牧草《ぼくそう》や飼料《しりょう》を食《た》べることを思《おも》い起《お》こしてほしい。500gの牛肉《ぎゅうにく》を作《つく》るのに必要《ひつよう》な水《みず》は約《やく》1万《まん》Lといわれる。食料《しょくりょう》を外《がい》国《こく》に依存《いそん》している日本《にほん》は、世界有数《せかいゆうすう》の水消費国《みずしょうひこく》である。

対策《たいさく》　環境省《かんきょうしょう》のホームページにある「仮想水計算機《かそうすいけいさんき》」を用《もち》いて、仮想水《かそうすい》の計算《けいさん》をしてみよう。

正解《せいかい》
問《とい》1／え
問《とい》2／干《かん》ばつで砂漠化《さばくか》した土地《とち》に用水路《ようすいろ》を設《もう》けた。
問《とい》3／あ

インターネットの普及《ふきゅう》

東京都《とうきょうと》　明治大学付属明治中学校《めいじだいがくふぞくめいじちゅうがっこう》（社会《しゃかい》／2023年度《ねんど》）

次《つぎ》の会話文《かいわぶん》は、A《エイ》さん・B《ビー》さん・先生《せんせい》の3人《にん》で話《はなし》をしている場面《ばめん》です。これを読《よ》んで、以下《いか》の問《と》いに答《こた》えなさい。

先生《せんせい》：近年《きんねん》、インターネットが普及《ふきゅう》し、多《おお》くの人《ひと》がインターネットを使《つか》って生活《せいかつ》をするようになっていますね。A《エイ》さんとB《ビー》さんは、インターネットを使《つか》っていますか。

A《エイ》さん：わたしは、①インターネットを使《つか》って、調《しら》べ学習《がくしゅう》をしています。

B《ビー》さん：わたしは、オンラインゲームをしたり、SNS《エスエヌエス》※を利用《りよう》したりするのによく使《つか》っています。

先生《せんせい》：そうなのですね。たしかに、インターネットはとても便利《べんり》で、現在《げんざい》ではわたしたちの生活《せいかつ》に欠《か》かせないものになっています。行政機関《ぎょうせいきかん》の一《ひと》つとしても、2021年《ねん》9月1日《がつついたち》に（　あ　）庁《ちょう》が発足《ほっそく》し、「（　あ　）」の活用《かつよう》により、一人《ひとり》ひとりのニーズに合《あ》ったサービスを選《えら》ぶことができ、多様《たよう》な幸《しあわ》せが実現《じつげん》できる社会《しゃかい》」を目指《めざ》して、行政《ぎょうせい》サービスのオンライン化《か》などを進《すす》めています。しかし、インターネットが普及《ふきゅう》した社会《しゃかい》で起《お》こる問題《もんだい》もあります。どのようなものがあるか、分《わ》かりますか。

A《エイ》さん：インターネット上《じょう》で、映像《えいぞう》や音楽《おんがく》などが無断《むだん》でアップロード・ダウンロードされることがあります。このようなことがあると、②作成《さくせい》した人《ひと》の権利《けんり》が侵害《しんがい》されてしまいます。コンピュータのネットワークに入《はい》りこむなどして、データをこわしたり、ぬすんだりする「サイバー攻撃《こうげき》」も心配《しんぱい》です。

B《ビー》さん：インターネット上《じょう》で、悪口《わるくち》を言《い》って他人《たにん》を傷《きず》つけることも問題《もんだい》になっています。また、他人《たにん》に知《し》られたくない情報《じょうほう》が本人《ほんにん》に無断《むだん》で流《なが》され、（　い　）が侵《おか》されてしまうこともあります。一方《いっぽう》で、インターネットに基盤《きばん》を持《も》つ社会《しゃかい》では、③通信障害《つうしんしょうがい》が発生《はっせい》すると、社会生活《しゃかいせいかつ》に大《おお》きな混乱《こんらん》が生《しょう》じることもあります。

先生《せんせい》：そうですね。また、インターネットは政治《せいじ》にも影響《えいきょう》をもたらすことがあります。イギリスにおけるEU《イーユー》離脱《りだつ》の国民投票《こくみんとうひょう》の際《さい》には、インターネット上《じょう》で得《え》られた莫大《ばくだい》なデータ（ビッグデータ）をもとに、④社会《しゃかい》で多数《たすう》の人々《ひとびと》に合意《ごうい》されている共通意見《きょうつういけん》が動《うご》かされたとも考《かんが》えられています。

A《エイ》さん：わたしたち国民一人《こくみんひとり》ひとりが、情報《じょうほう》を得《え》る際《さい》にますます注意《ちゅうい》していかなければなりませんね。

※SNSは、ソーシャルネットワーキングサービス（Social Networking Service）の略称である。
インターネットのネットワークを通じて、人と人をつなぎコミュニケーションが図れるように設計された会員制サービスのことである。

問《とい》1　下線部《かせんぶ》①を行《おこな》う際《さい》に、インターネットから情報《じょうほう》を得《え》て、活用《かつよう》していく中《なか》で注意《ちゅうい》しなければならないことを、具体的《ぐたいてき》に1つ書《か》きなさい。

問《とい》2　空《くう》らん（　あ　）にあてはまる語句《ごく》を答《こた》えなさい。

問《とい》3　下線部《かせんぶ》②について、新《あたら》しい技術《ぎじゅつ》の発明《はつめい》・デザイン・音楽《おんがく》など、人間《にんげん》の知的《ちてき》な創造活動《そうぞうかつどう》によって生《う》み出《だ》されたものを、一定期間《いっていきかん》保護《ほご》する権利《けんり》を何《なん》というか、漢字《かんじ》5字《じ》で答《こた》えなさい。

問《とい》4　空《くう》らん（　い　）にあてはまる、新《あたら》しい人権《じんけん》の1つである権利《けんり》の名前《なまえ》を答《こた》えなさい。

問《とい》5　下線部《かせんぶ》③について、このような問題《もんだい》への対応《たいおう》を担《にな》うほか、地方行財政《ちほうぎょうざいせい》、選挙《せんきょ》、消防《しょうぼう》などを担当《たんとう》する省《しょう》の名前《なまえ》を答《こた》えなさい。

問《とい》6　下線部《かせんぶ》④の動《うご》きは、新聞社《しんぶんしゃ》や放送局《ほうそうきょく》などによって定期的《ていきてき》に調査《ちょうさ》が行《おこな》われており、（　う　）調査《ちょうさ》とよばれます。この空《くう》らん（　う　）にあてはまる語句《ごく》を、漢字《かんじ》2字《じ》で答《こた》えなさい。

（＊問題文《もんだいぶん》から一部抜粋《いちぶばっすい》、改変《かいへん》しました）

解説《かいせつ》　ネット社会《しゃかい》で生《しょう》じる問題《もんだい》

問《とい》1 インターネットの普及《ふきゅう》によって私《わたし》たちは容易《ようい》にさまざまな情報《じょうほう》を入手《にゅうしゅ》できるようになった。その反面《はんめん》、他人《たにん》のプライバシーを侵害《しんがい》したり、差別《さべつ》を助長《じょちょう》したり、これまでにない問題《もんだい》も起《お》きている。インターネットの情報《じょうほう》をうのみにすることなく、情報《じょうほう》を正《ただ》しく読《よ》み取《と》り、何《なに》が真実《しんじつ》であるかを見極《みきわ》める力《ちから》を培《つちか》うことが求《もと》められている。 **問《とい》2** デジタル社会《しゃかい》を形成《けいせい》するための司令塔《しれいとう》として、2021年《ねん》にデジタル庁《ちょう》が発足《ほっそく》。 **問《とい》3** 小説《しょうせつ》や音楽《おんがく》、デザインなど人間《にんげん》の知的創作活動《ちてきそうさくかつどう》で生《う》み出《だ》されたものを、一定期《いっていき》間《かん》その人《ひと》の財産《ざいさん》として保護《ほご》する権利《けんり》を知的財産権《ちてきざいさんけん》（知的所有権《ちてきしょゆうけん》）という。 **問《とい》4** 他人《たにん》に知《し》られたくない個人情報《こじんじょうほう》をみだりに公開《こうかい》されない権利《けんり》をプライバシーの権利《けんり》という。憲法《けんぽう》13条《じょう》の幸福追求権《こうふくついきゅうけん》に基《もと》づく、新《あたら》しい人権《じんけん》の一《ひと》つ。 **問《とい》5** 総務省《そうむしょう》は防災《ぼうさい》、情報通信《じょうほうつうしん》、郵政事業《ゆうせいじぎょう》なども担当《たんとう》。 **問《とい》6** 政治《せいじ》や社会《しゃかい》について、多《おお》くの人《ひと》がもっている意見《いけん》を世論《よろん》という。世論《よろん》を知《し》るために行《おこな》われるのが世論調査《よろんちょうさ》。世論《よろん》は政治《せいじ》に大《おお》きな影響《えいきょう》を与《あた》える。

対策《たいさく》

インターネットの長所《ちょうしょ》と短所《たんしょ》をおさえておこう。

正解《せいかい》

問《とい》1／インターネットの情報《じょうほう》が常《つね》に正《ただ》しいとは限《かぎ》らないので、ほかの情報《じょうほう》と比較《ひかく》したりして何《なに》が正《ただ》しいか見極《みきわ》めること。

問《とい》2／デジタル　問《とい》3／知的財産権《ちてきざいさんけん》（知的所有権《ちてきしょゆうけん》）

問《とい》4／プライバシーの権利《けんり》　問《とい》5／総務省《そうむしょう》　問《とい》6／世論《よろん》

解説《かいせつ》／早川明夫《はやかわあきお》（文教大学生涯学習《ぶんきょうだいがくしょうがいがくしゅう》センター講師《こうし》）

食料問題《しょくりょうもんだい》

東京都《とうきょうと》　頌栄女子学院中学校《しょうえいじょしがくいんちゅうがっこう》（理科《りか》／2023年度《ねんど》）

SDGs《エスディージーズ》に象徴《しょうちょう》されるように、あらゆる方面《ほうめん》から人類《じんるい》の未来《みらい》を考《かん》える必要《ひつよう》に迫《せま》られています。先延《さきの》ばしにできない多《おお》くの問題《もんだい》の中《なか》の1つとして、食料問題《しょくりょうもんだい》があります。昨年《さくねん》、世界《せかい》の人口《じんこう》はついに80億人《おくにん》に達《たっ》しました。i)地球上《ちきゅうじょう》の生物《せいぶつ》は、水《みず》や空気《くうき》はもちろんのことあらゆる環境《かんきょう》を共有《きょうゆう》しながらお互《たが》いに関係《かんけい》し合《あ》い、一定範囲《いっていはんい》の状態《じょうたい》を保《たも》ちながら生《い》きています。同《おな》じ地球上《ちきゅうじょう》にいる私《わたし》たち人類《じんるい》も、周《まわ》りで生活《せいかつ》している生物《せいぶつ》や環境《かんきょう》と無関係《むかんけい》ではないのです。

そこで、ここでは生物《せいぶつ》どうしの関係《かんけい》の中《なか》でも、特《とく》にii)食《た》べる食《た》べられるの関係《かんけい》について考《かんが》えてみたいと思《おも》います。

右《みぎ》の図《ず》1は、下線部《かせんぶ》iiのつながりにおける数量的《すうりょうてき》な関係《かんけい》を、海《うみ》に生息《せいそく》するA～Dの生物《せいぶつ》を例《れい》としてまとめたものです。図《ず》2は、図《ず》1のCの生物《せいぶつ》が一時的《いちじてき》に増加《ぞうか》した状態《じょうたい》を表《あらわ》したものです。語群《ごぐん》の生物《せいぶつ》はA～Dに当《あ》てはまる具体例《ぐたいれい》で、この中《なか》からAとBには2つずつ、CとDには1つずつが含《ふく》まれます。また、A～Dの同《おな》じ枠《わく》に存在《そんざい》する生物《せいぶつ》どうしであっても、食《た》べる食《た》べられるの関係《かんけい》が生《しょう》じる場合《ばあい》もあります。

【図《ず》1】

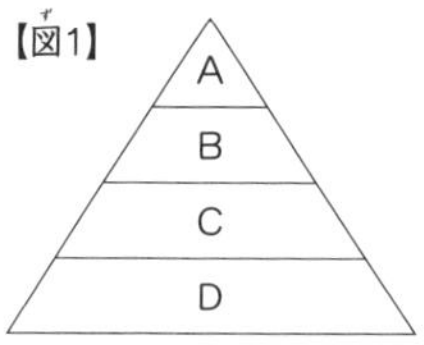

【図《ず》2】

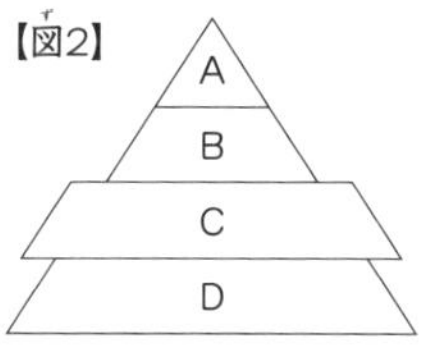

【語群《ごぐん》】
a イワシ　b マグロ
c カツオ　d サンマ
e 動物《どうぶつ》プランクトン
f 植物《しょくぶつ》プランクトン

問《とい》1　下線部《かせんぶ》iのようなまとまりを何《なん》といいますか。次《つぎ》のア～オから最《もっと》も適当《てきとう》なものを1つ選《えら》んで、記号《きごう》で答《こた》えなさい。
ア　環境系《かんきょうけい》　イ　生態系《せいたいけい》　ウ　自然系《しぜんけい》　エ　生物系《せいぶつけい》　オ　地球系《ちきゅうけい》

問《とい》2　下線部《かせんぶ》iiのような関係《かんけい》を何《なん》といいますか。漢字《かんじ》4字《じ》で答《こた》えなさい。

問《とい》3　(1)　図《ず》1のA～Dのうち、下線部《かせんぶ》iiの関係《かんけい》の始《はじ》まりとなるものはどれですか。記号《きごう》で答《こた》えなさい。
(2)　これに当《あ》てはまる生物《せいぶつ》を、語群《ごぐん》より1つ選《えら》んで記号《きごう》で答《こた》えなさい。

問《とい》4　下線部《かせんぶ》iiのつながりにおいて、図《ず》1の①AとB、②CとDの関係《かんけい》にあるものはどれですか。次《つぎ》のア～オからそれぞれ1つずつ選《えら》んで、記号《きごう》で答《こた》えなさい。
ア　サンマと植物《しょくぶつ》プランクトン　イ　マグロとイワシ　ウ　イワシとサンマ
エ　マグロとカツオ　オ　動物《どうぶつ》プランクトンと植物《しょくぶつ》プランクトン

問《とい》5　下線部《かせんぶ》iiの関係《かんけい》の中《なか》で、図《ず》1の上位《じょうい》の生物《せいぶつ》ほど、体外《たいがい》に排出《はいしゅつ》されにくい物質《ぶっしつ》がより高濃度《こうのうど》で体内《たいない》に蓄積《ちくせき》されてしまうことがあります。このような現象《げんしょう》を「生物濃縮《せいぶつのうしゅく》」といいます。次《つぎ》のア～オの中《なか》から、この現象《げんしょう》で体内《たいない》に蓄積《ちくせき》されやすい物質《ぶっしつ》の具体例《ぐたいれい》として当《あ》てはまるものを、2つ選《えら》んで記号《きごう》で答《こた》えなさい。
ア　遺伝子組換《いでんしくみか》え技術《ぎじゅつ》で作《つく》ったトウモロコシ　イ　植物由来《しょくぶつゆらい》の代替肉《だいたいにく》
ウ　DDT《ディーディーティー》を含《ふく》んだ農薬《のうやく》　エ　マイクロプラスチック　オ　温室効果《おんしつこうか》ガス

問《とい》6　私《わたし》たちの身体《しんたい》に必要《ひつよう》なタンパク質《しつ》などの栄養分《えいようぶん》は、牧場《ぼくじょう》の動物《どうぶつ》などから供給《きょうきゅう》されるものも多《おお》いです。家畜《かちく》を食肉《しょくにく》として出荷《しゅっか》するまでにどれくらいの餌《えさ》を必要《ひつよう》とするかは、動物《どうぶつ》の種類《しゅるい》によって異《こと》なり、それが生産《せいさん》コストにもつながって価格《かかく》に大《おお》きく影響《えいきょう》します。ウシ、ブタ、ニワトリの3種類《しゅるい》の動物《どうぶつ》について、食肉《しょくにく》1kgを生産《せいさん》するのに必要《ひつよう》な餌《えさ》の量《りょう》が最《もっと》も少《すく》なくてすむのは、どの動物《どうぶつ》であると考《かんが》えられますか。3種類《しゅるい》の動物《どうぶつ》の中《なか》から、その名称《めいしょう》を答《こた》えなさい。

問《とい》7　問《とい》6の3種類《しゅるい》の動物《どうぶつ》の餌《えさ》の多《おお》くは、ムギやトウモロコシなどの穀物《こくもつ》です。これらはそもそも私《わたし》たちが従来《じゅうらい》から食料《しょくりょう》としているものも多《おお》く、最近《さいきん》はバイオ燃料《ねんりょう》の原料《げんりょう》としても利用《りよう》され始《はじ》めており、家畜《かちく》の餌《えさ》としてその生産量《せいさんりょう》を大幅《おおはば》に増《ふ》やすことは、爆発的《ばくはつてき》な人口《じんこう》増加《ぞうか》との関係《かんけい》からも困難《こんなん》になってくると考《かんが》えられています。そこで未来《みらい》のタンパク源《げん》として最近注目《さいきんちゅうもく》されている生物《せいぶつ》がいくつかありますが、その中《なか》でも最《もっと》も有望《ゆうぼう》なものの1つとして考《かんが》えられているものを、次《つぎ》のア～オから1つ選《えら》んで、記号《きごう》で答《こた》えなさい。
ア　カピバラ　イ　ウナギ　ウ　マグロ　エ　コオロギ　オ　サケ

（＊問題文《もんだいぶん》から一部抜粋《いちぶばっすい》、改変《かいへん》しました）

解説《かいせつ》　生物《せいぶつ》どうしのつながり

問《とい》1 ある地域《ちいき》に生《い》きている生物《せいぶつ》の集団《しゅうだん》と、それらをとりまく環境《かんきょう》とを合《あ》わせたものを生態系《せいたいけい》という。 **問《とい》2** 自然界《しぜんかい》では、生物《せいぶつ》は「食《た》べる・食《た》べられる」というつながりの中《なか》で生《い》きている。このつながりを食物連鎖《しょくもつれんさ》という。 **問《とい》3** 図《ず》1は海《うみ》の生物《せいぶつ》の数《かず》の関係《かんけい》を示《しめ》したもので、Aは大型《おおがた》の魚類《ぎょるい》、Bは小型《こがた》の魚類《ぎょるい》、Cは動物《どうぶつ》プランクトン、Dは植物《しょくぶつ》プランクトン。食物連鎖《しょくもつれんさ》の始《はじ》まりはDで最《もっと》も数量《すうりょう》が多《おお》い。 **問《とい》4** 図《ず》1を参考《さんこう》に考《かんが》えれば①は「マグロとイワシ」、②は「動物《どうぶつ》プランクトンと植物《しょくぶつ》プランクトン」。 **問《とい》5** 生物濃縮《せいぶつのうしゅく》の現象《げんしょう》で体内《たいない》に蓄積《ちくせき》されやすい物質《ぶっしつ》は、分解《ぶんかい》や排出《はいしゅつ》が容易《ようい》でない物質《ぶっしつ》である。殺虫剤《さっちゅうざい》のDDT《ディーディーティー》が代表的《だいひょうてき》な例《れい》。 **問《とい》6** 食肉《しょくにく》1kgを生産《せいさん》するのに必要《ひつよう》な餌《えさ》（トウモロコシ）は、ウシ11kg、ブタ6kg、ニワトリ4kg。 **問《とい》7** 昆虫《こんちゅう》は動物性《どうぶつせい》タンパク質《しつ》が豊富《ほうふ》なうえ、餌《えさ》も少《すく》なくてすむため、未来《みらい》のタンパク源《げん》として期待《きたい》されている。

対策《たいさく》　食物連鎖《しょくもつれんさ》は資料集《しりょうしゅう》の図解《ずかい》で具体的《ぐたいてき》に理解《りかい》しておこう。

正解《せいかい》　問《とい》1／イ　問《とい》2／食物連鎖《しょくもつれんさ》　問《とい》3／(1) D (2) f　問《とい》4／①イ ②オ　問《とい》5／ウ、エ　問《とい》6／ニワトリ　問《とい》7／エ

地震列島《じしんれっとう》の日本《にほん》

東京都《とうきょうと》　広尾学園小石川中学校《ひろおがくえんこいしかわちゅうがっこう》（社会《しゃかい》／2023年度《ねんど》）

次《つぎ》の文章《ぶんしょう》を読《よ》んで、あとの問《と》いに答《こた》えなさい。

今《いま》からちょうど100年前《ねんまえ》の1923年《ねん》、相模湾《さがみわん》を震源《しんげん》とする関東大震災《かんとうだいしんさい》が発生《はっせい》しました。この震災《しんさい》では10万人以上《まんにんいじょう》の被災者《ひさいしゃ》が出《で》たと言《い》われています。関東地方《かんとうちほう》では、およそ50～100年《ねん》の間《あいだ》に大《おお》きな地震《じしん》が発生《はっせい》しています。日本《にほん》は世界《せかい》で最《もっと》も地震《じしん》が多発《たはつ》する国《くに》の一《ひと》つです。2011年《ねん》に東北地方《とうほくちほう》を震源《しんげん》として発生《はっせい》した東日本大震災《ひがしにほんだいしんさい》は、地震被害《じしんひがい》の他《ほか》に津波被害《つなみひがい》も大《おお》きく、また原子力発電所《げんしりょくはつでんしょ》の事故《じこ》も引《ひ》き起《お》こしました。「想定外《そうていがい》」という言葉《ことば》が使《つか》われましたが、私《わたし》たちは地震以外《じしんいがい》の災害《さいがい》も含《ふく》め、いつ発生《はっせい》するかわからない自然災害《しぜんさいがい》のために備《そな》えておく必要《ひつよう》があります。

問《と》1　下線部《かせんぶ》について、関東大震災《かんとうだいしんさい》が発生《はっせい》したのは何月何日《なんがつなんにち》か答《こた》えなさい。

> 地震《じしん》が発生《はっせい》する主《おも》な原因《げんいん》の一《ひと》つに、地球《ちきゅう》の表面《ひょうめん》を覆《おお》っている（　A　）の動《うご》きが挙《あ》げられます。（　A　）は10数枚《すうまい》に分《わ》かれていて、（　A　）どうしが動《うご》く中《なか》でぶつかり、一方《いっぽう》がもう一方《いっぽう》の下《した》にもぐり込《こ》むことがあります。この時《とき》、上側《うえがわ》の（　A　）は引《ひ》きずり込《こ》まれますが、ある段階《だんかい》でたえられずに元《もと》に戻《もど》ろうとします。この時《とき》に地震《じしん》が発生《はっせい》します。また、このもぐり込《こ》みによって険《けわ》しい山脈《さんみゃく》も形成《けいせい》されます。この動《うご》きが活発《かっぱつ》な地帯《ちたい》を造山帯《ぞうざんたい》と呼《よ》び、日本《にほん》はその一《ひと》つである（　B　）造山帯《ぞうざんたい》の上《うえ》に存在《そんざい》するので、地震《じしん》や火山活動《かざんかつどう》が活発《かっぱつ》な場所《ばしょ》となります。同《おな》じ（　B　）造山帯《ぞうざんたい》には、アコンカグアを最高峰《さいこうほう》とする南《みなみ》アメリカ大陸《たいりく》の（　C　）山脈《さんみゃく》も属《ぞく》します。また、2022年《ねん》1月《がつ》に島《しま》を吹《ふ》き飛《と》ばすほどの大噴火《だいふんか》が発生《はっせい》し、日本《にほん》にも津波《つなみ》をもたらした海底火山《かいていかざん》がある［　X　］もこの造山帯《ぞうざんたい》に属《ぞく》します。

問《と》2　(1)文章中《ぶんしょうちゅう》の空欄《くうらん》（　A　）～（　C　）に入《はい》る適切《てきせつ》な語句《ごく》を答《こた》えなさい。
(2)文章中《ぶんしょうちゅう》の空欄《くうらん》［　X　］の国《くに》の位置《いち》について、次《つぎ》の地図中《ちずちゅう》のア～オのうち正《ただ》しいものを1つ選《えら》び、記号《きごう》で答《こた》えなさい。

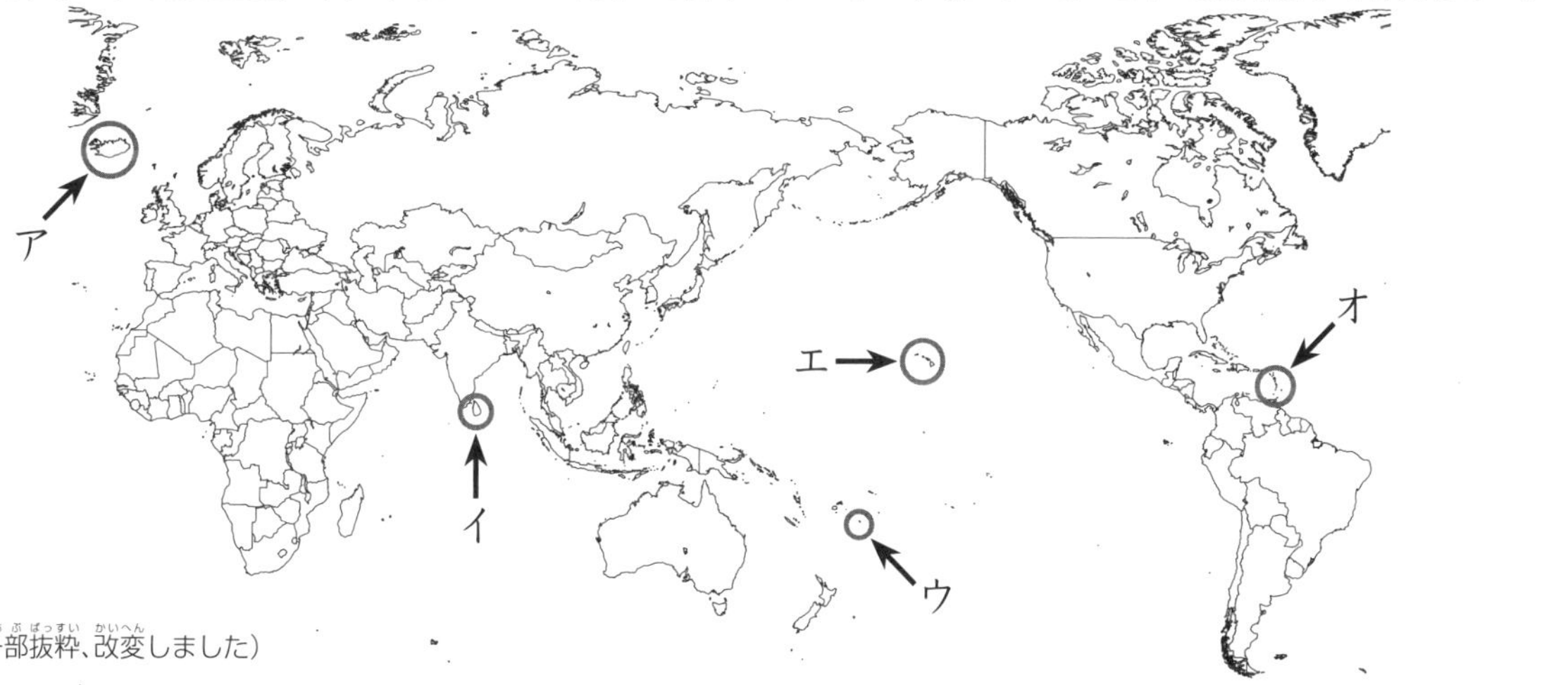

（＊問題文《もんだいぶん》から一部抜粋《いちぶばっすい》、改変《かいへん》しました）

解説《かいせつ》　地震《じしん》と造山帯《ぞうざんたい》

問《とい》1　関東大震災《かんとうだいしんさい》が発生《はっせい》したのは、1923年《ねん》9月1日《がつついたち》午前《ごぜん》11時《じ》58分《ぶん》。地震発生《じしんはっせい》が昼《ひる》どきであったため各地《かくち》で火災《かさい》が発生《はっせい》。このため犠《ぎ》牲者《せいしゃ》の約《やく》9割《わり》が焼死《しょうし》であった。9月1日《がつついたち》は現在《げんざい》「防災《ぼうさい》の日《ひ》」とされている。 **問《とい》2**(1)地球《ちきゅう》の表面《ひょうめん》はプレートと呼《よ》ばれる十数枚《じゅうすうまい》の、厚《あつ》さ数十《すうじゅう》～百数十《ひゃくすうじゅう》kmの岩石《がんせき》の層《そう》で覆《おお》われている。プレートは年間数《ねんかんすう》cm動《うご》いている。プレートの衝突《しょうとつ》や沈《しず》み込《こ》みが活発《かっぱつ》な造山帯《ぞうざんたい》は、地《じ》震《しん》や火山活動《かざんかつどう》がさかんである。造山帯《ぞうざんたい》には、太平洋《たいへいよう》をとりまく環《かん》太平洋造山帯《たいへいようぞうざんたい》とアルプス・ヒマラヤ造山帯《ぞうざんたい》がある。南《みなみ》アメリカ大《たい》陸《りく》のアンデス山脈《さんみゃく》、北《きた》アメリカ大陸《たいりく》のロッキー山脈《さんみゃく》、日本列島《にほんれっとう》などは、環太平洋造山帯《かんたいへいようぞうざんたい》に属《ぞく》する。(2)2022年《ねん》1月《がつ》に大噴火《だいふんか》した海底《かいてい》火山《かざん》は、南太平洋《みなみたいへいよう》のトンガ諸島《しょとう》に位置《いち》している。トンガの位置《いち》がわからなくても、環太平洋造山帯《かんたいへいようぞうざんたい》の範囲《はんい》がわかれば解《と》ける。なお、日本周辺《にほんしゅうへん》の4枚《まい》のプレート名《めい》とその位置《いち》は確実《かくじつ》に覚《おぼ》えておこう。東日本大震災《ひがしにほんだいしんさい》（2011年《ねん》3月《がつ》11日《にち》）は北《きた》アメリカプレートと太平洋《たいへいよう》プレートの境《さかい》で発生《はっせい》した海溝型《かいこうがた》（プレート境界型《きょうかいがた》）地震《じしん》だ。

対策《たいさく》

2023年《ねん》は関東大震災《かんとうだいしんさい》が発生《はっせい》して100年《ねん》という節目《ふしめ》の年《とし》。地震発生《じしんはっせい》のしくみや過去《かこ》の大地震《おおじしん》（関東大震災《かんとうだいしんさい》、阪神《はんしん》・淡路大震災《あわじだいしんさい》、東日本《ひがしにほん》大震災《だいしんさい》）について、比較《ひかく》してまとめておこう。

正解《せいかい》

問《とい》1 ／ 9月1日《がつついたち》
問《とい》2 ／(1)A:プレート　B:環太平洋《かんたいへいよう》　C:アンデス　　(2)ウ

2022年《ねん》を基準《きじゅん》にした周年問題《しゅうねんもんだい》

東京都《とうきょうと》　早稲田中学校《わせだちゅうがっこう》(社会《しゃかい》／2023年度《ねんど》)

問《とい》1　昨年《さくねん》、PKO協力法《ピーケイオーきょうりょくほう》(国連平和維持活動協力法《こくれんへいわいじかつどうきょうりょくほう》)が成立《せいりつ》してから30年《ねん》が経《た》ちました。PKO協力法《ピーケイオーきょうりょくほう》に関連《かんれん》する文《ぶん》として、正《ただ》しいものを次《つぎ》の中《なか》から1つ選《えら》び、記号《きごう》で答《こた》えなさい。

ア　この法律《ほうりつ》に基《もと》づいて、湾岸戦争後《わんがんせんそうご》のペルシャ湾《わん》に初《はじ》めて自衛隊《じえいたい》が派遣《はけん》された。
イ　この法律《ほうりつ》に基《もと》づいて、カンボジア、アフガニスタン、イラクなどに自衛隊《じえいたい》が派遣《はけん》された。
ウ　この法律《ほうりつ》に基《もと》づいて、道路《どうろ》や橋《はし》をつくるなどのインフラ整備《せいび》が行《おこな》われてきた。
エ　この法律《ほうりつ》に基《もと》づいて、自衛隊員《じえいたいいん》のみが派遣《はけん》されてきた。

問《とい》2　昨年《さくねん》、「国連環境開発会議《こくれんかんきょうかいはつかいぎ》(地球《ちきゅう》サミット)」が開催《かいさい》されてから30年《ねん》が経《た》ちました。2015年《ねん》の「国連持続可能《こくれんじぞくかのう》な開発《かいはつ》サミット」では、2030年《ねん》までに持続可能《じぞくかのう》でよりよい世界《せかい》を目指《めざ》す国際目標《こくさいもくひょう》「SDGs《エスディージーズ》」が採択《さいたく》されました。このSDGs《エスディージーズ》に関連《かんれん》する次《つぎ》の各問《かくとい》に答《こた》えなさい。

(1) 最近《さいきん》、コンビニエンス・ストアやスーパーでAのようなポップをよく目《め》にします。これによって、政府《せいふ》はどのようなことを目指《めざ》しているのか答《こた》えなさい。

(2) ノートやトイレットペーパーにBのようなマークがついているのをよく目《め》にします。このマークはどのようなことを示《しめ》しているのか答《こた》えなさい。

A

B
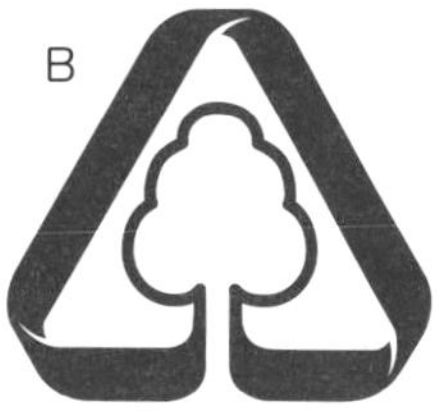

問《とい》3　昨年《さくねん》、EU《イーユー》(ヨーロッパ連合《れんごう》)加盟国《かめいこく》の中《なか》で、共通通貨《きょうつうつうか》であるユーロ紙幣《しへい》・硬貨《こうか》が流通開始《りゅうつうかいし》されてから20年《ねん》が経《た》ちました。共通通貨《きょうつうつうか》ユーロについて述《の》べた文《ぶん》として、誤《あやま》っているものを次《つぎ》の中《なか》から1つ選《えら》び、記号《きごう》で答《こた》えなさい。

ア　EU《イーユー》に加盟《かめい》しているすべての国《くに》がユーロを導入《どうにゅう》している。
イ　一部《いちぶ》の国《くに》が財政上苦《ざいせいじょうくる》しくなると、ユーロの価値《かち》が下《さ》がる傾向《けいこう》がある。
ウ　ユーロの導入《どうにゅう》によってモノの価格《かかく》が一目《ひとめ》で比《くら》べられるようになった。
エ　ユーロの取引量《とりひきりょう》はアメリカのドルに次《つ》いで世界第《せかいだい》2位《い》である。

問《とい》4　昨年《さくねん》、東京《とうきょう》スカイツリーが開業《かいぎょう》してから10年《ねん》が経《た》ちました。次《つぎ》の各問《かくとい》に答《こた》えなさい。

(1) 東京《とうきょう》スカイツリーは、観光地《かんこうち》としても人気《にんき》がありますが、地上《ちじょう》デジタル放送《ほうそう》の安定《あんてい》した送信《そうしん》をするための重要《じゅうよう》な電波塔《でんぱとう》です。この電波《でんぱ》を公平《こうへい》かつ効率《こうりつ》よく利用《りよう》できるように「電波法《でんぱほう》」という法律《ほうりつ》が制定《せいてい》され、いろいろな規則《きそく》が定《さだ》められています。これらの電波《でんぱ》に関《かん》する管理《かんり》を中心《ちゅうしん》に行《おこな》っている省名《しょうめい》を漢字《かんじ》で答《こた》えなさい。

(2) 東京《とうきょう》スカイツリーが開業《かいぎょう》した年《とし》に復興庁《ふっこうちょう》が発足《ほっそく》しました。この年《とし》よりも後《あと》に発足《ほっそく》した庁《ちょう》を次《つぎ》の中《なか》からすべて選《えら》び、記号《きごう》で答《こた》えなさい。

ア　デジタル庁《ちょう》　　イ　観光庁《かんこうちょう》　　ウ　消費者庁《しょうひしゃちょう》　　エ　スポーツ庁《ちょう》　　オ　文化庁《ぶんかちょう》

(＊問題文《もんだいぶん》から一部抜粋《いちぶばっすい》しました)

解説《かいせつ》　節目《ふしめ》の年《とし》の出来事《できごと》

問《とい》1　湾岸戦争《わんがんせんそう》(1991年《ねん》)に際《さい》し、アメリカは日本《にほん》に対《たい》して多額《たがく》の資金《しきん》援助《えんじょ》と人員《じんいん》の派遣《はけん》を強《つよ》く求《もと》めてきた。このことがPKO協力法成立《ピーケイオーきょうりょくほうせいりつ》(92年《ねん》)のきっかけとなる。 ア ペルシャ湾《わん》への初《はじ》めての自衛隊派遣《じえいたいはけん》は91年《ねん》4月。 イ PKO協力法《ピーケイオーきょうりょくほう》に基《もと》づいてカンボジアに自衛隊《じえいたい》が派遣《はけん》されたがアフガニスタンには行《い》っていない。また、イラクへの派遣《はけん》は別《べつ》の法律《ほうりつ》による。 エ 派遣《はけん》されたメンバーには、民間人《みんかんじん》や文民警察官《ぶんみんけいさつかん》もいた。 **問《とい》2** (1)買《か》ったらすぐに食《た》べる食品《しょくひん》は、手前《てまえ》から取《と》る「てまえどり」によって、売《う》れ残《のこ》りや期限切《きげんぎ》れなどにより廃棄《はいき》される食品《しょくひん》を減《へ》らすことができる。 (2) Bはグリーンマーク。古紙《こし》など紙《かみ》のリサイクルを推《お》し進《すす》めているものに表示《ひょうじ》される。 **問《とい》3** アは誤《あやま》り。EU《イーユー》の加盟国《かめいこく》は27。このうちユーロを導入《どうにゅう》しているのは20カ国《こく》。 **問《とい》4** (1) 電波《でんぱ》などの通信《つうしん》事業《じぎょう》は総務省《そうむしょう》の担当《たんとう》。 (2) 復興庁《ふっこうちょう》は東日本大震災《ひがしにほんだいしんさい》(2011年《ねん》3月《がつ》11日《にち》)からの復興《ふっこう》を目的《もくてき》に12年《ねん》に設《もう》けられた。これ以降《いこう》に発足《ほっそく》したのは、スポーツ庁《ちょう》(15年《ねん》)とデジタル庁《ちょう》(21年《ねん》)。

対策《たいさく》

2023年《ねん》と24年《ねん》を基準《きじゅん》にして、節目《ふしめ》の年《とし》の出来事《できごと》をまとめておこう。

正解《せいかい》

問《とい》1／ウ
問《とい》2／(1)食品《しょくひん》ロスを減《へ》らすこと　(2)製品《せいひん》に古紙《こし》が利用《りよう》されていること
問《とい》3／ア　　問《とい》4／(1)総務省《そうむしょう》　(2)ア・エ

1年間《ねんかん》まるごとふりかえり

ニュースカレンダー

NEWS CALENDAR

2022年《ねん》9月《がつ》
▼
2023年《ねん》8月《がつ》

毎月《まいつき》のニュースをカレンダー形式《けいしき》でふりかえります。月《つき》ごとにまとめられているから、ニュースを時系列《じけいれつ》で覚《おぼ》えられて便利《べんり》！ キーワードもついていて、ポイントがわかりやすい！ 受験《じゅけん》に頻出《ひんしゅつ》の時事《じじ》ニュースが、1年分《ねんぶん》まるごと詳細《しょうさい》に頭《あたま》に入《はい》ります。

※ニュースの内容《ないよう》は基本的《きほんてき》にその日時点《ひじてん》の内容《ないよう》です。

フンダラ姫《ひめ》の News《ニュース》なひとこと

旬《しゅん》のニュースから気《き》になる発言《はつげん》を、フンダラ姫《ひめ》がピックアップ！

フンダラ姫《ひめ》
セレブ・リッチ王国《おうこく》の高飛車《たかびしゃ》なお姫様《ひめさま》

地球《ちきゅう》が私《わたし》たちの唯一《ゆいいつ》の株主《かぶぬし》

パタゴニア創業者《そうぎょうしゃ》
イボン・シュイナード

アメリカのアウトドア用品《ようひん》の会社《かいしゃ》「パタゴニア」創業《そうぎょう》者《しゃ》のイボン・シュイナード氏《し》は、2022年《ねん》9月《がつ》14日、上《うえ》のようなタイトルをつけた声明《せいめい》を公表《こうひょう》。同社《どうしゃ》の全株式《ぜんかぶしき》を環境団体《かんきょうだんたい》などに寄付《きふ》することを明《あき》らかにした。同社《どうしゃ》の企業価値《きぎょうかち》は約《やく》30億《おく》ドル（約《やく》4300億円《おくえん》）とされ、毎年《まいとし》の利益《りえき》を環境保護《かんきょうほご》の取《と》り組《く》みに生《い》かせるようにするという。

自分《じぶん》が育《そだ》てた大企業《だいきぎょう》をまるごと寄付《きふ》するなんて、すごいわ！

新《あたら》しい責任《せきにん》を引《ひ》き受《う》けることで私《わたし》の人生《じんせい》は変《か》わるだろう

イギリスの新国王《しんこくおう》
チャールズ

エリザベス女王《じょおう》の後《あと》を継《つ》いだイギリスのチャールズ国王《こくおう》が、2022年《ねん》9月《がつ》10日《とおか》、王位継承評議会《おういけいしょうひょうぎかい》で「国王《こくおう》」と宣言《せんげん》された。9日夜《ここのかよる》には即位後初《そくいごはじ》めてのテレビ演説《えんぜつ》で、死去《しきょ》した女王《じょおう》への惜別《せきべつ》を語《かた》るとともに、下《した》のように述《の》べ、長年精力的《ながねんせいりょくてき》に取《と》り組《く》んできた慈善活動《じぜんかつどう》から離《はな》れて職務《しょくむ》に専念《せんねん》する方針《ほうしん》を明《あき》らかにした。

73歳《さい》で国王《こくおう》になるって、体力的《たいりょくてき》にも大変《たいへん》そう。

まずは女性《じょせい》ということで、目《め》を向《む》けてもらってもいいと思《おも》います

サッカー・J1《ジェイワン》リーグ初《はつ》の女性主審《じょせいしゅしん》
山下良美《やましたよしみ》

2022年《ねん》9月《がつ》18日《にち》に東京《とうきょう》・国立競技場《こくりつきょうぎじょう》であったサッカー・J1《ジェイワン》リーグ戦《せん》で、山下良美審判員《やましたよしみしんぱんいん》が主審《しゅしん》を務《つと》めた。J1《ジェイワン》で女性《じょせい》が主審《しゅしん》を務《つと》めるのは初《はじ》めて。試合後《しあいご》のコメントで女性《じょせい》として注目《ちゅうもく》されることについて右《みぎ》のように表《ひょう》し、「（プレッシャーは）背負《せお》いたいと思《おも》っています」と先駆者《せんくしゃ》としての意気込《いきご》みを見《み》せた。

11月開幕《がつかいまく》のW杯《ワールドカップ》カタール大会《たいかい》でも主審《しゅしん》として選《えら》ばれているのよね。活躍《かつやく》が楽《たの》しみ！

写真　ZUMA Press/アフロ、代表撮影/ロイター/アフロ、朝日新聞社

コリゴリ博士《はかせ》と読《よ》む 2022年《ねん》9月《がつ》のニュース

1日《にち》(木)

スリランカに4千億円《せんおくえん》 IMF《アイエムエフ》

経済危機《けいざいきき》に陥《おちい》っているスリランカから支援《しえん》を求《もと》められていた国際通貨基金《こくさいつうかききん》(IMF《アイエムエフ》)は、29億《おく》ドル(約《やく》4千億円《せんおくえん》)をスリランカに緊急融資《きんきゅうゆうし》すると発表《はっぴょう》した。対外債務返済《たいがいさいむへんさい》のめどが立《た》たない中《なか》、スリランカ経済《けいざい》の安定化《あんていか》をはかる狙《ねら》い。

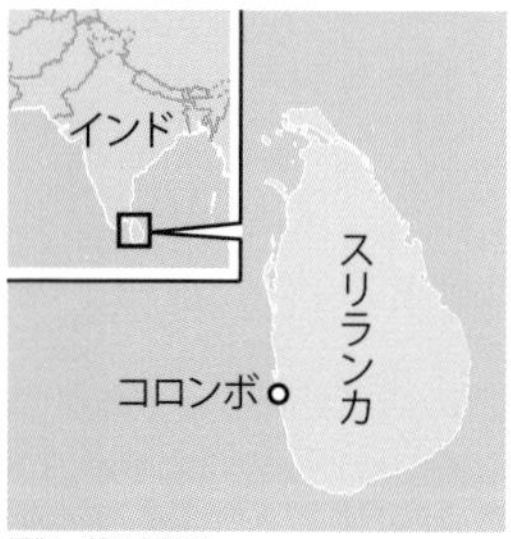

図版　朝日新聞社

2日《にち》(金)

ザポリージャ原発《げんぱつ》、IAEA《アイエイイーエイ》職員《しょくいん》が常駐《じょうちゅう》へ

ロシア軍《ぐん》の占領下《せんりょうか》にあるウクライナ中南部《ちゅうなんぶ》の**ザポリージャ原発《げんぱつ》**◆の視察《しさつ》を終《お》えた国際原子力機関《こくさいげんしりょくきかん》(IAEA《アイエイイーエイ》)のグロッシ事務局長《じむきょくちょう》が本部《ほんぶ》があるウィーンで記者会見《きしゃかいけん》し、来週《らいしゅう》にも職員《しょくいん》2人《ふたり》を原発《げんぱつ》に常駐《じょうちゅう》させる方針《ほうしん》を明《あき》らかにした。

ウクライナ中南部《ちゅうなんぶ》のザポリージャ原発《げんぱつ》

写真　新華社/アフロ

スーチー氏《し》、禁錮刑計《きんこけいけい》20年《ねん》に

ミャンマー国軍《こくぐん》の統制下《とうせいか》にある裁判所《さいばんしょ》は、国軍《こくぐん》が拘束《こうそく》しているアウンサンスーチー氏《し》に選挙違反《せんきょいはん》の罪《つみ》で禁錮《きんこ》3年《ねん》の判決《はんけつ》を言《い》い渡《わた》した。

これまでに下《くだ》された10件《けん》の判決《はんけつ》と合《あ》わせ、禁錮刑《きんこけい》は計《けい》20年《ねん》に達《たっ》した。

アウンサンスーチー氏《し》(2018年《ねん》6月《がつ》)

こうした有罪判決《ゆうざいはんけつ》はいつまで続《つづ》くのかな。

9月《がつ》 September　1 木　2 金　3 土　4 日　5 月　6 火　7 水

4日《にち》(日)

カナダで襲撃《しゅうげき》、10人《にん》刺殺《しさつ》

カナダの中部《ちゅうぶ》サスカチワン州《しゅう》で、先住民《せんじゅうみん》が暮《く》らす地区《ちく》などを中心《ちゅうしん》に少《すく》なくとも10人《にん》が次々《つぎつぎ》に刺殺《しさつ》され、15人《にん》がけがをして病院《びょういん》に運《はこ》ばれる事件《じけん》が起《お》きた。容疑者《ようぎしゃ》の男《おとこ》2人《ふたり》は兄弟《きょうだい》で、その後《ご》ともに死亡《しぼう》した。

5日《にち》(月)

イギリス次期首相《じきしゅしょう》にトラス氏《し》

イギリスのジョンソン首相《しゅしょう》の後任《こうにん》を選《えら》ぶ与党《よとう》・保守党《ほしゅとう》の党首選挙《とうしゅせんきょ》で、リズ・トラス外相《がいしょう》が新党首《しんとうしゅ》に選《えら》ばれた。故《こ》サッチャー(在任《ざいにん》1979～90年《ねん》)、メイ(2016～19年《ねん》)両氏《りょうし》に続《つづ》くイギリス史上《しじょう》3人目《にんめ》の女性首相《じょせいしゅしょう》となる。

リズ・トラス氏《し》

写真　AFP/アフロ

園《えん》バスに放置《ほうち》か、女児死亡《じょじしぼう》

静岡県牧之原市静波《しずおかけんまきのはらししずなみ》の幼保連携型認定《ようほれんけいがたにんてい》こども園《えん》「川崎幼稚園《かわさきようちえん》」の職員《しょくいん》から「園児《えんじ》がバスの中《なか》で倒《たお》れ、意識《いしき》がない」などと消防《しょうぼう》に通報《つうほう》があった。園外《えんがい》の駐車場《ちゅうしゃじょう》に止《と》めてあった送迎用《そうげいよう》のバスから河本千奈《かわもとちな》ちゃん(3歳《さい》)が見《み》つかり、その後《ご》死亡《しぼう》が確認《かくにん》された。

女児《じょじ》が置《お》き去《ざ》りにされた通《つう》園《えん》バス

川崎幼稚園のウェブサイトから

6日《にち》(火)

安倍氏国葬《あべしこくそう》、計《けい》16・6億円《おくえん》

政府《せいふ》は、安倍晋三元首相《あべしんぞうもとしゅしょう》の「国葬《こくそう》」で警備費《けいびひ》などを含《ふく》めた費用《ひよう》の総額《そうがく》は約《やく》16億《おく》6千万円《せんまんえん》になるという試算《しさん》を明《あき》らかにした。これまで警備費《けいびひ》などは国葬後《こくそうご》に示《しめ》すとしてきたが、国葬《こくそう》をめぐる世論《よろん》の賛否《さんぴ》が割《わ》れる中《なか》、事前公表《じぜんこうひょう》に方針転換《ほうしんてんかん》した。

会見《かいけん》で、故安倍晋《こあべしん》三元首相《ぞうもとしゅしょう》の国葬《こくそう》の経費《けいひ》について発表《はっぴょう》する松野《まつの》博一官房長官《ひろかずかんぼうちょうかん》

コロナ陽性者《ようせいしゃ》の自宅療《じたくりょう》養期間《ようきかん》の短縮《たんしゅく》などについて、取材《しゅざい》に応《おう》じる岸《きし》田文雄首相《だふみおしゅしょう》

コロナ療養《りょうよう》、最短《さいたん》5日《いつか》に

岸田文雄首相《きしだふみおしゅしょう》は、新型《しんがた》コロナウイルス感染者《かんせんしゃ》の全数把握《ぜんすうはあく》の簡略化《かんりゃくか》について、9月《がつ》26日《にち》から全国一律《ぜんこくいちりつ》に導入《どうにゅう》すると表明《ひょうめい》した。また、感染者《かんせんしゃ》の療養期間《りょうようきかん》は最短《さいたん》5日間《いつかかん》に短縮《たんしゅく》する。

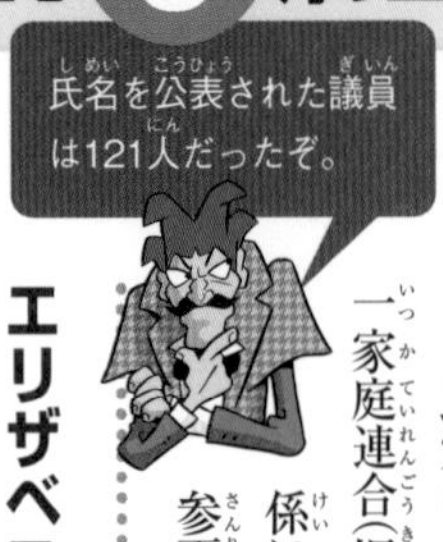

8日（木）

自民《じみん》179人《にん》、旧統一教会《きゅうとういつきょうかい》と接点《せってん》

自民党《じみんとう》は、党所属国会議員《とうしょぞくこっかいぎいん》と「世界平和統《せかいへいわとう》一家庭連合《いっかていれんごう》（旧統一教会《きゅうとういつきょうかい》）」や関連団体《かんれんだんたい》との関《かん》係《けい》についての点検結果《てんけんけっか》をまとめ、衆《しゅう》参両院議長《さんりょういんぎちょう》を除《のぞ》く379人中《にんちゅう》179人《にん》の接点《せってん》があったと公表《こうひょう》した。

自民党議員《じみんとうぎいん》と旧統一教《きゅうとういつきょう》会《かい》との関係《かんけい》について点《てん》検結果《けんけっか》を公表《こうひょう》する茂木《もてぎ》敏充自民党幹事長《としみつじみんとうかんじちょう》

エリザベス英女王《えいじょおう》が死去《しきょ》

英国《えいこく》のエリザベス女王《じょおう》が死去《しきょ》した。96歳《さい》だった。第《だい》2次世《じせ》界大戦後《かいたいせんご》の大英帝国《だいえいていこく》の衰退《すいたい》や、欧州連《おうしゅうれん》合《ごう》（EU《イーユー》）からの離脱《りだつ》など激動《げきどう》の1世紀《せいき》を見届《みとど》け、英国《えいこく》の君主《くんしゅ》として最長《さいちょう》となる70年《ねん》と7カ月《げつ》あまりの在位《ざいい》を全《まっと》うした。

エリザベス女王《じょおう》
写真　ロイター/アフロ

9日（金）

小学校教員《しょうがっこうきょういん》の採用倍率《さいようばいりつ》、最低《さいてい》

文部科学省《もんぶかがくしょう》は、2022年度《ねんど》に採用《さいよう》された公立学校教員《こうりつがっこうきょういん》の採用倍率《さいようばいりつ》を発表《はっぴょう》した。受験者《じゅけんしゃ》の減少《げんしょう》に歯止《はど》めがかからず、小学校《しょうがっこう》は2・5倍《ばい》と3年連続《ねんれんぞく》で過去最低《かこさいてい》を更新《こうしん》。高校《こうこう》は5・4倍《ばい》で過《か》去《こ》2番目《ばんめ》、中学校《ちゅうがっこう》は4・7倍《ばい》で過去《かこ》3番目《ばんめ》に低《ひく》かった。

英語授業《えいごじゅぎょう》の悩《なや》みごとを話《はな》し合《あ》う小学校教員《しょうがっこうきょういん》たち（鳥取県《とっとりけん》）

非課税《ひかぜい》1600万世帯《まんせたい》、5万円給付《まんえんきゅうふ》

政府《せいふ》は、「物価《ぶっか》・賃金《ちんぎん》・生活総合対策本部《せいかつそうごうたいさくほんぶ》」を首相官邸《しゅしょうかんてい》で開《ひら》き、低所《ていしょ》得世帯《とくせたい》への5万円《まんえん》の給付金《きゅうふきん》や、ガソリン価格《かかく》の高騰《こうとう》を抑《おさ》える補助金《ほじょきん》の延長《えんちょう》などを柱《はしら》とする物価高対策《ぶっかだかたいさく》を決定《けってい》した。新型《しんがた》コロナウイルス対策《たいさく》の費用《ひよう》と合《あ》わせ、3兆円半《ちょうえんなか》ばを予備費《よびひ》から支出《ししゅつ》する予定《よてい》だ。

物価《ぶっか》・賃金《ちんぎん》・生活総合対策本《せいかつそうごうたいさくほん》部《ぶ》での岸田文雄首相《きしだふみおしゅしょう》（中央《ちゅうおう》）

11日（日）

辺野古反対《へのこはんたい》、玉城《たまき》デニー氏再選《しさいせん》　沖縄県知事選《おきなわけんちじせん》

沖縄県知事選《おきなわけんちじせん》が投開票《とうかいひょう》され、現職《げんしょく》の玉城《たまき》デニー氏《し》＝立憲《りっけん》、共《きょう》産《さん》、れいわ、社民《しゃみん》、沖縄社会《おきなわしゃかい》大衆推薦《たいしゅうすいせん》＝が前宜野湾市長《ぜんぎのわんしちょう》の佐喜真《さきま》淳氏《あつしし》らを破《やぶ》り、再選《さいせん》を果《は》たした。

当選《とうせん》が確実《かくじつ》となって喜《よろこ》ぶ玉城《たまき》デニー氏《し》

20火　19月　18日　17土　16金　15木　14水　13火　12月　11日　10土　9金　8木

19日（月）

エリザベス女王《じょおう》、国葬《こくそう》

8日《ようか》に死去《しきょ》した英《えい》エリザベス女王《じょおう》の国葬《こくそう》が、ロンドン市内《しない》のウェストミンスター寺院《じいん》で営《いとな》まれた。天皇《てんのう》、皇后両陛下《こうごうりょうへいか》のほか、米国《べいこく》のバイデン大統領《だいとうりょう》、フランスのマクロン大統《だいとう》領《りょう》ら約《やく》500人《にん》の海外要人《かいがいようじん》が参列《さんれつ》した。

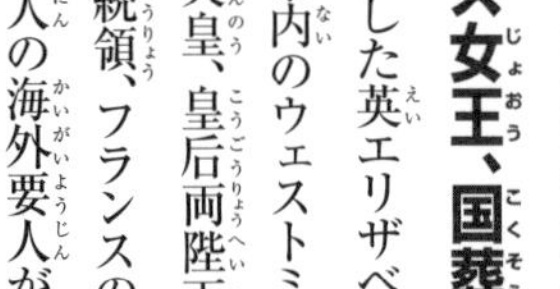
国葬《こくそう》のためウェストミンスター寺院《じいん》へと運《はこ》ばれる英《えい》エリザベス女王《じょおう》の棺《ひつぎ》

20日（火）

日銀《にちぎん》の国債保有《こくさいほゆう》、5割迫《わりせま》る

日本銀行《にっぽんぎんこう》が公表《こうひょう》した資金循環統計《しきんじゅんかんとうけい》（速報《そくほう》）によると、日銀《にちぎん》が保有《ほゆう》する**国債《こくさい》**（国庫短期証券《こっこたんきしょうけん》を除《のぞ》く）の割合《わりあい》は6月末時点《がつまつじてん》で過去最高《かこさいこう》の49・6％となった。政府《せいふ》の借金《しゃっきん》である国債《こくさい》の約半分《やくはんぶん》を日銀《にちぎん》が保有《ほゆう》する異例《いれい》の状況《じょうきょう》になっている。

22日（木）

「はやぶさ2《ツー》」採取《さいしゅ》の砂《すな》から炭酸水発見《たんさんすいはっけん》

探査機《たんさき》「**はやぶさ2《ツー》**」が持《も》ち帰《かえ》った小惑星《しょうわくせい》リュウグウの砂《すな》の分析《ぶんせき》で、リュウグウのもととなる「母天体《ぼてんたい》」が太陽光《たいようこう》が届《とど》かないほど離《はな》れた場所《ばしょ》で形成《けいせい》され、水《みず》と岩石《がんせき》などが反応《はんのう》してさまざまな鉱物《こうぶつ》が生《う》まれたと、東北大学《とうほくだいがく》などの研究《けんきゅう》チームが発表《はっぴょう》した。太陽系《たいようけい》や地球《ちきゅう》の成《な》り立《た》ちの解明《かいめい》にもつながるという。砂《すな》の中《なか》にある硫《りゅう》化鉄《かてつ》の結晶《けっしょう》の中《なか》に、微量《びりょう》の炭酸水《たんさんすい》が閉《と》じ込《こ》められていたことが判明《はんめい》した。

小惑星《しょうわくせい》リュウグウの砂《すな》　写真　JAXA提供

過去《かこ》の主《おも》な為替介入《かわせかいにゅう》

図版　朝日新聞社

		介入《かいにゅう》の操作《そうさ》	
1985年《ねん》	プラザ合意《ごうい》	ドル↘ 協調介入《きょうちょうかいにゅう》	米国《べいこく》の貿易赤字解消《ぼうえきあかじかいしょう》のため、ドル安誘導《やすゆうどう》の協調介入《きょうちょうかいにゅう》
1998年《ねん》	アジア通貨危機《つうかきき》	円《えん》↗ 協調介入《きょうちょうかいにゅう》	急激《きゅうげき》な円安《えんやす》を受《う》け日米《にちべい》で協調《きょうちょう》介入《かいにゅう》
2000年《ねん》	ユーロ相場《そうば》の急落《きゅうらく》	ユーロ↗ 協調介入《きょうちょうかいにゅう》	日米欧《にちべいおう》がユーロを買《か》い支《ささ》える協調介入《きょうちょうかいにゅう》
2003年《ねん》	デフレ下《か》の円高《えんだか》	円《えん》↘ 単独介入《たんどくかいにゅう》	総額《そうがく》35兆円《ちょうえん》の単独介入《たんどくかいにゅう》
2010年《ねん》	世界的《せかいてき》な金融緩和《きんゆうかんわ》	円《えん》↘ 単独介入《たんどくかいにゅう》	1ドル＝82円台《えんだい》まで円高《えんだか》が進《すす》み、2兆円規模《ちょうえんきぼ》の単独介入《たんどくかいにゅう》
2011年《ねん》 3月《がつ》	東日本《ひがしにほん》大震災《だいしんさい》	円《えん》↘ 協調介入《きょうちょうかいにゅう》	主要《しゅよう》7カ国《こく》が協調介入《きょうちょうかいにゅう》で合意《ごうい》
8月《がつ》	米債務問題《べいさいむもんだい》	円《えん》↘ 単独介入《たんどくかいにゅう》	急激《きゅうげき》な円高《えんだか》を受《う》けて単独介入《たんどくかいにゅう》
10月《がつ》	欧州《おうしゅう》債務問題《さいむもんだい》	円《えん》↘ 単独介入《たんどくかいにゅう》	円《えん》が戦後最高値《せんごさいたかね》を塗《ぬ》り替《か》え単独介入《たんどくかいにゅう》

政府《せいふ》と日銀《にちぎん》、円買《えんが》い介入《かいにゅう》　円安《えんやす》に歯止《はど》め狙《ねら》う

政府《せいふ》と日本銀行《にっぽんぎんこう》は、円安《えんやす》ドル高《だか》に歯止《はど》めをかける狙《ねら》いで、東京外《とうきょうがい》国為替市場《こくかわせしじょう》でドルを売《う》って円《えん》を買《か》う「**為替介入《かわせかいにゅう》**」を実施《じっし》した。ドル売《う》り円買《えんが》いの介入《かいにゅう》は24年《ねん》ぶり。これを受《う》け、円相場《えんそうば》は直前《ちょくぜん》の水準《すいじゅん》から5円《えん》ほど円高《えんだか》に振《ふ》れ、一時《いちじ》1ドル＝140円台前半《えんだいぜんはん》になった。

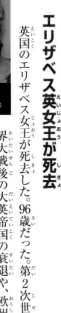

13日（火）

パキスタン「国《くに》の3分《ぶん》の1冠水《かんすい》」

南《みなみ》アジアのパキスタンは22年夏《ねんなつ》、記録《きろく》的《てき》な大雨《おおあめ》で国土《こくど》の約《やく》3分《ぶん》の1が冠水《かんすい》したとされる。国連《こくれん》などによると、雨期《うき》が始《はじ》まった6月中旬《がっちゅうじゅん》からの降雨量《こううりょう》は、南部《なんぶ》シンド州《しゅう》や南西部《なんせいぶ》バルチスタン州《しゅう》で過去《かこ》30年《ねん》の平均《へいきん》の5・5倍《ばい》を超《こ》えた。

パキスタン南部《なんぶ》シンド州《しゅう》の村《むら》で冠水《かんすい》した道路《どうろ》を歩《ある》く男性《だんせい》や犬《いぬ》

15日（木）

100歳以上《さいいじょう》、9万人突破《まんにんとっぱ》

全国《ぜんこく》の100歳以上《さいいじょう》の高齢者《こうれいしゃ》は、「老人《ろうじん》の日《ひ》」のこの日《ひ》時点《じてん》で9万《まん》526人《にん》となった。初《はじ》めて9万人《まんにん》を超《こ》え、52年連続《ねんれんぞく》で過去最多《かこさいた》を更新《こうしん》した。

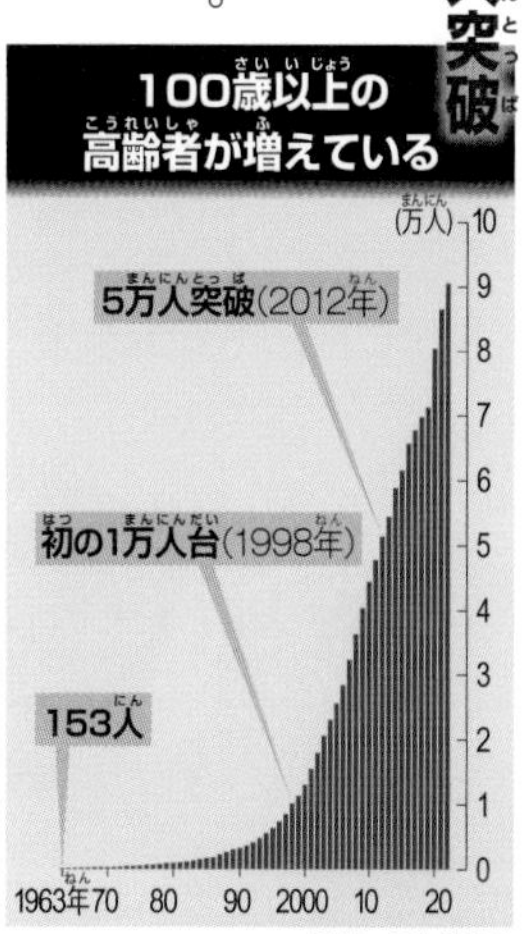

資料　厚生労働省

「イグ・ノーベル賞《しょう》」、日本人《にほんじん》16年連続受賞《ねんれんぞくじゅしょう》

使《つか》いやすい「つまみ」はどんなものなのか。つまみを回《まわ》すときの指《ゆび》の使《つか》い方《かた》を研究《けんきゅう》した千葉工《ちばこう》業大学《ぎょうだいがく》の松崎元教授《まつざきげんきょうじゅ》(デザイン学《がく》)らの研究《けんきゅう》が、人々《ひとびと》を笑《わら》わせ、考《かんが》えさせた業績《ぎょうせき》に贈《おく》られる「イグ・ノーベル賞《しょう》」の「工学賞《こうがくしょう》」に選《えら》ばれた。

イグ・ノーベル賞《しょう》を受賞《じゅしょう》した千葉工業大学《ちばこうぎょうだいがく》の松崎元教授《まつざきげんきょうじゅ》

18日（日）

J1《ジェイワン》初《はつ》の女性主審《じょせいしゅしん》デビュー

東京《とうきょう》・国立競技場《こくりつきょうぎじょう》であったサッカー・J1《ジェイワン》リーグ第《だい》30節《せつ》のFC東京《エフシーとうきょう》―京都《きょうと》サンガ戦《せん》で、山下良美《やましたよしみ》審判員《しんばんいん》が主審《しゅしん》を務《つと》めた。日本《にほん》サッカー協会《きょうかい》によると、J1《ジェイワン》で女性《じょせい》が主審《しゅしん》を務《つと》めるのは初《はじ》めてという。

FC東京《エフシーとうきょう》―京都《きょうと》で主審《しゅしん》を務《つと》める山下良美《やましたよしみ》さん

30（金）　29（木）　28（水）　27（火）　26（月）　25（日）　24（土）　23（金）　22（木）　21（水）

23日（金）

西九州新幹線《にしきゅうしゅうしんかんせん》、開業《かいぎょう》

西九州新幹線《にしきゅうしゅうしんかんせん》が開業《かいぎょう》した。佐賀県《さがけん》の武雄温泉《たけおおんせん》駅《えき》と長崎駅《ながさきえき》を結《むす》ぶ全長《ぜんちょう》66kmの独立《どくりつ》した区間《くかん》で、新幹線《しんかんせん》としては最短《さいたん》だ。2016年《ねん》3月《がつ》の北海道新幹線《ほっかいどうしんかんせん》以来《いらい》6年半《ねんはん》ぶりの開業《かいぎょう》で、観光活性化《かんこうかっせいか》への期待《きたい》が高《たか》まる。

長崎駅《ながさきえき》を出発《しゅっぱつ》する西九州新幹線《にしきゅうしゅうしんかんせん》の一番列車《いちばんれっしゃ》「かもめ2号《ごう》」

25日（日）

「鉄人《てつじん》」玉鷲《たまわし》、最年長《さいねんちょう》V《ブイ》

大相撲秋場所《おおずもうあきばしょ》は、東京《とうきょう》・国技館《こくぎかん》で千秋楽《せんしゅうらく》を迎《むか》え、東前頭《ひがしまえがしら》3枚目《まいめ》の玉鷲《たまわし》＝モンゴル出身《しゅっしん》、片男波部屋《かたおなみべや》＝が2019年《ねん》初場所《はつばしょ》以来《いらい》、2度目《どめ》の優勝《ゆうしょう》を果《は》たした。37歳《さい》10カ月《げつ》での戴冠《たいかん》は、年《ねん》6場所制《ばしょせい》になった1958年以降《ねんいこう》で最年長記録《さいねんちょうきろく》となった。

優勝《ゆうしょう》し、賜杯《しはい》を受《う》け取《と》る玉鷲《たまわし》

27日（火）

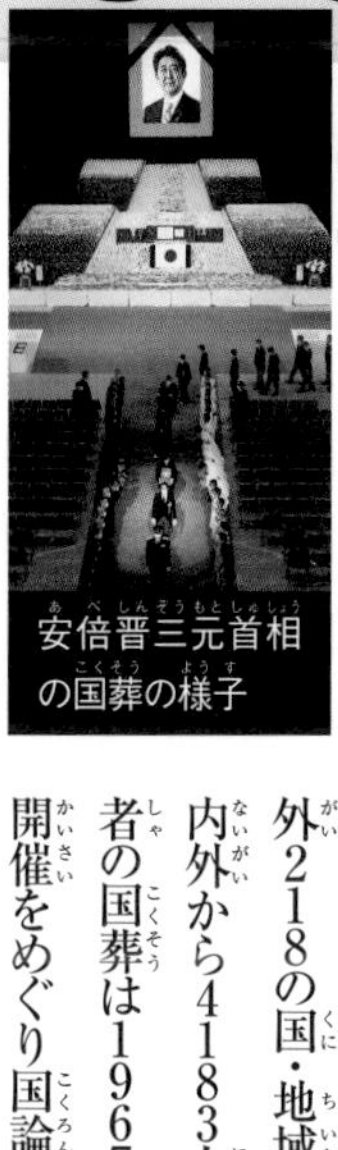

安倍晋三元首相《あべしんぞうもとしゅしょう》の国葬《こくそう》の様子《ようす》

安倍晋三元首相《あべしんぞうもとしゅしょう》の国葬《こくそう》　戦後《せんご》2例目《れいめ》、4100人超参列《にんちょうさんれつ》

安倍晋三元首相《あべしんぞうもとしゅしょう》の国葬《こくそう》が日本武道館《にっぽんぶどうかん》で執《と》り行《おこな》われた。内閣府《ないかくふ》によると、海外《かいがい》218の国《くに》・地域《ちいき》・国際機関《こくさいきかん》からの要人《ようじん》を含《ふく》む、国内外《こくないがい》から4183人《にん》(速報値《そくほうち》)が参列《さんれつ》した。首相経験者《しゅしょうけいけんしゃ》の国葬《こくそう》は1967年《ねん》の吉田茂《よしだしげる》氏《し》以来《いらい》、戦後《せんご》2例目《れいめ》。開催《かいさい》をめぐり国論《こくろん》が二分《にぶん》される中《なか》で実施《じっし》された。

30日（金）

ロシア、ウクライナ4州強制併合《しゅうきょうせいへいごう》　プーチン大統領《だいとうりょう》が宣言《せんげん》

ロシアのプーチン大統領《だいとうりょう》は、軍事侵攻《ぐんじしんこう》で占領《せんりょう》したウクライナ東部《とうぶ》、南部《なんぶ》の4州《しゅう》を自国《じこく》に併合《へいごう》すると一方的《いっぽうてき》に宣言《せんげん》した。占領地域《せんりょうちいき》で「行政《ぎょうせい》」を担《にな》う親《しん》ロシア派《は》が強行《きょうこう》した、「ロシアへの編入《へんにゅう》」を求《もと》める「住民投票《じゅうみんとうひょう》」が成立《せいりつ》したと強調《きょうちょう》。併合文書《へいごうぶんしょ》に調印《ちょういん》した。

プーチン大統領《だいとうりょう》
写真　代表撮影/ロイター/アフロ

ザポリージャ原発《げんぱつ》
ウクライナ中南部《ちゅうなんぶ》のザポリージャ州《しゅう》に立《た》つヨーロッパ最大級《さいだいきゅう》の原発《げんぱつ》。大型原発《おおがたげんぱつ》が6基《き》ある。総出力《そうしゅつりょく》は600万《まん》kWで世界《せかい》でも有数《ゆうすう》の規模《きぼ》。ロシアのウクライナ侵攻《しんこう》で標的《ひょうてき》とされている。

国債《こくさい》
国《くに》が発行《はっこう》する債券《さいけん》。債券《さいけん》とは、資金《しきん》を借《か》り入《い》れする際《さい》に発行《はっこう》される有価証券《ゆうかしょうけん》で、借用証書《しゃくようしょうしょ》でもある。国《くに》の財政支出《ざいせいししゅつ》が税収入《ぜいしゅうにゅう》でまかなえなくなると、国債《こくさい》を発行《はっこう》し、投資家《とうしか》からお金《かね》を募《つの》る。投資家《とうしか》が国債《こくさい》を購入《こうにゅう》することで、国《くに》にお金《かね》が入《はい》る。

はやぶさ2《ツー》
小惑星探査機《しょうわくせいたんさき》「はやぶさ」の後継機《こうけいき》として宇宙《うちゅう》航空研究開発機構《こうくうけんきゅうかいはつきこう》(JAXA《ジャクサ》)が開発《かいはつ》した。2014年《ねん》12月《がつ》に種子島宇宙《たねがしまうちゅう》センター(鹿児島県《かごしまけん》)から打《う》ち上《あ》げられ、20年《ねん》12月《がつ》に小惑星《しょうわくせい》リュウグウのサンプルを持《も》ち帰《かえ》ることに成功《せいこう》した。

為替介入《かわせかいにゅう》
財務大臣《ざいむだいじん》の指示《しじ》に基《もと》づいて、日本銀行《にっぽんぎんこう》が外国為替市場《かわせしじょう》で通貨《つうか》の売買《ばいばい》を行《おこな》い、為替相場《かわせそうば》に影響《えいきょう》を与《あた》えること。今回《こんかい》の為替介入《かわせかいにゅう》のケースは、日本銀行《にっぽんぎんこう》がドルを売《う》って円《えん》を買《か》うことで、急激《きゅうげき》な円安《えんやす》ドル高《だか》の流《なが》れを落《お》ち着《つ》かせることを意味《いみ》する。

写真　朝日新聞社

2022年《ねん》のノーベル平和賞《へいわしょう》に選《えら》ばれたウクライナの人《じん》権団体《けんだんたい》「市民自由《しみんじゆう》センター（CCL《シーシーエル》）」のオレクサンドラ・マトビチュク代表《だいひょう》は、10月8日《がつようか》の会見《かいけん》で下《した》のように述《の》べ、「ロシアの装甲車両《そうこうしゃりょう》を盗《ぬす》む農家《のうか》から、危機的状態《ききてきじょうたい》にもかかわらず首都《しゅと》から離《はな》れなかった大統領《だいとうりょう》まで、それぞれが自由《じゆう》のために戦《たたか》っている」と、市民《しみん》らをたたえた。

CCL《シーシーエル》はロシア軍《ぐん》による戦争犯罪《せんそうはんざい》を国際法廷《こくさいほうてい》で罰《ばっ》するために、市民《しみん》から多《おお》くの証言《しょうげん》を集《あつ》めているわ。

この賞《しょう》はウクライナ国民《こくみん》に与《あた》えられたもの

ウクライナの人権団体《じんけんだんたい》
「市民自由《しみんじゆう》センター（CCL《シーシーエル》）」代表《だいひょう》
オレクサンドラ・マトビチュク

メモ 2022年《ねん》のノーベル平和賞《へいわしょう》には、CCL《シーシーエル》のほか、ベラルーシの人権活《じんけんかつ》動家《どうか》とロシアの人権団体《じんけんだんたい》も選《えら》ばれました。

もっと世界《せかい》を突《つ》き放《はな》したい

柔道選手《じゅうどうせんしゅ》
阿部《あべ》 詩《うた》

ウズベキスタンのタシケントで行《おこな》われた柔道《じゅうどう》の世界選手権女《せかいせんしゅけんじょ》子52kg級《しきゅう》で、2022年10月7日《ねんがつなのか》、東京五輪《とうきょうごりん》の金《きん》メダリストでもある阿部詩選手《あべうたせんしゅ》が優勝《ゆうしょう》した。世界選手権《せかいせんしゅけん》での優勝《ゆうしょう》は、2019年以来《ねんいらい》3度目《どめ》。実《じつ》は21年秋《ねんあき》に両肩《りょうかた》の手術《しゅじゅつ》を受《う》けており、完璧《かんぺき》な状態《じょうたい》ではなかった。その中《なか》で上《うえ》のように、さらなる高《たか》みを目指《めざ》す抱負《ほうふ》を語《かた》った。

お兄《にい》さんの阿部一二三選手《あべひふみせんしゅ》も男子《だんし》66kg級《きゅう》で優勝《ゆうしょう》。すごいね！

フンダラ姫《ひめ》
セレブ・リッチ王国《おうこく》の高飛車《たかびしゃ》なお姫様《ひめさま》

フンダラ姫《ひめ》の News《ニュース》な ひとこと

旬《しゅん》のニュースから気《き》になる発言《はつげん》を、フンダラ姫《ひめ》がピックアップ！

2022年10月25日《ねんがつにち》、イギリスのリシ・スナク氏《し》が首相《しゅしょう》に就任《しゅうにん》し、官邸前《かんていまえ》で演説《えんぜつ》した。リズ・トラス前首相《ぜんしゅしょう》が財源《ざいげん》の裏付《うらづ》けなく大型減税《おおがたげんぜい》をめざして市場《しじょう》を混乱《こんらん》させたことをふまえ、「経済《けいざい》の安定《あんてい》と信頼《しんらい》を政府《せいふ》の課題《かだい》の中心《ちゅうしん》に据《す》える」と強調《きょうちょう》。右《みぎ》のように明言《めいげん》した。

両親《りょうしん》がインド系《けい》のスナク氏《し》は、イギリス史上初《しじょうはつ》のアジア系首相《けいしゅしょう》でもあるのよ。

私《わたし》が率《ひき》いる政府《せいふ》は次世代《じせだい》に負債《ふさい》を残《のこ》さない

イギリス新首相《しんしゅしょう》
リシ・スナク

写真 朝日新聞社
松尾/アフロスポーツ
PA Images/アフロ

コリゴリ博士《はかせ》と読《よ》む 2022年《ねん》10月《がつ》のニュース

1日《土》 サッカー場《じょう》で暴動《ぼうどう》、125人《にん》死亡《しぼう》 インドネシア

インドネシア中部《ちゅうぶ》の東《ひがし》ジャワ州《しゅう》で、同国《どうこく》プロサッカーリーグの試合《しあい》後《ご》にスタジアムで暴動《ぼうどう》が起《お》きた。インドネシア国家《こっか》警察《けいさつ》は翌日《よくじつ》、125人《にん》が死亡《しぼう》、323人《にん》が負傷《ふしょう》したと発表《はっぴょう》した。

暴動《ぼうどう》が起《お》きたサッカー場《じょう》

写真　AFP/アフロ

3日《月》 22歳《さい》ヤクルト村上宗隆選手《むらかみむねたかせんしゅ》、三冠王《さんかんおう》

56号《ごう》本塁打《ほんるいだ》のボードを手《て》に撮影《さつえい》に応《おう》じる村上《むらかみ》宗隆選手《むねたかせんしゅ》

プロ野球《やきゅう》・東京《とうきょう》ヤクルトスワローズの村上宗隆内野手《むらかみむねたかないやしゅ》が、打撃部門《だげきぶもん》の主要《しゅよう》3タイトルを獲得《かくとく》し、2004年《ねん》の松中信彦《まつなかのぶひこ》（ダイエー）以来《いらい》18年《ねん》ぶり、史上《しじょう》8人目《にんめ》の「三冠王《さんかんおう》」に輝《かがや》いた。22歳《さい》での三冠王《さんかんおう》は最年少《さいねんしょう》。

56号《ごう》のホームランを放《はな》ち、日本選手最《にほんせんしゅさい》多《た》ホームラン記録《きろく》も更新《こうしん》したな。

4日《火》 北朝鮮《きたちょうせん》のミサイル、日本《にほん》通過《つうか》

北朝鮮《きたちょうせん》が内陸部《ないりくぶ》から弾道《だんどう》ミサイル1発《ぱつ》を東方向《ひがしほうこう》に発射《はっしゃ》。青森県《あおもりけん》付近《ふきん》の日本《にほん》上空《じょうくう》を通過《つうか》し、太平洋上《たいへいようじょう》の日本《にほん》の**排他的経済水域《はいたてきけいざいすいいき》（EEZ《イーイーゼット》）**外《がい》に落下《らっか》したと推定《すいてい》される。日本《にほん》の上空《じょうくう》を通過《つうか》するのは、2017年《ねん》9月《がつ》15日《にち》以来《いらい》。

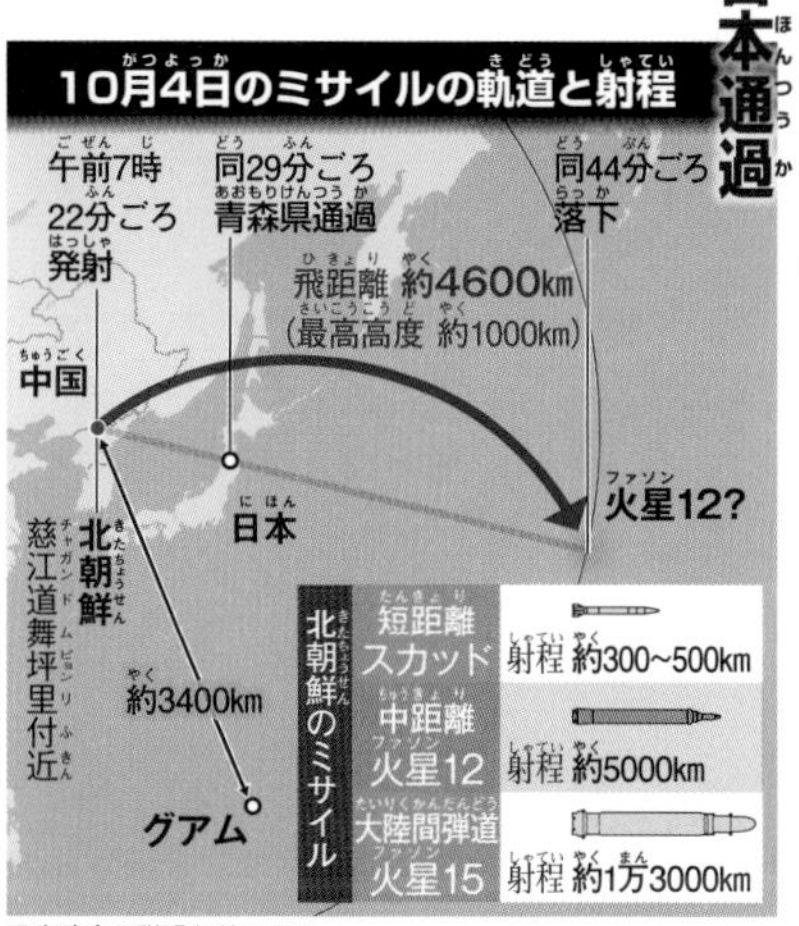

日本政府の説明などによる

10月《がつ》 October　1 土　2 日　3 月　4 火　5 水

4日《火》 パンダ公開《こうかい》、抽選《ちゅうせん》なし 上野動物園《うえのどうぶつえん》

2021年《ねん》6月《がつ》に生《う》まれた双子《ふたご》のジャイアントパンダについて、上野動物園《うえのどうぶつえん》（東京都《とうきょうと》）は、抽選《ちゅうせん》なしでの公開《こうかい》を開始《かいし》。多《おお》くのファンが駆《か》けつけた。

（左《ひだり》から）シャオシャオ、レイレイの双子《ふたご》と、母親《ははおや》のシンシン

5日《水》 ロシア、強制併合手続《きょうせいへいごうてつづ》き完了《かんりょう》

ロシアのプーチン大統領《だいとうりょう》は、ウクライナの4州《しゅう》を一方的《いっぽうてき》に併合《へいごう》するための関連法《かんれんほう》に署名《しょめい》した。この日《ひ》、署名《しょめい》された法律《ほうりつ》が政府《せいふ》のサイトで公開《こうかい》された。これで4州《しゅう》の強制併合《きょうせいへいごう》に関《かん》する国内手続《こくないてつづ》きが完了《かんりょう》した。また、プーチン大統領《だいとうりょう》は同日《どうじつ》、ウクライナ中南部《ちゅうなんぶ》ザポリージャ州《しゅう》にあるザポリージャ原発《げんぱつ》について、ロシア政府《せいふ》に「国有化《こくゆうか》」を命《めい》じる大統領令《だいとうりょうれい》に署名《しょめい》した。

プーチン大統領《だいとうりょう》

写真　AFP/アフロ

若田光一《わかたこういち》さん、5回目《かいめ》の宇宙《うちゅう》へ

宇宙航空研究開発機構《うちゅうこうくうけんきゅうかいはつきこう》（JAXA《ジャクサ》）の若田光一《わかたこういち》飛行士《ひこうし》ら4人《にん》が乗《の》る米《べい》スペースX《エックス》の宇宙船《うちゅうせん》「ドラゴン」が米東部《べいとうぶ》時間《じかん》のこの日昼《ひひる》、フロリダ州《しゅう》のケネディ宇宙《うちゅう》センターから打《う》ち上《あ》げられた。5回目《かいめ》となる若田《わかた》さんの宇宙《うちゅう》飛行《ひこう》は日本人《にほんじん》の最多《さいた》、最年長《さいねんちょう》記録《きろく》となる。

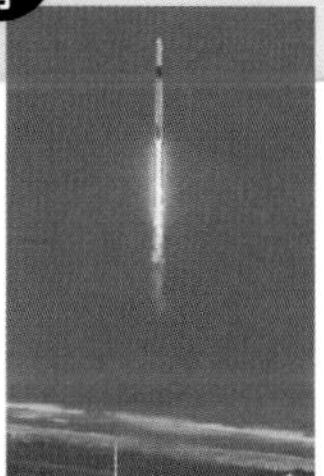

スペースX《エックス》のファルコン9《ナイン》ロケットと宇宙船《うちゅうせん》「ドラゴン」（NASA《ナサ》のライブ中継《ちゅうけい》から）

4歳以下《さいいか》 新型《しんがた》コロナワクチン承認《しょうにん》

生後《せいご》6カ月《げつ》～4歳《さい》を対象《たいしょう》とした米《べい》ファイザー社製《しゃせい》の新型《しんがた》コロナウイルスのワクチンについて、厚生労働省《こうせいろうどうしょう》は国内《こくない》での製造販売《せいぞうはんばい》を特例承認《とくれいしょうにん》した。12歳以上《さいいじょう》が対象《たいしょう》となるオミクロン株《かぶ》の「BA.5《ビーエイファイブ》」に対応《たいおう》したワクチンも特例承認《とくれいしょうにん》した。

大《だい》リーグ・大谷翔平選手《おおたにしょうへいせんしゅ》、新《あら》たな偉業《いぎょう》

大《だい》リーグ・エンゼルスの大谷翔平選手《おおたにしょうへいせんしゅ》が今季最終戦《こんきさいしゅうせん》の敵地《てきち》オークランドでのアスレチックス戦《せん》に「3番《ばん》・投手兼指名打者《とうしゅけんしめいだしゃ》」で出場《しゅつじょう》し、一回《いっかい》を投《な》げ終《お》えた時点《じてん》で今季《こんき》の投球回数《とうきゅうかいすう》が162回《かい》となり、大《だい》リーグ5年目《ねんめ》で初《はじ》めてシーズンの規定投球回数《きていとうきゅうかいすう》に到達《とうたつ》した。

規定打席数《きていだせきすう》と合《あ》わせ、投打両方《とうだりょうほう》での規定《きてい》をクリアしたそうだ。

試合後《しあいご》、取材《しゅざい》に応《おう》じるエンゼルスの大谷翔平選手《おおたにしょうへいせんしゅ》（左《ひだり》）

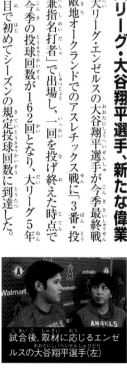

7日（金）

ベラルーシ活動家《かつどうか》とロシア・ウクライナ2団体《だんたい》に平和賞《へいわしょう》

ノルウェーのノーベル委員会《いいんかい》は、2022年《ねん》のノーベル平和賞《へいわしょう》を、ベラルーシの人権活動家《じんけんかつどうか》アレシ・ビャリャツキ氏《し》とロシアの人権《じんけん》団体《だんたい》「メモリアル」、ウクライナの人権団体《じんけんだんたい》「市民自由《しみんじゆう》センター（CCL《シーシーエル》）」に授与《じゅよ》すると発表《はっぴょう》した。

8日（土）

クリミア橋《ばし》で爆発《ばくはつ》

2014年《ねん》にロシアが一方的《いっぽうてき》に併合《へいごう》し、実効支配《じっこうしはい》を続《つづ》けるウクライナ南部《なんぶ》クリミア半島《はんとう》とロシアを結《むす》ぶ「**クリミア橋《ばし》**」でこの日《ひ》早朝《そうちょう》、大《おお》きな爆発《ばくはつ》が起《お》きた。橋《はし》は閉鎖《へいさ》され、プーチン大統領《だいとうりょう》が原因《げんいん》について調査委員会《ちょうさいいんかい》の設立《せつりつ》を命令《めいれい》した。

クリミア半島《はんとう》とロシアを結《むす》ぶ橋《はし》でトラックが爆発《ばくはつ》、黒煙《こくえん》が立《た》ち上《のぼ》った
写真　AFP/アフロ

11日（火）

コロナ水際対策《みずぎわたいさく》、大幅《おおはば》に緩和《かんわ》

新型《しんがた》コロナウイルスの水際対策《みずぎわたいさく》が大幅《おおはば》に緩和《かんわ》された。海外《かいがい》からの個人旅行《こじんりょこう》が解禁《かいきん》され、3回《かい》のワクチン接種《せっしゅ》か出国前《しゅっこくまえ》の陰性証明《いんせいしょうめい》があれば、入国時《にゅうこくじ》の検査《けんさ》がいらなくなった。政府《せいふ》は同時《どうじ》に「**全国旅行《ぜんこくりょこう》支援《しえん》**」も始《はじ》め、一気《いっき》に旅行需要《りょこうじゅよう》の回復《かいふく》を加速《かそく》させたい考《かんが》えだ。

新型《しんがた》コロナの水際対策《みずぎわたいさく》の緩和内容《かんわないよう》

	緩和前《かんわまえ》	緩和後《かんわご》
1日《にち》の入国者数《にゅうこくしゃすう》の上限《じょうげん》	5万人《まんにん》	上限《じょうげん》なし
全入国者《ぜんにゅうこくしゃ》 出発前《しゅっぱつまえ》の検査《けんさ》	ワクチン3回接種《かいせっしゅ》証明書《しょうめいしょ》があれば陰性証明《いんせいしょうめい》は不要《ふよう》	
入国時《にゅうこくじ》の検査《けんさ》	一部《いちぶ》の国《くに》・地域《ちいき》はあり	なし
外国人旅行客《がいこくじんりょこうきゃく》 個人旅行《こじんりょこう》	不可《ふか》	可能《かのう》
訪日《ほうにち》ビザ	全員必要《ぜんいんひつよう》	短期滞在《たんきたいざい》は免除《めんじょ》

コロナ前《まえ》は68カ国《こく》・地域《ちいき》の短期滞在《たんきたいざい》のビザは免除《めんじょ》していた

図版　朝日新聞社

12日（水）

イプシロン、打《う》ち上《あ》げ失敗《しっぱい》

宇宙航空研究開発機構《うちゅうこうくうけんきゅうかいはつきこう》（JAXA《ジャクサ》）は、小型固体燃料《こがたこたいねんりょう》ロケット「イプシロン」6号機《ごうき》の打《う》ち上《あ》げに失敗《しっぱい》したと発表《はっぴょう》した。午前《ごぜん》9時《じ》50分《ぷん》ごろに鹿児島県肝付町《かごしまけんきもつきちょう》の内之浦宇宙空間観測所《うちのうらうちゅうくうかんかんそくじょ》から打《う》ち上《あ》げたものの、約《やく》7分後《ふんご》にロケットを破壊《はかい》する指令《しれい》を送《おく》り、爆破《ばくは》したという。

19 水　18 火　17 月　16 日　15 土　14 金　13 木　12 水　11 火　10 月　9 日　8 土　7 金　6 木

18日（火）

霊感商法被害《れいかんしょうほうひがい》、救済《きゅうさい》へ加速《かそく》　法整備《ほうせいび》チーム発足《ほっそく》

消費者庁《しょうひしゃちょう》は、**霊感商法《れいかんしょうほう》**や高額献金《こうがくけんきん》の被害救済《ひがいきゅうさい》などの法整備《ほうせいび》に向《む》けた専従《せんじゅう》チームを発足《ほっそく》させた。2023年《ねん》の通常国会《つうじょうこっかい》への法案提出《ほうあんていしゅつ》を見《み》据えて立《た》ち上《あ》げたが、岸田文雄首相《きしだふみおしゅしょう》が「今国会《こんこっかい》を念頭《ねんとう》に準備《じゅんび》を進《すす》めていく」と発言《はつげん》したことを受《う》け、作業《さぎょう》を加速《かそく》させる方針《ほうしん》だ。

20日（木）

円安《えんやす》、一時《いちじ》150円台《えんだい》　32年《ねん》ぶり

東京外国為替市場《とうきょうがいこくかわせしじょう》で円相場《えんそうば》が一時《いちじ》、1ドル＝150円台《えんだい》まで下落《げらく》し、32年《ねん》ぶりの円安水準《えんやすすいじゅん》を更新《こうしん》した。米国《べいこく》が物価高騰《ぶっかこうとう》を抑《おさ》えるための利上《りあ》げに踏《ふ》み切《き》った3月以降《がついこう》、円《えん》は対《たい》ドルで35円《えん》も下落《げらく》。異例《いれい》のペースで円安《えんやす》が進《すす》んでいる。

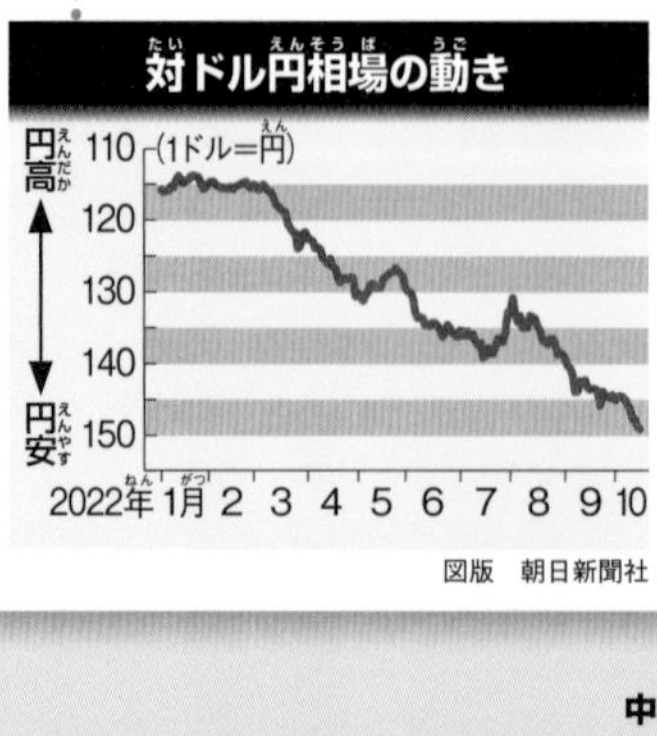

図版　朝日新聞社

トラス英首相辞任《えいしゅしょうじにん》

英国《えいこく》のトラス首相《しゅしょう》がこの日《ひ》、辞任《じにん》すると表明《ひょうめい》した。看板政策《かんばんせいさく》に大型減税《おおがたげんぜい》を打《う》ち出《だ》したものの、イギリス通貨《つうか》と国債《こくさい》が急落《きゅうらく》するなど市場《しじょう》が混乱《こんらん》。減税策《げんぜいさく》の大半《たいはん》を撤回《てっかい》したうえ、クワルテング前財務大臣《ぜんざいむだいじん》を更迭《こうてつ》するなど迷走《めいそう》し、求心力《きゅうしんりょく》を失《うしな》っていた。

最後《さいご》の演説《えんぜつ》をするトラス首相《しゅしょう》
写真　ロイター/アフロ

22日（土）

メローニ首相就任《しゅしょうしゅうにん》　イタリア

イタリアの右翼政党《うよくせいとう》「イタリアの同胞《どうほう》（FDI《エフディーアイ》）」のジョルジャ・メローニ党首《とうしゅ》が、同国《どうこく》の新《あたら》しい首相《しゅしょう》に就任《しゅうにん》した。連立《れんりつ》を組《く》む右派連合《うはれんごう》には対《たい》ロシア政策《せいさく》での違《ちが》いが目立《めだ》ち、政権運営《せいけんうんえい》を不安視《ふあんし》する見方《みかた》も出《で》ている。

ジョルジャ・メローニ党首《とうしゅ》

戦後《せんご》生《う》まれの天皇《てんのう》として沖縄初訪問《おきなわはつほうもん》

天皇《てんのう》、皇后両陛下《こうごうりょうへいか》が特別機《とくべつき》で沖縄県《おきなわけん》を訪《おとず》れた。天皇《てんのう》陛下《へいか》の沖縄訪問《おきなわほうもん》は即位後《そくいご》初《はじ》めて。戦後《せんご》生《う》まれの初《はじ》めての天皇《てんのう》として、沖縄戦《おきなわせん》の遺族《いぞく》らと対面《たいめん》した。

沖縄《おきなわ》を訪《おとず》れた天皇《てんのう》、皇后両陛下《こうごうりょうへいか》

13日(木)

里見香奈女流五冠《さとみかなじょりゅうごかん》、「棋士《きし》」届《とど》かず

将棋《しょうぎ》のトップ女流棋士《じょりゅうきし》、里見香奈女流五冠《さとみかなじょりゅうごかん》が女性初《じょせいはつ》の「棋士《きし》」を目指《めざ》し、若手棋士相手《わかてきしあいて》の五番《ごばん》勝負《しょうぶ》に挑《いど》んだ棋士編入試験《きしへんにゅうしけん》の第《だい》3局《きょく》が大阪市《おおさかし》で指《さ》され、里見女流五冠《さとみじょりゅうごかん》は狩《かり》山幹生四段《やまみきおよだん》に103手《て》で敗《やぶ》れた。試験《しけん》は3連敗《れんばい》となり、不合格《ふごうかく》が決《き》まった。

狩山幹生四段《かりやまみきおよだん》に敗《やぶ》れた里見《さとみ》香奈女流五冠《かなじょりゅうごかん》

健康保険証廃止《けんこうほけんしょうはいし》「24年秋《ねんあき》めざす」

河野太郎《こうのたろう》デジタル大臣《だいじん》は記者会見《きしゃかいけん》を開《ひら》き、2024年秋《ねんあき》に現在《げんざい》の健康保険証《けんこうほけんしょう》の廃止《はいし》をめざすと発表《はっぴょう》。すでに保険《ほけん》証利用《しょうりよう》が始《はじ》まっているマイナンバーカードに一本化《いっぽんか》する方針《ほうしん》。

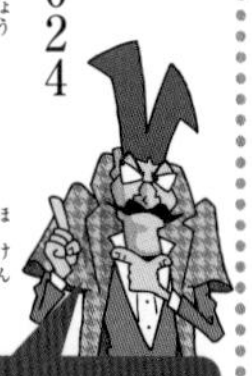

マイナンバーカードの交付率《こうふりつ》は9月末時《がつまつじ》点《てん》で49%だそうだ。

14日(金)

東工大《とうこうだい》と東京医科歯科大《とうきょういかしかだい》の統合《とうごう》、2024年度《ねんど》に

いずれも国立《こくりつ》の東京工業大学《とうきょうこうぎょうだいがく》と東京医科歯科大《とうきょういかしかだい》学《がく》が、2024年度中《ねんどちゅう》に一《ひと》つの大学《だいがく》に統合《とうごう》すると発《はっ》表《ぴょう》した。東工大《とうこうだい》の益一哉学長《ますかずやがくちょう》と東京医科歯科大《とうきょういかしかだい》の田中雄二郎学長《たなかゆうじろうがくちょう》は都内《とない》で記者会見《きしゃかいけん》し、「異《こと》なる学術《がくじゅつ》分野《ぶんや》を融合《ゆうごう》させ、社会課題《しゃかいかだい》を解決《かいけつ》していく」と説明《せつめい》。

東京医科歯科大《とうきょういかしかだい》の田中《たなか》雄二郎学長《ゆうじろうがくちょう》(右《みぎ》)と東工《とうこう》大《だい》の益一哉学長《ますかずやがくちょう》

17日(月)

活動再開《かつどうさいかい》は2025年《ねん》ごろを予定《よてい》しているそうだ。

BTS《ビーティーエス》、最年長《さいねんちょう》メンバーから兵役《へいえき》へ

韓国《かんこく》の7人組《にんぐみ》アイドルグループ「BTS《ビーティーエス》(防弾少《ぼうだんしょう》年団《ねんだん》)」のメンバーが、兵役《へいえき》の手続《てつづ》きを始《はじ》めることが発表《はっぴょう》された。世界的《せかいてき》な活躍《かつやく》をふまえて何《なん》らかの特例《とくれい》を認《みと》めるべきかという議論《ぎろん》が続《つづ》いてきたが、猶予《ゆうよ》の期限《きげん》が迫《せま》る最年長《さいねんちょう》のメンバーから順次入隊《じゅんじにゅうたい》する。

BTS《ビーティーエス》のコンサートのライブビューイング会場《かいじょう》(10月《がつ》15日《にち》)

20木　21金　22土　23日　24月　25火　26水　27木　28金　29土　30日　31月

23日(日)

習近平氏《シーチンピンし》1強《きょう》が完成《かんせい》、新体制《しんたいせい》中国共産党《ちゅうごくきょうさんとう》

中国共産党《ちゅうごくきょうさんとう》の新《あら》たな指導部《しどうぶ》が発足《ほっそく》した。習近平総書記《シーチンピンそうしょき》は3期目続投《きめぞくとう》を決《き》め、7人《にん》で構成《こうせい》する党最高指導部《とうさいこうしどうぶ》の政治局常務委員《せいじきょくじょうむいいん》には、習氏《シーし》が引《ひ》き上《あ》げた側近《そっきん》4人《にん》が新《あら》たに加《くわ》わった。

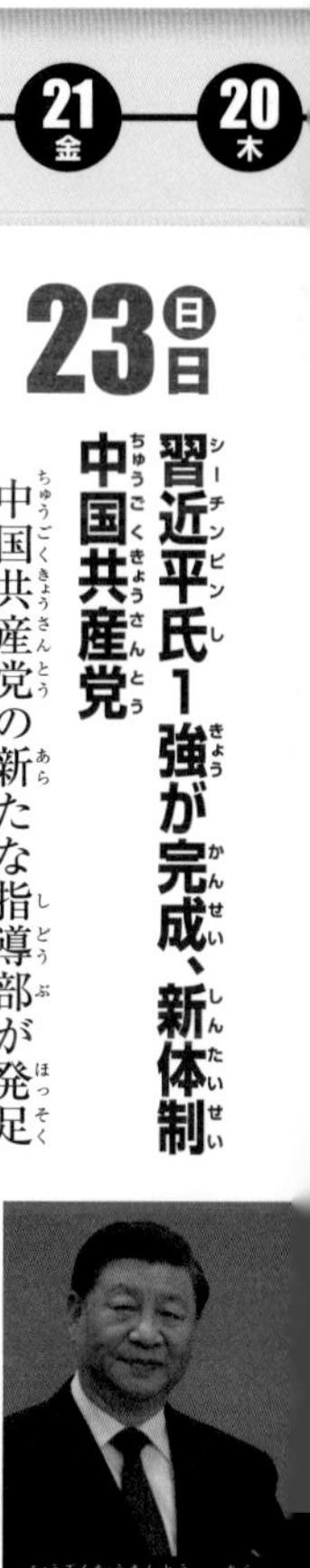

中国共産党《ちゅうごくきょうさんとう》の新《あら》たな指導部《しどうぶ》が発《ほっ》足《そく》し、会見《かいけん》に臨《のぞ》む習近平総書記《シーチンピンそうしょき》

24日(月)

山際大志郎《やまぎわだいしろう》・経済再生大臣《けいざいさいせいだいじん》が辞任《じにん》

世界平和統一家庭連合《せかいへいわとういつかていれんごう》(旧統一教会《きゅうとういつきょうかい》)との関《かか》わりが相次《あいつ》いで表面化《ひょうめんか》していた山際大志郎経済《やまぎわだいしろうけいざい》再生大臣《さいせいだいじん》は、首相官邸《しゅしょうかんてい》で岸田文雄首相《きしだふみおしゅしょう》に辞表《じひょう》を提出《ていしゅつ》した。首相《しゅしょう》は受理《じゅり》し、事実上更迭《じじつじょうこうてつ》した。

取材《しゅざい》に応《おう》じる山際大志《やまぎわだいし》郎経済再生大臣《ろうけいざいさいせいだいじん》

イギリス初《はつ》のアジア系首相《けいしゅしょう》となるぞ。

英新首相《えいしんしゅしょう》にスナク氏《し》

トラス英首相《えいしゅしょう》の後任《こうにん》を決《き》める与党保守党《よとうほしゅとう》の党首選《とうしゅせん》をめぐり、保守《ほしゅ》党《とう》「1922年委員会《ねんいいんかい》」はスナク元財務大臣《もとざいむだいじん》だけが立候補《りっこうほ》し、党首《とうしゅ》に選《えら》ばれたと発表《はっぴょう》した。スナク氏《し》が次期首相《じきしゅしょう》に任命《にんめい》されることになった。

29日(土)

韓国《かんこく》・ソウル雑踏事故《ざっとうじこ》で155人死亡《にんしぼう》

韓国《かんこく》・ソウル市内《しない》の繁華街《はんかがい》「梨泰院《イテウォン》」で、この日《ひ》、路地《ろじ》に密集《みっしゅう》した大勢《おおぜい》の人《ひと》が折《お》り重《かさ》なるように倒《たお》れる事故《じこ》が起《お》きた。韓国《かんこく》政府《せいふ》によると、31日夜《にちよる》までに155人《にん》が死亡《しぼう》。付近《ふきん》にはハロウィーンのイベントで訪《おとず》れた若者《わかもの》が集《あつ》まっており、死者《ししゃ》の多《おお》くが20~30代《だい》という。

事故《じこ》が起《お》きる前《まえ》、仮装《かそう》した人《ひと》でにぎわう現場付近《げんばふきん》(提供動画《ていきょうどうが》からの切《き》り出《だ》し)

排他的経済水域《はいたてきけいざいすいいき》(EEZ《イーイーゼット》)

漁業《ぎょぎょう》や、石油《せきゆ》などの天然資源《てんねんしげん》の掘削《くっさく》、科学的《かがくてき》調査《ちょうさ》などを、他国《たこく》に邪魔《じゃま》されず自由《じゆう》に行《おこな》うことができる水域《すいいき》。領海《りょうかい》の基線《きせん》からその外側《そとがわ》200カイリ(約《やく》370km)までの海域《かいいき》(領海部分《りょうかいぶぶん》を除《のぞ》く)。日本《にほん》の領海《りょうかい》と排他的経済水域《はいたてきけいざいすいいき》を合《あ》わせた海洋面積《かいようめんせき》は約《やく》447万《まん》km^2。

クリミア橋《ばし》

ロシアのタマン半島《はんとう》とクリミア半島《はんとう》の間《あいだ》を結《むす》ぶ全長約《ぜんちょうやく》19kmの鉄道道路併用橋《てつどうどうろへいようきょう》。2018年《ねん》にロシアのプーチン大統領《だいとうりょう》が自《みずか》ら先導《せんどう》して開《かい》通《つう》した。クリミア半島《はんとう》の住民《じゅうみん》への日常品《にちじょうひん》の供給《きょうきゅう》やロシア軍《ぐん》への補給路《ほきゅうろ》としても重要《じゅうよう》な役割《やくわり》を担《にな》っている。

全国旅行支援《ぜんこくりょこうしえん》

政府《せいふ》が実施《じっし》する全国《ぜんこく》を対象《たいしょう》とした観光需要喚《かんこうじゅようかん》起策《きさく》。旅行代金《りょこうだいきん》の40%相当《そうとう》の割引《わりびき》やクーポン券《けん》がもらえる。3回《かい》のワクチン接種《せっしゅ》か陰性証明《いんせいしょうめい》が条件《じょうけん》。期間《きかん》は12月下旬《がつげじゅん》までだが、都道府県《とどうふけん》ごとに対象期間《たいしょうきかん》や予《よ》算枠《さんわく》に違《ちが》いがあり、予算《よさん》がなくなればその地域《ちいき》での事業《じぎょう》は終了《しゅうりょう》となる。

霊感商法《れいかんしょうほう》

人《ひと》の不幸《ふこう》を聞《き》き出《だ》し、霊能者《れいのうしゃ》を装《よそお》った売《う》り手《て》が、「悪《わる》い霊《れい》がついている」などと不安《ふあん》をあおり壺《つぼ》や印鑑《いんかん》などを買《か》わせる商法《しょうほう》。相手《あいて》の弱《よわ》みにつけこみ、法外《ほうがい》な値段《ねだん》で商品《しょうひん》を売《う》りつける。扱《あつか》われる商《しょう》品《ひん》は、主《おも》に壺《つぼ》や美術品《びじゅつひん》、印鑑《いんかん》、数珠《じゅず》、表札《ひょうさつ》、水晶《すいしょう》などがある。

写真　朝日新聞社

写真　朝日新聞社　REX/アフロ　アフロ

フンダラ姫《ひめ》のNews《ニュース》なひとこと

旬《しゅん》のニュースから気《き》になる発言《はつげん》を、フンダラ姫《ひめ》がピックアップ！

フンダラ姫《ひめ》
セレブ・リッチ王国《おうこく》の高飛車《たかびしゃ》なお姫様《ひめさま》

民主主義《みんしゅしゅぎ》にとって米国《べいこく》にとってよい日《ひ》だった

アメリカ大統領《だいとうりょう》
ジョー・バイデン

アメリカの中間選挙《ちゅうかんせんきょ》で、共和党《きょうわとう》のトランプ前大統領《ぜんだいとうりょう》は「前回《ぜんかい》の大統領選挙《だいとうりょうせんきょ》で不正《ふせい》があった」という陰謀論《いんぼうろん》を語《かた》って共和《きょうわ》党《とう》の勝機《しょうき》をつかもうとしたが、予想《よそう》より票《ひょう》が伸《の》びなかった。2022年《ねん》11月9日、中間選挙後初《がつここのかちゅうかんせんきょごはつ》の記者会見《きしゃかいけん》で、民主党《みんしゅとう》のバイデン大統領《だいとうりょう》は、民主党《みんしゅとう》が善戦《ぜんせん》したことを受《う》けて左《ひだり》のように述《の》べた。

主義主張《しゅぎしゅちょう》にかかわらず、陰謀論《いんぼうろん》はダメダメ！

政治《せいじ》システムが、私《わたし》たちの希望《きぼう》と夢《ゆめ》を支《ささ》えてくれると信《しん》じさせて

国際子《こくさいこ》ども平和賞受賞《へいわしょうじゅしょう》
川崎《かわさき》レナ

2022年《ねん》の「国際子《こくさいこ》ども平和賞《へいわしょう》(※)」に、若者《わかもの》の声《こえ》を地元《じもと》の政治家《せいじか》に届《とど》けるオンラインシステムを作《つく》るなどした大阪府《おおさかふ》の高校生《こうこうせい》、川崎《かわさき》レナさんが選《えら》ばれた。11月《がつ》14日の授賞式《じゅしょうしき》で、川崎《かわさき》さんは「(日本《にほん》の若者《わかもの》は) 政治《せいじ》を信頼《しんらい》する理由《りゆう》、投票《とうひょう》する理由《りゆう》がまだ見《み》つからないことが多《おお》い」と述《の》べ、上《うえ》のように訴《うった》えた。

川崎《かわさき》さんは14歳《さい》で国際《こくさい》NGO《エヌジーオー》の日本支部《にほんしぶ》を設立《せつりつ》したそうよ！

※子《こ》どもの権利擁護《けんりようご》に大《おお》きく貢献《こうけん》した若者《わかもの》に贈《おく》られる国際的《こくさいてき》な賞《しょう》。パキスタン出身《しゅっしん》の人権活動家《じんけんかつどうか》マララさんや、スウェーデンの環境活動家《かんきょうかつどうか》グレタさんも受賞《じゅしょう》している。

俺《おれ》がヒーローになるというイメージトレーニングをしていた

サッカー選手《せんしゅ》
堂安《どうあん》 律《りつ》

サッカーのW杯《ワールドカップ》カタール大会《たいかい》の初戦《しょせん》で、2022年《ねん》11月《がつ》23日《にち》、日本《にほん》(世界《せかい》ランキング24位《い》)がW杯優勝経験国《ワールドカップゆうしょうけいけんこく》のドイツ(同《どう》11位《い》)に2—1で逆転《ぎゃくてん》。歴史的《れきしてき》な勝利《しょうり》を挙《あ》げた。0—1の後半《こうはん》に切《き》り札《ふだ》としてピッチに入《はい》り、同点《どうてん》ゴールを決《き》めた堂安律選手《どうあんりつせんしゅ》は、試合後《しあいご》、下《した》のように語《かた》って胸《むね》を張《は》った。

「ビッグマウス」じゃない、本物《ほんもの》のヒーローね！

コリゴリ博士《はかせ》と読《よ》む 2022年《ねん》11月《がつ》のニュース

1日（火）

「風流踊《ふりゅうおどり》」無形《むけい》文化《ぶんか》遺産《いさん》

盆踊《ぼんおど》りや念仏踊《ねんぶつおど》りなど、各地《かくち》の歴史《れきし》や風土《ふうど》を反映《はんえい》し伝承《でんしょう》されてきた民俗芸能《みんぞくげいのう》「風流踊《ふりゅうおどり》🔑」が、ユネスコ（国連教育科学文化機関《こくれんきょういくかがくぶんかきかん》）の無形《むけい》文化遺産《ぶんかいさん》に登録《とうろく》される見通《みとお》しになった。事前《じぜん》審査《しんさ》をしていた評価機関《ひょうかきかん》が「登録《とうろく》」を勧告《かんこく》したと文化庁《ぶんかちょう》が発表《はっぴょう》。30日《にち》に登録《とうろく》が決定《けってい》した。

北上展勝地《きたかみてんしょうち》さくらまつりで披露《ひろう》された鬼剣舞《おにけんばい》（岩手県北上市《いわてけんきたかみし》）

「今《いま》のベスト」として選《えら》んだメンバーだそうだ。

森保《もりやす》J《ジャパン》、19人《にん》初選出《はっせんしゅつ》 サッカーW杯《ワールドカップ》

日本《にほん》サッカー協会《きょうかい》は、20日《はつか》に開幕《かいまく》するW杯《ワールドカップ》カタール大会《たいかい》に臨《のぞ》む日本代表《にほんだいひょう》26人《にん》を発表《はっぴょう》した。W杯《ワールドカップ》初選出《はっせんしゅつ》は19人《にん》で、最《さい》年少《ねんしょう》は21歳《さい》の久保建英《くぼたけふさ》。川島永嗣《かわしまえいじ》と長友佑都《ながともゆうと》が4大会連続《たいかいれんぞく》の選出《せんしゅつ》。前回《ぜんかい》ロシア大会《たいかい》のエース、大迫勇也《おおさこゆうや》（神戸《こうべ》）は落選《らくせん》した。

メンバーを読《よ》み上《あ》げる日本代表《にほんだいひょう》の森保一監督《もりやすはじめかんとく》

4日（金）

国連安保理会合《こくれんあんぽりかいごう》、まとまらず

北朝鮮《きたちょうせん》による度重《たびかさ》なる弾道《だんどう》ミサイルの発射《はっしゃ》などを受《う》け、国連安全保障理事会《こくれんあんぜんほしょうりじかい》は、日米《にちべい》の要請《ようせい》などで緊急《きんきゅう》の公開会合《こうかいかいごう》を開《ひら》いた。しかし、ロシアのウクライナ侵攻《しんこう》を機《き》に鮮明《せんめい》となった安保理《あんぽり》の対立構図《たいりつこうず》は変《か》わらず、統一《とういつ》した見解《けんかい》をまとめることはできなかった。

国連安全保障理事会《こくれんあんぜんほしょうりじかい》の緊急会合《きんきゅうかいごう》

4日（金）

橋本大輝選手《はしもとだいきせんしゅ》が初優勝《はつゆうしょう》、体操《たいそう》・世界選手権《せかいせんしゅけん》

体操《たいそう》・世界選手権《せかいせんしゅけん》の第7日《だいなのか》はイギリス・リバプールで男子個人総合決勝《だんしこじんそうごうけっしょう》が行《おこな》われ、東京五輪《とうきょうごりん》2冠《かん》の橋本大輝選手《はしもとだいきせんしゅ》が初優《はつゆう》勝《しょう》。日本勢制覇《にほんぜいせいは》は2015年《ねん》の内村航平《うちむらこうへい》選手以来《せんしゅいらい》5人目《にんめ》、五輪《ごりん》と世界選手権《せかいせんしゅけん》の個《こ》人総合《じんそうごう》をいずれも制《せい》したのも、内村選手《うちむらせんしゅ》に続《つづ》く2人目《ふたりめ》の快挙《かいきょ》。

橋本大輝選手《はしもとだいきせんしゅ》
写真 YUTAKA/アフロスポーツ

団体《だんたい》や種目《しゅもく》別《べつ》のゆかなど計四《けいよっ》つのメダルを獲得《かくとく》したな。

6日（日）

18歳《さい》の渡部葉月選手《わたなべはづきせんしゅ》、日本女子最年少《にほんじょしさいねんしょう》「金《きん》」 体操《たいそう》

体操《たいそう》・世界選手権《せかいせんしゅけん》の最終日《さいしゅうび》に種目別決勝《しゅもくべつけっしょう》が行《おこな》われ、平均台《へいきんだい》で18歳《さい》2カ月《げつ》の渡部葉月選手《わたなべはづきせんしゅ》が頂点《ちょうてん》に立《た》ち、日本女子《にほんじょし》4人目《にんめ》の金《きん》メダルに最年少《さいねんしょう》で輝《かがや》いた。前回《ぜんかい》大会《たいかい》を18歳《さい》7カ月《げつ》で制《せい》した芦川《あしかわ》うらら選手《せんしゅ》の記録《きろく》を更新《こうしん》した。

渡部葉月選手《わたなべはづきせんしゅ》
写真 YUTAKA/アフロスポーツ

COP《コップ》27開幕《かいまく》、温暖化《おんだんか》「損失《そんしつ》と被害《ひがい》」議題《ぎだい》

国連《こくれん》の気候変動会議《きこうへんどうかいぎ》COP《コップ》27🔑がエジプトのシャルムエルシェイクで始《はじ》まった。温暖化《おんだんか》により起《お》こる「損失《そんしつ》と被害《ひがい》」を救済《きゅうさい》するための資金支援《しきんしえん》の検討《けんとう》が正式《せいしき》な議題《ぎだい》として決《き》まった。途上国《とじょうこく》が求《もと》めていたものだが、先進《せんしん》国《こく》は慎重《しんちょう》で、会議《かいぎ》の焦点《しょうてん》となる。

COP《コップ》これまでの主《おも》な流《なが》れ

1997年《ねん》	COP《コップ》3で京都議定書採択《きょうとぎていしょさいたく》 →先進国《せんしんこく》に排出《はいしゅつ》の削減《さくげん》を義務《ぎむ》づけ
2015年《ねん》	COP《コップ》21でパリ協定採択《きょうていさいたく》 →産業革命前《さんぎょうかくめいまえ》からの気温上昇《きおんじょうしょう》を2℃未満《みまん》に抑《おさ》える目標《もくひょう》 →すべての国《くに》が排出削減目標提出《はいしゅつさくげんもくひょうていしゅつ》
21年《ねん》	COP《コップ》26 →気温上昇《きおんじょうしょう》を1.5℃に抑《おさ》える事実上《じじつじょう》の世界目標《せかいもくひょう》

図版 朝日新聞をもとに編集部作成

キムタク信長《のぶなが》、歓声《かんせい》と厳戒《げんかい》

俳優《はいゆう》の木村拓哉《きむらたくや》さんが織田信長《おだのぶなが》に扮《ふん》して参加《さんか》した岐阜市《ぎふし》の「ぎふ信長《のぶなが》まつり」に同市《どうし》の人口《じんこう》（40万人《まんにん》）を超《こ》える46万人《まんにん》（市発表《しはっぴょう》）が集《あつ》まり、市中心部《しちゅうしんぶ》はかつてない人波《ひとなみ》であふれた。

福富平太郎貞家《ふくずみへいたろうさだいえ》役《やく》としてまつりに出演《しゅつえん》した俳優《はいゆう》の伊藤英明《いとうひであき》さん

8日（火）

子宮頸《しきゅうけい》がん予防《よぼう》の9価《か》ワクチン、23年《ねん》4月《がつ》から公費《こうひ》に

子宮頸《しきゅうけい》がんの原因《げんいん》となるヒトパピローマウイルス（HPV《エイチピーブイ》）の感染《かんせん》を防《ふせ》ぐワクチンについて、厚生労働省《こうせいろうどうしょう》の専門家部会《せんもんかぶかい》は、現在《げんざい》は自費接種《じひせっしゅ》の「9価《か》ワクチン」を2023年《ねん》4月《がつ》から公費《こうひ》での定期接種《ていきせっしゅ》の対象《たいしょう》とすることを決《き》めた。

日本《にほん》で承認《しょうにん》されているHPV《エイチピーブイ》ワクチンは、何種類《なんしゅるい》のHPV《エイチピーブイ》の型《かた》を防《ふせ》げるかで2価《か》、4価《か》、9価《か》の3種類《しゅるい》がある。2価《か》、4価《か》は定期接種《ていきせっしゅ》の対象《たいしょう》。9価《か》は2価《か》や4価《か》に比《くら》べ、子宮頸《しきゅうけい》がんの罹患率《りかんりつ》や死亡率《しぼうりつ》を減少《げんしょう》させる効果《こうか》が期待《きたい》されている。

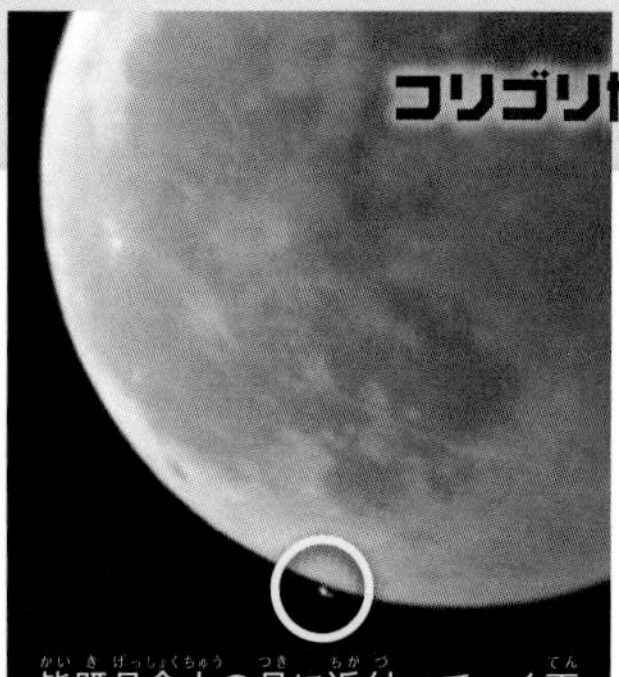
皆既月食中《かいきげっしょくちゅう》の月《つき》に近付《ちかづ》いていく天王星《てんのうせい》（○の円内《えんない》）

皆既《かいき》月食《げっしょく》と惑星食《わくせいしょく》の「ダブル食《しょく》」

皆既月食《かいきげっしょく》と天王星食《てんのうせいしょく》の「ダブル食《しょく》」がこの日夜《ひよる》、全国《ぜんこく》の広《ひろ》い範囲《はんい》で見《み》られた。午後《ごご》7時《じ》16分《ぶん》ごろに「皆既《かいき》」になり、赤銅色《しゃくどういろ》の満月《まんげつ》が夜空《よぞら》に浮《う》かんだ。超望遠《ちょうぼうえん》レンズでは、天王星《てんのうせい》が月《つき》に隠《かく》れていく様子《ようす》も確認《かくにん》された。

9日（水）

葉梨康弘法務大臣《はなしやすひろほうむだいじん》「死刑《しけい》のはんこ押《お》す、地味《じみ》な役職《やくしょく》」発言《はつげん》

葉梨康弘法務大臣《はなしやすひろほうむだいじん》は自民党議員《じみんとうぎいん》の会合《かいごう》で、法務大臣《ほうむだいじん》の役割《やくわり》に触《ふ》れて「死刑《しけい》のはんこを押《お》し、昼《ひる》のニュースのトップになるのはそういうときだけという地味《じみ》な役職《やくしょく》」と発言《はつげん》した。岸田文雄首相《きしだふみおしゅしょう》は11日《にち》、葉梨氏《はなしし》を事実上更迭《じじつじょうこうてつ》した。

自身《じしん》の発言《はつげん》について取材《しゅざい》に応《おう》じる葉梨康弘法務大臣《はなしやすひろほうむだいじん》（当時《とうじ》）

化石賞《かせきしょう》、また日本《にほん》に

環境《かんきょう》NGO《エヌジーオー》の国際《こくさい》ネットワーク「気候行動《きこうこうどう》ネットワーク」（CAN《キャン》）は、温暖化対策《おんだんかたいさく》に後《うし》ろ向《む》きな国《くに》に贈《おく》る「化石賞《かせきしょう》」に日本《にほん》を選《えら》んだ。化石燃料《かせきねんりょう》への公的補助金《こうてきほじょきん》などの額《がく》が世界最多《せかいさいた》となったことなどを理由《りゆう》にした。国連《こくれん》の気候変動会議《きこうへんどうかいぎ》（COP《コップ》27）で発表《はっぴょう》した。日本《にほん》はこれまでのCOP《コップ》でも毎回《まいかい》のように受賞《じゅしょう》している。

COP《コップ》27の会場内《かいじょうない》で行《おこな》われた「化石賞《かせきしょう》」の授賞式《じゅしょうしき》

20日 19土 18金 17木 16水 15火 14月 13日 12土 11金 10木 9水 8火

15日（火）

G20《ジートゥエンティー》開幕《かいまく》

2月《がつ》にロシアがウクライナ侵攻《しんこう》を始《はじ》めてから初《はつ》となる主要《しゅよう》20カ国《こく》・地域首脳会議《ちいきしゅのうかいぎ》（G20《ジートゥエンティー》サミット）がインドネシアで開幕《かいまく》した。16日《にち》、「ウクライナでの戦争《せんそう》を強《つよ》く非難《ひなん》する」などの内容《ないよう》を盛《も》り込《こ》んだ首脳宣言《しゅのうせんげん》を採択《さいたく》し、閉幕《へいまく》した。

G20首脳会議《ジートゥエンティーしゅのうかいぎ》の様子《ようす》

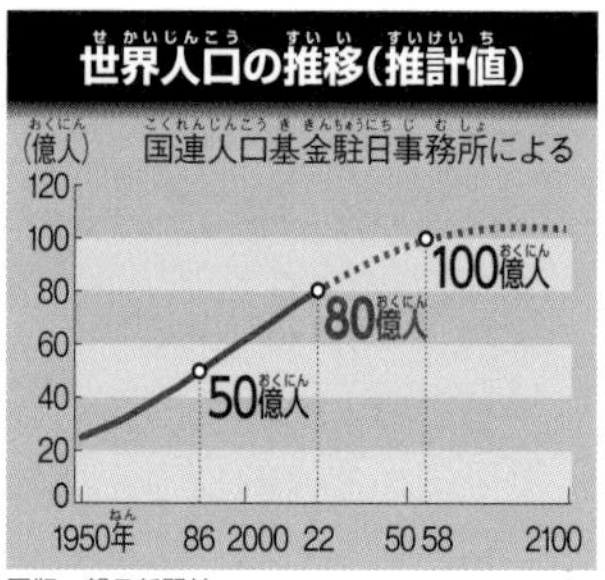

図版　朝日新聞社

世界人口《せかいじんこう》80億人《おくにん》に

世界《せかい》の総人口《そうじんこう》が、国連《こくれん》の推計《すいけい》で80億人《おくにん》に達《たっ》した。2010年《ねん》8月《がつ》から10億人《おくにん》増《ふ》えた。30年《ねん》には85億人《おくにん》になる見通《みとお》し。ただ、増《ふ》えている国《くに》は一部地域《いちぶちいき》への偏《かたよ》りが顕著《けんちょ》で、日本《にほん》のように少子高齢化《しょうしこうれいか》などの課題《かだい》を抱《かか》える国《くに》も多《おお》い。

16日（水）

米中間選挙《べいちゅうかんせんきょ》　共和党《きょうわとう》、下院《かいん》の過半数奪還《かはんすうだっかん》が確実《かくじつ》

米中間選挙《べいちゅうかんせんきょ》（キーワード）の連邦議会下院選《れんぽうぎかいかいんせん》（定数《ていすう》435）で、共和党《きょうわとう》が4年《ねん》ぶりに過半数《かはんすう》を獲得《かくとく》することが確実《かくじつ》となった。上院《じょういん》は民主党《みんしゅとう》が優位《ゆうい》を維持《いじ》することが確実《かくじつ》になっている。

18日（金）

北朝鮮《きたちょうせん》　ICBM《アイシービーエム》発射《はっしゃ》

韓国軍合同参謀本部《かんこくぐんごうどうさんぼうほんぶ》によると、午前《ごぜん》10時《じ》15分《ふん》ごろ、北朝鮮《きたちょうせん》が平壌近郊《ピョンヤンきんこう》の順安《スナン》付近《ふきん》から日本海《にほんかい》に向《む》けて長距離弾道《ちょうきょりだんどう》ミサイルとみられる1発《ぱつ》を発射《はっしゃ》した。日本《にほん》の排他的経済水域《はいたてきけいざいすいいき》（EEZ《イーイーゼット》）内《ない》に落下《らっか》したとみられる。北朝鮮《ちょうせん》の朝鮮中央通信《ちょうせんちゅうおうつうしん》は19日《にち》、同国《どうこく》が18日《にち》に新型《しんがた》の大陸間弾道《たいりくかんだんどう》ミサイル（ICBM《アイシービーエム》）「火星《ファソン》17」の試験発射《しけんはっしゃ》を行《おこな》ったと報《ほう》じた。

ICBM《アイシービーエム》「火星《ファソン》17」。金正恩総書記《キムジョンウンそうしょき》が試射《ししゃ》に立《た》ち会《あ》ったという
写真　提供：Office of the North Korean government press service/UPI/アフロ

20日（日）

寺田稔総務大臣《てらだみのるそうむだいじん》を更迭《こうてつ》

岸田文雄首相《きしだふみおしゅしょう》は、政治資金《せいじしきん》などの問題《もんだい》が相次《あいつ》いで明《あき》らかになっていた寺田稔総務大臣《てらだみのるそうむだいじん》を事実上《じじつじょう》、更迭《こうてつ》した。21日《にち》から始《はじ》まる予定《よてい》の2022年度第《ねんどだい》2次補正予算案《じほせいよさんあん》の国会審議《こっかいしんぎ》を前《まえ》に更迭《こうてつ》に踏《ふ》み切《き》った。

寺田稔総務大臣《てらだみのるそうむだいじん》の辞任《じにん》を受《う》け、会見《かいけん》に臨《のぞ》む岸田文雄首相《きしだふみおしゅしょう》

川崎《かわさき》レナさん
写真　REX/アフロ

10日《とおか》(木)

原発交付金《げんぱつこうふきん》、倍増《ばいぞう》10億円《おくえん》

経済産業省《けいざいさんぎょうしょう》は、原発《げんぱつ》が再稼働《さいかどう》した際《さい》に立地《りっち》自治体《じちたい》が受《う》け取《と》れる交付金《こうふきん》を拡充《かくじゅう》すると表明《ひょうめい》した。2022年《ねん》4月《がつ》以降《いこう》に再稼働《さいかどう》した原発《げんぱつ》がある道県《どうけん》への交付金《こうふきん》を最大《さいだい》5億円《おくえん》から2倍《ばい》の10億円《おくえん》に引《ひ》き上《あ》げ、新《あら》たに立地《りっち》市町村《しちょうそん》に隣接《りんせつ》する県《けん》にも最大《さいだい》5億円《おくえん》を出《だ》す。

資源《しげん》エネルギー庁長官《ちょうちょうかん》らとオンライン会談《かいだん》する平井伸治《ひらいしんじ》・鳥取県知事《とっとりけんちじ》

プロ野球《やきゅう》・佐々木朗希投手《ささきろうきとうしゅ》の完全試合《かんぜんじあい》、ギネス記録認定《きろくにんてい》

ロッテは、佐々木朗希投手《ささきろうきとうしゅ》が今季《こんき》のオリックス戦《せん》（4月《がつ》10日《とおか》）で達成《たっせい》した完全試合《かんぜんじあい》がギネス世界記録《せかいきろく》に認定《にんてい》されたと発表《はっぴょう》した。松川虎生捕手《まつかわこうほしゅ》との合計年齢《ごうけいねんれい》、38歳《さい》330日《にち》(達成時《たっせいじ》)を、「プロ野球《やきゅう》における完全試合《かんぜんじあい》を達成《たっせい》した投手《とうしゅ》と捕手《ほしゅ》の最年少《さいねんしょう》(合計年齢《ごうけいねんれい》)」として認定《にんてい》。

記者会見《きしゃかいけん》に臨《のぞ》む佐々木朗希《ささきろうき》投手《とうしゅ》

14日(月)

米中会談《べいちゅうかいだん》、台湾《たいわん》めぐり平行線《へいこうせん》

バイデン米大統領《べいだいとうりょう》と中国《ちゅうごく》の習近平国家主席《シーチンピンこっかしゅせき》は、インドネシアのバリ島《とう》で会談《かいだん》した。対面《たいめん》での首脳会談《しゅのうかいだん》は、バイデン政権《せいけん》の発足以来初《ほっそくいらいはじ》めて。米中間《べいちゅうかん》の最大《さいだい》の懸案《けんあん》である台湾問題《たいわんもんだい》をめぐる議論《ぎろん》は平行線《へいこうせん》をたどった。

握手《あくしゅ》するバイデン氏《し》(右《みぎ》)と習近平氏《シーチンピンし》
写真　新華社/アフロ

川崎《かわさき》レナさん、「国際子《こくさいこ》ども平和賞《へいわしょう》」受賞《じゅしょう》

オランダに本拠《ほんきょ》を置《お》く児童権利擁護団体《じどうけんりようごだんたい》「キッズライツ財《ざい》団《だん》」は、子《こ》どもの権利擁護《けんりようご》などに大《おお》きく貢献《こうけん》した若者《わかもの》に贈《おく》られる「国際子《こくさいこ》ども平和賞《へいわしょう》」を、大阪《おおさか》のインターナショナルスクールに通《かよ》う17歳《さい》の川崎《かわさき》レナさんに授与《じゅよ》した。日本人《にほんじん》の受賞《じゅしょう》は初《はじ》めて。

21(月)　22(火)　23(水)　24(木)　25(金)　26(土)　27(日)　28(月)　29(火)　30(水)

21日(月)

インドネシア・ジャワ島地震《とうじしん》　271人死亡《にんしぼう》

インドネシアのジャワ島西部《とうせいぶ》で、マグニチュード5・6の地震《じしん》があった。国家防災庁《かぼうさいちょう》は23日《にち》、271人《にん》が死亡《しぼう》したと発表《はっぴょう》。負傷者《ふしょうしゃ》は約《やく》2040人《にん》に上《のぼ》る。約《やく》6万《まん》1900人《にん》が避難《ひなん》しており、約《やく》5万《まん》6千戸《せんこ》の建物《たてもの》が被害《ひがい》を受《う》けた。

23日(水)

日本《にほん》、ドイツ破《やぶ》る　サッカーW杯《ワールドカップ》

サッカーの第《だい》22回《かい》W杯《ワールドカップ》カタール大《たい》会《かい》で、1次《じ》リーグE組《イーぐみ》の日本《にほん》(世界《せかい》ランキング24位《い》)はドーハのハリファ国際競技場《こくさいきょうぎじょう》でドイツ(同《どう》11位《い》)と初《しょ》戦《せん》で対戦《たいせん》し、2―1で逆転《ぎゃくてん》勝《が》ちした。

7大会連続《たいかいれんぞく》7度目《どめ》の出場《しゅつじょう》の日本《にほん》がW杯優勝国《ワールドカップゆうしょうこく》に勝《か》つのは初《はじ》めてだそうだ。

ドイツに勝利《しょうり》し、喜《よろこ》ぶ浅野拓磨選手《あさのたくませんしゅ》ら日本《にほん》代表《だいひょう》の選手《せんしゅ》たち

26日(土)

台湾統一選《たいわんとういつせん》、与党《よとう》が惨敗《ざんぱい》　蔡英文総統《ツァイインウェンそうとう》、党首辞任《とうしゅじにん》

台湾《たいわん》で次期総統選《じきそうとうせん》の行方《ゆくえ》を占《うらな》う統一地方選《とういつちほうせん》が投開票《とうかいひょう》された。蔡英文《ツァイインウェン》政《せい》権《けん》の与党《よとう》・民進党《みんしんとう》は、重点《じゅうてん》と位置《いち》づけた台北市《タイペイし》長選《ちょうせん》などで敗《やぶ》れたほか、首長《しゅちょう》ポストの獲得《かくとく》が全土《ぜんど》の4分《ぶん》の1以下《いか》にとどまり、惨敗《ざんぱい》した。蔡《ツァイ》総統《そうとう》は結果《けっか》を受《う》け、党主席《とうしゅせき》(党首《とうしゅ》)を辞任《じにん》した。

辞任《じにん》を表明《ひょうめい》した蔡英文氏《ツァイインウェンし》

30日(水)

江沢民《チアンツォーミン》・元国家主席死去《もとこっかしゅせきしきょ》　中国《ちゅうごく》の経済発展推進《けいざいはってんすいしん》

中国《ちゅうごく》の江沢民《チアンツォーミン》・元国家主席《もとこっかしゅせき》(元中国共産《もとちゅうごくきょうさん》党総書記《とうそうしょき》)が白血病《はっけつびょう》と多臓器不全《たぞうきふぜん》のため死去《しきょ》した。96歳《さい》だった。

1992年《ねん》、日本《にほん》で記者会《きしゃかい》見《けん》する江沢民総書記《チアンツォーミンそうしょき》

風流踊《ふりゅうおどり》
華《はな》やかな、人目《ひとめ》をひく、という「風流《ふりゅう》」の精神《せいしん》を表《あらわ》し、歌《うた》や笛《ふえ》、太鼓《たいこ》などとともににぎやかに踊《おど》る民俗芸能《みんぞくげいのう》。各地《かくち》の歴史《れきし》や風土《ふうど》を反映《はんえい》して伝承《でんしょう》されてきたもので、災厄《さいやく》をはらい穏《おだ》やかな暮《く》らしを願《ねが》う人々《ひとびと》の祈《いの》りが込《こ》められている。

COP27《コップ》
国連気候変動枠組《こくれんきこうへんどうわくぐ》み条約《じょうやく》に参加《さんか》する198カ国《こく》・機関《きかん》の代表《だいひょう》が集《あつ》まり、地球温暖化《ちきゅうおんだんか》を防《ふせ》ぐ枠組《わくぐ》みについて議論《ぎろん》する会議《かいぎ》。COP《コップ》27では温暖化《おんだんか》による「損《そん》失《しつ》と被害《ひがい》」を支援《しえん》する基金《ききん》の創設《そうせつ》が合意《ごうい》された。資金《しきん》支援《しえん》は、30年前《ねんまえ》から途上国《とじょうこく》が求《もと》めていた。

中間選挙《ちゅうかんせんきょ》
米大統領選挙《べいだいとうりょうせんきょ》の中間《ちゅうかん》の年《とし》、4年《ねん》に1度実施《どじっし》される上下両院議員《じょうかりょういんぎいん》の選挙《せんきょ》。米国《べいこく》では下院議員《かいんぎいん》の任期《にんき》は2年《ねん》、上院議員《じょういんぎいん》は6年《ねん》で2年《ねん》ごとに3分《ぶん》の1ずつが改選《かいせん》される。また、現職大統領《げんしょくだいとうりょう》の2年間《ねんかん》の評価《ひょうか》と、次《つぎ》の大統《だいとう》領選挙《りょうせんきょ》の動向《どうこう》を予測《よそく》するものとして注目《ちゅうもく》される。

江沢民《チアンツォーミン》
1989年《ねん》の天安門事件後《てんあんもんじけんご》、共産党総書記《きょうさんとうそうしょき》に抜擢《ばってき》され、93年《ねん》には国家主席《こっかしゅせき》に就《つ》いた。混乱《こんらん》した経済《けいざい》を立《た》て直《なお》し、外交面《がいこうめん》では対米関係《たいべいかんけい》を改善《かいぜん》。一方《いっぽう》、対日政策《たいにちせいさく》では歴史問題《れきしもんだい》を重視《じゅうし》し、抗日戦争《こうにちせんそう》の勝利《しょうり》を強調《きょうちょう》する愛国教育《あいこくきょういく》を強化《きょうか》した。

写真　朝日新聞社

何階級《なんかいきゅう》を制《せい》しようが、何団体《なんだんたい》を統一《とういつ》しようが、すべては通過点《つうかてん》。挑《いど》み続《つづ》けたい

プロボクシング選手《せんしゅ》
井上尚弥《いのうえなおや》

2022年《ねん》12月《がつ》13日《にち》にプロボクシングの世界《せかい》バンタム級《きゅう》4団体王座統一《だんたいおうざとういつ》（※）を果《は》たした井上尚弥選手《いのうえなおやせんしゅ》は、翌日《よくじつ》の会見《かいけん》で左《ひだり》のように話《はな》し、より体重《たいじゅう》の重《おも》い選手《せんしゅ》が出場《しゅつじょう》する「スーパーバンタム級《きゅう》」の王座《おうざ》に挑《ちょう》戦《せん》する意欲《いよく》を見《み》せた。「ヒリヒリした緊張感《きんちょうかん》のある試《し》合《あい》が、階級《かいきゅう》を上《あ》げればできるはず」と熱《あつ》く語《かた》った。

歴史的快挙《れきしてきかいきょ》に満足《まんぞく》せぬ、さらなるハングリー精神《せいしん》がすごい！

※4団体王座統一《だんたいおうざとういつ》＝プロボクシングの世界王《せかいおう》者《じゃ》を認定《にんてい》する団体《だんたい》は複数《ふくすう》あり、そのうち主要《しゅよう》な四《よっ》つの団体《だんたい》の王座《おうざ》をすべて獲《かく》得《とく》すること。全階級《ぜんかいきゅう》を通《つう》じて、井上選手《いのうえせんしゅ》を含《ふく》め、9人《にん》しかいない。

フンダラ姫《ひめ》
セレブ・リッチ王国《おうこく》の高飛車《たかびしゃ》なお姫様《ひめさま》

フンダラ姫《ひめ》のNews《ニュース》なひとこと

旬《しゅん》のニュースから気《き》になる発言《はつげん》を、フンダラ姫《ひめ》がピックアップ！

沈黙《ちんもく》は抑圧者《よくあつしゃ》への支援《しえん》を意味《いみ》する

女優《じょゆう》
タラネ・アリドゥスティ

髪《かみ》の毛《け》を隠《かく》す布《ぬの》「ヒジャブ」の着《つ》け方《かた》が悪《わる》いとして22歳《さい》の女性《じょせい》が逮捕《たいほ》された後《あと》、急死《きゅうし》したことをめぐり、イランで抗議《こうぎ》デモが続《つづ》いている。デモ参加者《さんかしゃ》が死刑《しけい》に処《しょ》され、著名《ちょめい》な女優《じょゆう》、タラネ・アリドゥスティさんも上《うえ》のように訴《うった》えるなどしてデモへの連帯《れんたい》を示《しめ》したが、治安当局《ちあんとうきょく》は2022年《ねん》12月《がつ》17日《にち》、タラネさんを逮捕《たいほ》した。

有名人《ゆうめいじん》だからこそ目《め》をつけられたのね。勇気《ゆうき》ある行動《こうどう》だわ。

漫才日本一《まんざいにほんいち》を決《き》めるM-1《エムワン》グランプリ2022が2022年《ねん》12月《がつ》18日《にち》に開催《かいさい》され、ウエストランドが優勝《ゆうしょう》した。不平不満《ふへいふまん》を叫《さけ》び散《ち》らす井口浩之《いぐちひろゆき》さんに、相方《あいかた》の河本太《こうもとふとし》さんが言葉《ことば》少《すく》なく反応《はんのう》するスタイルが特徴《とくちょう》で、優勝後《ゆうしょうご》も井口《いぐち》さんが下《した》のように雄弁《ゆうべん》に喜《よろこ》びを語《かた》ると、河本《こうもと》さんは泣《な》きながら「ぼくもです」と答《こた》えた。

賞金《しょうきん》の1000万円《まんえん》は、半々《はんはん》に分《わ》けるそうよ。

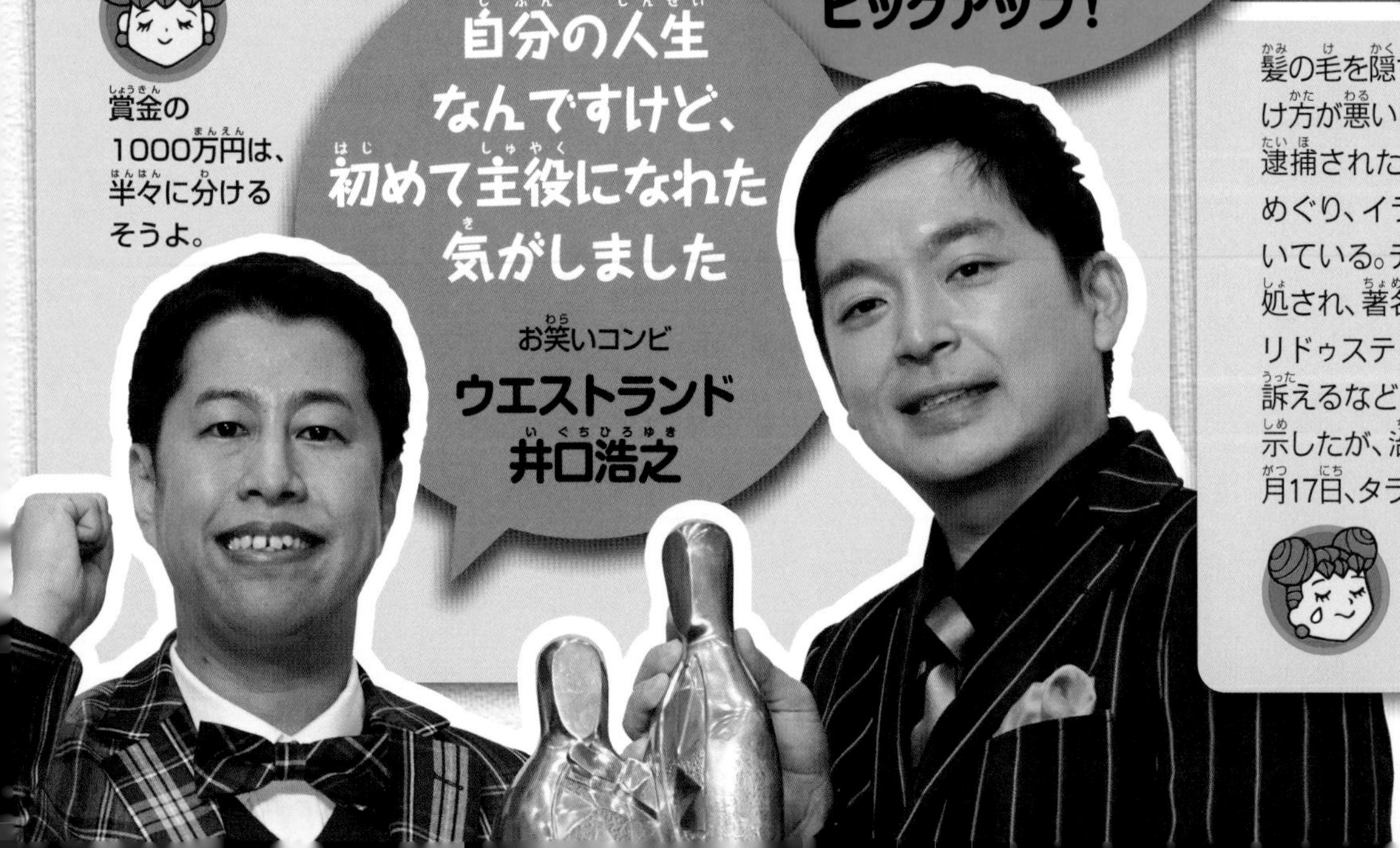

自分《じぶん》の人生《じんせい》なんですけど、初《はじ》めて主役《しゅやく》になれた気《き》がしました

お笑《わら》いコンビ
ウエストランド
井口浩之《いぐちひろゆき》

写真　朝日新聞社　ロイター/アフロ

コリゴリ博士《はかせ》と読《よ》む 2022年《ねん》12月《がつ》のニュース

1日（木）

2022年《ねん》の流行語大賞《りゅうこうごたいしょう》は「村神様《むらかみさま》」

「2022ユーキャン新語《しんご》・流行語大賞《りゅうこうごたいしょう》」が、発表《はっぴょう》された。年間大賞《ねんかんたいしょう》は、5打席連続本塁打《だせきれんぞくほんるいだ》を放《はな》つなど活躍《かつやく》したプロ野球《やきゅう》ヤクルトの村上宗隆選手《むらかみむねたかせんしゅ》をたたえて呼《よ》ぶ「村神様《むらかみさま》」。ほかにトップテンに入《はい》ったのは「キーウ」「国葬儀《こくそうぎ》」「宗教《しゅうきょう》2世《せい》」「知《し》らんけど」など。

プロ野球《やきゅう》・ヤクルトの村上宗隆選手《むらかみむねたかせんしゅ》

ドイツ、スペインとW杯《ワールドカップ》優勝経験国《ゆうしょうけいけんこく》を破《やぶ》って、グループ首位通過《しゅいつうか》したな。

サッカーW杯《ワールドカップ》、日本《にほん》が劇的《げきてき》16強《きょう》

サッカーの第《だい》22回W杯《かいワールドカップ》カタール大会《たいかい》で、日本代表《にほんだいひょう》（世界《せかい》ランキング24位《い》）は、ドーハで行《おこな》われた1次《じ》リーグ最終戦《さいしゅうせん》でスペイン代表《だいひょう》（同《どう》7位《い》）に2―1で逆転勝《ぎゃくてんが》ちし、初《はつ》の2大会連続決勝《たいかいれんぞくけっしょう》トーナメント進出《しんしゅつ》を決《き》めた。

円陣《えんじん》をつくって喜《よろこ》び合《あ》う日本代表《にほんだいひょう》の選手《せんしゅ》とスタッフ

3日（土）

藤井聡太竜王《ふじいそうたりゅうおう》が初防衛《はつぼうえい》

鹿児島県指宿市《かごしまけんいぶすきし》で行《おこな》われた将棋《しょうぎ》の第《だい》35期竜王戦七番勝負《きりゅうおうせんななばんしょうぶ》の第《だい》6局《きょく》で、藤井聡太竜王《ふじいそうたりゅうおう》（王位《おうい》・叡王《えいおう》・王将《おうしょう》・棋聖《きせい》と合《あ》わせ五冠《ごかん》）が挑戦者《ちょうせんしゃ》の広瀬章人《ひろせあきひと》八段《はちだん》に113手《て》で勝《か》ち、シリーズ成績《せいせき》4勝《しょう》2敗《はい》で竜王《りゅうおう》のタイトルを初防衛《はつぼうえい》した。

第6局 指宿対局

「千思万考《せんしばんこう》」の文字《もじ》を掲《かか》げる藤井聡太竜王《ふじいそうたりゅうおう》

12月《がつ》 December　1 木　2 金　3 土　4 日　5 月　6 火　7 水　8 木　9 金

5日（月）

日本《にほん》、8強入《きょうい》り逃《のが》す　サッカーW杯《ワールドカップ》

サッカーの第《だい》22回W杯《かいワールドカップ》カタール大会《たいかい》は、アルワクラのアルジャヌーブ競技場《きょうぎじょう》で決勝《けっしょう》トーナメント1回戦《かいせん》があり、日本代表《にほんだいひょう》は前回大会準優勝《ぜんかいたいかいじゅんゆうしょう》のクロアチア代表《だいひょう》（世界《せかい》ランキング12位《い》）に敗《やぶ》れ、初《はつ》の8強入《きょうい》りを逃《のが》した。

クロアチアに敗《やぶ》れた日本代表《にほんだいひょう》の選手《せんしゅ》たち

防衛費《ぼうえいひ》、5年間《ねんかん》で43兆円《ちょうえん》

防衛力《ぼうえいりょく》の抜本強化《ばっぽんきょうか》をめぐり、岸田文雄首相《きしだふみおしゅしょう》は2023～27年度《ねんど》の5年間《ねんかん》の防衛費《ぼうえいひ》について、総額《そうがく》約《やく》43兆円《ちょうえん》とするよう、浜田靖一防衛大臣《はまだやすかずぼうえいだいじん》と鈴木俊一財務大臣《すずきしゅんいちざいむだいじん》に指示《しじ》した。現行計画《げんこうけいかく》の1・5倍《ばい》以上《いじょう》の歴史的《れきしてき》な増額《ぞうがく》となる。

防衛省《ぼうえいしょう》の要求《ようきゅう》に対《たい》する主《おも》な指摘《してき》

スタンド・オフ・ミサイル（遠方《えんぽう》から敵《てき》を攻撃《こうげき》するミサイル）の研究開発《けんきゅうかいはつ》
- 開発完了《かいはつかんりょう》の見込《みこ》みが不透明《ふとうめい》なものも
- 具体的《ぐたいてき》な配備地《はいびち》にも課題《かだい》

自衛隊独自《じえいたいどくじ》の衛星打《えいせいう》ち上《あ》げ
- 世界的《せかいてき》には国《くに》をまたいだ「デュアルユース」（軍用《ぐんよう》と民間《みんかん》の両用《りょうよう》）が進展《しんてん》

施設《しせつ》の整備《せいび》
- 地元業者《じもとぎょうしゃ》の施工能力《せこうのうりょく》や地元調整《じもとちょうせい》にも留意《りゅうい》が必要《ひつよう》

既存《きぞん》の態勢《たいせい》を前提《ぜんてい》にした装備品《そうびひん》の取得《しゅとく》
- 費用対効果《ひようたいこうか》の高《たか》い装備品《そうびひん》の見極《みきわ》めが重要《じゅうよう》

弾薬《だんやく》の備蓄拡充《びちくかくじゅう》
- 弾薬庫《だんやくこ》の制約《せいやく》もあり、具体的《ぐたいてき》な配備地《はいびち》に課題《かだい》

図版　朝日新聞社

7日（水）

中国《ちゅうごく》、ゼロコロナ大幅緩和《おおはばかんわ》

中国政府《ちゅうごくせいふ》は、習近平《シーチンピン》指導部《しどうぶ》が堅持《けんじ》してきた新型《しんがた》コロナウイルスの感染拡大《かんせんかくだい》を厳《きび》しい措置《そち》で抑《おさ》え込《こ》む「ゼロコロナ」政策《せいさく》を大幅《おおはば》に緩和《かんわ》する通知《つうち》を出《だ》した。

中国《ちゅうごく》の「ゼロコロナ」政策《せいさく》の主《おも》な変更点《へんこうてん》

感染者《かんせんしゃ》の施設《しせつ》などでの隔離《かくり》	無症状者《むしょうじょうしゃ》、軽症者《けいしょうしゃ》は自宅隔離《じたくかくり》も可《か》
感染者《かんせんしゃ》が出《で》た地域《ちいき》のPCR《ピーシーアール》検査《けんさ》	「全員検査《ぜんいんけんさ》」廃止《はいし》、範囲縮小《はんいしゅくしょう》
陰性証明《いんせいしょうめい》	省《しょう》をまたぐ移動《いどう》のときや、一部《いちぶ》を除《のぞ》く公共施設《こうきょうしせつ》に入《はい》るときの提示《ていじ》が不要《ふよう》に
感染《かんせん》「高《こう》リスク地域《ちいき》」以外《いがい》での地方政府《ちほうせいふ》による移動《いどう》や企業《きぎょう》活動《かつどう》の制限《せいげん》	禁止《きんし》
学校《がっこう》	感染者《かんせんしゃ》が出《で》ていなければ対面授業《たいめんじゅぎょう》

図版　朝日新聞社

9日（金）

プロ野球《やきゅう》で初《はつ》の現役《げんえき》ドラフト開催《かいさい》

プロ野球《やきゅう》で出場機会《しゅつじょうきかい》の少《すく》ない選手《せんしゅ》の移籍活性化《いせきかっせいか》を目的《もくてき》とした「**現役《げんえき》ドラフト**」が、初《はじ》めて開催《かいさい》された。2015年《ねん》のドラフト（新人選択《しんじんせんたく》）会議《かいぎ》で1位《い》指名《しめい》された楽天《らくてん》のオコエ瑠偉選手《るいせんしゅ》など、12球団《きゅうだん》12選手《せんしゅ》の移籍《いせき》が決《き》まった。

楽天《らくてん》から巨人《きょじん》へ移籍《いせき》するオコエ瑠偉選手《るいせんしゅ》

10日（土）

被害者救済新法《ひがいしゃきゅうさいしんぽう》が成立《せいりつ》

世界平和統一家庭連合《せかいへいわとういつかていれんごう》（旧統一教会《きゅうとういつきょうかい》）の問題《もんだい》を受《う》けた被害者救済新法《ひがいしゃきゅうさいしんぽう》は参議院本会議《さんぎいんほんかいぎ》で、自民《じみん》、公明両党《こうめいりょうとう》に加《くわ》え、立憲民主党《りっけんみんしゅとう》、日本維新《にっぽんいしん》の会《かい》、国民民主党《こくみんみんしゅとう》などの賛成多数《さんせいたすう》で可決《かけつ》、成立《せいりつ》した。

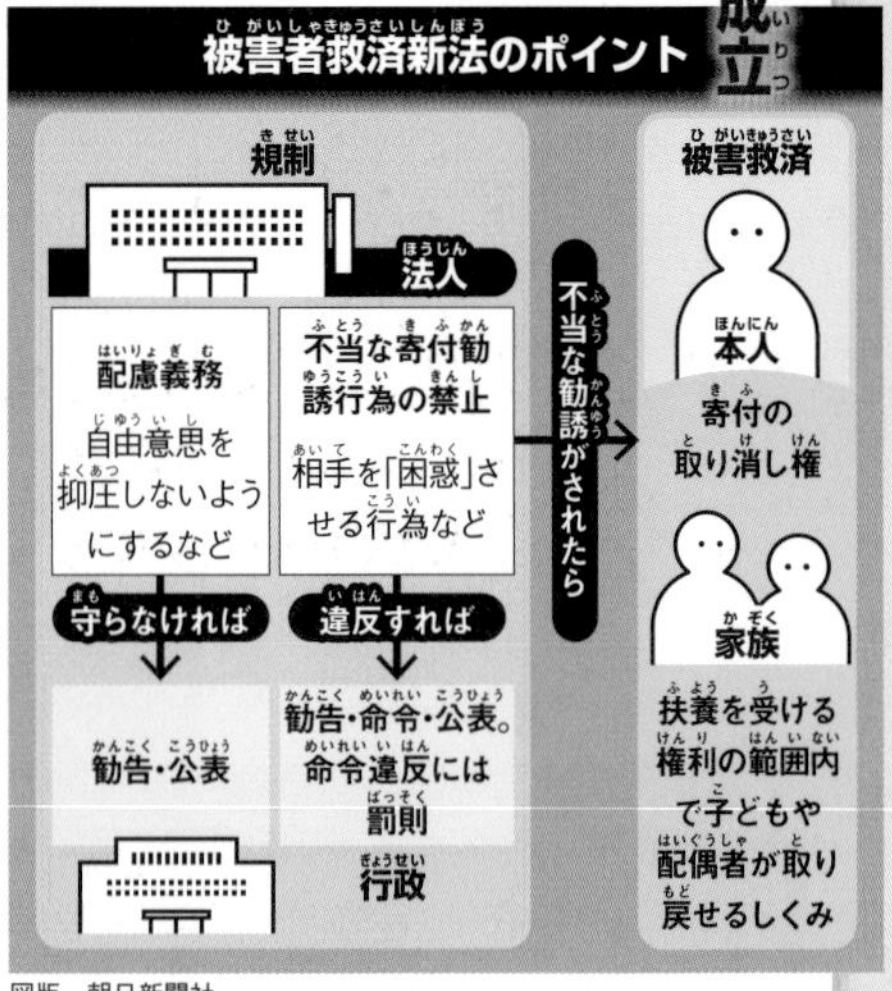

図版　朝日新聞社

フィギュア・宇野昌磨選手《うのしょうませんしゅ》、GP《グランプリ》ファイナル制覇《せいは》

フィギュア・GP《グランプリ》ファイナルは、イタリア・トリノで最終日《さいしゅうび》があり、男子《だんし》フリーでショートプログラム首位《しゅい》の宇野昌磨選手《うのしょうませんしゅ》が今季世界最高《こんきせかいさいこう》となる合計《ごうけい》304・46点《てん》で初優勝《はつゆうしょう》した。女子《じょし》フリーではショートプログラム2位《い》の三原舞依選手《みはらまいせんしゅ》が133・59点《てん》をマーク。合計《ごうけい》208・17点《てん》で逆転優勝《ぎゃくてんゆうしょう》を果《は》たした。

優勝《ゆうしょう》した宇野昌磨《うのしょうま》選手《せんしゅ》

11日（日）

民間初《みんかんはつ》の月面着陸《げつめんちゃくりく》へ打《う》ち上《あ》げ

民間初《みんかんはつ》の月探査計画《つきたんさけいかく》「HAKUTO《ハクト》―R《アール》」の第一歩《だいいっぽ》となる日本《にほん》ベンチャー「ispace《アイスペース》」の月着陸船《つきちゃくりくせん》が、この日《ひ》打《う》ち上《あ》げられた。月《つき》への到着《とうちゃく》は2023年《ねん》4月末《がつすえ》ごろの予定《よてい》。世界《せかい》で民間初《みんかんはつ》となる月面着陸《げつめんちゃくりく》をめざす。

月着陸船《つきちゃくりくせん》を載《の》せて打《う》ち上《あ》げられたファルコン9《ナイン》ロケット
写真　ispace提供

12日（月）

2022年《ねん》の漢字《かんじ》は「戦」

2022年《ねん》の世相《せそう》を表《あらわ》す漢字《かんじ》は「戦」。日本漢字能力検定協会《にほんかんじのうりょくけんていきょうかい》（京都市東山区《きょうとしひがしやまく》）はこの日《ひ》、全国《ぜんこく》から募集《ぼしゅう》し、最《もっと》も選《えら》んだ人《ひと》が多《おお》かった「今年《ことし》の漢字《かんじ》」を京都市《きょうとし》の清水寺《きよみずでら》で発表《はっぴょう》した。

「今年《ことし》の漢字《かんじ》」に選《えら》ばれた「戦」を揮毫《きごう》した清水寺《きよみずでら》の森清範貫主《もりせいはんかんす》

21水　20火　19月　18日　17土　16金　15木　14水　13火　12月　11日　10土

19日（月）

「地球《ちきゅう》の30％保全《ほぜん》」採択《さいたく》　COP《コップ》15

カナダで7日《なのか》から開《ひら》かれている国連《こくれん》の生物多様性条約締約国会議《せいぶつたようせいじょうやくていやくこくかいぎ》（COP《コップ》15）で、各国《かっこく》はこの日《ひ》、生物多様性《せいぶつたようせい》の回復《かいふく》に向《む》けた2030年《ねん》までの新《あら》たな国際目標《こくさいもくひょう》を採択《さいたく》した。生物多様性《せいぶつたようせい》の維持《いじ》に重要《じゅうよう》な地域《ちいき》など、地球《ちきゅう》の30％の保全《ほぜん》を目指《めざ》す「30《サーティ》by《バイ》30《サーティ》」などを盛《も》り込《こ》んだ。20日《はつか》に閉幕《へいまく》した。

新《あら》たな国際目標《こくさいもくひょう》が採択《さいたく》されたCOP《コップ》15
写真　AFP/アフロ

北陸地方《ほくりくちほう》に大雪《おおゆき》

強《つよ》い冬型《ふゆがた》の気圧配置《きあつはいち》となったこの日《ひ》、北陸地方《ほくりくちほう》を中心《ちゅうしん》に大雪《おおゆき》が降《ふ》った。気象庁《きしょうちょう》によると、19日《にち》に観測《かんそく》された12時間降雪量《じかんこうせつりょう》の最大値《さいだいち》は、新潟県長岡市《にいがたけんながおかし》で66㎝、同県《どうけん》柏崎市《かしわざきし》で62㎝となり、いずれも観測史上最大《かんそくしじょうさいだい》となった。

多数《たすう》の車《くるま》が動《うご》けず連《つら》なる国道《こくどう》8号《ごう》（新潟県柏崎《にいがたけんかしわざき》市穂波町《しほなみちょう》）

20日（火）

日銀《にちぎん》、長期金利上限《ちょうききんりじょうげん》0・5％に

日本銀行《にっぽんぎんこう》は金融政策決定会合《きんゆうせいさくけっていかいごう》を開《ひら》き、大規模《だいきぼ》な金融《きんゆう》緩和《かんわ》の大幅《おおはば》な修正《しゅうせい》を決《き》めた。緩和策《かんわさく》の一《ひと》つとして抑《おさ》えてきた**長期金利《ちょうききんり》**の上限《じょうげん》を、これまでの「0・25％程度《ていど》」から「0・5％程度《ていど》」へ引《ひ》き上《あ》げた。事実上《じじつじょう》の利上《りあ》げとなる。

日米《にちべい》の金利差《きんりさ》が縮《ちぢ》まり、円高《えんだか》に振《ふ》れる可能性《かのうせい》もあるぞ。

21日（水）

ロシア、新《しん》ICBM《アイシービーエム》配備《はいび》へ

ロシアのプーチン大統領《だいとうりょう》は、ロシア国防省《こくぼうしょう》の拡大会議《かくだいかいぎ》に出席《しゅっせき》し、新型《しんがた》の大陸間弾道《たいりくかんだんどう》ミサイル（ICBM《アイシービーエム》）を近《ちか》く実戦配備《じっせんはいび》するなど、ウクライナ侵攻《しんこう》で対立《たいりつ》する欧米《おうべい》に対抗《たいこう》し、核戦力《かくせんりょく》の増強《ぞうきょう》を続《つづ》ける考《かんが》えを示《しめ》した。

米《べい》ウクライナ首脳会談《しゅのうかいだん》、侵攻後初《しんこうごはつ》

ウクライナのゼレンスキー大統領《だいとうりょう》が米《べい》ワシントンを訪問《ほうもん》し、ホワイトハウスでバイデン大統領《だいとうりょう》と会談《かいだん》した。ゼレンスキー氏《し》は2月《がつ》24日のロシアの侵攻開始後《しんこうかいしご》、初《はつ》となる国外訪問《こくがいほうもん》で、バイデン氏《し》との対面《たいめん》での首脳会談《しゅのうかいだん》も初《はつ》。米国《べいこく》からの継続《けいぞく》した支援《しえん》に感謝《かんしゃ》を述《の》べた。

ゼレンスキー大統領《だいとうりょう》（左《ひだり》）とバイデン大統領《だいとうりょう》　写真　AFP/アフロ

G7《ジーセブン》、「気候《きこう》クラブ」の設立《せつりつ》を決定《けってい》

主要《しゅよう》7カ国《こく》（G7《ジーセブン》）は、オンライン形式《けいしき》で首脳会議《しゅのうかいぎ》を開《ひら》き、産業分野《さんぎょうぶんや》での二酸化炭素《にさんかたんそ》（CO_2《シーオーツー》）など温室効果《おんしつこうか》ガスの排出削減《はいしゅつさくげん》に取《と》り組《く》む「気候《きこう》クラブ」の設立《せつりつ》を正式《せいしき》に決《き》めた。

13日（火）

井上尚弥選手《いのうえなおやせんしゅ》、4団体統一王者《だんたいとういつおうじゃ》

プロボクシングの世界《せかい》バンタム級《きゅう》4団体王座統一戦《だんたいおうざとういつせん》が有明《ありあけ》アリーナであり、3団体統一王者《だんたいとういつおうじゃ》の井上尚弥《いのうえなおや》選手《せんしゅ》は、世界《せかい》ボクシング機構《きこう》（WBO《ダブリュービーオー》）王者《おうじゃ》ポール・バトラー選手《せんしゅ》（英国《えいこく》）に11回《かい》1分《ぷん》9秒KO《びょうケイオー》で勝《か》った。世界《せかい》で9人目《にんめ》、日本人初《にほんじんはつ》の主要《しゅよう》4団体統一王者《だんたいとういつおうじゃ》となった。

4団体統一王者《だんたいとういつおうじゃ》となった井上尚弥選手《いのうえなおやせんしゅ》

「発達障害《はったつしょうがい》」可能性《かのうせい》ありの子《こ》8・8%、4割《わり》は支援受《しえんう》けず

全国《ぜんこく》の公立小中学校《こうりつしょうちゅうがっこう》の通常学級《つうじょうがっきゅう》に通《かよ》う児童生徒《じどうせいと》の8・8%に、発達障害《はったつしょうがい》の可能性《かのうせい》があることが文部科学省《もんぶかがくしょう》の調査《ちょうさ》でわかった。このうち4割強《わりきょう》は、授業中《じゅぎょうちゅう》に丁寧《ていねい》な指導《しどう》を受《う》けられるようにする配慮《はいりょ》・支援《しえん》を受《う》けていなかった。

19日（月）

ヒジャブ抗議《こうぎ》、相次《あいつ》ぐ死刑《しけい》

イランで女性《じょせい》が髪《かみ》を隠《かく》す布《ぬの》「ヒジャブ」をめぐり死者《ししゃ》が出《で》たことに対《たい》する抗議《こうぎ》デモが始《はじ》まって3カ月《げつ》となるなか、デモ参加者《さんかしゃ》2人《ふたり》の死刑《しけい》が相次《あいつ》いで執行《しっこう》された。このうち1人《ひとり》は公開処刑《こうかいしょけい》され、国内外《こくないがい》に衝撃《しょうげき》を与《あた》えた。

イランの首都《しゅと》テヘランで、ヒジャブ着用《ちゃくよう》をめぐる抗議《こうぎ》で火《ひ》をつける人々《ひとびと》（2022年《ねん》9月《がつ》）　写真　ロイター

22（木）　23（金）　24（土）　25（日）　26（月）　27（火）　28（水）　29（木）　30（金）　31（土）

公立小中学生《こうりつしょうちゅうがくせい》の学年別《がくねんべつ》の学習塾代《がくしゅうじゅくだい》

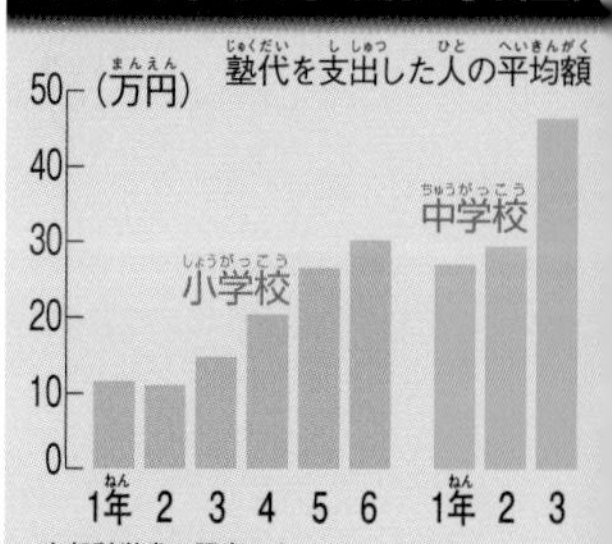

文部科学省の調査から

小中学生《しょうちゅうがくせい》の学習費《がくしゅうひ》、最高《さいこう》に

公立《こうりつ》の小中学生《しょうちゅうがくせい》と、私立《しりつ》の小中高生《しょうちゅうこうせい》の授業料《じゅぎょうりょう》や修《しゅう》学旅行費《がくりょこうひ》、学校納付金《がっこうのうふきん》、塾《じゅく》などにかかった「学習費《がくしゅうひ》」が2021年度《ねんど》、過去最高《かこさいこう》になったことが文部科学省《もんぶかがくしょう》の調査《ちょうさ》でわかった。コロナ禍《か》の影響《えいきょう》で修学旅行費《しゅうがくりょこうひ》などは減《へ》ったものの、塾《じゅく》の費用《ひよう》がそれを上回《うわまわ》ったという。

26日（月）

アメリカで大寒波《だいかんぱ》、57人《にん》が死亡《しぼう》

アメリカで歴史的《れきしてき》な寒波《かんぱ》に見舞《みま》われており、積雪《せきせつ》などにより少《すく》なくとも57人《にん》が亡《な》くなった。アメリカNBC《エヌビーシー》がこの日《ひ》伝《つた》えた。死者《ししゃ》はカナダ国境《こっきょう》からメキシコ国境《こっきょう》までの12州《しゅう》という広《ひろ》い範囲《はんい》で確認《かくにん》されたという。

27日（火）

秋葉賢也復興大臣《あきばけんやふっこうだいじん》を更迭《こうてつ》

岸田文雄首相《きしだふみおしゅしょう》は、政治資金問題《せいじしきんもんだい》などが指摘《してき》された秋葉賢也復興大臣《あきばけんやふっこうだいじん》を事実上《じじつじょう》、更迭《こうてつ》した。岸田《きしだ》政権《せいけん》で閣僚《かくりょう》が辞任《じにん》するのは2022年《ねん》10月《がつ》以降《いこう》、4人目《にんめ》。相次《あいつ》ぐ差別発言《さべつはつげん》が問題視《もんだいし》された杉田水脈《すぎたみお》・総務政務官《そうむせいむかん》についてもこの日《ひ》、事実上《じじつじょう》、更迭《こうてつ》した。

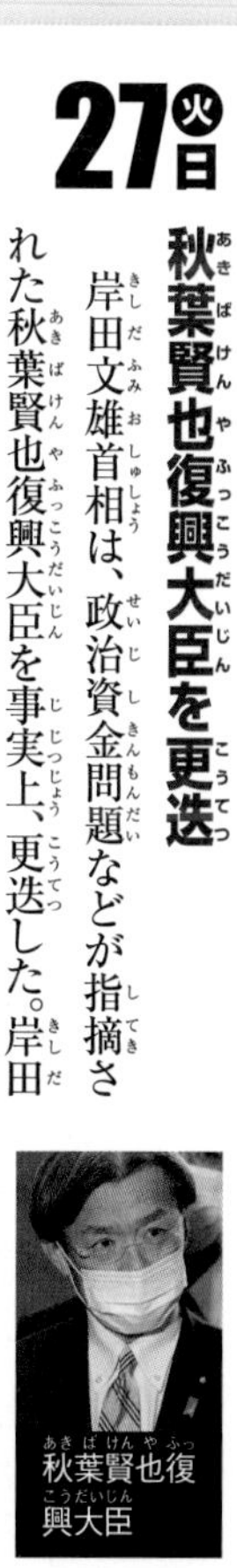
秋葉賢也復興大臣《あきばけんやふっこうだいじん》

28日（水）

森保一監督《もりやすはじめかんとく》が続投《ぞくとう》　サッカー日本代表《にほんだいひょう》

日本《にほん》サッカー協会《きょうかい》は、W杯《ワールドカップ》カタール大会《たいかい》で日本代表《にほんだいひょう》を16強《きょう》に導《みちび》いた森保一《もりやすはじめ》監督《かんとく》の続投《ぞくとう》を発表《はっぴょう》した。契約《けいやく》は2026年《ねん》に米国《べいこく》、カナダ、メキシコで共催《きょうさい》されるW杯《ワールドカップ》まで。日本《にほん》がW杯《ワールドカップ》に初出場《はつしゅつじょう》した1998年以降《ねんいこう》、大会後《たいかいご》に監督《かんとく》が続投《ぞくとう》するのは初《はじ》めて。

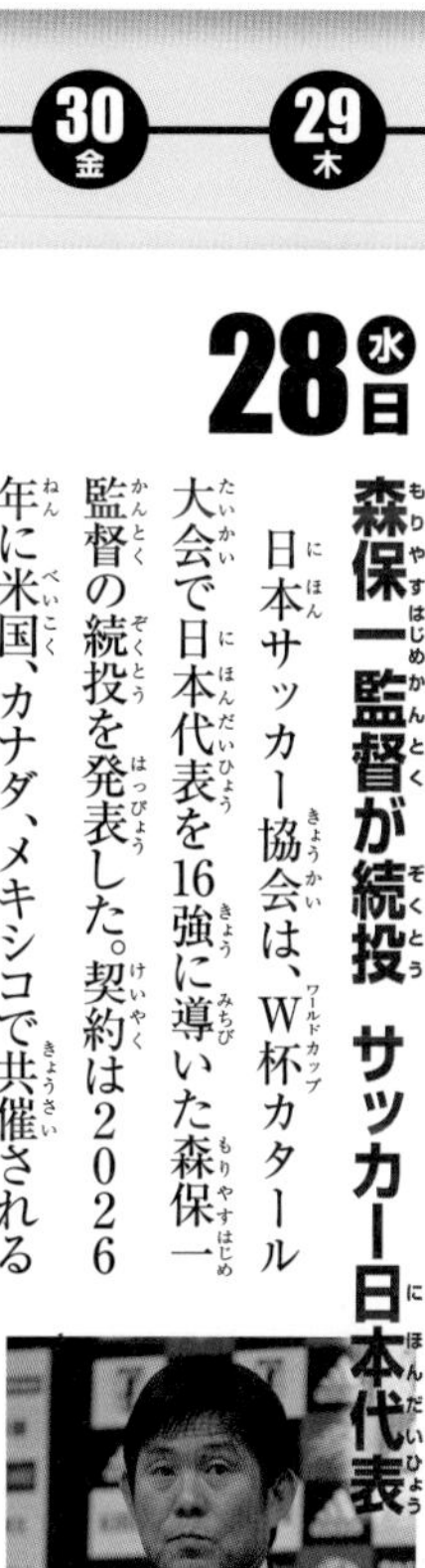
会見《かいけん》する森保一監督《もりやすはじめかんとく》

現役《げんえき》ドラフト　現役《げんえき》のプロ選手《せんしゅ》を互《たが》いに指名《しめい》しあう制度《せいど》。今《いま》いる球団《きゅうだん》では出場機会《しゅつじょうきかい》に恵《めぐ》まれない選手《せんしゅ》の移籍《いせき》を活性《かっせい》化《か》するため、2022年《ねん》12月《がつ》に初《はじ》めて開《ひら》かれた。12球団《きゅうだん》が必《かなら》ず1人《ひとり》は獲得《かくとく》して、1人《ひとり》は移籍《いせき》させる必要《ひつよう》がある。年俸《ねんぽう》5千万円《せんまんえん》以上《いじょう》の選手《せんしゅ》は、原則《げんそく》として対象外《たいしょうがい》。

気候《きこう》クラブ　「パリ協定《きょうてい》」の実行《じっこう》を後押《あとお》しするため、2022年《ねん》のG7《ジーセブン》議長国《ぎちょうこく》のドイツが提唱《ていしょう》。G7《ジーセブン》だけでなく、趣旨《しゅし》に賛同《さんどう》する新興国《しんこうこく》や途上国《とじょうこく》も交《まじ》え、エネルギー部門《ぶもん》など産業分野《さんぎょうぶんや》での「脱炭素化《だつたんそか》」を進《すす》める。参加国《さんかこく》は、脱炭素《だつたんそ》に向《む》けた戦略《せんりゃく》や具体的《ぐたいてき》な進《すす》め方《かた》、基準《きじゅん》などで足並《あしな》みをそろえる。

30by30《サーティバイサーティ》　世界《せかい》の陸域《りくいき》、海域《かいいき》について、2030年《ねん》までに、生物多様性《せいぶつたようせい》の維持《いじ》に重要《じゅうよう》な地域《ちいき》など、それぞれ面積《めんせき》の30%以上《いじょう》を保全《ほぜん》する目標《もくひょう》。30%について、「少《すく》なくとも」という枕《まくら》ことばを入《い》れ、さらなる拡大《かくだい》に含《ふく》みを持《も》たせた。

長期金利《ちょうききんり》　金融機関《きんゆうきかん》や政府《せいふ》等《とう》が1年以上《ねんいじょう》のお金《かね》の貸《か》し借《か》りをする際《さい》に適用《てきよう》される金利《きんり》のこと。代表的《だいひょうてき》な指標《しひょう》は10年物国債《ねんものこくさい》の利回《りまわ》り。住宅《じゅうたく》ローンや企業《きぎょう》の借金《しゃっきん》の金利《きんり》は長期金利《ちょうききんり》を参考《さんこう》に決《き》められ、長期金利《ちょうききんり》が上《あ》がれば、個人《こじん》や企業《きぎょう》の負担《ふたん》が増《ふ》える可能性《かのうせい》がある。

写真　朝日新聞社

フンダラ姫《ひめ》のNews《ニュース》なひとこと

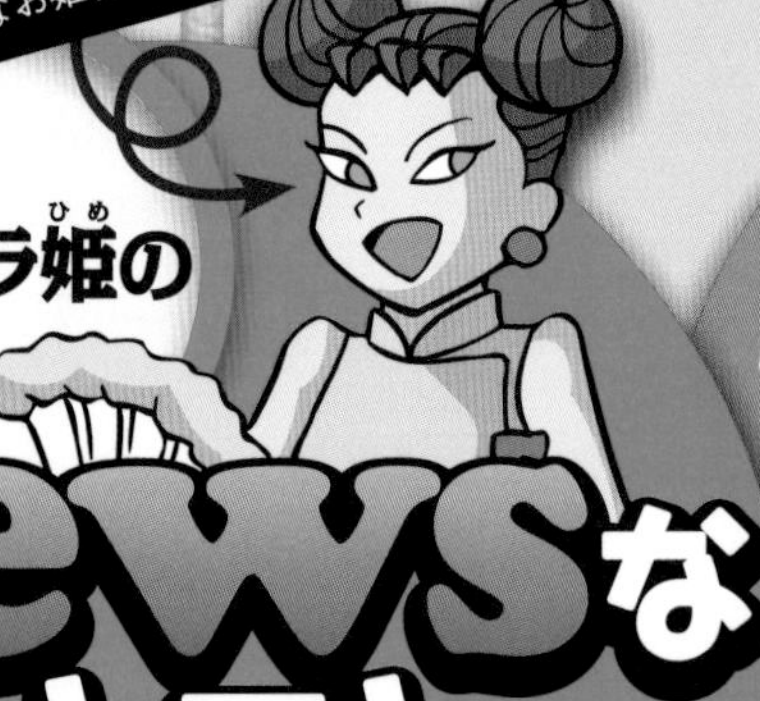

旬《しゅん》のニュースから気《き》になる発言《はつげん》を、フンダラ姫《ひめ》がピックアップ！

フンダラ姫《ひめ》
セレブ・リッチ王国《おうこく》の高飛車《たかびしゃ》なお姫様《ひめさま》

人《ひと》は優《やさ》しくありながら、強《つよ》くなれる

ニュージーランド首相《しゅしょう》
ジャシンダ・アーダーン

ニュージーランドのアーダーン首相《しゅしょう》が1月《がつ》19日《にち》、首相《しゅしょう》を辞任《じにん》する意向《いこう》を表明《ひょうめい》した。全力《ぜんりょく》を尽《つ》くしてきたが、首相《しゅしょう》に必要《ひつよう》な力《ちから》が底《そこ》をついたと説明《せつめい》。上《うえ》のように信念《しんねん》を語《かた》り、「人《ひと》は共感力《きょうかんりょく》をもち、でも決断力《けつだんりょく》もある。楽観的《らっかんてき》でありながら、集中力《しゅうちゅうりょく》もある。去《さ》るべきときをわきまえている、自分《じぶん》らしいリーダーになれる」と結《むす》んだ。

2017年《ねん》に37歳《さい》で首相《しゅしょう》に就任《しゅうにん》。働《はたら》く女性《じょせい》のリーダー的《てき》な存在《そんざい》だったわ。

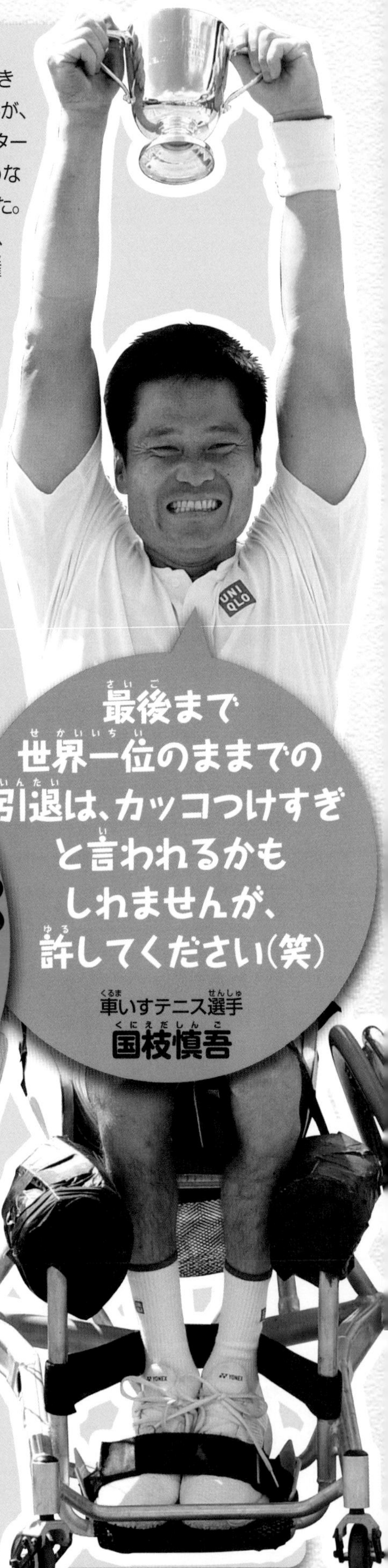

車《くるま》いすテニス界《かい》の「生《い》きる伝説《でんせつ》」、国枝慎吾《くにえだしんご》選手《せんしゅ》が、1月《がつ》22日《にち》、自身《じしん》のツイッターで引退《いんたい》を表明《ひょうめい》。下《した》のようなメッセージを書《か》き添《そ》えた。国枝選手《くにえだせんしゅ》は2022年《ねん》7月《がつ》、ウィンブルドン選手権《せんしゅけん》のシングルスで悲願《ひがん》の初優勝《はつゆうしょう》を果《は》たし、パラリンピックと4大大会《だいたいかい》をすべて制《せい》する「生涯《しょうがい》ゴールデンスラム」を達成《たっせい》していた。

国枝《くにえだ》選手《せんしゅ》はラケットに「オレは最強《さいきょう》だ！」と書《か》いていたそうよ。

最後《さいご》まで世界一位《せかいいちい》のままでの引退《いんたい》は、カッコつけすぎと言《い》われるかもしれませんが、許《ゆる》してください（笑）

車《くるま》いすテニス選手《せんしゅ》
国枝慎吾《くにえだしんご》

「この世《よ》の喜《よろこ》びよ」で第168回《だいかい》芥川賞《あくたがわしょう》に選《えら》ばれた井戸川射子《いどがわいこ》さんは高校《こうこう》の国語教師《こくごきょうし》。授業《じゅぎょう》で詩《し》を教《おし》えるのが難《むずか》しく、「自分《じぶん》で書《か》いたらわかるかな」と詩《し》を書《か》き始《はじ》めたのが執筆《しっぴつ》のきっかけ。言葉《ことば》を尽《つ》くせば生徒《せいと》に怒鳴《どな》る必要《ひつよう》はないという。詩《し》でも小説《しょうせつ》でもめざすことは同《おな》じで、下《した》のように語《かた》った。

どんな言葉《ことば》で生徒《せいと》をほめたり、叱《しか》ったりするのかな。授業《じゅぎょう》を受《う》けてみたい。

言葉《ことば》を上手《じょうず》に使《つか》えるようになることが、唯一《ゆいいつ》の目標《もくひょう》です

作家《さっか》
井戸川射子《いどがわいこ》

写真　朝日新聞社　TVNZ/AFPTV,REX／アフロ

コリブリ博士《はかせ》と読《よ》む 2023年《ねん》1月《がつ》のニュース

1月 January　1日　2月　3火　4水　5木　6金　7土　8日

1日（日） 北朝鮮《きたちょうせん》、元日《がんじつ》にミサイル発射《はっしゃ》

北朝鮮《きたちょうせん》は午前《ごぜん》2時《じ》50分《ぷん》ごろ、平壌《ピョンヤン》の龍城《リョンソン》付近《ふきん》から日本海《にほんかい》へ短距離弾道《たんきょりだんどう》ミサイル1発《ぱつ》を発射《はっしゃ》した。北朝鮮《きたちょうせん》が元日《がんじつ》にミサイルを撃《う》つのは異例《いれい》で、2022年《ねん》12月《がつ》31日《にち》の短距離弾道《たんきょりだんどう》ミサイル3発《ぱつ》に続《つづ》いて、年末年始《ねんまつねんし》に2日連続《ふつかれんぞく》の発射《はっしゃ》となった。

新型大陸間弾道《しんがたたいりくかんだんどう》ミサイル（ICBM《アイシービーエム》）「火星砲《ファソンほう》17」の試射《ししゃ》（2022年《ねん》11月《がつ》18日《にち》）　写真　朝鮮通信

2日（月） 3年《ねん》ぶり新年一般参賀《しんねんいっぱんさんが》

3年《ねん》ぶりとなる新年一般参賀《しんねんいっぱんさんが》が皇居《こうきょ》であった。天皇陛下《てんのうへいか》は皇后《こうごう》さまや秋篠宮《あきしののみや》ご夫妻《ふさい》をはじめ皇《こう》族方《ぞくがた》と計《けい》6回《かい》、宮殿《きゅうでん》・長和殿《ちょうわでん》のベランダに立《た》ち、参《さん》賀者《がしゃ》に手《て》を振《ふ》って応《こた》えた。上皇《じょうこう》ご夫妻《ふさい》も午前中《ごぜんちゅう》の3回《かい》に出席《しゅっせき》。天皇《てんのう》、皇后両陛下《こうごうりょうへいか》の長女愛子《ちょうじょあいこ》さまは初《はじ》めて出席《しゅっせき》した。

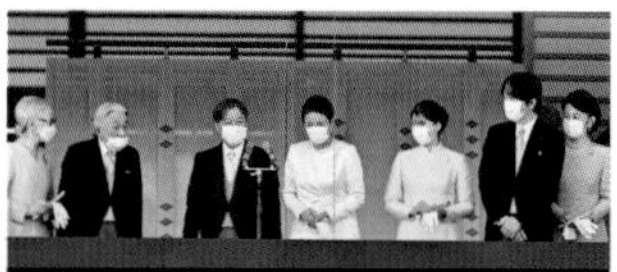
左《ひだり》から新年一般参賀《しんねんいっぱんさんが》に出席《しゅっせき》した上皇《じょうこう》ご夫妻《ふさい》、天皇《てんのう》、皇后両陛下《こうごうりょうへいか》と愛子《あいこ》さま、秋篠宮《あきしののみや》ご夫妻《ふさい》

3日（火） 駒沢大《こまざわだい》が箱根《はこね》V《ブイ》、駅伝《えきでん》3冠《かん》

トップを守《まも》ってゴールする駒沢大《こまざわだい》アンカーの青柿響選手《あおがきひびきせんしゅ》

第《だい》99回東京箱根間往復大学駅伝競走《かいとうきょうはこねかんおうふくだいがくえきでんきょうそう》（箱根駅伝《はこねえきでん》）は、神奈川《かながわ》・芦ノ湖《あしのこ》から東京《とうきょう》・大手町《おおてまち》までの復路《ふくろ》があり、駒沢《こまざわ》大学《だいがく》が2年《ねん》ぶり8度目《どめ》の総合優勝《そうごうゆうしょう》を果《は》たした。2022年《ねん》の出雲駅伝《いずもえきでん》、全《ぜん》日本大学駅伝《にほんだいがくえきでん》と合《あ》わせた3冠《かん》を達成《たっせい》。

4日（水） 交通事故死《こうつうじこし》、2022年《ねん》は過去最少《かこさいしょう》2610人《にん》

2022年《ねん》の1年間《ねんかん》に全国《ぜんこく》で交通事故《こうつうじこ》で亡《な》くなった人《ひと》は2610人《にん》だった。前年《ぜんねん》より26人《にん》（1・0％）減少《げんしょう》し、統計《とうけい》を取《と》り始《はじ》めた1948年以降《ねんいこう》の最少《さいしょう》を6年連続《ねんれんぞく》で更新《こうしん》した。政府《せいふ》は2025年《ねん》までに死者《ししゃ》を2千人以下《せんにんいか》にする目標《もくひょう》を掲《かか》げている。

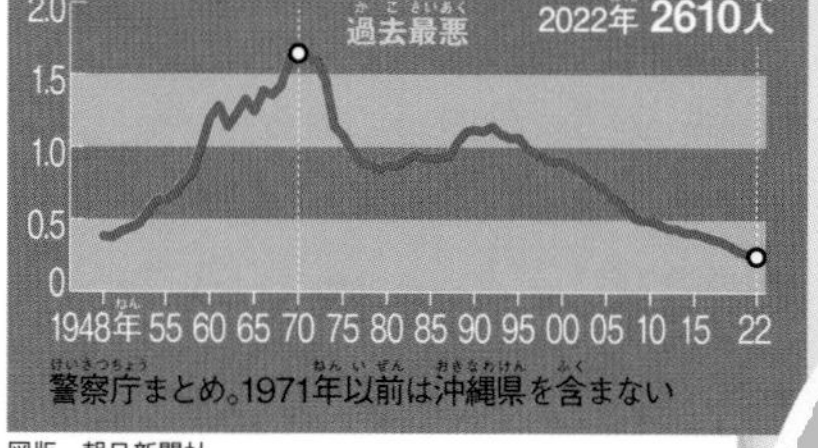

警察庁《けいさつちょう》まとめ。1971年以前《ねんいぜん》は沖縄県《おきなわけん》を含《ふく》まない

図版　朝日新聞社

中国《ちゅうごく》からの入国《にゅうこく》、対策強化《たいさくきょうか》

中国《ちゅうごく》からの入国者《にゅうこくしゃ》に義務《ぎむ》づけられた抗原検査《こうげんけんさ》の列《れつ》に並《なら》ぶ旅客《りょかく》（2022年《ねん》12月《がつ》30日《にち》）

中国《ちゅうごく》での新型《しんがた》コロナウイルスの感染急拡《かんせんきゅうかく》大《だい》を受《う》けて、政府《せいふ》は現在《げんざい》の水際対策《みずぎわたいさく》をさらに強化《きょうか》すると発表《はっぴょう》した。1月8日以降《がつようかいこう》、中国本土《ちゅうごくほんど》からの直行便《ちょっこうびん》での入国者《にゅうこくしゃ》に、出国前《しゅっこくまえ》72時間以《じかんい》内《ない》に受《う》けた検査《けんさ》の陰性証明書《いんせいしょうめいしょ》の提出《ていしゅつ》を求《もと》める。

5日（木） 不当寄付勧誘防止法《ふとうきふかんゆうぼうしほう》が施行《しこう》

世界平和統一家庭連合《せかいへいわとういつかていれんごう》（旧統一教会《きゅうとういつきょうかい》）の問題《もんだい》を受《う》けて2022年末《ねんまつ》の臨《りん》時国会《じこっかい》で成立《せいりつ》した不当寄付勧誘防止法《ふとうきふかんゆうぼうしほう》（被害者救済新法《ひがいしゃきゅうさいしんぽう》）が、一部《いちぶ》の規定《きてい》を除《のぞ》いて施行《しこう》された。悪質《あくしつ》な寄付《きふ》の勧誘《かんゆう》を規制《きせい》するとともに、被害回復《ひがいかいふく》をしやすくするのが柱《はしら》だ。

6日（金） 大谷翔平選手《おおたにしょうへいせんしゅ》ら、WBC《ダブリュービーシー》出場《しゅつじょう》

3月《がつ》に開催《かいさい》される野球《やきゅう》の国際大会《こくさいたいかい》「第《だい》5回《かい》ワールド・ベースボール・クラシック（WBC《ダブリュービーシー》）」に出場《しゅつじょう》する日本代表《にほんだいひょう》「侍《さむらい》ジャパン」のメンバー12人《にん》が先行発表《せんこうはっぴょう》された。大谷翔《おおたにしょう》平《へい》（エンゼルス）、ダルビッシュ有《ゆう》（パドレス）、鈴木誠也《すずきせいや》（カブス）の大《だい》リーガー3人《にん》らが名《な》を連《つら》ねた。

記者会見《きしゃかいけん》で写真撮影《しゃしんさつえい》に応《おう》じる栗山英樹《くりやまひでき》監督《かんとく》（右《みぎ》）と大谷翔平選手《おおたにしょうへいせんしゅ》

9日（月）

G7《ジーセブン》見据《みす》え岸田文雄首相《きしだふみおしゅしょう》が欧米訪問《おうべいほうもん》へ

岸田文雄首相《きしだふみおしゅしょう》はこの日未明《ひみめい》、フランス、イタリア、英国《えいこく》、カナダ、米国《べいこく》を訪問《ほうもん》するため、政府専用機《せいふせんようき》で羽田空港《はねだくうこう》を出発《しゅっぱつ》した。5月《がつ》に広島市《ひろしまし》で開《ひら》かれる主要《しゅよう》7カ国《こく》（G7《ジーセブン》）サミットを前《まえ》に、ウクライナ情勢《じょうせい》や「核《かく》なき世界《せかい》」に向《む》けた対応《たいおう》について各国首脳《かっこくしゅのう》と情勢認識《じょうせいにんしき》を共有《きょうゆう》する。

岸田文雄首相《きしだふみおしゅしょう》が訪問《ほうもん》した国《くに》と会談《かいだん》した首脳《しゅのう》

①	1月9日《がつここのか》	フランス	マクロン大統領《だいとうりょう》
②	10日《とおか》	イタリア	メローニ首相《しゅしょう》
③	11日《にち》	英国《えいこく》	スナク首相《しゅしょう》
④	12日《にち》	カナダ	トルドー首相《しゅしょう》
⑤	13～14日	米国《べいこく》	バイデン大統領《だいとうりょう》

図版　朝日新聞をもとに編集部作成

11日（水）

敵基地攻撃《てききちこうげき》「日米《にちべい》の協力深化《きょうりょくしんか》」

日米両政府《にちべいりょうせいふ》は米《べい》ワシントンで、外務《がいむ》・防衛《ぼうえい》担当閣僚《たんとうかくりょう》による「**日米安全保障協議委員会《にちべいあんぜんほしょうきょうぎいいんかい》（2《ツー》プラス2《ツー》）**🔑」を開《ひら》いた。共同発表《きょうどうはっぴょう》で日本《にほん》が安保関連《あんぽかんれん》3文書《ぶんしょ》を改定《かいてい》し、保有《ほゆう》を宣言《せんげん》した「敵基地攻撃能力《てききちこうげきのうりょく》（反撃能力《はんげきのうりょく》）」について、「日米間《にちべいかん》の協力《きょうりょく》を深化《しんか》させる」と表明《ひょうめい》した。

左《ひだり》から浜田靖一防衛大臣《はまだやすかずぼうえいだいじん》、林芳正外務大臣《はやしよしまさがいむだいじん》、ブリンケン国務長官《こくむちょうかん》、オースティン国防長官《こくぼうちょうかん》　写真　外務省提供

12日（木）

2015～22年《ねん》の世界《せかい》、史上最《しじょうもっと》も暑《あつ》かった

世界気象機関《せかいきしょうきかん》（WMO《ダブリューエムオー》）🔑は、「2015～22年《ねん》の世界《せかい》の年平均気温《ねんへいきんきおん》は、観測《かんそく》開始以来《かいしいらい》、最《もっと》も高《たか》い8年《ねん》だった」と発表《はっぴょう》した。22年《ねん》の平均気温《へいきんきおん》は産業《さんぎょう》革命前《かくめいまえ》から約《やく》1・15℃上昇《じょうしょう》。

スイス・ジュネーブの世界《せかい》気象機関《きしょうきかん》（WMO《ダブリューエムオー》）本部《ほんぶ》

14日（土）

ロシア軍《ぐん》、ウクライナ全土攻撃《ぜんどこうげき》

ロシア軍《ぐん》は、首都《しゅと》キーウ（キエフ）を始《はじ》め、ウクライナ全土《ぜんど》にミサイル攻撃《こうげき》や空爆《くうばく》を加《くわ》えた。中部《ちゅうぶ》ドニプロペトロウスク州《しゅう》では州《しゅう》都《と》ドニプロにある集合住宅《しゅうごうじゅうたく》にミサイルが着《ちゃく》弾《だん》。少《すく》なくとも25人《にん》が死亡《しぼう》、約《やく》70人《にん》が負傷《ふしょう》、40人以上《にんいじょう》が行方不明《ゆくえふめい》になった。

ドニプロでミサイル攻撃《こうげき》を受《う》けた集合《しゅうごう》住宅《じゅうたく》から救出《きゅうしゅつ》される女性《じょせい》

写真　モナスティルスキー内相のSNSへの投稿から

21 土 ― 20 金 ― 19 木 ― 18 水 ― 17 火 ― 16 月 ― 15 日 ― 14 土 ― 13 金 ― 12 木 ― 11 水 ― 10 火 ― 9 月

19日（木）

芥川賞《あくたがわしょう》・直木賞決定《なおきしょうけってい》

第《だい》168回芥川賞《かいあくたがわしょう》・直木賞《なおきしょう》の選考会《せんこうかい》が東京都内《とうきょうとない》で開《ひら》かれ、芥川賞《あくたがわしょう》は井戸川射子《いどがわいこ》さんと佐藤厚志《さとうあつし》さんに、直木賞《なおきしょう》は小川哲《おがわさとし》さんと千早茜《ちはやあかね》さんに決《き》まった。

（右《みぎ》から）芥川賞《あくたがわしょう》に決《き》まった井戸川《いどがわ》射子《いこ》さん、佐藤厚志《さとうあつし》さん、直木賞《なおきしょう》に決《き》まった小川哲《おがわさとし》さん、千早茜《ちはやあかね》さん

「異次元《いじげん》の少子化対策《しょうしかたいさく》」へ初会合《はつかいごう》

岸田文雄首相《きしだふみおしゅしょう》が打《う》ち出《だ》した「**異次元《いじげん》の少子化《しょうしか》対策《たいさく》**🔑」に取《と》り組《く》むための、関係府省会議《かんけいふしょうかいぎ》（座長《ざちょう》・小倉将信《おぐらまさのぶ》こども政策担当大臣《せいさくたんとうだいじん》）の初会合《はつかいごう》が開《ひら》かれた。必要《ひつよう》な政策《せいさく》について3月末《がつまつ》までに検討《けんとう》する。

関係府省会議《かんけいふしょうかいぎ》であいさつをする小倉将信《おぐらまさのぶ》こども政策担当大臣《せいさくたんとうだいじん》

東京医科歯科大《とうきょういかしかだい》と東工大統合《とうこうだいとうごう》の名称《めいしょう》は「東京科学大《とうきょうかがくだい》」

2024年度中《ねんどちゅう》に一《ひと》つの大学《だいがく》に統合《とうごう》することを発表《はっぴょう》している、いずれも国立大《こくりつだい》の東京医科歯科大学《とうきょういかしかだいがく》と東京工業大学《とうきょうこうぎょうだいがく》（東工大《とうこうだい》）は、新大学《しんだいがく》の名称《めいしょう》を「東京科学大学《とうきょうかがくだいがく》」とすると発表《はっぴょう》した。

20日（金）

佐渡金山《さどきんざん》、再《ふたた》び正式推薦書《せいしきすいせんしょ》

世界文化遺産《せかいぶんかいさん》への登録《とうろく》を目指《めざ》す佐渡金山《さどきんざん》遺跡《いせき》（新潟県《にいがたけん》）について、文化庁《ぶんかちょう》は推薦書正《すいせんしょせい》式版《しきばん》をユネスコ（国連教育科学文化機関《こくれんきょういくかがくぶんかきかん》）へ19日《にち》に再提出《さいていしゅつ》したと発表《はっぴょう》した。2024年《ねん》の登録《とうろく》を目指《めざ》す。

佐渡金山遺跡《さどきんざんいせき》のひとつ、相川《あいかわ》金銀山《きんぎんざん》の「道遊《どうゆう》の割戸《わりと》」

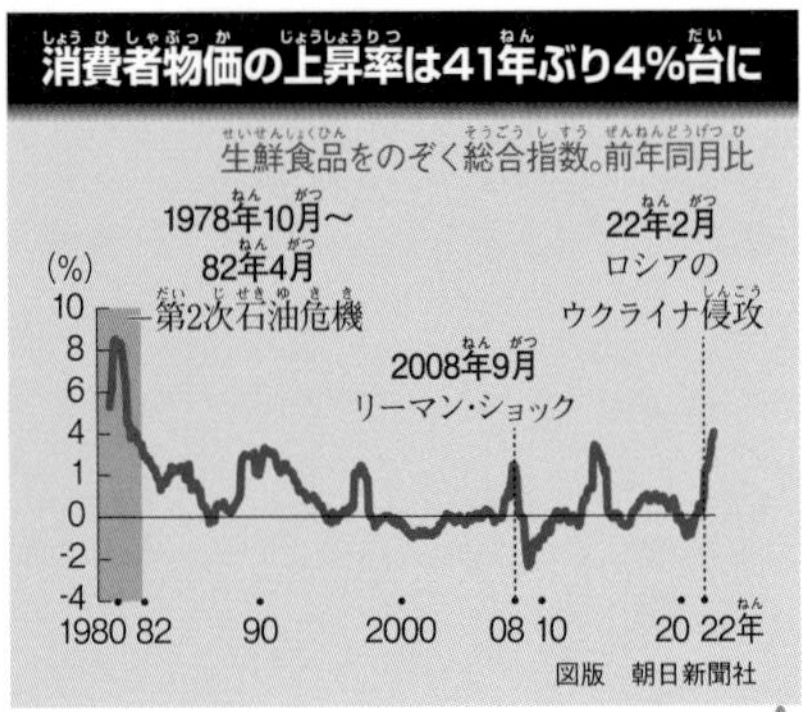

図版　朝日新聞社

2022年《ねん》12月《がつ》の物価上昇《ぶっかじょうしょう》、41年《ねん》ぶり4%台《だい》

総務省《そうむしょう》が発表《はっぴょう》した2022年《ねん》12月《がつ》の消費《しょうひ》者物価指数《しゃぶっかしすう》（20年《ねん》＝100）は、値動《ねうご》きの大《おお》きい生鮮食品《せいせんしょくひん》をのぞいた総合指数《そうごうしすう》が104・1で、前年同月《ぜんねんどうげつ》より4・0%上《あ》がった。上昇率《じょうしょうりつ》が4%台《だい》となるのは、第《だい》2次石油危機《じせきゆきき》のあった1981年《ねん》12月《がつ》（4・0%）以来《いらい》、41年《ねん》ぶりだ。

「地理歴史《ちりれきし》・公民《こうみん》」の試験《しけん》の開始《かいし》を待《ま》つ受験生《じゅけんせい》たち(東京都文京区《とうきょうとぶんきょうく》の東京大学《とうきょうだいがく》)

大学入学共通《だいがくにゅうがくきょうつう》テスト、51万人《まんにん》挑《いど》む

3回目《かいめ》となる大学入学共通《だいがくにゅうがくきょうつう》テストが、全国《ぜんこく》で一斉《いっせい》に始《はじ》まった。1日目《にちめ》は地理歴史《ちりれきし》・公民《こうみん》、国語《こくご》、外国語《がいこくご》の試験《しけん》が行《おこな》われ、例年《れいねん》最《もっと》も受験者《じゅけんしゃ》が多《おお》い外国語《がいこくご》は46万《まん》5043人《にん》が受《う》けた。大学入試《だいがくにゅうし》センターによると、志願者《しがんしゃ》は51万《まん》2581人《にん》。

17日 (火)

中国《ちゅうごく》、61年《ねん》ぶり人口減《じんこうげん》

中国《ちゅうごく》の2022年末時点《ねんまつじてん》の総人口《そうじんこう》は14億《おく》1175万《まん》人《にん》で、21年末《ねんまつ》から85万人《まんにん》減《へ》ったことが明《あき》らかになった。人口減《じんこうげん》は1961年以来《ねんいらい》、61年《ねん》ぶり。世界最多《せかいさいた》の人口《じんこう》を抱《かか》える中国《ちゅうごく》だが、少子高齢化《しょうしこうれいか》とともに人口減少社会《じんこうげんしょうしゃかい》に入《はい》ったとみられる。

中国《ちゅうごく》の総人口《そうじんこう》と前年比《ぜんねんひ》の推移《すいい》

中国国家統計局調べ

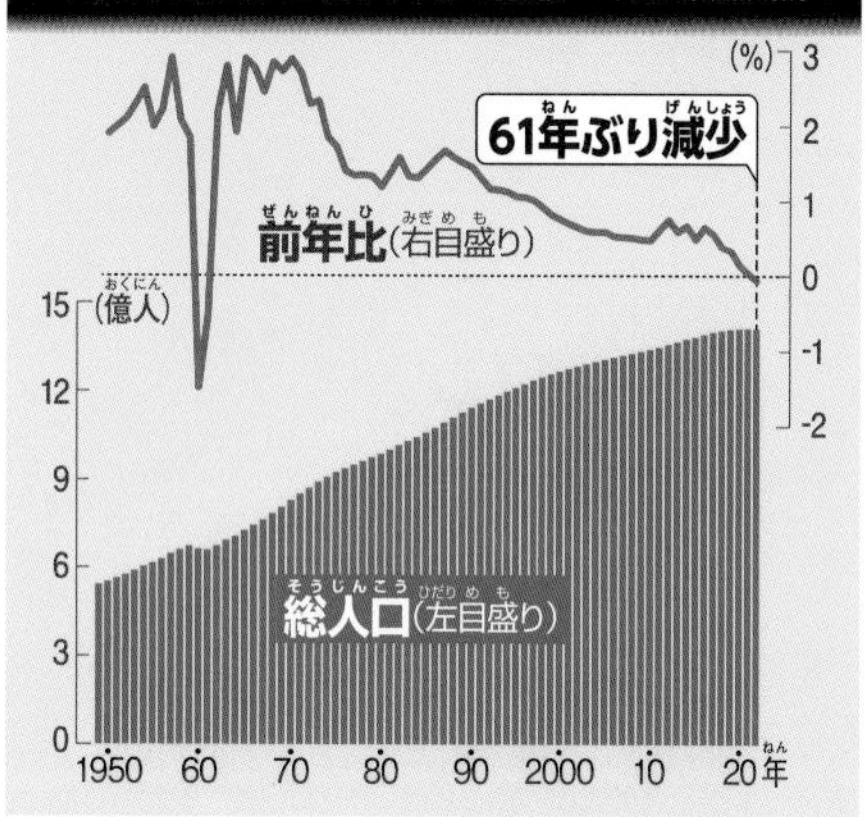

19日 (木)

「政治家《せいじか》も人間《にんげん》」ニュージーランド首相《しゅしょう》、辞任表明《じにんひょうめい》

ニュージーランドのジャシンダ・アーダーン首相《しゅしょう》が辞任《じにん》を表明《ひょうめい》した。2017年《ねん》の就任以降《しゅうにんいこう》、新型《しんがた》コロナウイルスの流行《りゅうこう》など、さまざまな課題《かだい》への対応《たいおう》で高《たか》い評価《ひょうか》を得《え》てきたが、この日《ひ》の記者会見《きしゃかいけん》では「政治家《せいじか》も人間《にんげん》だ」と強調《きょうちょう》した。

アーダーン首相《しゅしょう》

31 火 — 30 月 — 29 日 — 28 土 — 27 金 — 26 木 — 25 水 — 24 火 — 23 月 — 22 日

25日 (水)

最強寒波《さいきょうかんぱ》、列島包囲《れっとうほうい》

この冬一番《ふゆいちばん》の強《つよ》い寒気《かんき》の影響《えいきょう》で、各地《かくち》で最低気温《さいていきおん》が零下《れいか》となる厳《きび》しい冷《ひ》え込《こ》みとなった。日本海側《にほんかいがわ》だけでなく九州地方《きゅうしゅうちほう》や太平洋側《たいへいようがわ》でも雪《ゆき》が降《ふ》り、車《くるま》や列車《れっしゃ》が各地《かくち》で立《た》ち往生《おうじょう》するなど、交通網《こうつうもう》を中心《ちゅうしん》に混乱《こんらん》が続《つづ》いた。

トラックなどが立《た》ち往生《おうじょう》する新名神高速道《しんめいしんこうそくどう》

ウクライナ南部《なんぶ》オデーサの歴史地区《れきしちく》　世界文化遺産《せかいぶんかいさん》に

ユネスコは、ウクライナ南部《なんぶ》オデーサの歴史地区《れきしちく》を世界文化遺産《せかいぶんかいさん》に登録《とうろく》すると決《き》めた。オデーサ周辺《しゅうへん》もロシアのウクライナ侵攻後《しんこうご》、何度《なんど》も攻撃《こうげき》にさらされている。国際的《こくさいてき》に保護《ほご》、修復《しゅうふく》を進《すす》める「危機遺産《ききいさん》」としても登録《とうろく》された。

ウクライナ南部《なんぶ》オデーサ市《し》に立《た》つロシア皇帝《こうてい》エカテリーナ2世像《せいぞう》

写真　市のサイトから

27日 (金)

「5類《るい》」へコロナ政策転換《せいさくてんかん》　5月8日《がつようか》から

政府《せいふ》は、新型《しんがた》コロナウイルス感染症対策本部《かんせんしょうたいさくほんぶ》で、新型《しんがた》コロナの感染症法上《かんせんしょうほうじょう》の分類《ぶんるい》を5月8日《がつようか》に季節性《きせつせい》インフルエンザなどと同《おな》じ「5類《るい》🔑」に引《ひ》き下《さ》げることを決《き》めた。新型《しんがた》コロナを特別《とくべつ》な感染症《かんせんしょう》として扱《あつか》う対応《たいおう》は段階的《だんかいてき》に縮小《しゅくしょう》していく。

0~18歳《さい》に月《つき》5千円《せんえん》、予算案《よさんあん》　東京都《とうきょうと》

東京都《とうきょうと》は、少子化対策費《しょうしかたいさくひ》約《やく》1兆《ちょう》6千億円《せんおくえん》(前年《ぜんねん》度比《どひ》2千億円増《せんおくえんぞう》)を計上《けいじょう》した2023年度《ねんど》一般会《いっぱんかい》計当初予算案《けいとうしょよさんあん》を発表《はっぴょう》した。0~18歳《さい》への月《つき》5千円《せんえん》給付《きゅうふ》(所得制限《しょとくせいげん》なし)などのほか、24年度《ねんど》から都立大授業料《とりつだいじゅぎょうりょう》の無償化対象《むしょうかたいしょう》を世帯年収《せたいねんしゅう》910万円未満《まんえんみまん》の学生《がくせい》まで広《ひろ》げる方針《ほうしん》も新《あら》たに発表《はっぴょう》した。

予算案《よさんあん》を発表《はっぴょう》した小池百合子都知事《こいけゆりことちじ》

🔑 日米安全保障協議委員会《にちべいあんぜんほしょうきょうぎいいんかい》(2《ツー》プラス2《ツー》)

2《ツー》プラス2《ツー》とは、「外務《がいむ》・防衛担当閣僚会合《ぼうえいたんとうかくりょうかいごう》」という二国間協議《にこくかんきょうぎ》の枠組《わくぐ》みのこと。両国《りょうこく》から外交《がいこう》と防衛《ぼうえい》を担当《たんとう》する閣僚《かくりょう》が2人《ふたり》ずつ参加《さんか》する。日本《にほん》と米国《べいこく》の場合《ばあい》は「日米安全保障協議委員会《にちべいあんぜんほしょうきょうぎいいんかい》」が正式《せいしき》名称《めいしょう》で、日本《にほん》からは外務大臣《がいむだいじん》と防衛大臣《ぼうえいだいじん》、米国《べいこく》からは国務長官《こくむちょうかん》と国防長官《こくぼうちょうかん》が出席《しゅっせき》する。

🔑 世界気象機関《せかいきしょうきかん》(WMO《ダブリューエムオー》)

国連《こくれん》の専門機関《せんもんきかん》の一《ひと》つで、1950年《ねん》に「気象事業《きしょうじぎょう》の国際的《こくさいてき》な標準化《ひょうじゅんか》と改善《かいぜん》および調整《ちょうせい》、並《なら》びに各加盟国《かくかめいこく》・地域間《ちいきかん》における気象情報《きしょうじょうほう》・資料《しりょう》の効率的《こうりつてき》な交換《こうかん》の奨励《しょうれい》」を目的《もくてき》として設立《せつりつ》された。日本《にほん》は53年《ねん》に加盟《かめい》。2020年現在《ねんげんざい》、187カ国《こく》・6領域《りょういき》が加盟《かめい》している。

🔑 異次元《いじげん》の少子化対策《しょうしかたいさく》

岸田文雄首相《きしだふみおしゅしょう》が年頭《ねんとう》に掲《かか》げた。(1)児童《じどう》手当《てあて》を中心《ちゅうしん》とした経済支援《けいざいしえん》の拡充《かくじゅう》(2)学童保育《がくどうほいく》や病児保育《びょうじほいく》を含《ふく》む幼児教育《ようじきょういく》・保育《ほいく》サービスの充実《じゅうじつ》(3)キャリアと育児《いくじ》の両立支援《りょうりつしえん》に向《む》けた働《はたら》き方改革《かたかいかく》や育児休業《いくじきゅうぎょう》などの制度拡充《せいどかくじゅう》、の3分野《ぶんや》で必要《ひつよう》な施策《しさく》を検討《けんとう》する。

🔑 5類《るい》

感染症法《かんせんしょうほう》では、感染症《かんせんしょう》を1~5類《るい》と「新型《しんがた》インフルエンザ等《とう》」などに分類《ぶんるい》。現在《げんざい》、新型《しんがた》コロナは「新型《しんがた》インフルエンザ等《とう》」に位置《いち》づけられ、結核《けっかく》などの「2類《るい》」以上《いじょう》に相当《そうとう》する対応《たいおう》がとられているが、引《ひ》き下《さ》げに伴《ともな》って、「新型《しんがた》インフルエンザ等対策特別措置法《とうたいさくとくべつそちほう》」の適用《てきよう》から外《はず》れ、緊急事態宣言《きんきゅうじたいせんげん》やまん延防止等重点措置《えんぼうしとうじゅうてんそち》も出《だ》せなくなる。

写真　朝日新聞社

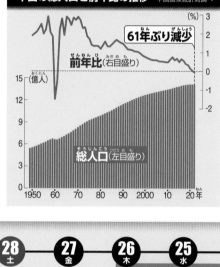

最高《さいこう》の仲間《なかま》と 1日《にち》でも長《なが》く野球《やきゅう》が 出来《でき》るように 頑張《がんば》ります

プロ野球選手《やきゅうせんしゅ》
ダルビッシュ有《ゆう》

ワールド・ベースボール・クラシック（WBC《ダブリュービーシー》）日本《にほん》代表《だいひょう》の最年長《さいねんちょう》、ダルビッシュ有選手《ゆうせんしゅ》（36歳《さい》）は、宮崎《みやざき》での強化合宿中《きょうかがっしゅくちゅう》、積極的《せっきょくてき》に仲間《なかま》に話《はな》しかけたり、食事会《しょくじかい》を開《ひら》いたりして、若手《わかて》も気《き》を使《つか》わずに話《はな》せる雰囲気《ふんいき》を作《つく》り上《あ》げ、合宿最終日《がっしゅくさいしゅうび》の2月《がつ》27日《にち》には、自身《じしん》のツイッターで左《ひだり》のようにつぶやいた。

侍《さむらい》ジャパン、頑張《がんば》れ〜〜！

フンダラ姫《ひめ》
セレブ・リッチ王国《おうこく》の高飛車《たかびしゃ》なお姫様《ひめさま》

フンダラ姫《ひめ》の News《ニュース》な ひとこと

旬《しゅん》のニュースから気《き》になる 発言《はつげん》を、フンダラ姫《ひめ》が ピックアップ！

宇宙航空研究開発機構《うちゅうこうくうけんきゅうかいはつきこう》（JAXA《ジャクサ》）の新《あら》たな宇宙飛行《うちゅうひこう》士候補《しこうほ》に、日本赤十字社医《にっぽんせきじゅうじしゃい》療《りょう》センターの外科医《げかい》、米《よね》田《だ》あゆさん（28歳《さい》）が選《えら》ばれた。選考試験《せんこうしけん》は13年《ねん》ぶりで、倍率《ばいりつ》は過去最高《かこさいこう》の2千倍《せんばい》超《ちょう》。2月《がつ》28日《にち》の記者会見《きしゃかいけん》で下《した》のように意気込《いきご》みを語《かた》った。約《やく》2年《ねん》の訓練《くんれん》を経《へ》て、宇宙飛行士《うちゅうひこうし》に認定《にんてい》される。

責任《せきにん》と使命《しめい》を 感《かん》じている。 身近《みぢか》に感《かん》じてもらえる 宇宙飛行士《うちゅうひこうし》に なりたい

宇宙飛行士候補《うちゅうひこうしこうほ》・外科医《げかい》
米田《よねだ》あゆ

ほかに世界銀行《せかいぎんこう》上級防災専門官《じょうきゅうぼうさいせんもんかん》の諏訪理《すわまこと》さん（46歳《さい》）も選抜《せんばつ》されたわ！

囲碁《いご》の仲邑菫三段《なかむらすみれさんだん》が2月6日《がつむいか》、女流《じょりゅう》棋聖戦三番勝負《きせいせんさんばんしょうぶ》を制《せい》して、13歳《さい》11カ月《げつ》の史上最年少《しじょうさいねんしょう》でタイトルを獲得《かくとく》した。国《こく》内《ない》の女流《じょりゅう》2強《きょう》を超《こ》えるには「まだまだ時間《じかん》がかかる」とし、小学《しょうがく》6年生《ねんせい》でプロデビューした柳原咲《やなぎはらさ》輝《き》さんのような年下棋士《とししたきし》の誕生《たんじょう》について感想《かんそう》を求《もと》められると、下《した》のようにストイックに答《こた》えた。

謙虚《けんきょ》で内省的《ないせいてき》な人柄《ひとがら》に「強《つよ》さ」の秘密《ひみつ》があるのかも。

年下《としした》の棋士《きし》は これからもどんどん 入《はい》ってくると思《おも》うので、 尊敬《そんけい》されるような 棋士《きし》になりたいです

囲碁棋士《いごきし》
仲邑《なかむら》 菫《すみれ》

写真　朝日新聞社

コリゴリ博士《はかせ》と読《よ》む 2023年《ねん》2月《がつ》のニュース

2月《がつ》 February　1 水　2 木　3 金　4 土　5 日

1日（水）

私立中学入試《しりつちゅうがくにゅうし》　東京《とうきょう》・神奈川《かながわ》

東京都《とうきょうと》と神奈川県《かながわけん》で私立中学入試《しりつちゅうがくにゅうし》がスタートした。進学塾《しんがくじゅく》・栄光《えいこう》ゼミナールによると、この日午前《ひごぜん》には、首都圏《しゅとけん》の約《やく》220校《こう》で試験《しけん》があったほか、公立中高一貫校《こうりつちゅうこういっかんこう》や国立大《こくりつだい》学付属中学《がくふぞくちゅうがく》の一部《いちぶ》でも入試《にゅうし》があった。

開成中学《かいせいちゅうがく》の入試会場《にゅうしかいじょう》に向《む》かう受験生《じゅけんせい》ら。左《ひだり》は新校舎《しんこうしゃ》

2日（木）

「キラキラネーム」などをどこまで認《みと》めるかは検討《けんとう》しているそうだ。

戸籍《こせき》に読《よ》み仮名《がな》追加《ついか》、改正案《かいせいあん》

氏名《しめい》の読《よ》み仮名《がな》が新《あら》たに戸籍《こせき》に加《くわ》わる。これにあたり、法制審議会《ほうせいしんぎかい》の部会《ぶかい》は、名前《なまえ》の読《よ》み方《かた》は「一般《いっぱん》に認《みと》められているものでなければならない」という規定《きてい》を戸籍法《こせきほう》に設《もう》ける案《あん》をまとめた。

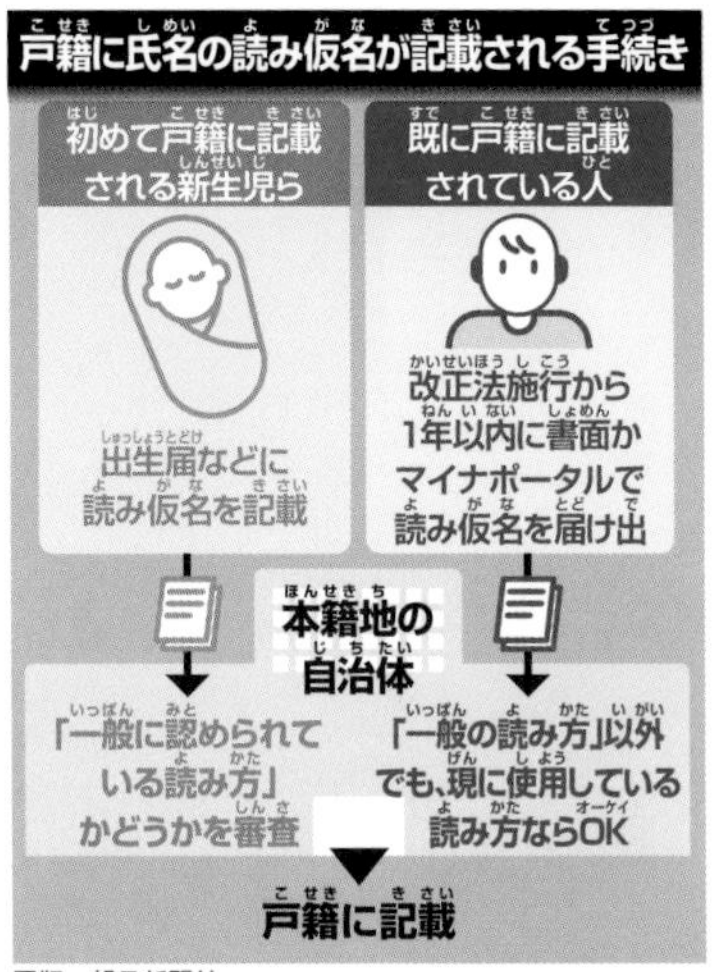

戸籍《こせき》に氏名《しめい》の読《よ》み仮名《がな》が記載《きさい》される手続《てつづ》き
初《はじ》めて戸籍《こせき》に記載《きさい》される新生児《しんせいじ》ら
出生届《しゅっしょうとどけ》などに読《よ》み仮名《がな》を記載《きさい》
既《すで》に戸籍《こせき》に記載《きさい》されている人《ひと》
改正法施行《かいせいほうしこう》から1年以内《ねんいない》に書面《しょめん》かマイナポータルで読《よ》み仮名《がな》を届《とど》け出《で》
本籍地《ほんせきち》の自治体《じちたい》
「一般《いっぱん》に認《みと》められている読《よ》み方《かた》」かどうかを審査《しんさ》
「一般《いっぱん》の読《よ》み方《かた》」以外《いがい》でも、現《げん》に使用《しよう》している読《よ》み方《かた》ならOK《オーケイ》
戸籍《こせき》に記載《きさい》

図版　朝日新聞社

※届《とど》け出《で》がない場合《ばあい》、住民票《じゅうみんひょう》などに沿《そ》って市区町村長《しくちょうそんちょう》が職権《しょっけん》で記載《きさい》

3日（金）

沖縄県人口《おきなわけんじんこう》、初《はつ》の「自然減《しぜんげん》」

全国《ぜんこく》で唯一《ゆいいつ》、年間《ねんかん》の出生数《しゅっしょうすう》が死亡数《しぼうすう》を上回《うわまわ》る「自然増《しぜんぞう》」を維持《いじ》していた沖縄県《おきなわけん》の人口《じんこう》が、初《はじ》めて「自然減《しぜんげん》」に転《てん》じたことが県《けん》のまとめでわかった。記録《きろく》の残《のこ》る1975年以降《ねんいこう》初《はじ》めて。

沖縄県庁《おきなわけんちょう》

4日（土）

アメリカ、飛来気球《ひらいききゅう》を撃墜《げきつい》

アメリカは、米本土上空《べいほんどじょうくう》に飛来《ひらい》した中国《ちゅうごく》の気球《ききゅう》について、米南東部《べいなんとうぶ》サウスカロライナ州《しゅう》の沖合《おきあい》に至《いた》ったところを米軍機《べいぐんき》で撃墜《げきつい》した。気球《ききゅう》は回収《かいしゅう》し、装置《そうち》を解析《かいせき》する。気球《ききゅう》を「民間《みんかん》のもの」と主張《しゅちょう》する中国側《ちゅうごくがわ》は「強烈《きょうれつ》な不満《ふまん》と抗議《こうぎ》」を示《しめ》し、激《はげ》しく反発《はんぱつ》している。

アラスカ州《しゅう》
カナダ
アリューシャン列島《れっとう》
モンタナ州《しゅう》
アメリカ
サウスカロライナ州《しゅう》
撃墜《げきつい》
中国《ちゅうごく》の気球《ききゅう》の進路《しんろ》（　）イメージ

図版　朝日新聞社

学校近《がっこうちか》く229交差点《こうさてん》、事故続発《じこぞくはつ》

全国《ぜんこく》で2019〜21年《ねん》に発生《はっせい》した約《やく》100万件《まんけん》の人身事故《じんしんじこ》のデータを分析《ぶんせき》した結果《けっか》、小中学校《しょうちゅうがっこう》や高校《こうこう》の近《ちか》くの生活道路《せいかつどうろ》にある229カ所《しょ》の交差点《てん》で、3年連続《ねんれんぞく》で事故《じこ》が起《お》き、1140人《にん》がけがをしていたことがわかった。

差別発言《さべつはつげん》、首相秘書官《しゅしょうひしょかん》を更迭《こうてつ》

岸田文雄首相《きしだふみおしゅしょう》は、性的少数者《せいてきしょうすうしゃ》や同性《どうせい》婚《こん》をめぐって、「隣《となり》に住《す》んでいるのもちょっと嫌《いや》だ」などと差別発言《さべつはつげん》をした荒井勝喜《あらいまさよし》・首相秘書官《しゅしょうひしょかん》を更迭《こうてつ》した。

秘書官《ひしょかん》の更《こう》迭《てつ》を表明《ひょうめい》する岸田文雄《きしだふみお》首相《しゅしょう》

児童虐待通告《じどうぎゃくたいつうこく》、最多《さいた》

児童虐待《じどうぎゃくたい》の疑《うたが》いがあるとして警察《けいさつ》が2022年《ねん》に児《じ》童相談所《どうそうだんじょ》に通告《つうこく》した18歳未満《さいみまん》の子《こ》どもは11万《まん》5730人《にん》（暫定値《ざんていち》）で、前年《ぜんねん》より7・1%増《ふ》え、過去最多《かこさいた》を更新《こうしん》したことが警察庁《けいさつちょう》のまとめでわかった。

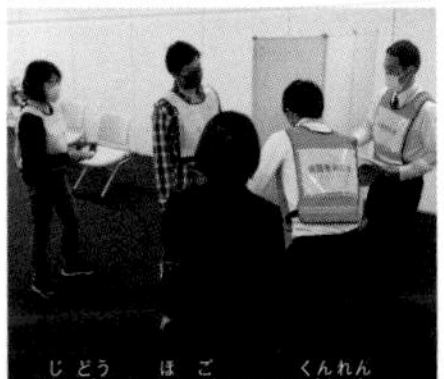

児童《じどう》を保護《ほご》する訓練《くんれん》をする人《ひと》たち（宮崎県庁《みやざきけんちょう》）

5日（日）

「最優秀《さいゆうしゅう》コンテンポラリー音楽楽器《おんがくがっき》アルバム部門《ぶもん》」で小川慶太《おかわけいた》さんも受賞《じゅしょう》したな。

グラミー賞《しょう》に作編曲家《さくへんきょくか》・宅見将典《たくみまさのり》さん

アメリカ最大《さいだい》の音楽賞《おんがくしょう》である第《だい》65回《かい》グラミー賞《しょう》が、アメリカ・ロサンゼルスで発表《はっぴょう》され、大阪市《おおさかし》出身《しゅっしん》の作編曲家《さくへんきょくか》、宅見将典《たくみまさのり》さんがアルバム「Sakura《サクラ》」で最優秀《さいゆうしゅう》グローバル・ミュージック・アルバム賞《しょう》を受賞《じゅしょう》した。

宅見将典《たくみまさのり》さん　下條祐美氏撮影

どこまで大《おお》きく羽《は》ばたくのか、楽《たの》しみだな。

6日 月

トルコ・シリアで大地震《おおじしん》 死者《ししゃ》5万人超《まんにんちょう》

この日《ひ》、トルコ南部《なんぶ》からシリア北部《ほくぶ》にかけての一帯《いったい》をマグニチュード7・8と7・5の連続《れんぞく》した大地震《おおじしん》が襲《おそ》った。両国《りょうこく》合《あ》わせた死者《ししゃ》は5万人《まんにん》を超《こ》えた(2月《がつ》22日現在《にちげんざい》)。

上層《じょうそう》から下層《かそう》まで押《お》しつぶされたアパートの1棟《とう》(7日《なのか》、トルコ南部《なんぶ》カフラマンマラシュ)

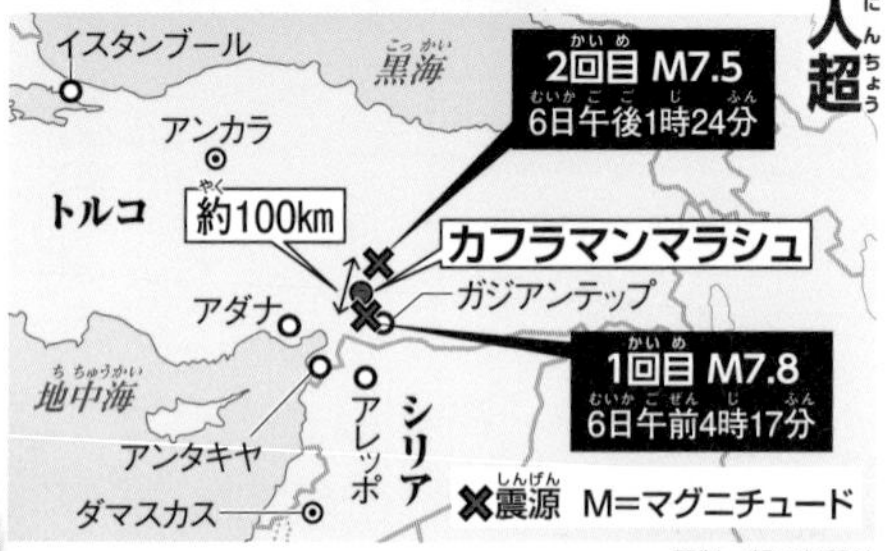

図版 朝日新聞社

13歳仲邑菫三段《さいなかむらすみれさんだん》、最年少《さいねんしょう》タイトル

囲碁界《いごかい》に史上最年少《しじょうさいねんしょう》の中学生《ちゅうがくせい》チャンピオンが誕生《たんじょう》した。第《だい》26期女流棋聖戦《きじょりゅうきせいせん》の三番勝負第《さんばんしょうぶだい》3局《きょく》で、挑戦者《ちょうせんしゃ》の中学《ちゅうがく》2年生《ねんせい》、仲邑菫三段《なかむらすみれさんだん》が上野愛咲美女流棋聖《うえのあさみじょりゅうきせい》を破《やぶ》り、シリーズ2勝《しょう》1敗《ぱい》でタイトルを奪取《だっしゅ》した。

ボードを掲《かか》げる仲邑菫三段《なかむらすみれさんだん》

10日 金

マスク着用緩和《ちゃくようかんわ》、3月《がつ》13日《にち》から

政府《せいふ》は新型《しんがた》コロナウイルス対策本部《たいさくほんぶ》で、3月《がつ》13日《にち》からマスクの着用《ちゃくよう》は屋内外《おくないがい》を問《と》わず、基本的《きほんてき》に個人《こじん》の判断《はんだん》に委《ゆだ》ねることを決《き》めた。満員電車《まんいんでんしゃ》や医療機関《いりょうきかん》の受診《じゅしん》では当面《とうめん》着用《ちゃくよう》を勧《すす》めるが、普段《ふだん》からマスク着用《ちゃくよう》を求《もと》める感染対策《かんせんたいさく》は終《お》わる。

政府の資料などから　図版 朝日新聞社

13日 月

原発《げんぱつ》60年超《ねんちょう》、多数決《たすうけつ》で容認《ようにん》 規制委《きせいい》

原発《げんぱつ》の60年超運転《ねんちょううんてん》に向《む》けた新《あら》たな規制制度《きせいせいど》について、原子力規制委員会《げんしりょくきせいいいんかい》は臨時《りんじ》の会合《かいごう》を開《ひら》き、運転《うんてん》開始《かいし》30年《ねん》を起点《きてん》に10年以内《ねんいない》ごとに審査《しんさ》する新制度《しんせいど》の骨子《こっし》を正式決定《せいしきけってい》し、原子炉等規制法《げんしろとうきせいほう》(炉規法《ろきほう》)から運転期間《うんてんきかん》の規定《きてい》を削除《さくじょ》した法改正案《ほうかいせいあん》も了承《りょうしょう》した。

13日《にち》の夜《よる》に開《ひら》かれた原子力規制《げんしりょくきせい》委員会《いいんかい》(規制委《きせいい》)の臨時会《りんじかい》

18土 17金 16木 15水 14火 13月 12日 11土 10金 9木 8水 7火 6月

17日 金

新型《しんがた》ロケット「H3《エイチスリー》」、打《う》ち上《あ》げ中止《ちゅうし》

日本《にほん》の**新型《しんがた》ロケット「H3《エイチスリー》」**の初号機打《しょごうきう》ち上《あ》げが、この日《ひ》午前《ごぜん》、中止《ちゅうし》された。宇宙航空《うちゅうこうくう》研究開発機構《けんきゅうかいはつきこう》(JAXA《ジャクサ》)によると、主《しゅ》エンジンは着火《ちゃっか》したものの、補助《ほじょ》する固体《こたい》ロケットブースターが着火《ちゃっか》しなかったという。

打《う》ち上《あ》がらなかったH3《エイチスリー》ロケット初号機《しょごうき》

今回《こんかい》の打《う》ち上《あ》げは「失敗《しっぱい》」ではなく「中止《ちゅうし》」だそうだ。

18日 土

侵攻《しんこう》1年《ねん》、G7《ジーセブン》結束強調《けっそくきょうちょう》

日本《にほん》が議長国《ぎちょうこく》を務《つと》める今年最初《ことしさいしょ》の主要《しゅよう》7カ国《こく》(G7《ジーセブン》)外相会合《がいしょうかいごう》がドイツ・ミュンヘンで開《ひら》かれた。ロシアによるウクライナ侵攻《しんこう》から2月《がつ》24日で1年《ねん》になるのを前《まえ》にG7《ジーセブン》が結束《けっそく》して対《たい》ロ制裁《せいさい》を維持《いじ》・強化《きょうか》し、ウクライナ支援《しえん》を継続《けいぞく》していくことを再確認《さいかくにん》した。

ドイツ・ミュンヘンで開催《かいさい》された主要《しゅよう》7カ国《こく》(G7《ジーセブン》)外相会合《がいしょうかいごう》

写真 外務省提供

21日 火

米《べい》ロ核軍縮《かくぐんしゅく》、履行停止《りこうていし》

ロシアのプーチン大統領《だいとうりょう》は、ウクライナ侵攻《しんこう》1年《ねん》を前《まえ》に上下両院《じょうかりょういん》に対《たい》する年次教書演説《ねんじきょうしょえんぜつ》を行《おこな》い、米国《べいこく》が履行《りこう》の義務《ぎむ》を果《は》たしていないなどとして、米《べい》ロ間《かん》の**「新戦略兵器削減条約《しんせんりゃくへいきさくげんじょうやく》」(新《しん》START《スタート》)**🔑の履行停止《りこうていし》を表明《ひょうめい》した。

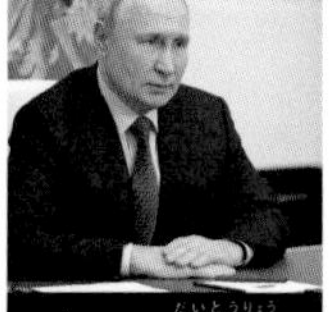
プーチン大統領《だいとうりょう》

写真 ロイター/アフロ

ウクライナで殺害《さつがい》された民間人《みんかんじん》8006人《にん》 OHCHR《オーエイチシーエイチアール》

国連人権高等弁務官事務所《こくれんじんけんこうとうべんむかんじむしょ》(OHCHR《オーエイチシーエイチアール》)🔑は、ロシアが侵攻《しんこう》した2022年《ねん》2月《がつ》からの1年間《ねんかん》で、ウクライナで殺害《さつがい》された民間人《みんかんじん》が少《すく》なくとも8006人《にん》に上《のぼ》ると発表《はっぴょう》した。戦闘《せんとう》地域《ちいき》に近《ちか》づくのが難《むずか》しいため、実際《じっさい》の犠牲者《ぎせいしゃ》は数千人以上多《すうせんにんいじょうおお》くなる可能性《かのうせい》があるという。

ウクライナ首都《しゅと》キーウの独立《どくりつ》広場《ひろば》で犠牲者《ぎせいしゃ》を追悼《ついとう》するため掲《かか》げられた国旗《こっき》(2022年《ねん》6月《がつ》)

写真　遠藤茂さん提供

14日（火）

気温上昇《きおんじょうしょう》1・5℃でも海面上昇《かいめんじょうしょう》2～3ｍに

世界気象機関《せかいきしょうきかん》（ＷＭＯ《ダブリューエムオー》）は、産業革命前《さんぎょうかくめいまえ》からの気温上昇《きおんじょうしょう》を1・5℃に抑《おさ》えた場合《ばあい》でも、今後《こんご》2千年間《せんねんかん》にわたり海面上昇《かいめんじょうしょう》が続《つづ》き、2～3ｍになるとの予測《よそく》を公表《こうひょう》した。

スイス・ジュネーブの世界気象機関《せかいきしょうきかん》（ＷＭＯ《ダブリューエムオー》）本部《ほんぶ》

日本《にほん》に飛来《ひらい》「中国《ちゅうごく》の気球《ききゅう》と推定《すいてい》」

防衛省《ぼうえいしょう》は、2019～21年《ねん》に日本《にほん》の領空内《りょうくうない》で確認《かくにん》された気球型《ききゅうがた》の飛行物体《ひこうぶったい》などは「中国《ちゅうごく》の無人偵察用気球《むじんていさつようききゅう》であると強《つよ》く推定《すいてい》される」と発表《はっぴょう》した。日本政府《にほんせいふ》は外交《がいこう》ルートを通《つう》じ、中国政府《ちゅうごくせいふ》に対《たい》して事実関係《じじつかんけい》の確認《かくにん》を求《もと》め、抗議《こうぎ》した。

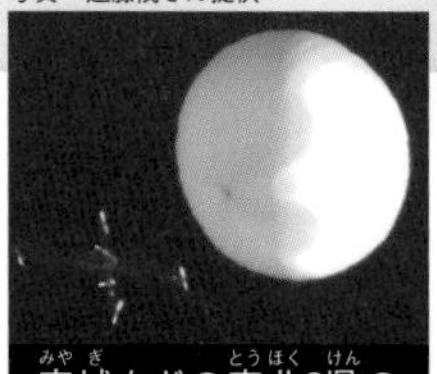
宮城《みやぎ》などの東北《とうほく》3県《けん》の上空《じょうくう》で目撃《もくげき》された飛行《ひこう》物体《ぶったい》（2020年《ねん》6月《がつ》）

16日（木）

「はだしのゲン」教材《きょうざい》から外《はず》す

広島市立《ひろしましりつ》の小中高校《しょうちゅうこうこう》で平和教育《へいわきょういく》に使《つか》われている教材《きょうざい》が2023年度《ねんど》から改訂《かいてい》され、漫画《まんが》「はだしのゲン」🔑が別《べつ》の教材《きょうざい》に差《さ》し替《か》えられることになった。市教育委員会《しきょういくいいんかい》は見直《みなお》しの理由《りゆう》を「被爆《ひばく》の実相《じっそう》に迫《せま》りにくいと判断《はんだん》した」としている。

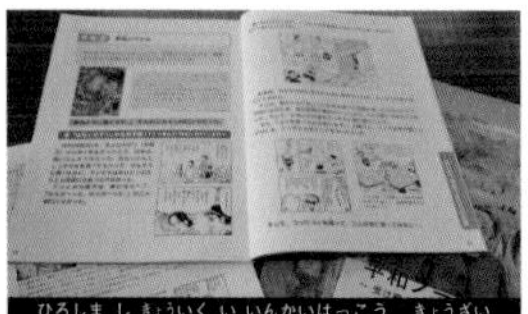
広島市教育委員会発行《ひろしましきょういくいいんかいはっこう》の教材《きょうざい》「ひろしま平和《へいわ》ノート」

17日（金）

ロシア側《がわ》死傷者《ししょうしゃ》「17万人超《まんにんちょう》」　英国防省《えいこくぼうしょう》

ウクライナへの侵攻《しんこう》を続《つづ》けるロシア軍《ぐん》とロシアの民間軍事会社《みんかんぐんじがいしゃ》について、英国防省《えいこくぼうしょう》は17万人以上《まんにんいじょう》の死傷者《ししょうしゃ》が出《で》ているとの分析《ぶんせき》を発表《はっぴょう》した。ウクライナ東部《とうぶ》ではロシア側《がわ》による激《はげ》しい攻勢《こうせい》が続《つづ》いているが、大《おお》きな犠牲《ぎせい》を伴《ともな》っているものとみられる。

プーチン大統領《だいとうりょう》（中央《ちゅうおう》）の後《うし》ろに並《なら》ぶロシア軍兵士《ぐんへいし》（2022年《ねん》12月《がつ》）

28火　27月　26日　25土　24金　23木　22水　21火　20月　19日

23日（木）

ロシア撤退要求《てったいようきゅう》、採択《さいたく》　国連決議《こくれんけつぎ》、賛成《さんせい》141カ国《こく》

193カ国《こく》で構成《こうせい》する国連総会《こくれんそうかい》は緊急特別《きんきゅうとくべつ》会合《かいごう》を開《ひら》き、ロシア軍《ぐん》に「即時《そくじ》、完全《かんぜん》かつ無条件《むじょうけん》の撤退《てったい》」を要求《ようきゅう》し、「ウクライナでの包括的《ほうかつてき》、公正《こうせい》かつ永続的《えいぞくてき》な平和《へいわ》」の必要性《ひつようせい》を強調《きょうちょう》する決議《けつぎ》を141カ国《こく》の賛成《さんせい》で採択《さいたく》した。

22日《にち》、緊急特別会合《きんきゅうとくべつかいごう》で演説《えんぜつ》をするウクライナのクレバ外相《がいしょう》

ウクライナ支援《しえん》、390億《おく》ドルに増額《ぞうがく》へ

日米欧《にちべいおう》の主要《しゅよう》7カ国《こく》（Ｇ7《ジーセブン》）の財務相《ざいむしょう》・中央銀行総裁会議《ちゅうおうぎんこうそうさいかいぎ》がインド南部《なんぶ》のベンガルールで開《ひら》かれた。「ロシアの侵略戦争《しんりゃくせんそう》を非難《ひなん》することへの結束《けっそく》を再確認《さいかくにん》する」とする共同声明《きょうどうせいめい》を出《だ》し、今年《ことし》のウクライナへの支援額《しえんがく》を390億《おく》ドルに増《ふ》やすことを決《き》めた。

即位後初《そくいごはつ》、誕生日《たんじょうび》に一般参賀《いっぱんさんが》

天皇陛下《てんのうへいか》が63歳《さい》の誕生日《たんじょうび》を迎《むか》えたこの日《ひ》、皇居《こうきょ》で即位後《そくいご》初《はつ》となる天皇誕生日《てんのうたんじょうび》の一般参賀《いっぱんさんが》があった。陛下《へいか》は、皇后《こうごう》さまと長女愛子《ちょうじょあいこ》さま、秋篠宮《あきしののみや》ご夫妻《ふさい》と次女佳子《じじょかこ》さまと計《けい》3回《かい》、宮殿《きゅうでん》・長和殿《ちょうわでん》のベランダに立《た》ち、参賀者《さんがしゃ》に手《て》を振《ふ》って応《こた》えた。

一般参賀《いっぱんさんが》で手《て》を振《ふ》る天皇《てんのう》、皇后両陛下《こうごうりょうへいか》と愛子《あいこ》さま

24日（金）

ロシアのウクライナ侵攻《しんこう》から1年《ねん》、見《み》えぬ出口《でぐち》

ロシアがウクライナに侵攻《しんこう》してから、この日《ひ》で1年《ねん》。「ウクライナ東部《とうぶ》で集団殺害《しゅうだんさつがい》が行《おこな》われている」とする根拠《こんきょ》のない主張《しゅちょう》でプーチン大統《だいとう》領《りょう》が始《はじ》めた戦争《せんそう》は民間施設《みんかんしせつ》への無差別攻撃《むさべつこうげき》や虐殺《ぎゃくさつ》を伴《ともな》い、市民《しみん》の犠牲《ぎせい》が増《ふ》え続《つづ》けている。

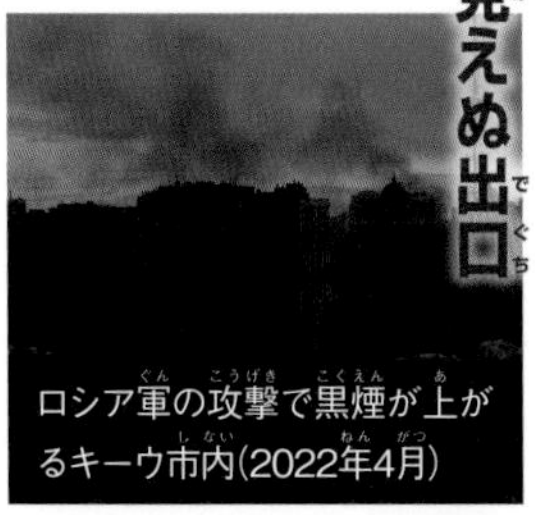
ロシア軍《ぐん》の攻撃《こうげき》で黒煙《こくえん》が上《あ》がるキーウ市内《しない》（2022年《ねん》4月《がつ》）

「はだしのゲン」
作者《さくしゃ》の故《こ》・中沢啓治《なかざわけいじ》さん自身《じしん》の被爆体験《ひばくたいけん》を元《もと》にした作品《さくひん》で、1973年《ねん》に週刊少年《しゅうかんしょうねん》ジャンプ（集英社《しゅうえいしゃ》）で連載開始《れんさいかいし》。単行本《たんこうぼん》は多《おお》くの言語《げんご》に翻訳《ほんやく》され、国内外《こくないがい》で読《よ》まれているが、暴力描写《ぼうりょくびょうしゃ》が過激《かげき》だと判断《はんだん》され、一部《いちぶ》の学校図書《がっこうとしょ》で閲覧制限《えつらんせいげん》された例《れい》もある。

新型《しんがた》ロケット「Ｈ3《エイチスリー》」
現在《げんざい》の日本《にほん》の基幹《きかん》ロケット「Ｈ2Ａ《エイチツーエー》」後《こう》継機《けいき》として、ＪＡＸＡ《ジャクサ》と三菱重工業《みつびしじゅうこうぎょう》が共同開発《きょうどうかいはつ》した。高《たか》さは最大《さいだい》63ｍ（初号機《しょごうき》は57ｍ）、直径《ちょっけい》は5・2ｍ。人工衛星《じんこうえいせい》の打《う》ち上《あ》げ需要《じゅよう》に応《こた》えるため、低《てい》コスト化《か》を徹底《てってい》した。

「新戦略兵器削減条約《しんせんりゃくへいきさくげんじょうやく》」（新《しん》ＳＴＡＲＴ《スタート》）
射程《しゃてい》の長《なが》いミサイルや核弾頭《かくだんとう》などの数量《すうりょう》を制限《せいげん》した条約《じょうやく》。「核《かく》のない世界《せかい》」を掲《かか》げたオバマ米大統領《べいだいとうりょう》と、米欧《べいおう》との対話《たいわ》に前向《まえむ》きだったメドベージェフ・ロシア大《だい》統領《とうりょう》との間《あいだ》で結《むす》ばれ、2011年《ねん》に発効《はっこう》。21年《ねん》、バイデン米政権《べいせいけん》が5年間《ねんかん》の延長《えんちょう》でプーチン政権《せいけん》と合意《ごうい》していた。

国連人権高等弁務官事務所《こくれんじんけんこうとうべんむかんじむしょ》（ＯＨＣＨＲ《オーエイチシーエイチアール》）
世界各地《せかいかくち》のすべての人《ひと》の人権《じんけん》を守《まも》り、人権侵害《じんけんしんがい》の告発《こくはつ》や人権保護《じんけんほご》を目的《もくてき》とする国際連合《こくさいれんごう》の組《そ》織《しき》。人権侵害《じんけんしんがい》の調査《ちょうさ》・告発《こくはつ》や、人権《じんけん》に関《かん》する国際《こくさい》協力《きょうりょく》、国際的基準《こくさいてききじゅん》の普及《ふきゅう》などに取《と》り組《く》んでいる。

写真　朝日新聞社

フンダラ姫《ひめ》の News《ニュース》なひとこと

旬《しゅん》のニュースから気《き》になる発言《はつげん》を、フンダラ姫《ひめ》がピックアップ！

フンダラ姫《ひめ》
セレブ・リッチ王国《おうこく》の高飛車《たかびしゃ》なお姫様《ひめさま》

1位《い》を取《と》り続《つづ》け、自己《じこ》ベストを更新《こうしん》していきたい

フィギュアスケート選手《せんしゅ》
島田麻央《しまだまお》

カナダで開催《かいさい》されたフィギュアスケートの世界《せかい》ジュニア選手権女子《せんしゅけんじょし》で、3月3日《がつみっか》、島田麻央選手《しまだまおせんしゅ》が優勝《ゆうしょう》した。14歳《さい》4カ月《げつ》での優勝《ゆうしょう》は日本女子《にほんじょし》としては史上《しじょう》最年少《さいねんしょう》。翌4日《よくよっか》、取材《しゅざい》に応《おう》じ、「実感《じっかん》もだいぶ湧《わ》いてきた」と話《はな》し、左《ひだり》のように決意《けつい》を新《あら》たにした。

年齢制限《ねんれいせいげん》が変更《へんこう》されて、3年後《ねんご》の冬季五輪《とうきごりん》に出《で》られないのは、ちょっと残念《ざんねん》。

ぼくから一個《いっこ》だけ。憧《あこが》れるのをやめましょう

プロ野球選手《やきゅうせんしゅ》
大谷翔平《おおたにしょうへい》

3月21日《がつにち》（日本時間《にほんじかん》22日《にち》）に行《おこな》われたWBC《ダブリュービーシー》の決勝《けっしょう》で、日本代表《にほんだいひょう》はアメリカ（米《べい》）と対戦《たいせん》。試合前《しあいまえ》の円陣《えんじん》の声出《こえだ》しで、大谷翔平選手《おおたにしょうへいせんしゅ》は下《した》のように述《の》べ、「（米国代表《べいこくだいひょう》には）野球《やきゅう》をやっていたら、誰《だれ》しも聞《き》いたことがあるような選手《せんしゅ》たちがいると思《おも》う。（でも、）憧《あこが》れてしまったら超《こ》えられない」と、仲間《なかま》を鼓舞《こぶ》した。

米大《べいだい》リーグで活躍中《かつやくちゅう》の大谷選手《おおたにせんしゅ》も、自分《じぶん》にそう言《い》い聞《き》かせてきたのかも。

この日《ひ》が来《く》るのを57年間《ねんかん》待《ま》っていました

袴田巌《はかまたいわお》さんの姉《あね》
袴田秀子《はかまたひでこ》

1966年《ねん》に旧清水市《きゅうしみずし》（現《げん》・静岡市清水区《しずおかししみずく》）で一家《いっか》4人《にん》が殺害《さつがい》された事件《じけん》で死刑《しけい》が確定《かくてい》した袴田巌《はかまたいわお》さん（87歳《さい》）の再審《さいしん》（裁判《さいばん》のやり直《なお》し）開始《かいし》を、3月《がつ》13日《にち》、東京高等裁判所《とうきょうこうとうさいばんしょ》が認《みと》めた。袴田《はかまた》さんの姉《あね》の秀子《ひでこ》さん（90歳《さい》）は、上《うえ》のように話《はな》して喜《よろこ》び、その後《ご》の会見《かいけん》で「早《はや》く巌《いわお》が死刑囚《しけいしゅう》ではなくなることを願《ねが》っています」と語《かた》った。

死刑《しけい》が確定《かくてい》した事件《じけん》で再審《さいしん》が行《おこな》われた過去《かこ》4件《けん》は、すべて無罪《むざい》が言《い》い渡《わた》されたそうよ。

写真 Raniero Corbelletti, USA TODAY Sports/ロイター／アフロ 朝日新聞社

1日（水）

生活保護《せいかつほご》申請《しんせい》、3年連続増《ねんれんぞくぞう》

2022年《ねん》の生活保護《せいかつほご》の申請件数《しんせいけんすう》は23万《まん》6927件《けん》で、前年《ぜんねん》と比《くら》べて1850件《けん》(約《やく》0・8%)増《ふ》えた。増加《ぞうか》は3年連続《ねんれんぞく》。物価高騰《ぶっかこうとう》に加《くわ》え、コロナ禍《か》の経済的《けいざいてき》な支援策《しえんさく》が終《お》わったことも件数《けんすう》を押《お》し上《あ》げたとの見方《みかた》も出《で》ている。

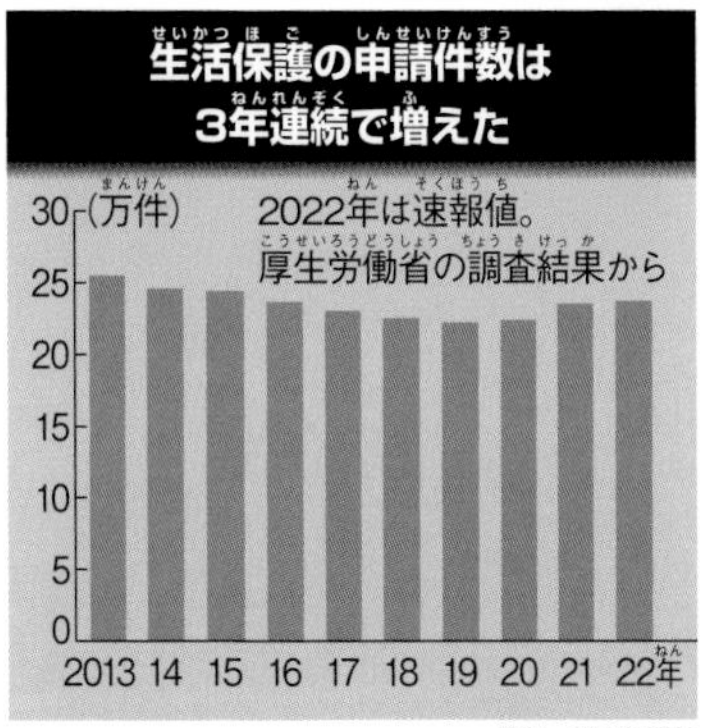

図版　朝日新聞社

2日（木）

日本《にほん》の男女格差《だんじょかくさ》、先進国《せんしんこく》で最下位《さいかい》

世界銀行《せかいぎんこう》は、190カ国《こく》・地域《ちいき》の男女格差《だんじょかくさ》の現状《げんじょう》を法整備《ほうせいび》の進《すす》み具合《ぐあい》から評価《ひょうか》した報告書《ほうこくしょ》を発表《はっぴょう》した。日本《にほん》は104位《い》で、先進国《せんしんこく》で最下位《さいかい》だった。職場《しょくば》でのセクハラを罰《ばっ》する法律《ほうりつ》がないなど、特《とく》に労働分野《ろうどうぶんや》で後《おく》れを取《と》っている。

世界銀行本部《せかいぎんこうほんぶ》

児童虐待事件《じどうぎゃくたいじけん》、最多《さいた》2181件《けん》

2022年《ねん》1年間《ねんかん》に全国《ぜんこく》の警察《けいさつ》が摘発《てきはつ》した児童虐待事《じどうぎゃくたいじ》件《けん》は2181件《けん》(前年比《ぜんねんひ》7件増《けんぞう》)で、過去最多《かこさいた》を更新《こうしん》した。事《じ》件《けん》の内訳《うちわけ》は、傷害《しょうがい》や暴行《ぼうこう》などの「身体的虐待《しんたいてきぎゃくたい》」が1718件《けん》で78・8%を占《し》めた。

3月《がつ》 March　1 水　2 木　3 金　4 土　5 日　6 月

3日（金）

島田麻央選手《しまだまおせんしゅ》、日本勢最年少《にほんぜいさいねんしょう》V《ブイ》

フィギュアスケート・世界《せかい》ジュニア選手権《せんしゅけん》の第《だい》3日《にち》はカナダのカルガリーで行《おこな》われ、女子《じょし》で14歳《さい》の島田麻央選手《しまだまおせんしゅ》が今季世界最高《こんきせかいさいこう》の合計《ごうけい》224・54点《てん》で日本勢史上最年少優勝《にほんぜいしじょうさいねんしょうゆうしょう》を果《は》たした。2005年《ねん》に頂点《ちょうてん》に立《た》った浅田真央《あさだまお》さんの記録《きろく》(当時《とうじ》14歳《さい》5カ月《げつ》)を1カ月更新《げつこうしん》。男子《だんし》は翌《よく》日《じつ》、三浦佳生選手《みうらかおせんしゅ》が合計《ごうけい》264・74点《てん》で優勝《ゆうしょう》した。

三浦佳生選手《みうらかおせんしゅ》は、四大《よんたい》陸選手権《りくせんしゅけん》では史上最《しじょうさい》年少《ねんしょう》で初優勝《はつゆうしょう》(2月《がつ》)

全日本選手権《ぜんにほんせんしゅけん》で演技《えんぎ》する島田麻央選手《しまだまおせんしゅ》(2022年《ねん》12月《がつ》)

4日（土）

日本主導《にほんしゅどう》の脱炭素《だったんそ》、アジアの閣僚会合《かくりょうかいごう》

日本《にほん》の主導《しゅどう》でアジア各国《かっこく》の脱炭素《だったんそ》をめざす「**アジア・ゼロエミッション共同体《きょうどうたい》(AZEC《エイゼック》)**」の初《はつ》の閣僚会合《かくりょうかいごう》が東京都内《とうきょうとない》で開《ひら》かれ、東南《とうなん》アジア諸国連合《しょこくれんごう》(ASEAN《アセアン》)を中心《ちゅうしん》に11カ国《こく》が参加《さんか》した。

会合《かいごう》には西村康稔経済産業《にしむらやすとしけいざいさんぎょう》大臣《だいじん》らが出席《しゅっせき》した

5日（日）

中国《ちゅうごく》、成長目標《せいちょうもくひょう》5%前後《ぜんご》

中国《ちゅうごく》の全国人民代表大会《ぜんこくじんみんだいひょうたいかい》(全人代《ぜんじんだい》、国会《こっかい》に相当《そうとう》)が北京《ペキン》で開幕《かいまく》し、李克強首相《リーコーチアンしゅしょう》は今年《ことし》の経済成長率目標《けいざいせいちょうりつもくひょう》を「5%前後《ぜんご》」にすると表《ひょう》明《めい》した。現在《げんざい》と指標《しひょう》は異《こと》なるが、目標水準《もくひょうすいじゅん》は1991年《ねん》以来《いらい》の低《ひく》さ。

北京《ペキン》で開幕《かいまく》した全国人民代《ぜんこくじんみんだい》表大会《ひょうたいかい》　提供　新華社

6日（月）

徴用工問題《ちょうようこうもんだい》、日韓《にっかん》「政治決着《せいじけっちゃく》」

日韓《にっかん》の懸案《けんあん》となってきた徴用工《ちょうようこう》の訴訟《そしょう》をめぐる問題《もんだい》で、韓国政府《かんこくせいふ》は、傘下《さんか》の財団《ざいだん》が寄《き》付金《ふきん》で日本企業《にほんきぎょう》に命《めい》じられた賠償分《ばいしょうぶん》を肩《かた》代《が》わりする「解決策《かいけつさく》」を発表《はっぴょう》した。日本政府《にほんせいふ》は植民地支配《しょくみんちしはい》への「反省《はんせい》とおわび」を盛《も》り込《こ》んだ歴代内閣《れきだいないかく》の歴史認識《れきしにんしき》の継承《けいしょう》を表明《ひょうめい》。

韓国《かんこく》・ソウルでは「解決策《かいけつさく》」を批判《ひはん》する集会《しゅうかい》が開《ひら》かれた(7日《なのか》)

7日（火）

H3《エイチスリー》打《う》ち上《あ》げ失敗《しっぱい》

宇宙航空研究開発機構《うちゅうこうくうけんきゅうかいはつきこう》（JAXA《ジャクサ》）と三菱重工業《みつびしじゅうこうぎょう》が開発《かいはつ》した大型《おおがた》ロケット「H3《エイチスリー》」初号機《しょごうき》の打《う》ち上《あ》げが失敗《しっぱい》した。第《だい》2段《だん》エンジンの着火《ちゃっか》が確認《かくにん》できず、破壊《はかい》したという。2022年《ねん》10月《がつ》の小型《こがた》ロケット「イプシロン」6号機《ごうき》に続《つづ》く失敗《しっぱい》。

会見《かいけん》する打《う》ち上《あ》げ実施責任者《じっしせきにんしゃ》、JAXAの布野泰広理事《ふのやすひろりじ》（左端《ひだりはし》）ら

8日（水）

公海《こうかい》に生物保護区《せいぶつほごく》、条約案《じょうやくあん》

米《べい》ニューヨークで開《ひら》かれていた国連海洋法条約《こくれんかいようほうじょうやく》の政府間会合《せいふかんかいごう》で、海《うみ》の生物多様性《せいぶつたようせい》を守《まも》るために、公海《こうかい》に保護区《ほごく》を設《もう》ける初《はじ》めての条約案《じょうやくあん》に合意《ごうい》した。公海《こうかい》はいずれの国《くに》の領海《りょうかい》や排他的経済水域《はいたてきけいざいすいいき》などにも属《ぞく》さない海域《かいいき》で、世界《せかい》の海《うみ》の3分《ぶん》の2を占《し》める。

サンゴ礁《しょう》の死滅《しめつ》は各地《かくち》で進行《しんこう》する（沖縄県宮古島沖《おきなわけんみやこじまおき》）

9日（木）

特別支援学校《とくべつしえんがっこう》、小中高《しょうちゅうこう》と一体化試行《いったいかしこう》へ

文部科学省《もんぶかがくしょう》は2024年度《ねんど》にも、小中高校《しょうちゅうこうこう》と、障害《しょうがい》のある子《こ》が通《かよ》う特別支援学校《とくべつしえんがっこう》を一体化《いったいか》して運営《うんえい》する試行事業《しこうじぎょう》を始《はじ》める方針《ほうしん》を固《かた》めた。互《たが》いの学校《がっこう》を児童生徒《じどうせいと》が行《い》き来《き》して授業《じゅぎょう》を受《う》け、教員《きょういん》も教《おし》えることで障害《しょうがい》の有無《うむ》にかかわらず一緒《いっしょ》に学《まな》ぶ「インクルーシブ教育《きょういく》」を進《すす》めたい考《かんが》え。

文部科学省《もんぶかがくしょう》

米国防費《べいこくぼうひ》、最大《さいだい》121兆円《ちょうえん》

バイデン米大統領《べいだいとうりょう》

バイデン米大統領《べいだいとうりょう》は、2024会計年度《かいけいねんど》（23年《ねん》10月《がつ》～24年《ねん》9月《がつ》）の予算編成《よさんへんせい》の基本方針《きほんほうしん》をまとめた「予算教書《よさんきょうしょ》」を米議会《べいぎかい》に示《しめ》した。軍事的脅威《ぐんじてききょうい》を増《ま》す中《ちゅう》ロへの対応強化《たいおうきょうか》などから、国防費《こくぼうひ》は過去最大規模《かこさいだいきぼ》となる前年度比《ぜんねんどひ》3・3％増《ぞう》の8864億《おく》ドル（約《やく》121兆円《ちょうえん》）とした。

10日（金）

日銀総裁《にちぎんそうさい》に植田和男氏《うえだかずおし》、正式決定《せいしきけってい》

新《あたら》しい日本銀行《にっぽんぎんこう》（日銀《にちぎん》）総裁《そうさい》に経済学者《けいざいがくしゃ》で元日銀審議委員《もとにちぎんしんぎいいん》の植田和男氏《うえだかずおし》を起用《きよう》する人事案《じんじあん》が、参議院本会議《さんぎいんほんかいぎ》で与党《よとう》などの賛成多数《さんせいたすう》で同意《どうい》され、就任《しゅうにん》が正式《せいしき》に決《き》まった。

植田和男氏《うえだかずおし》

20 月 — 19 日 — 18 土 — 17 金 — 16 木 — 15 水 — 14 火 — 13 月 — 12 日 — 11 土 — 10 金 — 9 木 — 8 水 — 7 火

16日（木）

日韓関係《にっかんかんけい》を正常化《せいじょうか》

岸田文雄首相《きしだふみおしゅしょう》と韓国《かんこく》の尹錫悦大統領《ユンソンニョルだいとうりょう》が、首相官邸《しゅしょうかんてい》で会談《かいだん》した。終了後《しゅうりょうご》の共同記者会見《きょうどうきしゃかいけん》で首相《しゅしょう》は「日韓関係《にっかんかんけい》の新《あら》たな章《しょう》を開《ひら》く」とし、両国《りょうこく》の首脳《しゅのう》が頻繁《ひんぱん》に訪問《ほうもん》する「**シャトル外交《がいこう》**」の再開《さいかい》で一致《いっち》したことを明《あき》らかにした。

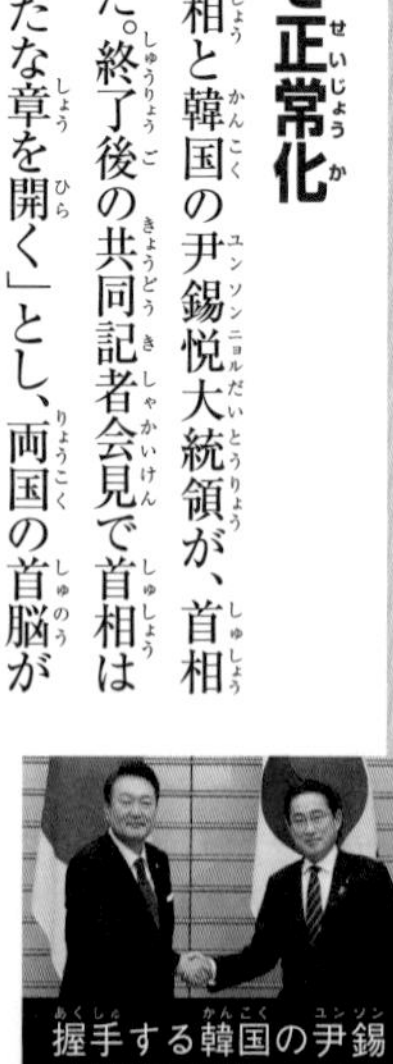
握手《あくしゅ》する韓国《かんこく》の尹錫悦大統領《ユンソンニョルだいとうりょう》（左《ひだり》）と岸田文雄首相《きしだふみおしゅしょう》

17日（金）

国民栄誉賞《こくみんえいよしょう》、国枝氏《くにえだし》に授与《じゅよ》

車《くるま》いすテニス男子《だんし》として数々《かずかず》の記録《きろく》を打《う》ち立《た》て、2023年《ねん》1月《がつ》に現役《げんえき》を引退《いんたい》した国枝慎吾氏《くにえだしんごし》に国民栄誉賞《こくみんえいよしょう》が授与《じゅよ》された。パラスポーツ選手《せんしゅ》の受賞《じゅしょう》は初《はつ》。

岸田文雄首相《きしだふみおしゅしょう》（右《みぎ》）から国民栄誉賞《こくみんえいよしょう》の盾《たて》を受《う》け取《と》る国枝慎吾氏《くにえだしんごし》

ロシアのプーチン大統領《だいとうりょう》に逮捕状《たいほじょう》 ICC《アイシーシー》

ロシアによるウクライナ侵攻《しんこう》をめぐり、国際刑事裁判所《こくさいけいじさいばんしょ》（ICC《アイシーシー》）は戦争犯罪《せんそうはんざい》の容疑《ようぎ》でロシアのプーチン大統領《だいとうりょう》に逮捕状《たいほじょう》を出《だ》したと発表《はっぴょう》した。2022年《ねん》2月《がつ》の侵攻以降《しんこういこう》、ロシアが占領《せんりょう》したウクライナの地域《ちいき》から子《こ》どもを含《ふく》む住民《じゅうみん》をロシアに連行《れんこう》した行為《こうい》に責任《せきにん》があるとしている。

19日（日）

藤井聡太新棋王《ふじいそうたしんきおう》が最年少《さいねんしょう》で六冠達成《ろっかんたっせい》

将棋《しょうぎ》の藤井聡太新棋王《ふじいそうたしんきおう》＝竜王《りゅうおう》・王位《おうい》・叡王《えいおう》・王将《おうしょう》・棋聖《きせい》＝が羽生善治《はぶよしはる》九段《くだん》に続《つづ》く史上《しじょう》2人目《ふたりめ》、20歳《さい》8カ月《げつ》の史上最年少《しじょうさいねんしょう》で六冠《ろっかん》を達成《たっせい》した。渡辺明棋王《わたなべあきらきおう》を破《やぶ》りタイトルを奪取《だっしゅ》した。

六冠《ろっかん》を達成《たっせい》した藤井聡太新棋王《ふじいそうたしんきおう》

20日（月）

袴田巌《はかまたいわお》さん、無罪《むざい》へ

1966年《ねん》に静岡県《しずおかけん》のみそ製造会社《せいぞうがいしゃ》の専務《せんむ》一家《いっか》4人《にん》が殺害《さつがい》された事件《じけん》で、東京高検《とうきょうこうけん》は、強盗殺人罪《ごうとうさつじんざい》などで死刑《しけい》が確定《かくてい》した袴田巌《はかまたいわお》さん＝釈放《しゃくほう》＝の再審開始《さいしんかいし》を認《みと》めた13日《にち》の東京高裁決定《とうきょうこうさいけってい》について、最高裁《さいこうさい》への特別抗告《とくべつこうこく》を断念《だんねん》したと発表《はっぴょう》した。再審開始《さいしんかいし》が確定《かくてい》したことになり、今後《こんご》、静岡地裁《しずおかちさい》で開《ひら》かれる再審公判《さいしんこうはん》で無罪《むざい》となる公算《こうさん》が大《おお》きい。

支援者《しえんしゃ》らを前《まえ》に話《はな》す袴田巌《はかまたいわお》さん（右《みぎ》）と姉《あね》の秀子《ひでこ》さん（21日《にち》）

宣誓《せんせい》する習近平氏《シーチンピンし》

習近平氏《シーチンピンし》、初《はつ》の国家主席《こっかしゅせき》3選《せん》

中国《ちゅうごく》の全国人民代表大会《ぜんこくじんみんだいひょうたいかい》は、国家主席《こっかしゅせき》に3期目《きめ》となる習近《シーチン》平《ピン》・中国共産党総書記《ちゅうごくきょうさんとうそうしょき》を選出《せんしゅつ》した。習氏《シーし》が党《とう》と軍《ぐん》のトップとして実権《じっけん》を握《にぎ》り、国家《こっか》の代表《だいひょう》としての地位《ちい》も占《し》める体制《たいせい》の継続《けいぞく》が決《き》まった。

11日(土)

若田光一《わかたこういち》さん、ISS《アイエスエス》から帰還《きかん》

国際宇宙《こくさいうちゅう》ステーション（ISS《アイエスエス》）に約《やく》5カ月間滞在《げつかんたいざい》した宇宙飛行士《うちゅうひこうし》の若田光一《わかたこういち》さんらを乗《の》せた米《べい》スペースX社《エックスしゃ》の宇宙船《うちゅうせん》ドラゴンが、米《べい》フロリダ沖《おき》の海上《かいじょう》に着水《ちゃくすい》した。

宇宙船《うちゅうせん》ドラゴンが米《べい》・フロリダ沖《おき》に着水《ちゃくすい》（NASAのライブ中継《ちゅうけい》から）

13日(月)

マスク着用《ちゃくよう》、個人《こじん》の判断《はんだん》に

新型《しんがた》コロナウイルス対策《たいさく》としてのマスク着用《ちゃくよう》が、屋内外《おくないがい》を問《と》わず「個人《こじん》の判断《はんだん》」となった。医療機関《いりょうきかん》の受診時《じゅしんじ》や混雑《こんざつ》した電車《でんしゃ》やバスの乗車時《じょうしゃじ》などは引《ひ》き続《つづ》き着用《ちゃくよう》が推奨《すいしょう》されるが、日常生活《にちじょうせいかつ》では基本的《きほんてき》に一人《ひとり》ひとりが着《ちゃく》用《よう》するかを決《き》める。

14日(火)

児童《じどう》・生徒自殺《せいとじさつ》、最多《さいた》514人《にん》

2022年《ねん》の自殺者数《じさつしゃすう》（確定値《かくていち》）は2万《まん》1881人《にん》で、2年《ねん》ぶりに増加《ぞうか》した。児童《じどう》・生徒《せいと》（小中高校生《しょうちゅうこうこうせい》）の自殺者数《じさつしゃすう》は統《とう》計《けい》のある1980年以来《ねんいらい》、過去最多《かこさいた》の514人《にん》。コロナ禍以降《かいこう》、顕著《けんちょ》な増加《ぞうか》がみられ、この3年間《ねんかん》で3割増《わりふ》えた。

児童《じどう》・生徒《せいと》の自殺者数《じさつしゃすう》の推移《すいい》

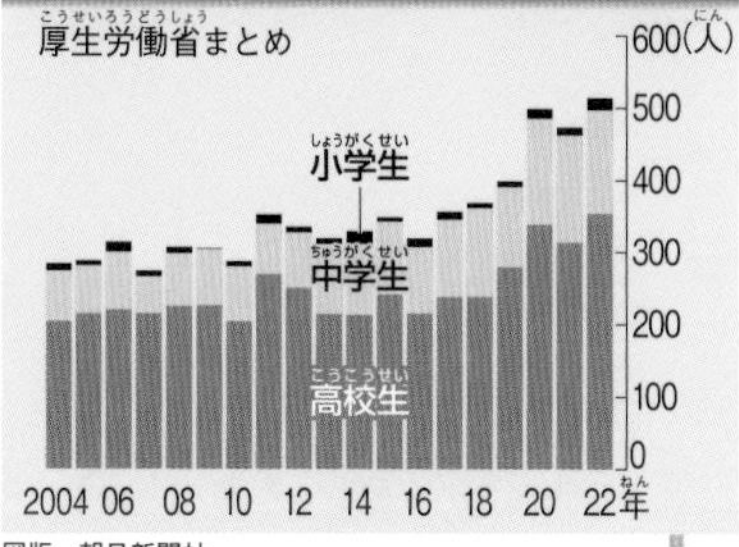

図版　朝日新聞社

31金　30木　29水　28火　27月　26日　25土　24金　23木　22水　21火

21日(火)

岸田首相《きしだしゅしょう》、キーウ訪問《ほうもん》

岸田文雄首相《きしだふみおしゅしょう》は、ロシアによる侵攻《しんこう》が続《つづ》くウクライナの首都《しゅと》キーウを訪問《ほうもん》した。政府《せいふ》は安全《あんぜん》確保《かくほ》のため、訪問《ほうもん》は当日《とうじつ》まで公表《こうひょう》していなかった。極秘裏《ごくひり》に準備《じゅんび》を進《すす》め、電撃訪問《でんげきほうもん》を実現《じつげん》させた。日本《にほん》の現職首相《げんしょくしゅしょう》が戦闘《せんとう》が行《おこな》われている国《くに》を訪問《ほうもん》するのは極《きわ》めて異例《いれい》だ。

キーウ近郊《きんこう》ブチャで献花《けんか》する岸田文雄首相《きしだふみおしゅしょう》（手前《てまえ》）

WBC《ダブリュービーシー》で優勝《ゆうしょう》した「侍《さむらい》ジャパン」

侍《さむらい》ジャパン、世界一《せかいいち》 WBC《ダブリュービーシー》

野球《やきゅう》の国《くに》・地域別対抗戦《ちいきべつたいこうせん》「第《だい》5回《かい》ワールド・ベースボール・クラシック（WBC《ダブリュービーシー》）」は、21日《にち》（日本時間《にほんじかん》22日《にち》）米《べい》マイアミのローンデポ・パークで決勝《けっしょう》が行《おこな》われた。日本代表《にほんだいひょう》「侍《さむらい》ジャパン」が前回優勝《ぜんかいゆうしょう》の米国代表《べいこくだいひょう》を3―2で破《やぶ》り、3度目《どめ》の優勝《ゆうしょう》を果《は》たした。

27日(月)

超高速計算《ちょうこうそくけいさん》、世界《せかい》へ参戦《さんせん》

理化学研究所《りかがくけんきゅうじょ》などが開発《かいはつ》する次世代《じせだい》の計算機《けいさんき》と目《もく》される国産《こくさん》初《はつ》の「量子《りょうし》コンピューター」が完成《かんせい》した。この日《ひ》、オンライン上《じょう》で共同研究者《きょうどうけんきゅうしゃ》が使《つか》えるように公開《こうかい》を始《はじ》めた。

記者会見《きしゃかいけん》で質問《しつもん》に答《こた》える、理化学《りかがく》研究所量子《けんきゅうじょりょうし》コンピュータ研究《けんきゅう》センターの中村泰《なかむらやす》信《のぶ》センター長《ちょう》

31日(金)

イギリスのTPP《ティーピーピー》加盟《かめい》、大筋合意《おおすじごうい》

日本《にほん》や豪州《ごうしゅう》など環太平洋経済連携協定《かんたいへいようけいざいれんけいきょうてい》（TPP《ティーピーピー》）に加盟《かめい》する11カ国《こく》はオンラインで閣僚会合《かくりょうかいごう》を開《ひら》き、イギリスの加盟《かめい》を認《みと》めることで大筋合意《おおすじごうい》した。2018年《ねん》の発効時《はっこうじ》に参加《さんか》した11カ国以外《こくいがい》で、新《あら》たな加盟《かめい》は初《はじ》めて。

アジア・ゼロエミッション共同体《きょうどうたい》（AZEC《エイゼック》）

2022年《ねん》1月《がつ》に岸田文雄首相《きしだふみおしゅしょう》が呼《よ》びかけた、アジアの脱炭素化《だつたんそか》で日本《にほん》と各国《かっこく》が相互協力《そうごきょうりょく》する枠組《わくぐ》み。燃《も》やしても二酸化炭素《にさんかたんそ》を出《だ》さない水素《すいそ》やアンモニアなどの脱炭素技術《だつたんそぎじゅつ》の開発《かいはつ》などについて協議《きょうぎ》する。

シャトル外交《がいこう》

首脳同士《しゅのうどうし》が相手国《あいてこく》を互《たが》いに訪問《ほうもん》する外交《がいこう》。一《いっ》般的《ぱんてき》にはシャトルバスなどのように、比較的近距離《ひかくてききんきょり》の往復《おうふく》を指《さ》す。日韓《にっかん》シャトル外交《がいこう》は2011年《ねん》12月《がつ》に当時《とうじ》の野田佳彦首相《のだよしひこしゅしょう》が、来日《らいにち》した当時《とうじ》の李明博大《イミョンバクだい》統領《とうりょう》と会談《かいだん》したのを最後《さいご》に途絶《とだ》えている。

量子《りょうし》コンピューター

物質《ぶっしつ》を構成《こうせい》する原子《げんし》や電子《でんし》などの「量子《りょうし》」の持《も》つ性質《せいしつ》を利用《りよう》して情報処理《じょうほうしょり》を行《おこな》う。従来《じゅうらい》のコンピューターでは解《と》くことのできない複雑《ふくざつ》な計算《けいさん》を解《と》くことができる。「量子《りょうし》のもつれ」や「重《かさ》ね合《あ》わせ」といった量子力学《りょうしりきがく》の現象《げんしょう》を利用《りよう》して並列計算《へいれつけいさん》を行《おこな》う。

環太平洋経済連携協定《かんたいへいようけいざいれんけいきょうてい》（TPP《ティーピーピー》）

加盟国間《かめいこくかん》で広範囲《こうはんい》にわたる物品《ぶっぴん》の関税《かんぜい》を撤廃《てっぱい》したり、サービスや投資《とうし》などで共通《きょうつう》のルールを設《もう》けたりする協定《きょうてい》。日本《にほん》などの加盟国《かめいこく》は、イギリスの加盟《かめい》に向《む》けて2021年《ねん》9月《がつ》に作業部会《さぎょうぶかい》を設置《せっち》、22年《ねん》7月《がつ》から本格交渉《ほんかくこうしょう》を進《すす》めていた。

写真　朝日新聞社

フンダラ姫《ひめ》のNews《ニュース》なひとこと

旬《しゅん》のニュースから気《き》になる発言《はつげん》を、フンダラ姫《ひめ》がピックアップ！

フンダラ姫《ひめ》
セレブ・リッチ王国《おうこく》の高飛車《たかびしゃ》なお姫様《ひめさま》

国際的《こくさいてき》な若手《わかて》バレエダンサーの登竜門《とうりゅうもん》として知《し》られる「ユース・アメリカ・グランプリ」(YAGP《ワイエイジーピー》)で、4月9日《がつここのか》、最終審査結《さいしゅうしんさけっ》果《か》が発表《はっぴょう》され、プリコンペティティブ部門《ぶもん》の男子《だんし》クラシックで11歳《さい》の三苫心嗣《みとましんじ》さんが1位《い》に輝《かがや》いた。曲調《きょくちょう》により表現《ひょうげん》を変《か》えることを意識《いしき》したといい、左《ひだり》のように抱負《ほうふ》を語《かた》った。

みんなが楽《たの》しい気持《きも》ちになって、印象《いんしょう》に残《のこ》るようなバレエダンサーを目指《めざ》したい

バレエダンサー
三苫心嗣《みとましんじ》

この結果《けっか》で、世界《せかい》の一流《いちりゅう》バレエ学校等《がっこうとう》の奨学生《しょうがくせい》になれる機会《きかい》が得《え》られるそうよ。

2023年《ねん》7月《がつ》に福岡《ふくおか》で行《おこな》われる水泳《すいえい》の世界選手権《せかいせんしゅけん》のうち、競泳《きょうえい》と飛《と》び込《こ》みの日本代表《にほんだいひょう》が、4月10日《がつとおか》、発表《はっぴょう》された。白血病《はっけつびょう》から復帰《ふっき》し、個人《こじん》2種目《しゅもく》（自由形《じゆうがた》とバタフライ）で日本代表《にほんだいひょう》を勝《か》ち取《と》った池江璃花子選手《いけえりかこせんしゅ》は下《した》のように意気込《いきご》みを語《かた》った。2017年以来《ねんいらい》の世界選手権《せかいせんしゅけん》に臨《のぞ》む。

病《やまい》から復帰《ふっき》して活躍《かつやく》するアスリートの姿《すがた》は、多《おお》くの人《ひと》を勇気《ゆうき》づけてくれるわ。

強《つよ》い池江《いけえ》が戻《もど》ってきたことを証明《しょうめい》できるレースをしたい

水泳選手《すいえいせんしゅ》
池江璃花子《いけえりかこ》

スペースX《エックス》のチーム、おめでとう。エキサイティングな試験飛行《しけんひこう》だった

アメリカの宇宙企業《うちゅうきぎょう》
「スペースX《エックス》」創業者《そうぎょうしゃ》
イーロン・マスク

スペースX《エックス》が開発中《かいはつちゅう》の史上最大《しじょうさいだい》のロケットと宇宙船《うちゅうせん》が、4月20日《がつはつか》、打《う》ち上《あ》げの約《やく》3分後《ぶんご》に姿勢《しせい》を崩《くず》し、空中爆発《くうちゅうばくはつ》した。創業者《そうぎょうしゃ》のイーロン・マスク氏《し》はこれを「失敗《しっぱい》」とせず前向《まえむ》きに捉《とら》え、「次《つぎ》の試験飛行《しけんひこう》に向《む》けて、多《おお》くのことを学《まな》んだ」としてツイッターに上《うえ》のように投稿《とうこう》した。

「失敗《しっぱい》は成功《せいこう》の母《はは》」。宇宙産業《うちゅうさんぎょう》にも同《おな》じことが言《い》えるのね。

写真　LK Studio　アフロスポーツ　朝日新聞社

コリゴリ博士《はかせ》と読《よ》む 2023年 4月《がつ》の ニュース

選抜《せんばつ》、夏《なつ》の全国選手権《ぜんこくせんしゅけん》を通《つう》じて山梨勢《やまなしぜい》の優勝《ゆうしょう》は初《はじ》めてだな。

1日（土）

女性候補《じょせいこうほ》15%、目標《もくひょう》35%遠《とお》く 道府県議選《どうふけんぎせん》

3月《がつ》31日告示《にちこくじ》の41道府県議選《どうふけんぎせん》に立候補《りっこうほ》した女性《じょせい》の比率《ひりつ》は、4年《ねん》に1度《ど》の統一《とういつ》地方《ちほう》選《せん》の中《なか》では過去最高《かこさいこう》の15・6%となったが、前回《ぜんかい》から微増《びぞう》にとどまった。国《くに》が目標《もくひょう》とする「35%」を大《おお》きく下回《したまわ》り、特《とく》に、自民党《じみんとう》の女性《じょせい》の少《すく》なさが際立《きわだ》つ。

都道府県議選《とどうふけんぎせん》の女性候補者《じょせいこうほしゃ》の割合《わりあい》　統一地方選《とういつちほうせん》

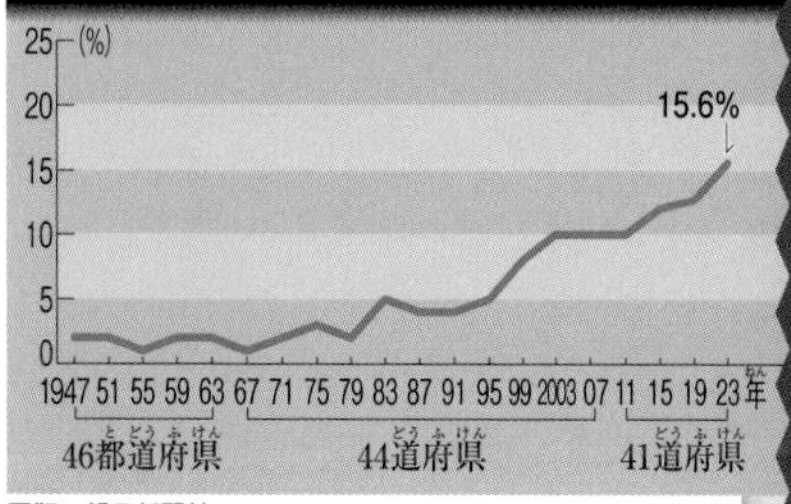

図版　朝日新聞社

山梨学院《やまなしがくいん》V《ブイ》、県勢初《けんぜいはつ》 選抜高校野球《せんばつこうこうやきゅう》

第《だい》95回記念選抜高校野球大会《かいきねんせんばつこうこうやきゅうたいかい》は、兵庫《ひょうご》県西宮市《けんにしのみやし》の阪神甲子園球場《はんしんこうしえんきゅうじょう》で決勝《けっしょう》があり、山梨学院《やまなしがくいん》が報徳学園《ほうとくがくえん》（兵庫《ひょうご》）を7―3で破《やぶ》り、初優勝《はつゆうしょう》を遂《と》げた。

初優勝《はつゆうしょう》を決《き》めて喜《よろこ》ぶ山梨学《やまなしがく》院《いん》の選手《せんしゅ》たち

3日（月）

国債買《こくさいか》い入《い》れ、最大《さいだい》135兆円《ちょうえん》

日本銀行《にっぽんぎんこう》（日銀《にちぎん》）が2022年度《ねんど》に買《か》い入《い》れた国債《こくさい》の額《がく》が、135兆《ちょう》9890億円《おくえん》と過去最大《かこさいだい》になった。米欧《べいおう》の利上《りあ》げなどで、日本《にほん》の金利《きんり》にも上昇《じょうしょう》圧力《あつりょく》が強《つよ》まる中《なか》、金融緩和《きんゆうかんわ》を続《つづ》ける日銀《にちぎん》が、金利《きんり》を低《ひく》く抑《おさ》えるために国債《こくさい》を大量購入《たいりょうこうにゅう》したためだ。

日本銀行本店《にっぽんぎんこうほんてん》

4月《がつ》 April　1 土　2 日　3 月　4 火

3日（月）

こども家庭庁《かていちょう》、発足式《ほっそくしき》

政府《せいふ》の子《こ》ども政策《せいさく》を束《たば》ねる役割《やくわり》を担《にな》うこども家庭庁《かていちょう》の発足式《ほっそくしき》が東京都千代田区《とうきょうとちよだく》の同庁《どうちょう》で開《ひら》かれた。岸田文雄首相《きしだふみおしゅしょう》や小倉将信《おぐらまさのぶ》こども政《せい》策大臣《さくだいじん》らのほか、子《こ》どもや若者《わかもの》6人《にん》が参加《さんか》した。

岸田文雄首相《きしだふみおしゅしょう》（中央後方《ちゅうおうこうほう》）らを前《まえ》に、看板作製《かんばんさくせい》のための習字《しゅうじ》を行《おこな》う子《こ》どもたち

4日（火）

水素供給量《すいそきょうきゅうりょう》の目標《もくひょう》、40年《ねん》までに「6倍《ばい》」

政府《せいふ》は、「水素基本戦略《すいそきほんせんりゃく》」を改定《かいてい》し、2040年《ねん》までの水素供給量《すいそきょうきゅうりょう》を現在《げんざい》の6倍《ばい》となる年《ねん》1200万《まん》トンとする新《あら》たな目標《もくひょう》を盛《も》り込《こ》む方針《ほうしん》を決《き》めた。**脱炭素**《だつたんそ》◆に今後《こんご》15年間《ねんかん》で官民《かんみん》合《あ》わせて計《けい》15兆円《ちょうえん》を投資《とうし》する。

再生可能《さいせいかのう》エネルギー・水素《すいそ》など関係閣僚会議《かんけいかくりょうかいぎ》で発言《はつげん》する岸田文雄首相《きしだふみおしゅしょう》（右《みぎ》から2人目《ふたりめ》）

フィンランド、NATO《ナトー》に正式加盟《せいしきかめい》

北大西洋条約機構《きたたいせいようじょうやくきこう》**（NATO《ナトー》）**◆は、ブリュッセルの本部《ほんぶ》で外相会合《がいしょうかいごう》を開《ひら》き、北欧《ほくおう》フィンランドを31カ国目《こくめ》の加盟国《かめいこく》として正式《せいしき》に迎《むか》えた。NATO《ナトー》の拡大《かくだい》は、2020年《ねん》の北《きた》マケドニアの加盟以来《かめいいらい》。

ブリュッセルのNATO本部《ナトーほんぶ》

NATO《ナトー》に反発強《はんぱつつよ》める ロシア

北欧《ほくおう》フィンランドがNATO《ナトー》に加盟《かめい》したことを受《う》け、ロシア外務省《がいむしょう》はこの日《ひ》の声明《せいめい》で「フィンランド加盟《かめい》による国家安全保障上《こっかあんぜんほしょうじょう》の脅威《きょうい》に、ロシアは軍事技術《ぐんじぎじゅつ》などで対処《たいしょ》しなければならない」と反発《はんぱつ》した。

「核《かく》なき世界《せかい》」へ 「国際賢人会議《こくさいけんじんかいぎ》」始《はじ》まる

核兵器《かくへいき》のない世界《せかい》に向《む》けた「国際賢人会議《こくさいけんじんかいぎ》」の第《だい》2回会合《かいかいごう》が、東京都内《とうきょうとない》で始《はじ》まった。政府《せいふ》は5月《がつ》に広島《ひろしま》で開《ひら》く主要《しゅよう》7カ国《こく》首脳会議《しゅのうかいぎ》（G7《ジーセブン》サミット）でも主要《しゅよう》なテーマとして扱《あつか》う方針《ほうしん》だが、ロシアは「核《かく》の脅《おど》し」を強《つよ》め、北朝鮮《きたちょうせん》や中国《ちゅうごく》は核兵器《かくへいき》を増強《ぞうきょう》。核《かく》なき世界《せかい》という理想《りそう》は難《むずか》しさを増《ま》すばかりだ。

国際賢人会議《こくさいけんじんかいぎ》の賢人委員《けんじんいいん》たちが岸田文雄首相《きしだふみおしゅしょう》（右《みぎ》から3人《にん》目《め》）を表敬訪問《ひょうけいほうもん》した

5日 水

「同志国《どうしこく》」の軍《ぐん》へ援助制度導入《えんじょせいどどうにゅう》

政府《せいふ》は、外交目的《がいこうもくてき》などを共有《きょうゆう》する「同志国《どうしこく》」の軍《ぐん》に防衛装備品《ぼうえいそうびひん》などを提供《ていきょう》する新《あら》たな枠組《わくぐ》み「**政府安全保障能力強化支援《せいふあんぜんほしょうのうりょくきょうかしえん》（OSA《オーエスエイ》）**」を導入《どうにゅう》することを決《き》めた。これまでの政府《せいふ》の途上国援助《とじょうこくえんじょ》（ODA《オーディーエイ》）では対象外《たいしょうがい》だった軍《ぐん》の支援《しえん》に踏《ふ》み出《だ》す。

マッカーシー下院議長《かいんぎちょう》（右《みぎ》から2人目《ふたりめ》）から出迎《でむか》えを受《う》けた台湾《たいわん》の蔡英《ツァイイン》文総統《ウェンそうとう》（左《ひだり》から2人目《ふたりめ》）

台湾《たいわん》・蔡英文総統《ツァイインウェンそうとう》が訪米《ほうべい》し会談《かいだん》

台湾《たいわん》の蔡英文総統《ツァイインウェンそうとう》は、訪問先《ほうもんさき》の米《べい》カリフォルニア州《しゅう》で、地元選出《じもとせんしゅつ》のマッカーシー下院議長《かいんぎちょう》（共和党《きょうわとう》）と会談《かいだん》した。1979年《ねん》の米台断交後《べいたいだんこうご》、台湾《たいわん》の現職総統《げんしょくそうとう》が米国《べいこく》で対面会談《たいめんかいだん》した政界要人《せいかいようじん》では最高位《さいこうい》となる。

6日 木

コロナ緊急事態《きんきゅうじたい》「年内解除《ねんないかいじょ》へ」

世界保健機関《せかいほけんきかん》（WHO《ダブリューエイチオー》）のテドロス事務局長《じむきょくちょう》はこの日《ひ》の記者会見《きしゃかいけん》で、2020年《ねん》1月《がつ》に宣言《せんげん》した新型《しんがた》コロナウイルスの「国際的《こくさいてき》に懸念《けねん》される公衆衛生上《こうしゅうえいせいじょう》の緊急事態《きんきゅうじたい》」について、「年内《ねんない》に解除《かいじょ》できるようになるだろう」との見通《みとお》しを示《しめ》した。

WHO《ダブリューエイチオー》のテドロス事務《じむ》局長《きょくちょう》（3月3日《がつみっか》、公式《こうしき》サイトから）

隊員《たいいん》10人《にん》を乗《の》せて消息《しょうそく》を絶《た》ったヘリコプターと同型《どうがた》のUH《ユーエイチ》60JA《ジェイエイ》ヘリ（陸上自衛隊《りくじょうじえいたい》ホームページから）

陸上自衛隊《りくじょうじえいたい》ヘリコプター消息絶《しょうそくた》つ

防衛省《ぼうえいしょう》は、沖縄県宮古島《おきなわけんみやこじま》の周辺空域《しゅうへんくういき》で飛行中《ひこうちゅう》だった陸上自衛隊《りくじょうじえいたい》のヘリの機影《きえい》がレーダーから消《き》えた、と明《あき》らかにした。熊本県《くまもとけん》の高遊原《たかゆうばる》分屯地《ぶんとんち》に駐在《ちゅうざい》する第《だい》8師団《しだん》第《だい》8飛行隊所属《ひこうたいしょぞく》の多用途《たようと》ヘリ「UH《ユーエイチ》60JA《ジェイエイ》」で、隊員《たいいん》10人《にん》が乗《の》って宮古島周辺《みやこじましゅうへん》の地形《ちけい》の状況《じょうきょう》を確認《かくにん》していたという。13日《にち》には海底《かいてい》で事故機《じこき》とみられる機体《きたい》が見《み》つかった。

原発関係自治体《げんぱつかんけいじちたい》の首長集《しゅちょうあつ》め初会議《はつかいぎ》

経済産業省《けいざいさんぎょうしょう》は、全国《ぜんこく》の原子力《げんしりょく》に関係《かんけい》する市町村《しちょうそん》の首長《しゅちょう》を集《あつ》めた「原子力政策地域会議《げんしりょくせいさくちいきかいぎ》」を初《はじ》めて開《ひら》き、原発《げんぱつ》の立地地域《りっちちいき》からの相談《そうだん》などを受《う》ける「地域支援《ちいきしえん》チーム」を省内《しょうない》に立《た》ち上《あ》げたことを明《あき》らかにした。

初《はじ》めて開《ひら》かれた原子力政策《げんしりょくせいさく》地域会議《ちいきかいぎ》

19 水 ― 18 火 ― 17 月 ― 16 日 ― 15 土 ― 14 金 ― 13 木 ― 12 水 ― 11 火 ― 10 月 ― 9 日 ― 8 土 ― 7 金 ― 6 木 ― 5 水

14日 金

新型《しんがた》コロナ療養《りょうよう》「発症翌日《はっしょうよくじつ》から5日間《いつかかん》」厚生労働省《こうせいろうどうしょう》

新型《しんがた》コロナウイルスの感染者《かんせんしゃ》の療養期間《りょうようきかん》をめぐり、厚生労働省《こうせいろうどうしょう》は、感染症法上《かんせんしょうほうじょう》の5類《るい》に移行《いこう》する5月8日以降《がつようかいこう》、「発症翌日《はっしょうよくじつ》から5日間《いつかかん》」は外出《がいしゅつ》を控《ひか》えることを推奨《すいしょう》すると発表《はっぴょう》した。現在《げんざい》の「発症翌日《はっしょうよくじつ》から7日間《なのかかん》」から短縮《たんしゅく》する。

閣議後会見《かくぎごかいけん》で記者《きしゃ》の質問《しつもん》に答《こた》える加藤勝信厚生労《かとうかつのぶこうせいろう》働大臣《どうだいじん》

15日 土

ドイツ、全原発停止《ぜんげんぱつていし》

2011年《ねん》の東京電力福島第《とうきょうでんりょくふくしまだい》一原発事故《いちげんぱつじこ》を受《う》けて「脱原発《だつげんぱつ》」を進《すす》めてきたドイツで、最後《さいご》の原《げん》発《ぱつ》3基《き》が稼働《かどう》を終《お》えた。60年以《ねんい》上続《じょうつづ》いたドイツの原発《げんぱつ》の歴史《れきし》に幕《まく》が下《お》りた。

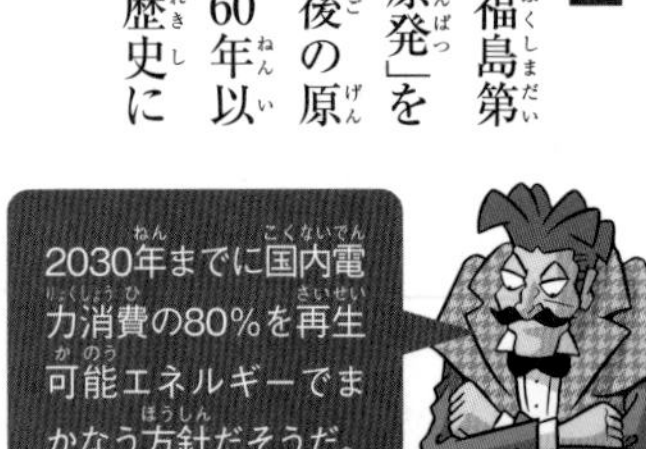

15日《にち》に停止《ていし》したエムスラント原子《げんし》力発電所《りょくはつでんしょ》（8日《ようか》）

爆発物《ばくはつぶつ》のようなものが投《な》げつけられ、男《おとこ》が警察《けいさつ》官《かん》らに取《と》り押《お》さえられた

岸田首相演説直前《きしだしゅしょうえんぜつちょくぜん》に爆発《ばくはつ》 和歌山《わかやま》

午前《ごぜん》11時《じ》25分《ふん》ごろ、和歌山市雑賀崎《わかやましさいかざき》の雑《さい》賀崎漁港《かざきぎょこう》で、衆議院補欠選挙《しゅうぎいんほけつせんきょ》の応援演説《おうえんえんぜつ》で訪《おとず》れていた岸田文雄首相《きしだふみおしゅしょう》の近《ちか》くに筒状《つつじょう》のものが投《な》げ込《こ》まれ、間《ま》もなく爆発《ばくはつ》した。首相《しゅしょう》にけがはなかった。和歌山県警《わかやまけんけい》は、演説《えんぜつ》を妨害《ぼうがい》したとして、職業不詳《しょくぎょうふしょう》の24歳《さい》の男《おとこ》を威《い》力業務妨害《りょくぎょうむぼうがい》の疑《うたが》いで現行犯逮捕《げんこうはんたいほ》した。

19日 水

インド人口《じんこう》、世界一《せかいいち》へ

国連人口基金《こくれんじんこうききん》（UNFPA《ユーエヌエフピーエイ》）は、世界人口白《せかいじんこうはく》書《しょ》でインドの人口《じんこう》が2023年半《ねんなか》ばの時点《じてん》で中国《ちゅうごく》を290万人上回《まんにんうわまわ》り、世界一《せかいいち》になるとの推計《すいけい》を発表《はっぴょう》した。人口《じんこう》は14億《おく》2860万人《まんにん》になるといい、さらなる経済成長《けいざいせいちょう》が期待《きたい》される。

インド、ムンバイの駅《えき》

30 日 — 29 土 — 28 金 — 27 木 — 26 水 — 25 火 — 24 月 — 23 日 — 22 土 — 21 金 — 20 木

7日（金）

「Chat《チャット》 GPT《ジーピーティー》」活用《かつよう》、河野太郎大臣《こうのたろうだいじん》が意欲《いよく》

河野太郎《こうのたろう》・国家公務員制度担当大臣《こっかこうむいんせいどたんとうだいじん》は、「Chat《チャット》 GPT《ジーピーティー》」などの最新《さいしん》のAI《エイアイ》（人工知能《じんこうちのう》）について、官庁《かんちょう》での業務《ぎょうむ》への利用《りよう》を「積極《せっきょく》的《てき》に考《かんが》えていきたい」と話《はな》した。

9日（日）

米《べい》バレエコン、三苫心嗣《みとましんじ》さん1位《い》

米《べい》フロリダ州《しゅう》タンパで最終審査結果《さいしゅうしんさけっか》が発表《はっぴょう》されたバレエの「ユース・アメリカ・グランプリ」（YAGP《ワイエイジーピー》）で、横浜市《よこはまし》の三苫《みとま》心嗣《しんじ》さん（11歳《さい》）がプリコンペティティブ部門《ぶもん》（1月1日時点《がつついたちじてん》で9～11歳《さい》）の男子《だんし》クラシックで1位《い》に選《えら》ばれた。

プリコンペティティブ部門《ぶもん》の男子《だんし》クラシックで1位《い》に輝《かがや》いた三苫心《みとましん》嗣《じ》さん

写真　LK Studio提供

12日（水）

日本《にほん》の人口《じんこう》、12年連続《ねんれんぞく》で減少《げんしょう》

総務省《そうむしょう》は、2022年《ねん》10月1日現在《がつついたちげんざい》の人口推計《じんこうすいけい》を発表《はっぴょう》した。外国人《がいこくじん》を含《ふく》む総人口《そうじんこう》は、前年《ぜんねん》の2021年《ねん》10月《がつ》より55万《まん》6千人減《せんにんげん》の1億《おく》2494万《まん》7千《せん》人《にん》だった。12年連続《ねんれんぞく》の減少《げんしょう》で約《やく》30年前《ねんまえ》の水準《すいじゅん》になった。

日本《にほん》に復帰後《ふっきご》、初《はじ》めて人口《じんこう》が減少《げんしょう》した沖縄県《おきなわけん》（那覇市《なはし》）

13日（木）

「カーボンニュートラル」を目指《めざ》す国会議員連盟《こっかいぎいんれんめい》が発足《ほっそく》

設立総会《せつりつそうかい》で話《はな》す、小渕優子《おぶちゆうこ》共同代表《きょうどうだいひょう》

温室効果《おんしつこうか》ガスの排出《はいしゅつ》を実質《じっしつ》ゼロにする「カーボンニュートラル」を目指《めざ》す超党派《ちょうとうは》の国会議員連盟《こっかいぎいんれんめい》が発足《ほっそく》した。設立総会《せつりつそうかい》に国会議員《こっかいぎいん》ら約《やく》90人《にん》が集《あつ》まった。正式名称《せいしきめいしょう》は「超党派《ちょうとうは》カーボンニュートラルを実現《じつげん》する会《かい》」。

20日（木）

障害児《しょうがいじ》、虐待影響《ぎゃくたいえいきょう》25～64％

障害《しょうがい》があって家庭《かてい》で暮《く》らすのが難《むずか》しい子《こ》どもたちが生活《せいかつ》する障害児入所《しょうがいじにゅうしょ》施設《しせつ》で、入所《にゅうしょ》する子《こ》どもの25～64％に虐待《ぎゃくたい》の影響《えいきょう》があるとする調査結果《ちょうさけっか》を、京都府立大学《きょうとふりつだいがく》の中根成寿教授《なかねなるひさきょうじゅ》（障害学《しょうがいがく》）と和田一郎《わだいちろう》・独協大学教授《どっきょうだいがくきょうじゅ》（政策評価《せいさくひょうか》）がまとめた。

21日（金）

温室効果《おんしつこうか》ガス排出《はいしゅつ》、日本《にほん》8年《ねん》ぶり増加《ぞうか》

環境省《かんきょうしょう》は、2021年度《ねんど》の温室効果《おんしつこうか》ガスの総《そう》排出量《はいしゅつりょう》が11億《おく》7千万《せんまん》トンで、8年《ねん》ぶりに増加《ぞうか》したと発表《はっぴょう》した。20年度《ねんど》は新型《しんがた》コロナウイルスの流行《りゅうこう》によって経済活動《けいざいかつどう》が停滞《ていたい》して排出《はいしゅつ》が減《へ》っていたが、21年度《ねんど》は部分的《ぶぶんてき》に再開《さいかい》し、排出《はいしゅつ》も増加《ぞうか》に転《てん》じたとみている。

製鉄所《せいてつじょ》の煙突《えんとつ》と、風力発電《ふうりょくはつでん》の風車《ふうしゃ》

24日（月）

世界《せかい》の軍事費《ぐんじひ》300兆円《ちょうえん》、過去最高《かこさいこう》

スウェーデンのストックホルム国際平和研究所《こくさいへいわけんきゅうじょ》（SIPRI《エスアイピーアールアイ》）は、2022年《ねん》の世界《せかい》の軍事費《ぐんじひ》が前年比《ぜんねんひ》で実質《じっしつ》3・7％増加《ぞうか》し、総《そう》額《がく》2兆《ちょう》2400億《おく》ドル（約《やく》300兆円《ちょうえん》）と過去最高《かこさいこう》を記録《きろく》したと発表《はっぴょう》した。

25日（火）

スーダン、邦人《ほうじん》ら58人退避《にんたいひ》

政府《せいふ》は、戦闘《せんとう》が続《つづ》くアフリカ北東部《ほくとうぶ》**スーダン**の在留邦人《ざいりゅうほうじん》51人《にん》と外国籍《がいこくせき》の家族《かぞく》7人《にん》の計《けい》58人《にん》が退避《たいひ》したと発表《はっぴょう》した。外務省《がいむしょう》によると、スーダンには、NGO《エヌジーオー》や国際協力機構《こくさいきょうりょくきこう》（JICA《ジャイカ》）の職員《しょくいん》、日本大使館関係者《にほんたいしかんかんけいしゃ》やその家族《かぞく》ら約《やく》60人《にん》が滞在《たいざい》していた。

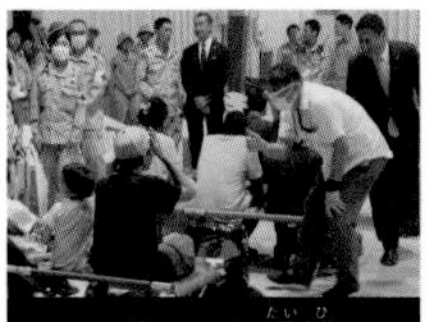
スーダンから退避《たいひ》し、自衛隊拠点内《じえいたいきょてんない》の体育館《たいいくかん》に集《あつ》まった日本人家族《にほんじんかぞく》ら（24日）

脱炭素《だつたんそ》
地球温暖化《ちきゅうおんだんか》の原因《げんいん》のひとつである二酸化炭素《にさんかたんそ》（CO_2《シーオーツー》）の排出量《はいしゅつりょう》を全体《ぜんたい》としてゼロにする取《と》り組《く》みのこと。2050年《ねん》の「実質《じっしつ》ゼロ」に向《む》けて、日本《にほん》をはじめ各国《かっこく》がCO_2削減《シーオーツーさくげん》の目標値《もくひょうち》を表明《ひょうめい》している。

北大西洋条約機構《きたたいせいようじょうやくきこう》（NATO《ナトー》）
アメリカとヨーロッパの国々等《くにぐにとう》による集《しゅう》団安全保障機構《だんあんぜんほしょうきこう》（集団《しゅうだん》で自分《じぶん》たちを守《まも》るための組織《そしき》）。1949年《ねん》、12カ国《こく》で発足《ほっそく》。本部《ほんぶ》はベルギーのブリュッセル。2023年《ねん》4月現在《がつげんざい》、加盟《かめい》国《こく》は新《あら》たに加《くわ》わったフィンランドを含《ふく》め31カ国《こく》。

政府安全保障能力強化支援《せいふあんぜんほしょうのうりょくきょうかしえん》（OSA《オーエスエイ》）
外交目的《がいこうもくてき》を共有《きょうゆう》する「同志国《どうしこく》」の安全《あんぜん》保障能力《ほしょうのうりょく》を強化《きょうか》することで、日本《にほん》にとって望《のぞ》ましい安全保障環境《あんぜんほしょうかんきょう》をつくることが狙《ねら》い。防《ぼう》衛装備品《えいそうびひん》の提供《ていきょう》やインフラ整備《せいび》などを行《おこな》う。フィリピンやマレーシアなどが対象候補《たいしょうこうほ》。

スーダン
アフリカ北東部《ほくとうぶ》に位置《いち》する共和国《きょうわこく》。4月《がつ》15日《にち》に国軍《こくぐん》と準軍事《じゅんぐんじ》組織《そしき》「即応支援部隊《そくおうしえんぶたい》（RSF《アールエスエフ》）」が戦闘《せんとう》を開始《かいし》。首都《しゅと》ハルツームの政治中《せいじちゅう》枢地区《すうちく》や住宅地《じゅうたくち》から全土《ぜんど》に広《ひろ》がり激化《げきか》していた。日本政府《にほんせいふ》は邦人保《ほうじんほ》護《ご》のため、同月《どうげつ》21、22日《にち》に自衛隊《じえいたい》の輸送機《ゆそうき》など3機《き》と自衛隊部隊約《じえいたいぶたいやく》370人《にん》を、海賊対処《かいぞくたいしょ》のための自衛隊《じえいたい》の拠点《きょてん》があるジブチに派遣《はけん》した。

写真　朝日新聞社

フンダラ姫《ひめ》のNews《ニュース》なひとこと

旬《しゅん》のニュースから気《き》になる発言《はつげん》を、フンダラ姫《ひめ》がピックアップ！

フンダラ姫《ひめ》

セレブ・リッチ王国《おうこく》の高飛車《たかびしゃ》なお姫様《ひめさま》

自分自身《じぶんじしん》やりきったと思《おも》えた。とても晴《は》れやかな気持《きも》ち

卓球選手《たっきゅうせんしゅ》
石川佳純《いしかわかすみ》

卓球女子《たっきゅうじょし》で3大会連続五輪《たいかいれんぞくごりん》メダリストの石川佳純選手《いしかわかすみせんしゅ》が5月《がつ》18日《にち》、引退会見《いんたいかいけん》で上《うえ》のように心境《しんきょう》を述《の》べた。7歳《さい》で競技《きょうぎ》を始《はじ》め、五輪《ごりん》の女子団体《じょしだんたい》では、2012年《ねん》ロンドン大会《たいかい》で銀《ぎん》、16年《ねん》リオデジャネイロ大会《たいかい》で銅《どう》、21年《ねん》の東京大会《とうきょうたいかい》で銀《ぎん》メダルを獲得《かくとく》。今後《こんご》は「卓球教室《たっきゅうきょうしつ》で全国《ぜんこく》47都道府県《とどうふけん》を回《まわ》りたい」と語《かた》った。

持《も》ち味《あじ》の「攻撃的《こうげきてき》な卓球《たっきゅう》」スタイルを、子《こ》どもたちが学《まな》ぶ機会《きかい》も増《ふ》えそうね。

第《だい》76回《かい》カンヌ国際映画祭《こくさいえいがさい》コンペティション部門《ぶもん》で、5月《がつ》27日《にち》（日本時間《にほんじかん》28日未明《にちみめい》）、ドイツのビム・ベンダース監督作品《かんとくさくひん》「パーフェクト・デイズ」に主演《しゅえん》した役所広司《やくしょこうじ》さんが男優賞《だんゆうしょう》を獲得《かくとく》した。日本《にほん》の俳優《はいゆう》としては2人目《ふたりめ》。役所《やくしょ》さんは授賞式《じゅしょうしき》で下《した》のように述《の》べ、笑《わら》いを誘《さそ》った。

主人公《しゅじんこう》は、つつましく生《い》きるトイレ清掃員《せいそういん》。監督《かんとく》の日本映画《にほんえいが》への愛《あい》が込《こ》められた作品《さくひん》だそうよ。

ぼくは賞《しょう》が大好《だいす》きです。でも、こんな華々《はなばな》しいカンヌ映画祭《えいがさい》でスピーチするのは、あまり好《す》きじゃない

俳優《はいゆう》
役所広司《やくしょこうじ》

5月《がつ》14日に行《おこな》われた国際大会《こくさいたいかい》「X《エックス》ゲームズ」スケートボード男子《だんし》ストリートで、13歳《さい》の小野寺吟雲選手《おのでらぎんうせんしゅ》が、2022年《ねん》の世界選手権王者《せかいせんしゅけんおうじゃ》ナイジャ・ヒューストン選手《せんしゅ》らを抑《おさ》え、同種目《どうしゅもく》では史上《しじょう》最年少《さいねんしょう》で初優勝《はつゆうしょう》した。演技《えんぎ》を終《お》えると、両手《りょうて》を挙《あ》げて喜《よろこ》びを爆発《ばくはつ》させ、表彰台《ひょうしょうだい》で左《ひだり》のように述《の》べた。

2024年《ねん》のパリ五輪《ごりん》への出場《しゅつじょう》にも期待《きたい》！

点数《てんすう》ではなく、自分《じぶん》に勝《か》つことを考《かんが》えていた

スケートボード選手《せんしゅ》
小野寺吟雲《おのでらぎんう》

写真　朝日新聞社　REX/アフロ　YUTAKA/アフロスポーツ

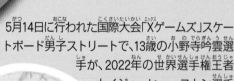

コリゴリ博士《はかせ》と読《よ》む 2023年《ねん》 5月《がつ》のニュース

1日（月）

卓球《たっきゅう》・石川佳純選手《いしかわかすみせんしゅ》が引退《いんたい》

卓球女子《たっきゅうじょし》で3大会連続五輪《たいかいれんぞくごりん》メダリストの石川佳純選手《いしかわかすみせんしゅ》が現役《げんえき》を引退《いんたい》すると、所属先《しょぞくさき》の全農《ぜんのう》が発表《はっぴょう》した。

石川佳純《いしかわかすみ》
選手《せんしゅ》

2日（火）

消息絶《しょうそくた》った陸自《りくじ》ヘリ、機体引《きたいひ》き揚《あ》げ

沖縄《おきなわ》・宮古島沖《みやこじまおき》で4月6日《がつむいか》に消息《しょうそく》を絶《た》っていた陸上自衛隊《りくじょうじえいたい》のヘリコプターの機体主要部分《きたいしゅようぶぶん》が、民間船舶《みんかんせんぱく》のクレーンで引《ひ》き揚《あ》げられた。島内《とうない》の平良港《ひららこう》へ送《おく》られ、事故時《じこじ》の状況《じょうきょう》を記録《きろく》したフライトデータレコーダー（FDR《エフディーアール》）が回収《かいしゅう》された。

海底《かいてい》から陸上自衛隊《りくじょうじえいたい》のヘリが引《ひ》き揚《あ》げられた様子《ようす》

3日（水）

報道《ほうどう》の自由《じゆう》、日本《にほん》は68位《い》

国際《こくさい》NGO《エヌジーオー》「国境《こっきょう》なき記者団《きしゃだん》」（本部《ほんぶ》・パリ）は、2023年《ねん》の「報道《ほうどう》の自由度《じゆうど》ランキング」を発表《はっぴょう》した。調査対象《ちょうさたいしょう》の180カ国《こく》・地域《ちいき》のうち日本《にほん》は68位《い》（22年《ねん》71位《い》）で、22年《ねん》よりは順位《じゅんい》を上《あ》げたものの、主要《しゅよう》7カ国《こく》（G7《ジーセブン》）の中《なか》で依然《いぜん》、最下位《さいかい》だった。

1位《い》は7年連続《ねんれんぞく》ノルウェー、2位《い》はアイルランド（昨年《さくねん》6位《い》）だそうだ。

クレムリン上空《じょうくう》で爆発《ばくはつ》するドローンとみられる物体《ぶったい》（ロシア独立系《どくりつけい》メディア「オストロージノ・ノーボスチ」のSNS《エスエヌエス》から）

ロシア・クレムリンに無人機攻撃《むじんきこうげき》

ロシア大統領府《だいとうりょうふ》は、2機《き》のドローン（無人航空機《むじんこうくうき》）が、モスクワ中心部《ちゅうしんぶ》のクレムリン敷地内《しきちない》に墜落《ついらく》したと発表《はっぴょう》した。大統領府《だいとうりょうふ》は、ウクライナのドローンがプーチン大統領《だいとうりょう》の公邸《こうてい》への攻撃《こうげき》を試《こころ》みた、と主張《しゅちょう》している。プーチン氏《し》は不在《ふざい》で、けが人《にん》もいないという。

5月《がつ》 May　1 月　2 火　3 水　4 木　5 金　6 土

3日（水）

改憲《かいけん》へ、岸田首相《きしだしゅしょう》「機運高《きうんたか》める」

岸田文雄首相《きしだふみおしゅしょう》は憲法記念日《けんぽうきねんび》のこの日《ひ》、東京都内《とうきょうとない》であった改憲派団体《かいけんはだんたい》の集会《しゅうかい》「公開憲法《こうかいけんぽう》フォーラム」にビデオメッセージを寄《よ》せ、「憲法改正《けんぽうかいせい》に向《む》けた機運《きうん》をこれまで以上《いじょう》に高《たか》めていくことが重要《じゅうよう》」と述《の》べた。

「公開憲法《こうかいけんぽう》フォーラム」での、岸田文雄首相《きしだふみおしゅしょう》のビデオメッセージ

4日（木）

子《こ》ども、42年連続減少《ねんれんぞくげんしょう》

総務省《そうむしょう》は、人口推計《じんこうすいけい》から算出《さんしゅつ》した4月1日時点《がつついたちじてん》の子《こ》どもの数《かず》を発表《はっぴょう》した。外国人《がいこくじん》を含《ふく》む15歳未満《さいみまん》の男女《だんじょ》は2022年《ねん》より30万人《まんにん》少《すく》ない1435万人《まんにん》で、1982年《ねん》から42年連続《ねんれんぞく》で減少《げんしょう》。

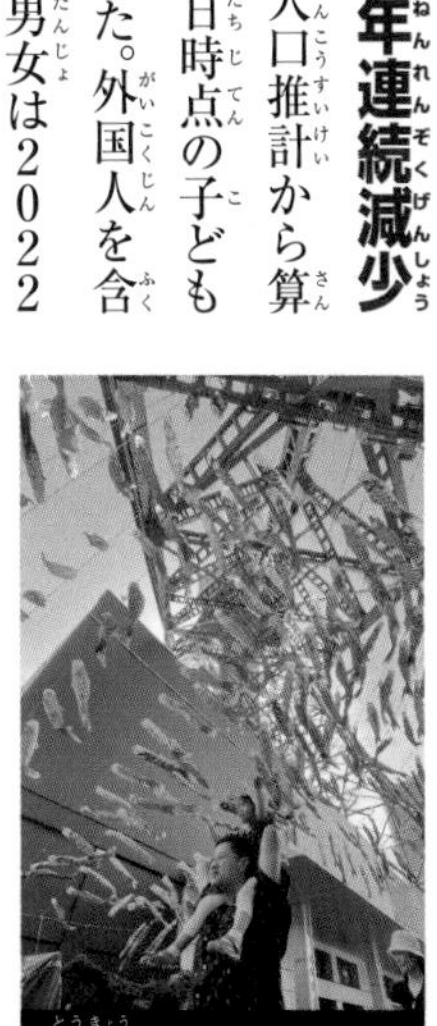

東京《とうきょう》タワーにたなびくこいのぼりの下《した》を歩《ある》く子《こ》ども連《づ》れの家族《かぞく》

5日（金）

石川《いしかわ》・珠洲市《すずし》で震度《しんど》6強《きょう》

午後《ごご》2時《じ》42分《ふん》、石川県能登地方《いしかわけんのとちほう》を震源《しんげん》とする地震《じしん》があり、同県珠洲市《どうけんすずし》で最大震度《さいだいしんど》6強《きょう》を観測《かんそく》した。気象庁《きしょうちょう》によると震源《しんげん》の深《ふか》さは12㎞、地震《じしん》の規模《きぼ》を示《しめ》すマグニチュードは6・5。

1階部分《かいぶぶん》が倒壊《とうかい》した住宅《じゅうたく》（石川県珠洲市《いしかわけんすずし》）

写真　岩垣秀一さん提供

WHO《ダブリューエイチオー》のテドロス事務局長《じむきょくちょう》（公式《こうしき》サイトから）

WHO《ダブリューエイチオー》、「コロナ緊急事態《きんきゅうじたい》」終了《しゅうりょう》を宣言《せんげん》

世界保健機関《せかいほけんきかん》（WHO《ダブリューエイチオー》）のテドロス事務局長《じむきょくちょう》は、記者会見《きしゃかいけん》で新型《しんがた》コロナウイルスをめぐる世界《せかい》の現状《げんじょう》について、2020年《ねん》に発表《はっぴょう》した「国際的《こくさいてき》に懸念《けねん》される公衆衛生上《こうしゅうえいせいじょう》の緊急事態《きんきゅうじたい》」の終了《しゅうりょう》を宣言《せんげん》した。

6日（土）

チャールズ英国王《えいこくおう》が戴冠《たいかん》

エリザベス女王《じょおう》（キーワード）の2022年《ねん》9月《がつ》の死去《しきょ》に伴《ともな》い即位《そくい》したチャールズ国王《こくおう》の戴冠式《たいかんしき》が、イギリス・ロンドン中心部《ちゅうしんぶ》のウェストミンスター寺院《じいん》で開《ひら》かれた。1953年《ねん》の前女王《ぜんじょおう》の戴冠式《たいかんしき》以来《いらい》、70年《ねん》ぶり。

戴冠式《たいかんしき》を祝《いわ》う記念旗《きねんき》や英国旗《えいこくき》が掲《かか》げられているロンドン市内《しない》（3日《みっか》）

戴冠式《たいかんしき》は1千年《せんねん》以上《いじょう》にわたり受《う》け継《つ》がれてきた儀式《ぎしき》だそうだ。

7日 日

岸田首相《きしだしゅしょう》が就任後初《しゅうにんごはつ》の韓国訪問《かんこくほうもん》「徴用工《ちょうようこう》、心《こころ》が痛《いた》む」

岸田文雄首相《きしだふみおしゅしょう》は、就任後初《しゅうにんごはじ》めて韓国《かんこく》を訪問《ほうもん》し、尹錫悦大統領《ユンソンニョルだいとうりょう》とソウルの大統領府《だいとうりょうふ》で会談《かいだん》した。日《にっ》韓《かん》の最大《さいだい》の懸案《けんあん》だった徴用工問題《ちょうようこうもんだい》をめぐり、首相《しゅしょう》は会談後《かいだんご》の共同記者会見《きょうどうきしゃかいけん》で「私自身《わたしじしん》、当時《とうじ》の厳《きび》しい環境《かんきょう》のもとで、多数《たすう》の方々《かたがた》が大変苦《たいへんくる》しい、悲《かな》しい思《おも》いをされたことに心《こころ》が痛《いた》む思《おも》いだ」と述《の》べた。

共同記者会見《きょうどうきしゃかいけん》に臨《のぞ》む韓国《かんこく》の尹錫悦大統領《ユンソンニョルだいとうりょう》（右《みぎ》）と岸田文雄首相《きしだふみおしゅしょう》

8日 月

新型《しんがた》コロナ、5類《るい》に移行《いこう》

新型《しんがた》コロナウイルスの感染症法上《かんせんしょうほうじょう》の位置《いち》づけが、季節性《きせつせい》インフルエンザと同《おな》じ5類《るい》に移行《いこう》した。療養《りょうよう》や感染対策《かんせんたいさく》を個人《こじん》の判断《はんだん》に委《ゆだ》ねる「新《あら》たな日常《にちじょう》」が始《はじ》まり、苦境《くきょう》にあえいだ飲食業界《いんしょくぎょうかい》では、回《かい》復《ふく》への期待《きたい》が高《たか》まる。

品川駅《しながわえき》の通勤客《つうきんきゃく》ら。多《おお》くの人《ひと》がマスクを着用《ちゃくよう》していた

吉田正尚選手《よしだまさたかせんしゅ》、週間《しゅうかん》MVP《エムブイピー》 大《だい》リーグ

大《だい》リーグ・レッドソックスの吉田正尚《よしだまさたか》選手《せんしゅ》が、週間《しゅうかん》MVP《エムブイピー》（1～7日《なのか》）に初選出《はつせんしゅつ》された。打率《だりつ》4割《わり》8分《ぶ》、2本塁打《ほんるいだ》、8打《だ》点《てん》の好成績《こうせいせき》で、メジャー1年目《ねんめ》の日本《にほん》選手《せんしゅ》の受賞《じゅしょう》は、2022年《ねん》4月《がつ》に獲得《かくとく》したカブスの鈴木誠也選手以来《すずきせいやせんしゅいらい》。

WBC準決勝《ダブリュービーシーじゅんけっしょう》で本塁打《ほんるいだ》を放《はな》つ吉田《よしだ》正尚選手《まさたかせんしゅ》（3月20日《がつはつか》）

9日 火

ロシア・プーチン大統領《だいとうりょう》「再《ふたた》び真《しん》の戦争《せんそう》に」

ロシアではこの日《ひ》、ウクライナ侵攻開始《しんこうかいし》から2回目《かいめ》の対独戦勝記念日《たいどくせんしょうきねんび》を迎《むか》えた。プーチン大統領《だいとうりょう》は、モスクワ中心部《ちゅうしんぶ》の赤《あか》の広場《ひろば》であった大規模《だいきぼ》な軍事《ぐんじ》パレードで演説《えんぜつ》し、「再《ふたた》び我々《われわれ》の祖国《そこく》に真《しん》の戦争《せんそう》が始《はじ》められた」と強《きょう》調《ちょう》。「米欧《べいおう》の野心《やしん》や傲慢《ごうまん》さがウクライナ国民《こくみん》の悲劇《ひげき》を招《まね》いた」と述《の》べ、ウクライナ侵攻《しんこう》の責任《せきにん》は米欧《べいおう》にあると訴《うった》えた。

対独戦勝記念式典《たいどくせんしょうきねんしきてん》で演説《えんぜつ》するプーチン大統領《だいとうりょう》（ロシア大統領府《だいとうりょうふ》公式《こうしき》サイトから）

7日 8月 9火 10水 11木 12金 13土 14日 15月 16火 17水 18木 19金 20土

16日 火

電力《でんりょく》7社《しゃ》、2000～5300円値上《えんねあ》げ

大手電力《おおてでんりょく》7社《しゃ》の家庭向《かていむ》けの規制料金《きせいりょうきん》が6月1日《がつついたち》から値上《ねあ》げされることになった。政府《せいふ》がこの日開《ひひら》いた関係閣僚会議《かんけいかくりょうかいぎ》で、標準《ひょうじゅん》的《てき》な家庭《かてい》で14～42％引《ひ》き上《あ》げることを了《りょう》承《しょう》した。値上《ねあ》げ申請前《しんせいまえ》の2022年《ねん》11月《がつ》と比《くら》べて月額《げつがく》2078～5323円上《えんあ》がる。

物価問題《ぶっかもんだい》に関《かん》する関係閣僚会議《かんけいかくりょうかいぎ》で発言《はつげん》する松野博一官房長官《まつのひろかずかんぼうちょうかん》（左《ひだり》から2人目《ふたりめ》）。左《ひだり》は西村康稔経済産業《にしむらやすとしけいざいさんぎょう》大臣《だいじん》

17日 水

世界平均気温《せかいへいきんきおん》「最高《さいこう》レベルに」

世界気象機関《せかいきしょうきかん》（WMO《ダブリューエムオー》）は、今後《こんご》5年間《ねんかん》、世界平均気温《せかいへいきんきおん》が過去最高《かこさいこう》レベルになる可能性《かのうせい》が高《たか》いという予測《よそく》を発表《はっぴょう》した。世《せ》界《かい》の年間平均気温《ねんかんへいきんきおん》が最《もっと》も高《たか》かったのは2016年《ねん》だが、23～27年《ねん》の5年間《ねんかん》のうち、少《すく》なくとも1年《ねん》で更新《こうしん》する可能性《かのうせい》が98％あるという。

スイス・ジュネーブの世界気象機《せかいきしょうき》関《かん》（WMO《ダブリューエムオー》）本部《ほんぶ》

19日 金

G7《ジーセブン》広島《ひろしま》、開幕《かいまく》 核軍縮《かくぐんしゅく》・ウクライナ支援《しえん》など議論《ぎろん》

主要《しゅよう》7カ国首脳会議《こくしゅのうかいぎ》（G7《ジーセブン》サミット🔑）が、被爆地《ひばくち》・広島《ひろしま》で開幕《かいまく》した。初日《しょにち》はロシアによる侵攻《しんこう》が続《つづ》くウクライナ情勢《じょうせい》のほか、岸田文雄《きしだふみお》首相《しゅしょう》が掲《かか》げる「核兵器《かくへいき》のない世界《せかい》」に向《む》けた道《みち》筋《すじ》を議論《ぎろん》した。この日《ひ》は、G7首脳《ジーセブンしゅのう》が初《はじ》めてそろって広島平和記念資料館《ひろしまへいわきねんしりょうかん》の訪問《ほうもん》もした。

平和記念公園《へいわきねんこうえん》で記念写真《きねんしゃしん》に納《おさ》まるG7《ジーセブン》首脳《しゅのう》ら

21日 日

「戦争《せんそう》なくさねば」 ゼレンスキー大統領《だいとうりょう》、広島《ひろしま》で会見《かいけん》

G7《ジーセブン》サミットに出席《しゅっせき》するために日本《にほん》を訪問《ほうもん》したウクライナのゼレンスキー大統領《だいとうりょう》がこの日《ひ》の夜《よる》、広島市《ひろしまし》の国際会議場《こくさいかいぎじょう》で記者会見《きしゃかいけん》した。78年前《ねんまえ》に原爆《げんばく》が投下《とうか》された地《ち》から、「人類《じんるい》の歴史《れきし》から戦争《せんそう》をなくさなければならない」と訴《うった》えた。

平和記念公園《へいわきねんこうえん》を訪《おとず》れたウクライナのゼレンスキー大統領《だいとうりょうひだり》（左）と岸田《きしだ》文雄首相《ふみおしゅしょう》

21日 22月 23火 24水 25木 26金 27土 28日 29月 30火 31水

10日（水）

京急《けいきゅう》子《こ》ども運賃《うんちん》75円《えん》に

京浜急行電鉄《けいひんきゅうこうでんてつ》は、IC《アイシー》カード利用時《りようじ》の子《こ》ども運《うん》賃《ちん》を10月《がつ》から全区間《ぜんくかん》で一律《いちりつ》75円《えん》にすると発表《はっぴょう》した。同様《どうよう》の運賃改定《うんちんかいてい》は大手私鉄《おおてしてつ》では2022年《ねん》に小田急電鉄《おだきゅうでんてつ》が一律《いちりつ》50円《えん》としたのに次《つ》いで2例目《れいめ》。子《こ》ども運賃《うんちん》は小学生《しょうがくせい》が対象《たいしょう》で、現在《げんざい》は大人《おとな》の半額《はんがく》。

京浜急行電鉄《けいひんきゅうこうでんてつ》の車両《しゃりょう》(同社提供《どうしゃていきょう》)

記者会見《きしゃかいけん》する末冨芳《すえとみかおり》・日本大学教授《にほんだいがくきょうじゅ》(中央《ちゅうおう》)ら

教員不足《きょういんぶそく》に危機感《ききかん》、緊急提言《きんきゅうていげん》

新年度《しんねんど》を迎《むか》えた4月《がつ》に、公立小中学校《こうりつしょうちゅうがっこう》の2割《わり》ほどで「教《きょう》員不足《いんぶそく》」が生《しょう》じている——。この日《ひ》、そんな調査結果《ちょうさけっか》を大学《だいがく》教授《きょうじゅ》らのグループが発表《はっぴょう》した。長時間労働《ちょうじかんろうどう》の解決《かいけつ》やなり手《て》不足《ぶそく》の解消《かいしょう》に向《む》けた緊急提言《きんきゅうていげん》を発表《はっぴょう》した。

11日（木）

令和初《れいわはつ》の園遊会《えんゆうかい》

天皇《てんのう》、皇后両陛下《こうごうりょうへいか》が主催《しゅさい》する春《はる》の園遊会《えんゆうかい》が、東京《とうきょう》の赤坂御苑《あかさかぎょえん》で開《ひら》かれた。開催《かいさい》は令和《れいわ》になって初《はじ》めて。東京五輪《とうきょうごりん》・パラリンピックの金《きん》メダリストのほか、ノーベル化学賞《かがくしょう》を受賞《じゅしょう》した吉野彰《よしのあきら》さんら約《やく》1千人《せんにん》が出席《しゅっせき》した。

招待客《しょうたいきゃく》と言葉《ことば》を交《か》わす天皇《てんのう》、皇后両陛下《こうごうりょうへいか》

16日（火）

ロヒンギャ、500人以上死亡《にんいじょうしぼう》か　ミャンマー

「猛烈《もうれつ》な台風《たいふう》」に匹敵《ひってき》する勢力《せいりょく》を持《も》つサイクロン「モカ」が14日に上陸《じょうりく》したミャンマーで、多数《たすう》の犠牲者《ぎせいしゃ》が出《で》ている。現地《げんち》メディアはこの日《ひ》、西部《せいぶ》ラカイン州《しゅう》で少数派《しょうすうは》イスラム教徒《きょうと》**ロヒンギャ**が500人以上死亡《にんいじょうしぼう》したと報《ほう》じた。

24日（水）

白山手取川《はくさんてどりがわ》がジオパークに

地質学的《ちしつがくてき》に貴重《きちょう》な場所《ばしょ》を認定《にんてい》する「ユネスコ世界《せかい》ジオパーク」に、白山手取川《はくさんてどりがわ》(石《いし》川県白山市《かわけんはくさんし》)が選《えら》ばれた。国内《こくない》では10件目《けんめ》。パリで開《ひら》かれたユネスコ(国連教育科学文化機関《こくれんきょういくかがくぶんかきかん》)の執行委員会《しっこういいんかい》で決定《けってい》した。

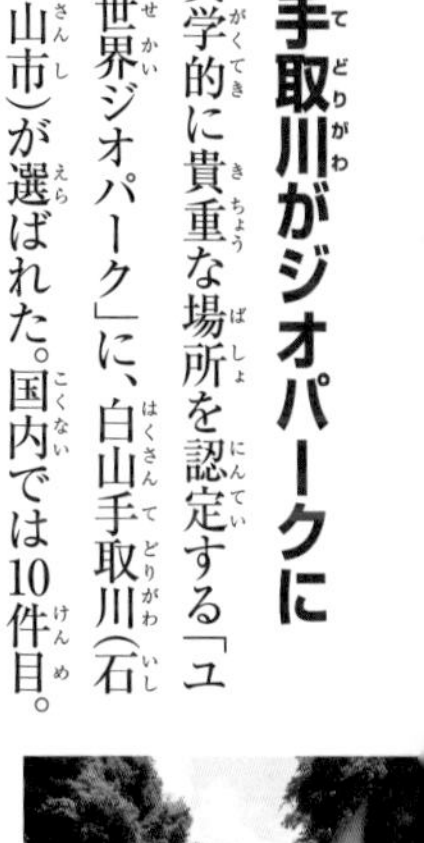
手取峡谷《てどりきょうこく》と綿ケ滝《わたがたき》
写真　白山手取川ジオパーク推進協議会提供

円珍文書《えんちんもんじょ》、「世界《せかい》の記憶《きおく》」に

後世《こうせい》に残《のこ》す価値《かち》のある歴史的《れきしてき》な資料《しりょう》を対象《たいしょう》にしたユネスコの「**世界《せかい》の記憶《きおく》**」(旧《きゅう》・記憶遺産《きおくいさん》)に、三井寺《みいでら》(園城寺《おんじょうじ》、大津市《おおつし》)などが所蔵《しょぞう》する史料群《しりょうぐん》「智証大師円珍関係文書《ちしょうだいしえんちんかんけいもんじょ》典籍《てんせき》―日本《にほん》・中国《ちゅうごく》の文化交流史《ぶんかこうりゅうし》―」が登録《とうろく》された。

会見《かいけん》した三井寺《みいでら》の福家《ふけ》俊彦《しゅんげん》・長吏《ちょうり》

27日（土）

役所広司《やくしょこうじ》さん、カンヌ男優賞《だんゆうしょう》

第《だい》76回《かい》カンヌ国際映画祭《こくさいえいがさい》は、ビム・ベンダース監督《かんとく》の日本作品《にほんさくひん》「パーフェクト・デイズ」に主演《しゅえん》した役所広司《やくしょこうじ》さんを男優賞《だんゆうしょう》に、是枝裕和監督《これえだひろかずかんとく》の「怪《かい》物《ぶつ》」の坂元裕二《さかもとゆうじ》さんを脚本賞《きゃくほんしょう》に選《えら》び、閉幕《へいまく》した。

観客《かんきゃく》の拍手《はくしゅ》にこたえる役所広司《やくしょこうじ》さん(中央《ちゅうおう》)

30日（火）

同性婚認《どうせいこんみと》めぬは違憲《いけん》　名古屋地裁判決《なごやちさいはんけつ》

同性《どうせい》どうしの結婚《けっこん》(同性婚《どうせいこん》)を認《みと》めていない民《みん》法《ぽう》や戸籍法《こせきほう》の規定《きてい》は憲法《けんぽう》に違反《いはん》するとして、愛《あい》知県内《ちけんない》の同性《どうせい》カップルが国《くに》に損害賠償《そんがいばいしょう》を求《もと》めた訴訟《そしょう》の判決《はんけつ》で、名古屋地方裁判所《なごやちほうさいばんしょ》(地裁《ちさい》)は、違憲《いけん》との判断《はんだん》を示《しめ》した。同種訴訟《どうしゅそしょう》での違憲判断《いけんはんだん》は2021年《ねん》3月《がつ》の札幌地裁《さっぽろちさい》に続《つづ》いて2例目《れいめ》。

「違憲判決《いけんはんけつ》」の横断幕《おうだんまく》を広《ひろ》げて喜《よろこ》ぶ原告弁護団《げんこくべんごだん》と支援者《しえんしゃ》ら

エリザベス女王《じょおう》
1952年《ねん》に25歳《さい》でイギリスの国王《こくおう》に即位《そくい》し、2022年《ねん》9月《がつ》に96歳《さい》で亡《な》くなった。チャールズ国王《こくおう》はエリザベス女王《じょおう》の長男《ちょうなん》。イギリスの国王《こくおう》は、カナダやオーストラリアなど計《けい》15カ国《こく》の国家元首《こっかげんしゅ》でもある。

ロヒンギャ
2017年《ねん》8月《がつ》に、ミャンマーの国軍《こくぐん》が「武装勢《ぶそうせい》力《りょく》の掃討《そうとう》」との作戦《さくせん》で少数派《しょうすうは》イスラム教徒《きょうと》ロヒンギャの迫害《はくがい》をし、79万人以上《まんにんいじょう》のロヒンギャの人々《ひとびと》がバングラデシュに流入《りゅうにゅう》。ロヒンギャ難民《なんみん》の半数以上《はんすういじょう》は子《こ》どもで、母《ぼ》国《こく》に帰《かえ》って安全《あんぜん》に暮《く》らせる見通《みとお》しが立《た》っていない。

G7《ジーセブン》サミット
世界《せかい》の主要《しゅよう》7カ国《こく》(日本《にほん》、アメリカ、イギリス、フランス、ドイツ、イタリア、カナダ)の首脳《しゅのう》や欧州委員会《おうしゅういいんかい》の委員長《いいんちょう》らが集《あつ》まり、世界《せかい》の課題《かだい》を解決《かいけつ》する会議《かいぎ》。広島《ひろしま》での開催《かいさい》は初《はじ》めて。

世界《せかい》の記憶《きおく》
世界的《せかいてき》に重要《じゅうよう》な記録物《きろくぶつ》を残《のこ》していくために、ユネスコが1992年《ねん》に始《はじ》めた事業《じぎょう》。国際登録《こくさいとうろく》は2023年《ねん》5月《がつ》現在《げんざい》、493件《けん》。国内《こくない》は今回《こんかい》が8件目《けんめ》で、ほかに藤原道長《ふじわらのみちなが》の日記《にっき》「御堂関白記《みどうかんぱくき》」、京都《きょうと》・東寺《とうじ》に伝《つた》わる「東寺百合文書《とうじひゃくごうもんじょ》」などがある。

写真　朝日新聞社

フンダラ姫《ひめ》のNews《ニュース》なひとこと

旬《しゅん》のニュースから気《き》になる発言《はつげん》を、フンダラ姫《ひめ》がピックアップ！

フンダラ姫《ひめ》
セレブ・リッチ王国《おうこく》の高飛車《たかびしゃ》なお姫様《ひめさま》

過去《かこ》の悔《くや》しさを超《こ》えられたので、うれしかった

サーフィン選手《せんしゅ》
松田詩野《まつだしの》

サーフィンの2024年《ねん》パリ五輪予選《ごりんよせん》を兼《か》ねたワールドゲームズ（WG）が6月5日《がついつか》、エルサルバドルで行《おこな》われ、女子《じょし》で20歳《はたち》の松田詩野選手《まつだしのせんしゅ》が、アジア勢最上位《ぜいさいじょうい》となり五輪出場権《ごりんしゅつじょうけん》を暫定的《ざんていてき》に獲得《かくとく》した。松田選手《まつだせんしゅ》は過去《かこ》、条件付《じょうけんつ》きで五輪出場権《ごりんしゅつじょうけん》を手《て》にしながら、エルサルバドルのWG《ワールドゲームズ》での成績《せいせき》が伸《の》びず、代表落《だいひょうお》ちした経験《けいけん》がある。同《おな》じ海《うみ》でリベンジを果《は》たした喜《よろこ》びを左《ひだり》のように語《かた》った。

松田選手《まつだせんしゅ》のパリ五輪出場《ごりんしゅつじょう》は「24年《ねん》のWG《ワールドゲームズ》に出場《しゅつじょう》すること」が条件《じょうけん》だそうよ！

ちょっと震《ふる》えた

将棋《しょうぎ》の「七冠《ななかん》」
藤井聡太《ふじいそうた》

6月1日《がつついたち》、将棋《しょうぎ》の藤井聡太竜王《ふじいそうたりゅうおう》が、20歳《さい》10カ月《げつ》での名人獲得《めいじんかくとく》で最年少記録《さいねんしょうきろく》を更新《こうしん》。竜王《りゅうおう》・王位《おうい》・叡王《えいおう》・棋王《きおう》・王将《おうしょう》・棋聖《きせい》と合《あ》わせ、史上2人目《しじょうふたりめ》の七冠《ななかん》になった。翌日《よくじつ》、「温故知新《おんこちしん》」（昔《むかし》のことを調《しら》べて、新《あたら》しい知識《ちしき》を探《さぐ》り当《あ》てる）と揮毫《きごう》し、「名人《めいじん》　藤井聡太《ふじいそうた》」と書《か》き添《そ》えたとき、下《した》のように感情《かんじょう》の揺《ゆ》れがあったことを明《あ》かした。

唯一残《ゆいいつのこ》るタイトルは「王座《おうざ》」。八冠《はちかん》はまだ誰《だれ》も達成《たっせい》していないのよ。

1位《い》はこういうプレー、活動《かつどう》、立《た》ち居《い》振《ふ》る舞《ま》いをするだろうと想像《そうぞう》し、やってきた。たどりついた感覚《かんかく》がある

車《くるま》いすテニス選手《せんしゅ》
小田凱人《おだときと》

テニスの全仏《ぜんふつ》オープン車《くるま》いす部門《ぶもん》の男子《だんし》シングルスで、6月10日《がつとおか》、17歳《さい》の小田凱人選手《おだときとせんしゅ》が初優勝《はつゆうしょう》し、同種目《どうしゅもく》で4大大会史上最年少《だいたいかいしじょうさいねんしょう》記録《きろく》を更新《こうしん》。6月《がつ》12日付《にちづけ》の世界《せかい》ランキングでも史上《しじょう》最年少《さいねんしょう》の1位《い》となった。帰国後《きこくご》の会見《かいけん》で下《した》のように達成感《たっせいかん》を語《かた》った。

2024年《ねん》のパリ・パラリンピックでも金《きん》メダルがねらえそう！

写真　朝日新聞社　AFP/アフロ

コリゴリ博士《はかせ》と読《よ》む 2023年《ねん》 6月《がつ》のニュース

6月《がつ》 June　1 木　2 金　3 土　4 日　5 月　6 火　7 水　8 木

1日（木）

藤井聡太七冠《ふじいそうたななかん》、最年少名人《さいねんしょうめいじん》

将棋《しょうぎ》の藤井聡太竜王《ふじいそうたりゅうおう》が、20歳《さい》10カ月《げつ》で初《はつ》の名人位《めいじんい》を獲得《かくとく》した。谷川浩司十七世名人《たにがわこうじじゅうななせいめいじん》の最年少記録《さいねんしょうきろく》（21歳《さい》2カ月《げつ》）を40年《ねん》ぶりに更新《こうしん》し、1996年《ねん》に羽生善治九段《はぶよしはるくだん》が成《な》し遂《と》げた七冠全冠制覇《ななかんぜんかんせいは》以来《いらい》、史上《しじょう》2人目《ふたりめ》の七冠《ななかん》も最年少《さいねんしょう》で達成《たっせい》した。

「名人《めいじん》」と書《か》いた色紙《しきし》を持《も》つ藤井聡太新名人《ふじいそうたしんめいじん》

2日（金）

高知《こうち》、和歌山《わかやま》、奈良《なら》、三重《みえ》、愛知《あいち》、静岡《しずおか》の6県《けん》で線状降水帯《せんじょうこうすいたい》が連続《れんぞく》して発生《はっせい》したそうだ。

大雨《おおあめ》、線状降水帯《せんじょうこうすいたい》が立《た》て続《つづ》けに発生《はっせい》

大型《おおがた》の台風《たいふう》2号《ごう》はこの日《ひ》、日本《にほん》の南海上《みなみかいじょう》を東《ひがし》へと進《すす》み、非常《ひじょう》に激《はげ》しい雨《あめ》が降《ふ》り続《つづ》く**線状《せんじょう》降水帯《こうすいたい》**の発生《はっせい》が四国《しこく》から東海地方《とうかいちほう》にかけて相次《あいつ》いだ。2日《ふつか》の1時間降水量《じかんこうすいりょう》は、和歌山県《わかやまけん》湯浅町《ゆあさちょう》で観測史上《かんそくしじょう》1位《い》となる83・5㎜を記録《きろく》。ほかに高知県土佐清水市《こうちけんとさしみずし》で93・0㎜、徳島県三好市《とくしまけんみよしし》で73・5㎜と、いずれも6月《がつ》の最多記録《さいたきろく》を更新《こうしん》した。

愛知県豊橋市《あいちけんとよはしし》で、冠水《かんすい》した道路《どうろ》の車《くるま》から救助《きゅうじょ》される女性《じょせい》

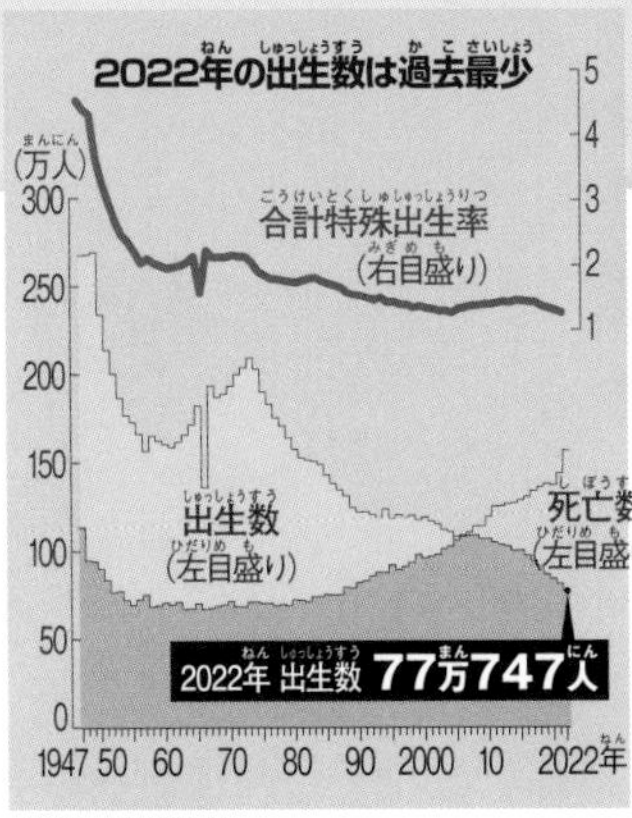

図版　朝日新聞社

出生数《しゅっしょうすう》、過去最少《かこさいしょう》の77万人《まんにん》に

2022年《ねん》に生《う》まれた日本人《にほんじん》の子《こ》ども（出生数《しゅっしょうすう》）は77万《まん》747人《にん》で、統計《とうけい》を始《はじ》めた1899年以降《ねんいこう》で最少《さいしょう》となり、初《はじ》めて80万人台《まんにんだい》を割《わ》り込《こ》んだ。1人《ひとり》の女性《じょせい》が生涯《しょうがい》に産《う》む見込《みこ》みの子《こ》どもの数《かず》を示《しめ》す「合計特殊出《ごうけいとくしゅしゅっ》生率《しょうりつ》」は1・26に落《お》ち込《こ》み、データのある1947年以《ねんい》降《こう》では2005年《ねん》と並《なら》んで過去最低《かこさいてい》の水準《すいじゅん》。

4日（日）

天安門事件《てんあんもんじけん》から34年《ねん》、今年《ことし》も厳戒《げんかい》

中国《ちゅうごく》の民主化《みんしゅか》を求《もと》めた学生《がくせい》らが軍《ぐん》に武力弾圧《ぶりょくだんあつ》された1989年《ねん》の**天安門事件《てんあんもんじけん》**から、この日《ひ》で34年《ねん》を迎《むか》えた。2019年《ねん》まで毎年《まいとし》、10万人以上《まんにんいじょう》が犠牲者《ぎせいしゃ》の追悼《ついとう》のため集《あつ》まった香港《ホンコン》のビクトリア公園《こうえん》は、今年《ことし》も警察《けいさつ》の厳《きび》しい監視下《かんしか》に置《お》かれた。

香港《ホンコン》のビクトリア公園《こうえん》のそばで通行人《つうこうにん》に職務質問《しょくむしつもん》する警察官《けいさつかん》

5日（月）

吉野ケ里《よしのがり》の石棺墓《せっかんぼ》、内部《ないぶ》から赤《あか》い顔料《がんりょう》

佐賀県文化課《さがけんぶんかか》は、弥生時代《やよいじだい》の大環濠集落《だいかんごうしゅうらく》、吉野《よしの》ケ里遺跡《がりいせき》（佐賀県吉野《さがけんよしの》ケ里町《がりちょう》、神埼市《かんざきし》）で新《あら》たに見《み》つかった石棺墓《せっかんぼ》の蓋《ふた》を開《ひら》く作業《さぎょう》を行《おこな》い、内部《ないぶ》に赤色顔料《せきしょくがんりょう》が残《のこ》っていることなどを確認《かくにん》した。

発掘作業《はっくつさぎょう》の様子《ようす》はYouTube《ユーチューブ》でライブ配信《はいしん》されたそうだ。

密封《みっぷう》するためと見《み》られる白《しろ》い粘土質《ねんどしつ》の土《つち》。表面《ひょうめん》にも赤《あか》い顔料《がんりょう》が残《のこ》る

6日（火）

水素供給《すいそきょうきゅう》「2040年《ねん》までに6倍《ばい》」 政府《せいふ》

政府《せいふ》は「再生可能《さいせいかのう》エネルギー・水素等関係閣僚《すいそとうかんけいかくりょう》会議《かいぎ》」を開《ひら》き、水素《すいそ》の利活用《りかつよう》について定《さだ》めた「水素《すいそ》基本戦略《きほんせんりゃく》」を6年《ねん》ぶりに改定《かいてい》した。2040年《ねん》までの水素供給量《すいそきょうきゅうりょう》を現在《げんざい》の6倍《ばい》にあたる年《ねん》1200万《まん》トンとする新《あら》たな目標《もくひょう》を設《もう》けた。

再生可能《さいせいかのう》エネルギー・水素等《すいそとう》関係閣僚会議《かんけいかくりょうかいぎ》

7日（水）

iPS《アイピーエス》使《つか》い薬発見《くすりはっけん》、ALS《エイエルエス》に効果確認《こうかかくにん》

iPS《アイピーエス》細胞《さいぼう》を使《つか》って探《さが》し出《だ》した薬《くすり》に、難病《なんびょう》の筋萎縮性側索硬化症《きんいしゅくせいそくさくこうかしょう》（ALS《エイエルエス》）の病気《びょうき》の進行《しんこう》を約《やく》7カ月遅《げつおく》らせる効果《こうか》がみられた。そんな臨床試験《りんしょうしけん》（治験《ちけん》）の成果《せいか》を、慶応大学《けいおうだいがく》の研究《けんきゅう》チームが論文《ろんぶん》で発表《はっぴょう》した。今後《こんご》、企業《きぎょう》が主導《しゅどう》する最終段階《さいしゅうだんかい》の治験《ちけん》を始《はじ》めるという。

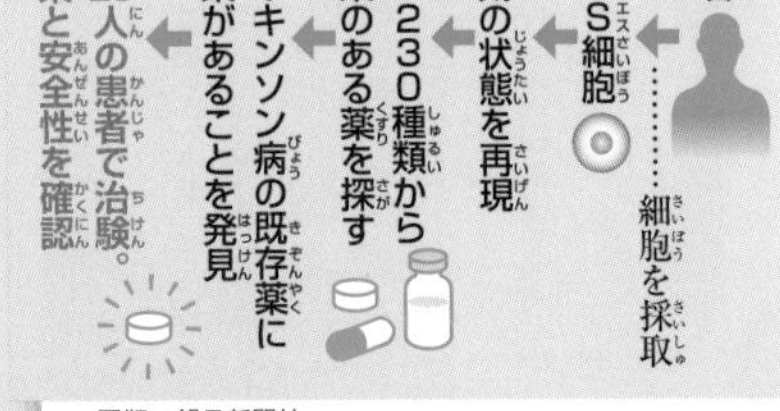
iPS《アイピーエス》細胞《さいぼう》でALS《エイエルエス》の薬《くすり》の候補《こうほ》を探《さが》す流《なが》れ
患者《かんじゃ》
iPS《アイピーエス》細胞《さいぼう》
病気《びょうき》の状態《じょうたい》を再現《さいげん》
約《やく》1230種類《しゅるい》から効果《こうか》のある薬《くすり》を探《さが》す
パーキンソン病《びょう》の既存薬《きぞんやく》に効果《こうか》があることを発見《はっけん》
計《けい》20人《にん》の患者《かんじゃ》で治験《ちけん》。効果《こうか》と安全性《あんぜんせい》を確認《かくにん》

図版　朝日新聞社

9日(金)

「スシロー」迷惑動画《めいわくどうが》、6700万円求《まんえんもと》め少年《しょうねん》を提訴《ていそ》

回転《かいてん》ずしチェーン「スシロー」の運営会社《うんえいがいしゃ》「あきんどスシロー」(大阪府《おおさかふ》)が、SNS上《エスエヌエスじょう》で2023年《ねん》1月《がつ》に拡散《かくさん》された迷惑行為《めいわくこうい》の動画《どうが》で損害《そんがい》を受《う》けたとして、動画《どうが》に映《うつ》っていた少年《しょうねん》に対《たい》し、約《やく》6700万円《まんえん》の損害賠償《そんがいばいしょう》を求《もと》める訴《うった》えを大阪地裁《おおさかちさい》に起《お》こしていたことがわかった。

スシローの看板

ODA《オーディーエイ》、中国《ちゅうごく》意識《いしき》し新《あら》たな「大綱《たいこう》」

政府《せいふ》は政府開発援助《せいふかいはつえんじょ》(ODA《オーディーエイ》)🔑の基本方針《きほんほうしん》となる新《あら》たな「開発協力大綱《かいはつきょうりょくたいこう》」を閣議決定《かくぎけってい》した。インフラ整備《せいび》などを通《つう》じ途上国《とじょうこく》への影響力《えいきょうりょく》を高《たか》める中国《ちゅうごく》に対抗《たいこう》しようと、ODA《オーディーエイ》をより戦略的《せんりゃくてき》に用《もち》いる「オファー型協力《がたきょうりょく》」の強化《きょうか》を打《う》ち出《だ》した。

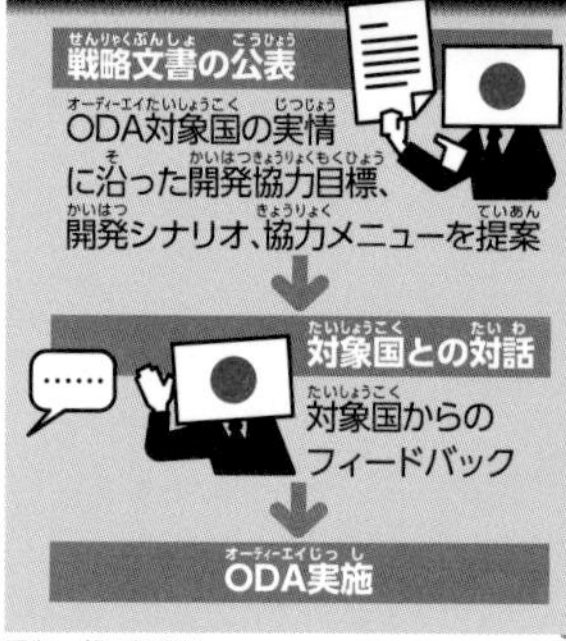

図版 朝日新聞社

10日(土)

17歳《さい》小田凱人選手《おだときとせんしゅ》、車《くるま》いすテニス全仏初《ぜんふつはつ》V《ブイ》

テニスの全仏《ぜんふつ》オープンは、パリのローランギャロスで車《くるま》いす部門《ぶもん》の男子《だんし》シングルス決勝《けっしょう》があり、世界《せかい》ランキング2位《い》の17歳《さい》、小田凱人選手《おだときとせんしゅ》が同《どう》1位《い》のアルフィー・ヒューエット選手《せんしゅ》(英《えい》)を破《やぶ》り、4大大会初優勝《だいたいかいはつゆうしょう》を飾《かざ》った。

決勝《けっしょう》でバックハンドリターンをする小田《おだ》選手《せんしゅ》
写真 AFP/アフロ

13日(火)

児童手当拡充《じどうてあてかくじゅう》 こども未来戦略《みらいせんりゃく》、3・5兆円決定《ちょうえんけってい》

岸田文雄首相《きしだふみおしゅしょう》は首相官邸《しゅしょうかんてい》で記者会見《きしゃかいけん》し、児童手当《じどうてあて》の拡充《かくじゅう》などを盛《も》り込《こ》んだ少子化対策《しょうしかたいさく》の「こども未来戦略方針《みらいせんりゃくほうしん》」を発表《はっぴょう》した。2028年度《ねんど》までに取《と》り組《く》む「加速化《かそくか》プラン」で年《ねん》3・5兆円規模《ちょうえんきぼ》を投《とう》じ、急激《きゅうげき》に進《すす》む少子化《しょうしか》に歯止《はど》めをかけたい考《かんが》え。

14日(水)

世界《せかい》の難民《なんみん》、過去最多《かこさいた》1・1億人《おくにん》 UNHCR《ユーエヌエイチシーアール》

国連難民高等弁務官事務所《こくれんなんみんこうとうべんむかんじむしょ》(UNHCR《ユーエヌエイチシーアール》)は、紛争《ふんそう》や迫害《はくがい》などで家《いえ》や故郷《こきょう》を追《お》われた人《ひと》が5月末《がつまつ》までに世界《せかい》で約《やく》1億《おく》1千万人《せんまんにん》となり、過去最多《かこさいた》を記録《きろく》したと発表《はっぴょう》した。

シリア北西部《ほくせいぶ》アフリンにある避難民《ひなんみん》キャンプ(2021年《ねん》2月《がつ》)

20火 19月 18日 17土 16金 15木 14水 13火 12月 11日 10土 9金

19日(月)

「空飛《そらと》ぶクルマ」、2024年春《ねんはる》にも

電動《でんどう》の「空飛《そらと》ぶクルマ」を開発《かいはつ》しているベンチャー企業《きぎょう》のスカイドライブ(愛知県豊田市《あいちけんとよたし》)が、スズキと機体《きたい》の製造《せいぞう》に向《む》けて基本合意《きほんごうい》したと発表《はっぴょう》。スズキグループの静岡県内《しずおかけんない》の工場《こうじょう》を活用《かつよう》し、2024年春《ねんはる》ごろの製造開始《せいぞうかいし》を目指《めざ》すという。

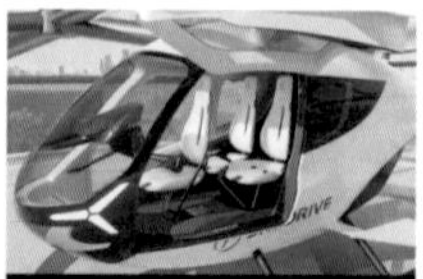
スカイドライブが開発《かいはつ》している空飛《そらと》ぶクルマ
写真 スカイドライブ提供

21日(水)

健康保険証《けんこうほけんしょう》、予定通《よていどお》り来秋廃止《らいしゅうはいし》 マイナカード統合《とうごう》で

岸田文雄首相《きしだふみおしゅしょう》は、通常国会《つうじょうこっかい》の閉会《へいかい》に伴《ともな》い首相官邸《しゅしょうかんてい》で記者会見《きしゃかいけん》し、相次《あいつ》ぐマイナンバーカードのトラブルを「重《おも》く受《う》け止《と》めている」と陳謝《ちんしゃ》した。この日設置《ひせっち》した「マイナンバー情報総点検本部《じょうほうそうてんけんほんぶ》」で再発防止《さいはつぼうし》や国民《こくみん》の不安解消《ふあんかいしょう》に努《つと》めるとする一方《いっぽう》で、2024年秋《ねんあき》のマイナカードと健康保険証《けんこうほけんしょう》の一体化《いったいか》は予定通《よていどお》り進《すす》める考《かんが》えを示《しめ》した。

会見《かいけん》する岸田文雄首相《きしだふみおしゅしょう》

日本《にほん》は「男女平等《だんじょびょうどう》」125位《い》、過去最低《かこさいてい》

世界各国《せかいかっこく》の政治《せいじ》や経済《けいざい》などの「男女平等《だんじょびょうどう》」度合《どあ》いを指数化《しすうか》した2023年版《ねんばん》「ジェンダーギャップ報告書《ほうこくしょ》」を、世界経済《せかいけいざい》フォーラム(WEF《ダブリューイーエフ》)が発表《はっぴょう》した。日本《にほん》は調査対象《ちょうさたいしょう》となった146カ国《こく》のうち125位《い》(前年《ぜんねん》は116位《い》)で、2006年《ねん》の発表開始以来《はっぴょうかいしいらい》、順位《じゅんい》が最低《さいてい》だった。

男女平等《だんじょびょうどう》ランキング

順位《じゅんい》 23年《ねん》	22年《ねん》	主《おも》な国《くに》の抜粋《ばっすい》 前年146カ国対象《ぜんねん146かこくたいしょう》/今年146カ国対象《ことし146かこくたいしょう》	平等度《びょうどうど》 前年比《ぜんねんひ》
1	1	アイスランド	改善《かいぜん》↗
2	3	ノルウェー	↗
3	2	フィンランド	↗
4	4	ニュージーランド	↗
5	5	スウェーデン	悪化《あっか》↘
6	10	ドイツ	↗
7	7	ニカラグア	↗
8	8	ナミビア	↘
9	11	リトアニア	↗
10	14	ベルギー	↗
43	27	アメリカ	↘
105	99	韓国《かんこく》	↘
107	102	中国《ちゅうごく》	↘
125	116	日本《にほん》	↘
146	146	アフガニスタン	↘

(最下位《さいかい》)

資料 世界経済フォーラム「ジェンダーギャップ報告書2023」

22日(木)

アメリカの潜水艇《せんすいてい》「タイタン」の5人《にん》「死亡《しぼう》」

豪華客船《ごうかきゃくせん》タイタニック号《ごう》の残骸探索《ざんがいたんさく》に向《む》かった米潜水艇《べいせんすいてい》「タイタン」の破片《はへん》が、海中《かいちゅう》で見《み》つかり、米沿岸警備隊《べいえんがんけいびたい》は乗船《じょうせん》した5人《にん》は死亡《しぼう》したとの見解《けんかい》を示《しめ》した。水圧《すいあつ》により潜水艇《せんすいてい》が大破《たいは》した可能性《かのうせい》を挙《あ》げる。

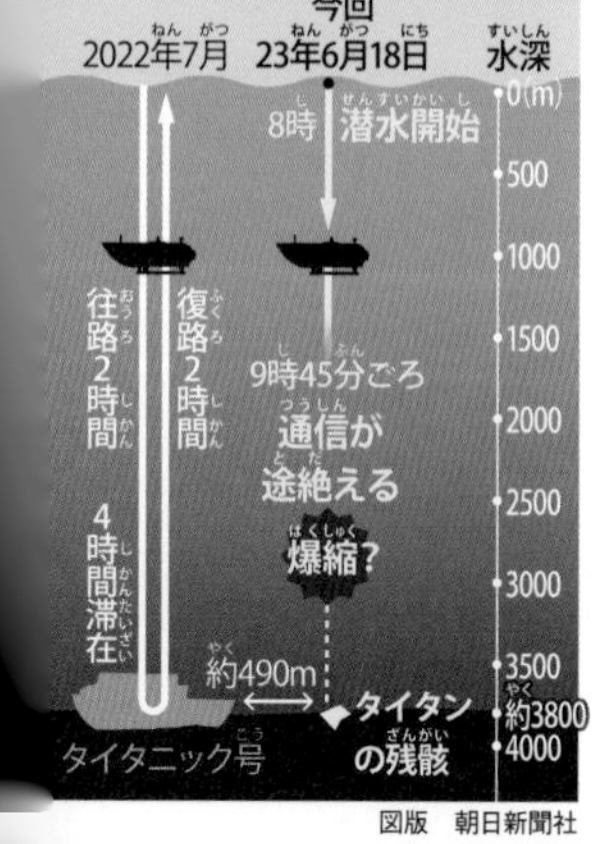

図版 朝日新聞社

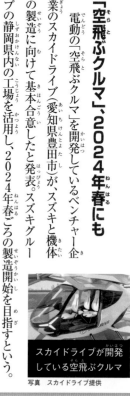

自衛官候補生発砲、3人死傷

発砲事件《はっぽうじけん》が起《お》きた陸上自衛隊《りくじょうじえいたい》
日野基本射撃場《ひのきほんしゃげきじょう》

岐阜市日野南《ぎふしひのみなみ》9丁目《ちょうめ》の陸上自衛隊日野基本射撃場《りくじょうじえいたいひのきほんしゃげきじょう》で、午前《ごぜん》9時過《じす》ぎ、射撃訓練中《しゃげきくんれんちゅう》の男性隊員《だんせいたいいん》3人《にん》が自衛官候《じえいかんこう》補生《ほせい》の18歳《さい》の男《おとこ》に銃《じゅう》で撃《う》たれた。岐阜県警《ぎふけんけい》によると、守山《もりやま》駐屯地《ちゅうとんち》（名古屋市守山区《なごやしもりやまく》）所属《しょぞく》の25歳《さい》と52歳《さい》の隊員《たいいん》が搬《はん》送先《そうさき》の病院《びょういん》で死亡《しぼう》し、別《べつ》の25歳《さい》の隊員《たいいん》が重傷《じゅうしょう》を負《お》った。

16日（金）

高校卒業時《こうこうそつぎょうじ》、英検準《えいけんじゅん》2級相当《きゅうそうとう》「6割以上《わりいじょう》に」

政府《せいふ》は、2023年度《ねんど》から5年間《ねんかん》の教育政策《きょういくせいさく》の目《もく》標《ひょう》を記《しる》した「教育振興基本計画《きょういくしんこうきほんけいかく》」を閣議決定《かくぎけってい》した。英語力《えいごりょく》は、中学卒業段階《ちゅうがくそつぎょうだんかい》で英検《えいけん》3級相当以上《きゅうそうとういじょう》、高校《こうこう》卒業段階《そつぎょうだんかい》で英検準《えいけんじゅん》2級相当以上《きゅうそうとういじょう》の技能《ぎのう》を身《み》につけた生徒《せいと》の割合《わりあい》を、5年後《ねんご》に「6割以上《わりいじょう》」にするとした。

高《こう》3のコミュニケーション英語《えいご》Ⅲの授業《じゅぎょう》（東京都立日比谷高校《とうきょうとりつひびやこうこう》）

18日（日）

米国務長官《べいこくむちょうかん》、5年《ねん》ぶり訪中《ほうちゅう》

米国《べいこく》のブリンケン国務長官《こくむちょうかん》は中国《ちゅうごく》を訪《おとず》れ、秦剛《チンカン》国務委員兼外相《こくむいいんけんがいしょう》と会談《かいだん》した。中国《ちゅうごく》の気球《ききゅう》が米本土《べいほんど》に飛来《ひらい》した問題《もんだい》で延期《えんき》していた訪中《ほうちゅう》が、約《やく》4カ月遅《げつおく》れて実現《じつげん》した。悪化《あっか》が続《つづ》く米中関係《べいちゅうかんけい》の安定《あんてい》を目指《めざ》し、首脳会談《しゅのうかいだん》も視野《しや》に入《い》れた対話《たいわ》の再開《さいかい》を図《はか》る狙《ねら》いがある。

19日（月）

禁錮《きんこ》・懲役《ちょうえき》を合《あ》わせ、33年《ねん》の刑《けい》を言《い》い渡《わた》されているそうだ。

スーチーさん78歳《さい》に

クーデターを起《お》こした国軍《こくぐん》に拘束《こうそく》されているミャンマーの民主化指導者《みんしゅかしどうしゃ》アウンサンスーチーさんがこの日《ひ》、首都《しゅと》ネピドーの刑務所《けいむしょ》で78歳《さい》の誕生日《たんじょうび》を迎《むか》えた。各地《かくち》で抵抗活動《ていこうかつどう》が続《つづ》くが、国軍《こくぐん》は弾圧《だんあつ》を強《つよ》めている。

アウンサンスーチーさん（2018年《ねん》6月《がつ》）

21水　22木　23金　24土　25日　26月　27火　28水　29木　30金

23日（金）

熊本県《くまもとけん》の通潤橋《つうじゅんきょう》、橋《はし》として初《はつ》の国宝《こくほう》へ

日本最大級《にほんさいだいきゅう》の石造水路橋《せきぞうすいろきょう》で、豪快《ごうかい》な放水《ほうすい》で知《し》られる通潤橋《つうじゅんきょう》（熊本県山都町《くまもとけんやまとちょう》）が、橋《はし》として初《はじ》めて国宝《こくほう》に指定《してい》される見通《みとお》しになった。

放水《ほうすい》する通潤橋《つうじゅんきょう》

写真　熊本県山都町提供

民間軍事会社《みんかんぐんじがいしゃ》ワグネル、ロシア軍《ぐん》に反乱《はんらん》

プリゴジン氏《し》はその後《ご》、隣国《りんごく》ベラルーシに入《はい》ったとのことだ。

ロシアの民間軍事会社《みんかんぐんじがいしゃ》「ワグネル」創設者《そうせつしゃ》のプリゴジン氏《し》はこの日《ひ》の夜《よる》、「軍幹部《ぐんかんぶ》の悪事《あくじ》を止《と》めなければならない」として、ロシア軍《ぐん》への反乱《はんらん》を宣言《せんげん》。これを受《う》けてプーチン大統領《だいとうりょう》は翌《よく》24日にテレビで、「いかなる騒動《そうどう》も国家《こっか》と国民《こくみん》への致命的《ちめいてき》な脅威《きょうい》だ」と批判《ひはん》した。

プリゴジン氏《し》

写真　テレグラムから

26日（月）

山陽新幹線《さんようしんかんせん》に再《さい》エネ電力《でんりょく》　JR《ジェイアール》で初《はつ》

JR西日本《ジェイアールにしにほん》は、新幹線《しんかんせん》の運転《うんてん》に使《つか》う電力《でんりょく》の一部《いちぶ》に、中国電力《ちゅうごくでんりょく》が供給《きょうきゅう》する**再生可能《さいせいかのう》エネルギー（再《さい》エネ）**🔑を活用《かつよう》する。新幹線《しんかんせん》を再《さい》エネ由来《ゆらい》の電力《でんりょく》で動《うご》かすのは、全国《ぜんこく》のJR各社《ジェイアールかくしゃ》で初《はじ》めてだという。2023年度《ねんど》から順次《じゅんじ》、山《さん》陽新幹線《ようしんかんせん》での導入《どうにゅう》を目指《めざ》す。

27日（火）

国内最大《こくないさいだい》の鉄剣初公開《てっけんはつこうかい》、2・3mのうねり

日本最大《にほんさいだい》の円墳《えんぷん》・富雄丸山古墳《とみおまるやまこふん》（奈良市《ならし》、4世紀後《せいきこう》半《はん》）で出土《しゅつど》した国内最大《こくないさいだい》とされる鉄剣《てっけん》が、奈良県橿原《ならけんかしはら》市《し》の県立橿原考古学研究所《けんりつかしはらこうこがくけんきゅうじょ》で報道陣《ほうどうじん》に初《はじ》めて公開《こうかい》された。鉄剣《てっけん》は、刃《は》が左右《さゆう》にうねるように屈曲《くっきょく》した「蛇行《だこう》剣《けん》」（全長約《ぜんちょうやく》2・37m、幅約《はばやく》6cm）で、木製《もくせい》の鞘《さや》におさめられていたことも新《あら》たにわかった。

富雄丸山古墳《とみおまるやまこふん》で出土《しゅつど》した蛇行剣《だこうけん》

🔑 **線状降水帯《せんじょうこうすいたい》**
雨《あめ》や雷《かみなり》を引《ひ》き起《お》こす積乱《せきらん》雲《うん》が次々《つぎつぎ》に発生《はっせい》し、帯状《おびじょう》に連《つら》なる現象《げんしょう》。同《おな》じ場所《ばしょ》にとどまり、短時《たんじ》間《かん》で多《おお》くの雨《あめ》を降《ふ》らす。

🔑 **天安門事件《てんあんもんじけん》**
1989年《ねん》に起《お》きた、中国《ちゅうごく》の民主化《みんしゅか》を求《もと》めた学生《がくせい》らが軍《ぐん》に武力弾圧《ぶりょくだんあつ》された事《じ》件《けん》。北京《ペキン》の天安門広場《てんあんもんひろば》で市民《しみん》や学生《がくせい》に対《たい》し軍《ぐん》が無差別銃撃《むさべつじゅうげき》し、多数《たすう》の死傷者《ししょうしゃ》が出《で》た。

🔑 **政府開発援助《せいふかいはつえんじょ》（ODA《オーディーエイ》）**
開発途上地域《かいはつとじょうちいき》の開発《かいはつ》を目的《もくてき》とした国際協力活動《こくさいきょうりょくかつどう》を「開発協力《かいはつきょうりょく》」といい、そのための資金《しきん》をODA（Official《オーディーエイ オフィシャル》 Development《ディベロップメント》 Assistance《アシスタンス》）という。開発途《かいはつと》上国《じょうこく》または国際機関《こくさいきかん》に対《たい》し、資金《しきん》や技術《ぎじゅつ》を提供《ていきょう》する。

🔑 **再生可能《さいせいかのう》エネルギー（再《さい》エネ）**
太陽光《たいようこう》、地熱《ちねつ》、水力《すいりょく》や風力《ふうりょく》、バイオマスなど自然《しぜん》から得《え》られ、発《はつ》電《でん》などに使《つか》ってもなくならないエネルギー。化石燃料《かせきねんりょう》を使《つか》う火力《かりょく》発電と違《ちが》い、発電《はつでん》するときなどに地球温暖化《ちきゅうおんだんか》の原因《げんいん》となる二酸化《にさんか》炭素（CO_2《シーオーツー》）をほとんど出《だ》さないという利点《りてん》もある。

写真　朝日新聞社

フンダラ姫《ひめ》の News《ニュース》な ひとこと

旬《しゅん》のニュースから気《き》になる発言《はつげん》を、フンダラ姫《ひめ》がピックアップ！

叔父《おじ》さんが泣《な》いているところを初《はじ》めて見《み》た

力士《りきし》
豊昇龍《ほうしょうりゅう》

大相撲名古屋場所《おおずもうなごやばしょ》で、7月《がつ》23日《にち》、モンゴル出身《しゅっしん》で元横綱《もとよこづな》の朝青龍《あさしょうりゅう》を叔父《おじ》に持《も》つ関脇豊昇龍《せきわけほうしょうりゅう》が初優勝《はつゆうしょう》を果《は》たし、大関昇進《おおぜきしょうしん》も確実《かくじつ》にした。その夜《よる》、テレビ電話《でんわ》をした際《さい》、叔父《おじ》は「よくやった」と涙《なみだ》を流《なが》していたという。翌日《よくじつ》の会見《かいけん》でそのときの感慨《かんがい》を左《ひだり》のように語《かた》り、「もっと稽古《けいこ》をして、もっと強《つよ》くなりたい」と、決意《けつい》を熱《あつ》く述《の》べた。

初土俵《はつどひょう》から約《やく》5年半《ねんはん》、偉大《いだい》な叔父《おじ》さんの背中《せなか》を追《お》いかけてきたのね。

ロシアとウクライナが戦《たたか》い、無責任《むせきにん》で罪深《つみぶか》い声《こえ》が核兵器《かくへいき》の使用《しよう》を求《もと》めるという暗《くら》い時代《じだい》の中《なか》、広島《ひろしま》は光《ひかり》だ

現代美術作家《げんだいびじゅつさっか》
アルフレド・ジャー

現代美術《げんだいびじゅつ》で平和《へいわ》に貢献《こうけん》した作家《さっか》に贈《おく》られるヒロシマ賞《しょう》(第《だい》11回《かい》)が、7月《がつ》21日《にち》、アルフレド・ジャーさんに贈《おく》られた。ジャーさんはチリ出身《しゅっしん》で、チリの軍事独裁政権下《ぐんじどくさいせいけんか》で芸術活動《げいじゅつかつどう》を始《はじ》め、ルワンダの大虐殺《だいぎゃくさつ》や東日本大震災《ひがしにほんだいしんさい》、原爆《げんばく》など社会的《しゃかいてき》な問題《もんだい》を追《お》い続《つづ》けている。ジャーさんは授賞式《じゅしょうしき》で上《うえ》のように語《かた》り、自身《じしん》の創作活動《そうさくかつどう》における広島《ひろしま》の重要性《じゅうようせい》に言及《げんきゅう》した。

受賞《じゅしょう》は2018年《ねん》に決《き》まっていたけれど、コロナ禍《か》などの影響《えいきょう》で延期《えんき》に。その間《あいだ》に世界《せかい》は大《おお》きく変《か》わり、作品《さくひん》の意味《いみ》も深《ふか》まったわ。

どうして2023年《ねん》にもなって(重度障害者《じゅうどしょうがいしゃ》の受賞《じゅしょう》が)初《はじ》めてなのか。それをみんなに考《かんが》えてもらいたいと思《おも》っております

作家《さっか》
市川沙央《いちかわさおう》

7月《がつ》19日《にち》、第《だい》169回芥川賞《かいあくたがわしょう》が、市川《いちかわ》沙央《さおう》さんの「ハンチバック」に決《き》まった。市川《いちかわ》さんは幼少期《ようしょうき》に難病《なんびょう》の先天性《せんてんせい》ミオパチーと診断《しんだん》され、14歳《さい》から人工呼吸器《じんこうこきゅうき》を使《つか》う。受賞作《じゅしょうさく》は重度《じゅうど》の障害《しょうがい》をもつ主人公《しゅじんこう》の女性《じょせい》が、障害《しょうがい》とともに生《い》きる困難《こんなん》と健常者《けんじょうしゃ》への憤《いきどお》りを、皮肉《ひにく》とユーモアを交《まじ》えて描《えが》く。会見《かいけん》で下《した》のように語《かた》り、読書《どくしょ》や執筆環境《しっぴつかんきょう》のバリアフリー化《か》を訴《うった》えた。

20年以上《ねんいじょう》ライトノベルを書《か》き続《つづ》け、初《はじ》めて書《か》き上《あ》げた今作《こんさく》の純文学《じゅんぶんがく》で受賞《じゅしょう》したそうよ。

写真　朝日新聞社

コリゴリ博士《はかせ》と読《よ》む 2023年《ねん》7月《がつ》のニュース

7月《がつ》 July　1 土　2 日　3 月　4 火　5 水　6 木

1日 土

免許不要《めんきょふよう》になってもご注意《ちゅうい》を 電動《でんどう》キックボード

改正道路交通法《かいせいどうろこうつうほう》が施行《しこう》され、電動《でんどう》キックボードが「自転車並《じてんしゃな》み」の扱《あつか》いとなった。最《さい》高速度《こうそくど》が時速《じそく》20 kmを超《こ》えない車体《しゃたい》は16歳《さい》以上《いじょう》であれば運転免許不要《うんてんめんきょふよう》で、車道左側《しゃどうひだりがわ》や自転車《じてんしゃ》レーンを走行《そうこう》できる。

電動《でんどう》キックボードの講習会《こうしゅうかい》で説明《せつめい》する警視庁《けいしちょう》の警察官《けいさつかん》(2023年《ねん》6月《がつ》)

2日 日

3年連続《ねんれんぞく》「二刀流《にとうりゅう》」でオールスター選出《せんしゅつ》

米大《べいだい》リーグ、エンゼルスの大谷翔平選《おおたにしょうへいせん》手《しゅ》が、オールスター戦《せん》(11日《にち》・シアトル)のアメリカン・リーグ投手部門《とうしゅぶもん》で選《えら》ばれ、ファン投票《とうひょう》でリーグ最多票《さいたひょう》を獲得《かくとく》した指名打《しめいだ》者《しゃ》(DH《ディーエイチ》)と合《あ》わせ、3年連続《ねんれんぞく》で投打《とうだ》の「二刀《にとう》流《りゅう》」で選出《せんしゅつ》された。

大谷翔平《おおたにしょうへい》選手《せんしゅ》

フランス暴動《ぼうどう》、逮捕者《たいほしゃ》3千人《ぜんにん》に

6月《がつ》27日《にち》、パリ郊外《こうがい》で17歳《さい》の北《きた》アフリカ系《けい》の少年《しょうねん》が警官《けいかん》に射殺《しゃさつ》された事件《じけん》をめぐり、フランス各地《かくち》で抗議行動《こうぎこうどう》が暴動《ぼうどう》に発展《はってん》する事態《じたい》が続《つづ》いている。これまでの暴動《ぼうどう》による逮捕者《たいほしゃ》は3千人《ぜんにん》に。1日夜《ついたちよる》から2日未明《ふつかみめい》にはパリやリヨンなどで、事件発生《じけんはっせい》から5夜連続《やれんぞく》で抗議《こうぎ》が相次《あいつ》いだ。

3日 月

税収《ぜいしゅう》71・1兆円《ちょうえん》、過去最高《かこさいこう》

財務省《ざいむしょう》は、2022年度《ねんど》の国《くに》の一般会《いっぱんかい》計《けい》の税収《ぜいしゅう》が71兆《ちょう》1373億円《おくえん》で、3年連《ねんれん》続《ぞく》で過去最高《かこさいこう》だったと発表《はっぴょう》した。前年度《ぜんねんど》より約《やく》4兆円増《ちょうえんふ》え、70兆円台《ちょうえんだい》に乗《の》るのは初《はじ》めて。過去最高《かこさいこう》だった消費税《しょうひぜい》のほか、所《しょ》得税《とくぜい》、法人税《ほうじんぜい》を含《ふく》めた主要《しゅよう》な三《みっ》つの税収《ぜいしゅう》がいずれも伸《の》びた。

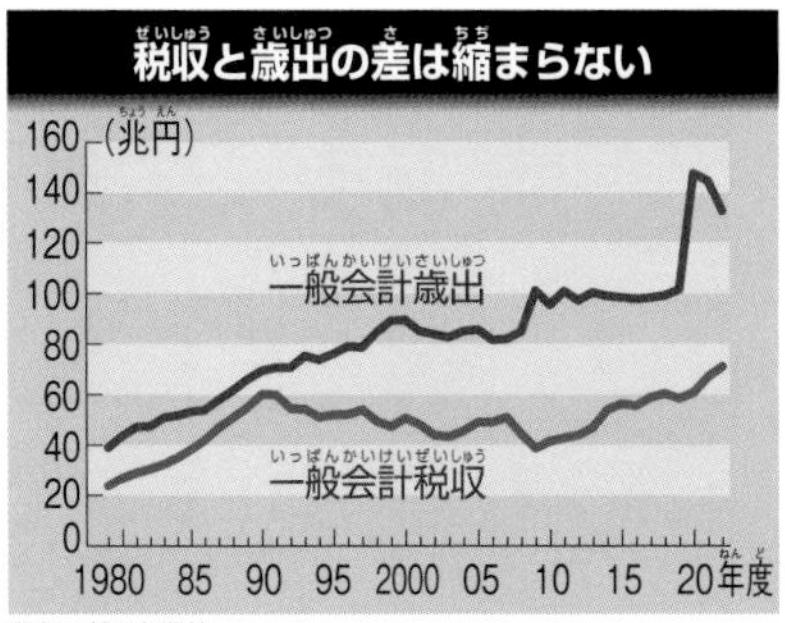

図版　朝日新聞社

4日 火

日本語《にほんご》AI《エイアイ》、国立法人《こくりつほうじん》が独自開発《どくじかいはつ》

開発競争《かいはつきょうそう》が激化《げきか》する対話型生成《たいわがたせいせい》AI《エイアイ》(人工《じんこう》知能《ちのう》)について、国立研究開発法人《こくりつけんきゅうかいはつほうじん》「情報通信《じょうほうつうしん》研究機構《けんきゅうきこう》(NICT《エヌアイシーティー》)」は、日本語《にほんご》に特化《とっか》した独《どく》自版《じばん》を開発《かいはつ》したと発表《はっぴょう》した。信頼《しんらい》できるAI《エイアイ》を自国《じこく》で作《つく》れる態勢整備《たいせいせいび》が狙《ねら》い。

対話型《たいわがた》の生成AI《せいせいエイアイ》を開発《かいはつ》したNICT《エヌアイシーティー》の鳥澤健太郎《とりさわけんたろう》フェロー

5日 水

殺傷兵器《さっしょうへいき》の輸出《ゆしゅつ》「可能《かのう》」 与党中間報告《よとうちゅうかんほうこく》

武器輸出《ぶきゆしゅつ》を制限《せいげん》している政府《せいふ》の**防衛装備移転三原則**《ぼうえいそうびいてんさんげんそく》🔑の運用指針《うんようししん》の見《み》直《なお》しをめぐり、自民《じみん》、公明両党《こうめいりょうとう》は実務者協議《じつむしゃきょうぎ》で、輸出緩和《ゆしゅつかんわ》に向《む》けた中間報告《ちゅうかんほうこく》書《しょ》をとりまとめた。掃海《そうかい》や警戒《けいかい》などの活動《かつどう》や正当防衛《せいとうぼうえい》に必要《ひつよう》な場合《ばあい》、殺傷《さっしょう》能力《のうりょく》のある武器《ぶき》を輸出《ゆしゅつ》することは可能《かのう》との意見《いけん》で一致《いっち》したと盛《も》り込《こ》んだ。

6日 木

世界《せかい》の平均気温《へいきんきおん》、最高更新《さいこうこうしん》 17℃を超《こ》える

7月《がつ》3～5日《いつか》の世界《せかい》の平均気温《へいきんきおん》が観測史上初《かんそくしじょうはじ》めて17℃を超《こ》えた暑《あつ》さだったことが、アメリカ・メーン大学《だいがく》のチームの分析《ぶんせき》でわかった。これまでの最高《さいこう》は2016年《ねん》8月《がつ》と22年《ねん》7月《がつ》に観測《かんそく》された16・92℃だった。

猛烈《もうれつ》な暑《あつ》さの中《なか》、日傘《ひがさ》で日差《ひざ》しをさえぎる人《ひと》たち

7日（金）

公的年金運用益《こうてきねんきんうんようえき》、3年連続《ねんれんぞく》の黒字《くろじ》

公的年金《こうてきねんきん》を運用《うんよう》する年金積立金管理運用独立行政《ねんきんつみたてきんかんりうんようどくりつぎょうせい》法人《ほうじん》（GPIF《ジーピーアイエフ》）は、2022年度《ねんど》の運用益《うんようえき》が2兆《ちょう》9536億円《おくえん》だったと発表《はっぴょう》した。黒字《くろじ》は3年連続《ねんれんぞく》。運用《うんよう》資産《しさん》は初《はじ》めて200兆円《ちょうえん》を超《こ》えた。

GPIF《ジーピーアイエフ》の看板《かんばん》

100万《まん》ドルの賞金《しょうきん》について説明《せつめい》する川上《かわかみ》さん（右《みぎ》）。左《ひだり》は数学者《すうがくしゃ》の加藤文元《かとうふみはる》さん

ABC《エイビーシー》予想証明《よそうしょうめい》、決着《けっちゃく》つけたら1・4億円《おくえん》

数学《すうがく》の超難問《ちょうなんもん》「ABC予想《エイビーシーよそう》🔑」を証明《しょうめい》したとする京都大《きょうとだい》学数理解析研究所《がくすうりかいせきけんきゅうじょ》の望月新一教授《もちづきしんいちきょうじゅ》の理論《りろん》について、ドワンゴ創業者《そうぎょうしゃ》で実業家《じつぎょうか》の川上量生《かわかみのぶお》さんが、「間違《まちが》いの証明《しょうめい》」に100万《まん》ドル（約《やく》1億《おく》4千万円《せんまんえん》）の賞金《しょうきん》をかけると発表《はっぴょう》した。

賞金《しょうきん》は川上《かわかみ》さんがポケットマネーから出《だ》すそうだ。

8日（土）

安倍晋三元首相銃撃《あべしんぞうもとしゅしょうじゅうげき》から1年《ねん》

安倍晋三元首相《あべしんぞうもとしゅしょう》が銃撃《じゅうげき》され、死亡《しぼう》した事件《じけん》からこの日《ひ》で1年《ねん》。事件《じけん》があった奈良市《ならし》の現場付近《げんばふきん》の献花《けんか》台《だい》には、朝《あさ》から多《おお》くの人《ひと》が訪《おとず》れた。近鉄大和西大寺《きんてつやまとさいだいじ》駅前《えきまえ》では午前《ごぜん》8時前《じまえ》、自民党《じみんとう》の有志《ゆうし》らでつくる任意《にんい》団体《だんたい》が献花台《けんかだい》を設《もう》け、長《なが》い列《れつ》ができた。

事件現場付近《じけんげんばふきん》の献花台《けんかだい》で花《はな》を手向《たむ》ける人《ひと》たち

11日（火）

職場《しょくば》の女性《じょせい》トイレ制限《せいげん》は「違法《いほう》」逆転判決《ぎゃくてんはんけつ》

戸籍上《こせきじょう》は男性《だんせい》だが女性《じょせい》として暮《く》らすトランスジェンダーの経済産業省《けいざいさんぎょうしょう》の職員《しょくいん》が、省内《しょうない》での女性《じょせい》トイレの使用《しよう》を不当《ふとう》に制限《せいげん》されたのは違法《いほう》だと国《くに》を訴《うった》えた訴訟《そしょう》で、最高裁判所第三小法廷《さいこうさいばんしょだいさんしょうほうてい》は、この制限《せいげん》に問題《もんだい》はないとした人《じん》事院《じいん》の判定《はんてい》を違法《いほう》とする判決《はんけつ》を言《い》い渡《わた》した。職員《しょくいん》の逆転勝訴《ぎゃくてんしょうそ》が確定《かくてい》した。

原発処理水《げんぱつしょりすい》、国内外《こくないがい》へ説明大詰《せつめいおおづ》め

東京電力福島第一原発《とうきょうでんりょくふくしまだいいちげんぱつ》の処理水《しょりすい》の海洋放出《かいようほうしゅつ》をめぐり、西村康稔経済産《にしむらやすとしけいざいさん》業大臣《ぎょうだいじん》は福島県漁連《ふくしまけんぎょれん》を訪《おとず》れ、「国際的《こくさいてき》な安全基準《あんぜんきじゅん》に合致《がっち》」すると評価《ひょうか》した国際原子力機関《こくさいげんしりょくきかん》（IAEA《アイエイイーエイ》）報告書《ほうこくしょ》の内容《ないよう》を伝《つた》えた。県漁連《けんぎょれん》は反対《はんたい》の方針《ほうしん》を崩《くず》していない。政府《せいふ》は「夏《なつ》ごろ」とする放出《ほうしゅつ》に向《む》け、国内外《こくないがい》への説明《せつめい》を加速《かそく》。理解《りかい》を求《もと》めたうえで実施《じっし》に踏《ふ》み切《き》る方針《ほうしん》だ。

処理水《しょりすい》の海洋放出《かいようほうしゅつ》は外交《がいこう》課題《かだい》にもなっているな。

20木 19水 18火 17月 16日 15土 14金 13木 12水 11火 10月 9日 8土 7金

14日（金）

アスパルテームに発《はっ》がん性《せい》、WHO《ダブリューエイチオー》機関見解《きかんけんかい》

低《てい》カロリーの飲料《いんりょう》や食品《しょくひん》などに広《ひろ》く使《つか》われている人工甘味料《じんこうかんみりょう》の一《ひと》つ「アスパルテーム」の健康《けんこう》への影響《えいきょう》について、世界保健機関《せかいほけんきかん》（WHO《ダブリューエイチオー》）の専門組織《せんもんそしき》である国際《こくさい》がん研究機関《けんきゅうきかん》（IARC《アイエイアールシー》）は、「ヒトに対《たい》して発《はっ》がん性《せい》がある可能性《かのうせい》がある」と分類《ぶんるい》した。

日本《にほん》ではカロリーオフ食品《しょくひん》やダイエット飲料《いんりょう》などに使《し》用《よう》されているそうだ。

19日（水）

第《だい》169回芥川賞《かいあくたがわしょう》・直木賞《なおきしょう》決《き》まる

第《だい》169回芥川賞《かいあくたがわしょう》・直木賞《なおきしょう》🔑（日本《にほん》文学振興会主催《ぶんがくしんこうかいしゅさい》）の選考会《せんこうかい》が、東京都《とうきょうと》内《ない》で開《ひら》かれ、芥川賞《あくたがわしょう》は市川沙央《いちかわさおう》さんの「ハンチバック」に、直木賞《なおきしょう》は垣根涼介《かきねりょうすけ》さんの「極楽征夷大将軍《ごくらくせいいたいしょうぐん》」と、永井紗耶子《ながいさやこ》さんの「木挽町《こびきちょう》のあだ討《う》ち」に決《き》まった。

（右《みぎ》から）市川沙央《いちかわさおう》さん、垣根涼介《かきねりょうすけ》さん、永井紗耶子《ながいさやこ》さん

今年上半期《ことしかみはんき》、訪日《ほうにち》1071万人《まんにん》

日本政府観光局《にほんせいふかんこうきょく》（JNTO《ジェイエヌティーオー》）は、2023年上半期《ねんかみはんき》（1〜6月《がつ》）の訪日外国人客《ほうにちがいこくじんきゃく》（インバウンド）が1071万人《まんにん》だったと発表《はっぴょう》した。新型《しんがた》コロナの感染拡大前《かんせんかくだいまえ》の19年同期比《ねんどうきひ》で64・4%まで戻《もど》った。

人気《にんき》の観光地《かんこうち》では、オーバーツーリズム（観光公害《かんこうこうがい》）の問《もん》題《だい》も出始《ではじ》めているそうだ。

外国人観光客《がいこくじんかんこうきゃく》らで混雑《こんざつ》する大阪《おおさか》の繁華《はんか》街《がい》・道頓堀周辺《どうとんぼりしゅうへん》

20日（木）

サッカー女子《じょし》W杯《ワールドカップ》開幕戦《かいまくせん》、日本人《にほんじん》トリオがジャッジ

サッカー女子《じょし》W杯《ワールドカップ》が開幕《かいまく》した。オーストラリアとニュージーランドの共催《きょうさい》で、南半球《みなみはんきゅう》で開《ひら》かれるのは初《はじ》めて。ニュージーランドのオークランドで行《おこな》われたニュージーランドとノルウェーの開幕戦《かいまくせん》の審判《しんぱん》は、山下良美主審《やましたよしみしゅしん》、坊薗真琴副《ぼうそのまことふく》審《しん》、手代木直美副審《てしろぎなおみふくしん》が担当《たんとう》した。

女子《じょし》W杯《ワールドカップ》に臨《のぞ》む、左《ひだり》から手代木《てしろぎ》副審《ふくしん》、山下主審《やましたしゅしん》、坊薗副審《ぼうそのふくしん》

12日《水》

デジタル課税《かぜい》、2025年目標《ねんもくひょう》　OECD《オーイーシーディー》

日本《にほん》を含《ふく》む約《やく》140の国《くに》・地域《ちいき》で議論《ぎろん》してきた新《あたら》しい国際課税《こくさいかぜい》のルールを定《さだ》めた多国間条約《たこくかんじょうやく》の条文《じょうぶん》がまとまった。協議《きょうぎ》を主導《しゅどう》してきた**経済協力開発機構《けいざいきょうりょくかいはつきこう》（OECD《オーイーシーディー》）**🔑が発表《はっぴょう》した。巨大《きょだい》IT《アイティー》企業《きぎょう》などに対《たい》し、サービスの利用者《りようしゃ》がいる国《くに》（市場国《しじょうこく》）も課税《かぜい》できるようにする「デジタル課税《かぜい》」を創設《そうせつ》するのが柱《はしら》で、2025年《ねん》の発効《はっこう》をめざす。

OECD《オーイーシーディー》の本部《ほんぶ》（パリ）

写真　OECD提供

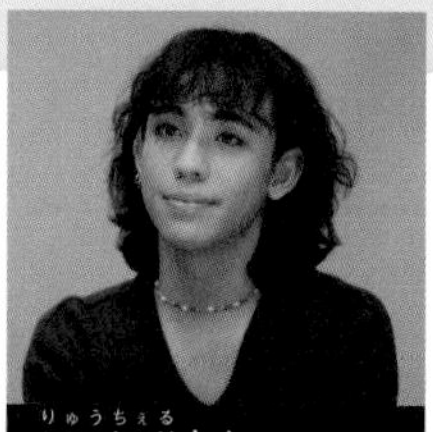
ryuchell《りゅうちぇる》さん

ryuchell《りゅうちぇる》さん死去《しきょ》

午後《ごご》5時半《じはん》ごろ、東京都渋谷区《とうきょうとしぶやく》のマンションの一室《いっしつ》で、タレントのryuchell《りゅうちぇる》さん（27歳《さい》）が意識不明《いしきふめい》の状態《じょうたい》になっているのをマネジャーが見《み》つけ、119番通報《ばんつうほう》した。救急隊員《きゅうきゅうたいいん》や警察官《けいさつかん》らが駆《か》けつけ、その場《ば》で死亡《しぼう》を確認《かくにん》した。

13日《木》

同意《どうい》ない性交《せいこう》を処罰《しょばつ》　改正刑法施行《かいせいけいほうしこう》

性犯罪《せいはんざい》に関《かん》する規定《きてい》を見直《みなお》した改正刑法《かいせいけいほう》などが、施行《しこう》された。意思《いし》に反《はん》した性的行為《せいてきこうい》には「不同意性交罪《ふどういせいこうざい》」「不同意《ふどうい》わいせつ罪《ざい》」を適用《てきよう》し、わいせつ目的《もくてき》で16歳未《さいみ》満《まん》の子《こ》どもを懐柔《かいじゅう》し、面会《めんかい》を求《もと》める行為《こうい》などを対象《たいしょう》とする「わいせつ目《もく》的要求罪《てきようきゅうざい》」を新設《しんせつ》した。

改正刑法《かいせいけいほう》などの主《おも》なポイント

❶ 暴行《ぼうこう》・脅迫《きょうはく》
❷ 心身《しんしん》の障害《しょうがい》
❸ アルコール・薬物《やくぶつ》の影響《えいきょう》
❹ 睡眠《すいみん》など意識不明瞭《いしきふめいりょう》
❺ 意思《いし》を示《しめ》すいとまがない
❻ 恐怖《きょうふ》・驚愕《きょうがく》
❼ 虐待《ぎゃくたい》
❽ 経済的《けいざいてき》・社会的地位利用《しゃかいてきちいりよう》

＋ 被害者《ひがいしゃ》を、性《せい》的《てき》な行為《こうい》に同意《どうい》しない意思《いし》の形成《けいせい》・表明《ひょうめい》・全《まっと》うが困難《こんなん》な状態《じょうたい》にさせる

成立要件《せいりつようけん》を明確化《めいかくか》	現行《げんこう》の強制性交罪《きょうせいせいこうざい》と準強制性交罪《じゅんきょうせいせいこうざい》を統合《とうごう》して「不同意性交罪《ふどういせいこうざい》」に
公訴時効《こうそじこう》を5年延長《ねんえんちょう》	不同意性交罪《ふどういせいこうざい》　10年《ねん》→15年《ねん》 不同意《ふどうい》わいせつ罪《ざい》　7年《ねん》→12年《ねん》
性交《せいこう》同意年齢《どういねんれい》を引《ひ》き上《あ》げ	13歳《さい》→16歳《さい》に
「性的《せいてき》グルーミング罪《ざい》」を新設《しんせつ》	わいせつ目的《もくてき》で16歳未満《さいみまん》を懐柔《かいじゅう》し、面会《めんかい》を求《もと》める行為《こうい》などを処罰《しょばつ》
「撮影罪《さつえいざい》」を新設《しんせつ》	性的《せいてき》な部位《ぶい》の盗撮《とうさつ》などを処罰《しょばつ》

21 金　22 土　23 日　24 月　25 火　26 水　27 木　28 金　29 土　30 日　31 月

21日《金》

理系再編支援《りけいさいへんしえん》、67大学《だいがく》を選定《せんてい》　文部科学省《もんぶかがくしょう》

学部《がくぶ》を理系《りけい》に再編《さいへん》したり定員増《ていいんぞう》をしたりする大学《だいがく》を国《くに》が支援《しえん》する制度《せいど》に67校《こう》が選定《せんてい》された。文部科学省《もんぶかがくしょう》が発表《はっぴょう》した。このうち、理《り》系学部《けいがくぶ》を初《はじ》めて設置《せっち》するとみられる大学《だいがく》は約《やく》20校《こう》。選《えら》ばれた大学《だいがく》は今後《こんご》、最大《さいだい》で20億円《おくえん》程度《ていど》の支援《しえん》を受《う》けられる。

就職情報交換会《しゅうしょくじょうほうこうかんかい》では、理工系大学《りこうけいだいがく》のブースに企業《きぎょう》の採用担当者《さいようたんとうしゃ》が多《おお》く集《あつ》まった（2022年《ねん》9月《がつ》）

23日《日》

減《へ》る女子大《じょしだい》、問《と》われる役割《やくわり》

女子大《じょしだい》が減《へ》っている。1998年《ねん》の98校《こう》をピークに徐々《じょじょ》に減《へ》り、現在《げんざい》は国公私立合《こっこうしりつあ》わせて73校《こう》。背景《はいけい》には、女性《じょせい》が働《はたら》き続《つづ》けることが当《あ》たり前《まえ》になり、人文系《じんぶんけい》が中心《ちゅうしん》の女子大《じょしだい》ではなく、就職《しゅうしょく》につながりやすい学部《がくぶ》がある共学大《きょうがくだい》を選《えら》ぶ女子受験生《じょしじゅけんせい》が増《ふ》えたことなどがある。

「私《わたし》たちが考《かんが》える女子大《じょしだい》の役割《やくわり》」というテーマで発表《はっぴょう》するフェリス女学《じょがく》院大学《いんだいがく》の学生《がくせい》たち

26日《水》

人口減《じんこうげん》、全都道府県《ぜんとどうふけん》で　総務省発表《そうむしょうはっぴょう》

総務省《そうむしょう》が、住民基本台帳《じゅうみんきほんだいちょう》に基《もと》づく2023年1月1日時点《がっついたちじてん》の人口《じんこう》を発表《はっぴょう》した。日本人《にほんじん》の人口《じんこう》は1億《おく》2242万《まん》3038人《にん》で、前年《ぜんねん》より80万《まん》523人《にん》減《へ》った。唯一《ゆいいつ》人口《じんこう》が増《ふ》えていた沖縄県《おきなわけん》も減少《げんしょう》に転《てん》じ、今《いま》の調査方法《ちょうさほうほう》になった1973年以降《ねんいこう》、初《はじ》めて全都道府県《ぜんとどうふけん》で日《に》本人《ほんじん》の人口《じんこう》が減少《げんしょう》した。

人口《じんこう》は2009年《ねん》をピークに14年連続《ねんれんぞく》で減少《げんしょう》

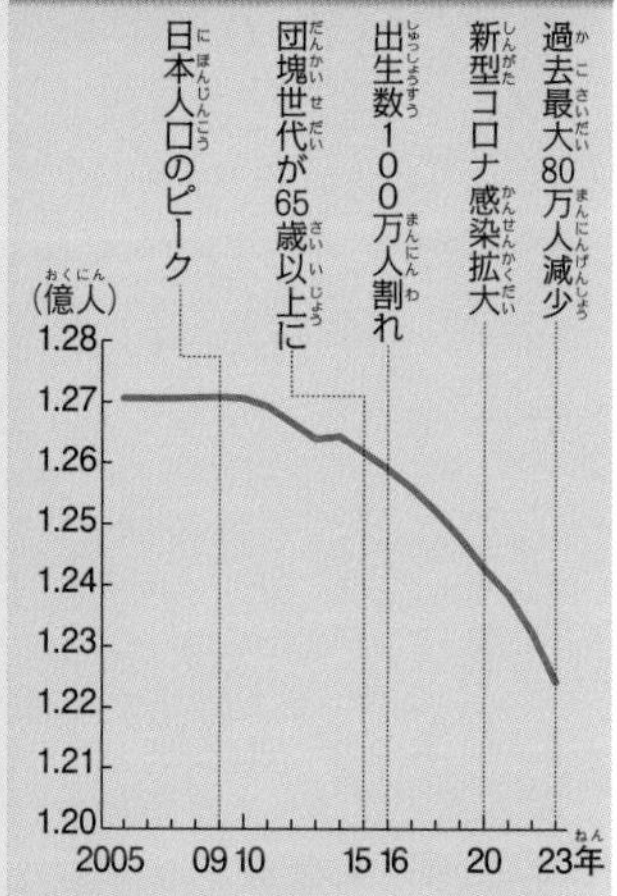

住民基本台帳《じゅうみんきほんだいちょう》に基《もと》づく。2013年以前《ねんいぜん》の人口《じんこう》は各年《かくねん》3月《がつ》31日現在《にちげんざい》、14年以降《ねんいこう》の人口《じんこう》は各年《かくねん》1月1日現在《がつついたちげんざい》の数値《すうち》

防衛装備移転三原則《ぼうえいそうびいてんさんげんそく》
防衛装備品《ぼうえいそうびひん》を海外《かいがい》に移転《いてん》（輸出《ゆしゅつ》）する際《さい》のルールのこと。「移転《いてん》を禁止《きんし》する場合《ばあい》の明確化《めいかくか》」「移転《いてん》を認《みと》め得《う》る場合《ばあい》の限定《げんてい》」「目的外使用及《もくてきがいしようおよ》び第三国移転《だいさんごくいてん》にかかる適《てき》正管理《せいかんり》」の三《みっ》つ原則《げんそく》がある。例《れい》として、国際条約違反《こくさいじょうやくいはん》になる場合《ばあい》や、国連決議《こくれんけつぎ》で輸出《ゆしゅつ》が禁止《きんし》された国《くに》、紛争当事国《ふんそうとうじこく》への輸出《ゆしゅつ》は禁止《きんし》される。

ABC《エイビーシー》予想《よそう》
1985年《ねん》に数学者《すうがくしゃ》デビッド・マッサーとジョゼフ・オステルレが発表《はっぴょう》した数学《すうがく》の超難《ちょうなん》問《もん》。それを解《と》くために望月新一教授《もちづきしんいちきょうじゅ》が考《かんが》えた「宇宙際《うちゅうさい》タイヒミュラー（IUT《アイユーティー》）理論《りろん》」自体《じたい》が難解《なんかい》すぎて、世界中《せかいじゅう》の数学者《すうがくしゃ》でも理解《りかい》できたのはごく一握《ひとにぎ》りだという。

経済協力開発機構《けいざいきょうりょくかいはつきこう》（OECD《オーイーシーディー》）
ヨーロッパ諸国《しょこく》を中心《ちゅうしん》に38カ国《こく》の先進国《せんしんこく》が加盟《かめい》する国際機関《こくさいきかん》。日本《にほん》は1964年《ねん》に加盟《かめい》。経済成長《けいざいせいちょう》、貿易自由化《ぼうえきじゆうか》、途上国支援《とじょうこくしえん》を三大目的《さんだいもくてき》としており、最近《さいきん》では持続可能《じぞくかのう》な開発《かいはつ》、ガバナンス（統治《とうち》）といった新《あら》たな分野《ぶんや》についても分析《ぶんせき》・検討《けんとう》を行《おこな》っている。

芥川賞《あくたがわしょう》・直木賞《なおきしょう》
文藝春秋《ぶんげいしゅんじゅう》の創業者《そうぎょうしゃ》・菊池寛《きくちかん》が、友人《ゆうじん》の作家《さっか》・芥川龍之介《あくたがわりゅうのすけ》、直木三十五《なおきさんじゅうご》の名《な》をとって1935年《ねん》に設《もう》けた文学賞《ぶんがくしょう》。年《ねん》2回《かい》。芥川賞《あくたがわしょう》は「純文学《じゅんぶんがく》」と呼《よ》ばれる芸術性《げいじゅつせい》の高《たか》い作品《さくひん》を発表《はっぴょう》した新進作家《しんしんさっか》に贈《おく》られ、文壇《ぶんだん》の登竜門《とうりゅうもん》に。直木賞《なおきしょう》は新進《しんしん》・中堅作家《ちゅうけんさっか》によるすぐれた大衆文学《たいしゅうぶんがく》が対象《たいしょう》となる。

写真・図版　朝日新聞社

（大言壮語《たいげんそうご》する自分《じぶん》を笑《わら》う）そういう人《ひと》を見返《みかえ》して、自分《じぶん》たちが絶対日本一《ぜったいにほんいち》になってやるんだという強《つよ》い思《おも》いで今《いま》まで頑張《がんば》ってきた

慶応高校野球部主将《けいおうこうこうやきゅうぶしゅしょう》

大村昊澄《おおむらそらと》

8月《がつ》23日《にち》、第《だい》105回全国高校野球選手権記念大会《かいぜんこくこうこうやきゅうせんしゅけんきねんたいかい》の決勝《けっしょう》で、慶応《けいおう》（神奈川《かながわ》）が仙台育英《せんだいいくえい》（宮城《みやぎ》）を破《やぶ》り、107年《ねん》ぶり2度目《どめ》の優勝《ゆうしょう》を果《は》たした。試合後《しあいご》、大村昊澄主将《おおむらそらとしゅしょう》は上《うえ》のように忍耐《にんたい》の日々《ひび》を振《ふ》り返《かえ》り、「優勝《ゆうしょう》が決《き》まった瞬間《しゅんかん》、つらい思《おも》いが全部報《ぜんぶむく》われた」と語《かた》り終《お》えると、口元《くちもと》をキュッと結《むす》んであふれる思《おも》いをこらえた。

「髪形《かみがた》は自由《じゆう》」など自主性《じしゅせい》を重《おも》んじて「高校野球《こうこうやきゅう》の常識《じょうしき》を変《か》えた」のは、もう一《ひと》つの勝利《しょうり》ね！

新潟県《にいがたけん》の大岩凪《おおいわなぎ》さんは、2019年《ねん》、小学《しょうがく》1年生《ねんせい》のとき、使《つか》っていたスケートボードパークが老朽化《ろうきゅうか》で閉鎖《へいさ》されることになり、新《あたら》しいスケートパークの開設《かいせつ》を求《もと》めて署名活動《しょめいかつどう》を始《はじ》めた。署名《しょめい》は2万筆《まんぴつ》を超《こ》えて新潟県《にいがたけん》を動《うご》かし、2023年《ねん》7月《がつ》30日《にち》に新《しん》スケートパークがオープン。凪《なぎ》さんはネット署名《しょめい》ページの成功宣言《せいこうせんげん》の末尾《まつび》に下《した》のように記《しる》した。

シンプルだけど、とても深《ふか》い言葉《ことば》。

フンダラ姫《ひめ》のNews《ニュース》なひとこと

旬《しゅん》のニュースから気《き》になる発言《はつげん》を、フンダラ姫《ひめ》がピックアップ！

大人《おとな》に対《たい》してこどもの意見《いけん》を聞《き》いてほしいと言《い》うこと、大人《おとな》の意見《いけん》も教《おし》えてほしいと言《い》うこと、そうやって話《はな》し合《あ》いをすることが大事《だいじ》です

署名活動《しょめいかつどう》からスケートパーク建設《けんせつ》を成功《せいこう》させた小学《しょうがく》5年生《ねんせい》

大岩 凪《おおいわ なぎ》

自信《じしん》はあった。やっぱり負《ま》けたくない、誰《だれ》にも負《ま》けたくないという気持《きも》ちだった

陸上選手《りくじょうせんしゅ》

北口榛花《きたぐちはるか》

ハンガリー・ブダペストで開催《かいさい》された陸上《りくじょう》の世界選手権《せかいせんしゅけん》で、8月《がつ》25日《にち》に女子《じょし》やり投《な》げの決勝《けっしょう》があり、北口榛花選手《きたぐちはるかせんしゅ》が66m73を投《な》げて金《きん》メダルに輝《かがや》いた。試合後《しあいご》、左上《ひだりうえ》のように勝負《しょうぶ》の瞬間《しゅんかん》の心境《しんきょう》を語《かた》った。五輪《ごりん》、世界選手権《せかいせんしゅけん》を通《つう》じてトラック・フィールド種目《しゅもく》の日本女子選手《にほんじょしせんしゅ》の優勝《ゆうしょう》は史上初《しじょうはつ》。

コーチの母国《ぼこく》のチェコ語《ご》も堪能《たんのう》で、飾《かざ》らない笑顔《えがお》もステキ。

写真　朝日新聞社　加藤夏子

コリゴリ博士《はかせ》と読《よ》む 2023年《ねん》 8月《がつ》のニュース

1日（火） トヨタ、四半期《しはんき》の営業利益《えいぎょうりえき》1兆円超《ちょうえんちょう》 過去最高《かこさいこう》

トヨタ自動車《じどうしゃ》がこの日発表《ひはっぴょう》した2023年《ねん》4〜6月期決算《がつきけっさん》(国際会計基準《こくさいかいけいきじゅん》)は、本業《ほんぎょう》のもうけを示《しめ》す営業利益《えいぎょうりえき》が前年同期比《ぜんねんどうきひ》93・7%増《ぞう》の1兆《ちょう》1209億円《おくえん》となり、2年《ねん》ぶりに過去最高《かこさいこう》となった。四半期《しはんき》ベースで1兆円《ちょうえん》を超《こ》えるのは日本企業《にほんきぎょう》で初《はつ》。

トヨタ自動車《じどうしゃ》の社旗《しゃき》(愛知県豊田市《あいちけんとよたし》)

3日（木） 授業《じゅぎょう》で居眠《いねむ》り、AI《エイアイ》が「見《み》える化《か》」

教室《きょうしつ》で子《こ》どもたちが席《せき》を離《はな》れたり、居眠《いねむ》りしたりするのを、サーモグラフィーと人工知能《じんこうちのう》(AI《エイアイ》)で把握《はあく》するシステムを大阪教育大学《おおさかきょういくだいがく》と東大阪市《ひがしおおさかし》の中小企業《ちゅうしょうきぎょう》が作《つく》った。子《こ》どもの行動《こうどう》と授業《じゅぎょう》の内容《ないよう》を分析《ぶんせき》し、教員《きょういん》の子《こ》どもへの関《かか》わり方《かた》や、教《おし》え方《かた》を改善《かいぜん》する狙《ねら》いという。

サーモグラフィーを人工知能《じんこうちのう》で分析《ぶんせき》し、左《ひだり》から1人目《ひとりめ》と3人目《にんめ》は「座《すわ》っている」、2人目《ふたりめ》と4人目《にんめ》は「立《た》っている」、5人目《にんめ》は「居眠《いねむ》り」と表示《ひょうじ》した(大阪教育大学《おおさかきょういくだいがく》の仲矢史雄教授提供《なかやふみおきょうじゅていきょう》)

4日（金） 在留資格《ざいりゅうしかく》ない外国籍《がいこくせき》の子《こ》、7割救済《わりきゅうさい》へ

記者会見《きしゃかいけん》する斎藤《さいとう》健法務大臣《けんほうむだいじん》

斎藤健法務大臣《さいとうけんほうむだいじん》は、在留資格《ざいりゅうしかく》がない外国籍《がいこくせき》の子《こ》どもらに対《たい》し、人道的《じんどうてき》な理由《りゆう》から日本《にほん》にとどまることができる「在留特別許可《ざいりゅうとくべつきょか》」を与《あた》える方針《ほうしん》を正式《せいしき》に発表《はっぴょう》した。親《おや》が不法入国《ふほうにゅうこく》していたケースを除《のぞ》くなど一定《いってい》の条件《じょうけん》を設《もう》けるため、在留資格《ざいりゅうしかく》を得《え》られる子《こ》どもは7割超《わりちょう》となる見通《みとお》しも示《しめ》した。「今回限《こんかいかぎ》り」の対応《たいおう》という。

8月《がつ》 August ― 1 火 ― 2 水 ― 3 木 ― 4 金 ― 5 土 ― 6 日 ― 7 月 ― 8 火 ― 9 水

4日（金） 社会保障給付費《しゃかいほしょうきゅうふひ》、過去最高《かこさいこう》138兆円《ちょうえん》 2021年度《ねんど》

医療《いりょう》や年金《ねんきん》、介護《かいご》などにかかった**社会保障《しゃかいほしょう》**給付費《きゅうふひ》は2021年度《ねんど》に138兆《ちょう》7433億円《おくえん》となり、前年度《ぜんねんど》より6兆《ちょう》5283億円《おくえん》(4・9%)増《ふ》えた。1950年度《ねんど》の集計開始《しゅうけいかいし》以来《いらい》、過去最高《かこさいこう》となった。国立社会保障《こくりつしゃかいほしょう》・人口問題研究所《じんこうもんだいけんきゅうじょ》がこの日《ひ》、公表《こうひょう》した。

6日（日） 核廃絶《かくはいぜつ》、訴《うった》える広島《ひろしま》 原爆投下《げんばくとうか》から78年《ねん》

米軍《べいぐん》による広島《ひろしま》への原爆投下《げんばくとうか》から78年《ねん》となったこの日《ひ》、広島市《ひろしまし》の平和記念公園《へいわきねんこうえん》で、平和記念式典《へいわきねんしきてん》が開《ひら》かれた。5月《がつ》に広島《ひろしま》であった主要《しゅよう》7カ国首脳会議《こくしゅのうかいぎ》(G7《ジーセブン》サミット)後《ご》、初《はじ》めて迎《むか》えた「原爆《げんばく》の日《ひ》」となる。

7日（月） 国立科学博物館《こくりつかがくはくぶつかん》の運営費《うんえいひ》、CF《クラウドファンディング》で募《つの》る

標本《ひょうほん》や資料《しりょう》の収集《しゅうしゅう》や保管《ほかん》の費用《ひよう》を集《あつ》めるため、国立科学博物館《こくりつかがくはくぶつかん》(科博《かはく》)はこの日《ひ》、インターネットを通《つう》じて寄付《きふ》を募《つの》るクラウドファンディング(CF)を始《はじ》めた。目標金額《もくひょうきんがく》は1億円《おくえん》としていたが、午後《ごご》5時過《じす》ぎには達成《たっせい》。22日時点《にちじてん》で、7億円超《おくえんちょう》。

上野恩賜公園内《うえのおんしこうえんない》にある国立《こくりつ》科学博物館《かがくはくぶつかん》

9日（水） 不変《ふへん》の祈《いの》り 長崎《ながさき》で被爆《ひばく》78年《ねん》の平和祈念式典《へいわきねんしきてん》

長崎《ながさき》に米国《べいこく》が原爆《げんばく》を投下《とうか》して78年《ねん》となったこの日《ひ》、長崎市《ながさきし》で平和祈念式典《へいわきねんしきてん》が開《ひら》かれた。台風《たいふう》6号《ごう》の接近《せっきん》に伴《ともな》い、市《し》は式典《しきてん》を縮小《しゅくしょう》し、屋内《おくない》で開催《かいさい》。岸田文雄首相《きしだふみおしゅしょう》や各国大使《かっこくたいし》、遺族《いぞく》らの姿《すがた》がない異例《いれい》の式典《しきてん》となった。

平和祈念式典《へいわきねんしきてん》でビデオメッセージを寄《よ》せる岸田文雄首相《きしだふみおしゅしょう》

ハワイで山火事《やまかじ》 非常事態宣言《ひじょうじたいせんげん》

マウイ島《とう》ラハイナの近《ちか》くに押《お》し寄《よ》せる山火事《やまかじ》の煙《けむり》

米《べい》ハワイ州《しゅう》のマウイ島《とう》やハワイ島《とう》で大規模《だいきぼ》な山火事《やまかじ》が起《お》き、マウイ郡当局《ぐんとうきょく》はこの日《ひ》、少《すく》なくとも36人《にん》の死亡《しぼう》が確認《かくにん》されたと発表《はっぴょう》した。州当局《しゅうとうきょく》は州全体《しゅうぜんたい》に非常事態宣言《ひじょうじたいせんげん》を出《だ》し、マウイ島《とう》への不要不急《ふようふきゅう》な渡航《とこう》の自粛《じしゅく》を呼《よ》びかけた。

10日（木）

拉致問題解決《らちもんだいかいけつ》へ、中学生《ちゅうがくせい》サミット

北朝鮮《きたちょうせん》による拉致問題《らちもんだい》を若《わか》い世代《せだい》に知《し》ってもらおうと、政府《せいふ》は、都内《とない》で「中学生《ちゅうがくせい》サミット」（内閣官房主催《ないかくかんぼうしゅさい》）を初《はじ》めて開《ひら》いた。被害者《ひがいしゃ》の帰国《きこく》から20年《ねん》がたつなかで、問題《もんだい》の風化《ふうか》を防《ふせ》ぐ狙《ねら》い。全国《ぜんこく》から中学生約《ちゅうがくせいやく》60人《にん》が参加《さんか》した。

拉致被害者家族連絡会代表《らちひがいしゃかぞくれんらくかいだいひょう》の横田拓也《よこたたくや》さんの講演《こうえん》を聞《き》く「中学生《ちゅうがくせい》サミット」の参加者《さんかしゃ》たち

11日（金）

NPT《エヌピーティー》、公式文書化《こうしきぶんしょか》を断念《だんねん》　準備委閉幕《じゅんびいへいまく》

2026年《ねん》の核拡散防止条約《かくかくさんぼうしじょうやく》（NPT《エヌピーティー》）再検討会議《さいけんとうかいぎ》に向《む》けた第《だい》1回準備委員会《かいじゅんびいいんかい》が、議長総括草案《ぎちょうそうかつそうあん》を公式文書《こうしきぶんしょ》として残《のこ》せないという異例《いれい》の事態《じたい》で閉幕《へいまく》した。草案《そうあん》にロシアの「核《かく》の脅《おど》し」やイランの核開発《かくかいはつ》への懸念《けねん》が盛《も》り込《こ》まれ、当事国《とうじこく》による批判《ひはん》が相次《あいつ》いだため。

「議長総括《ぎちょうそうかつ》」の公式文書《こうしきぶんしょ》化《か》を断念《だんねん》したビーナネン議長《ぎちょう》　国連ウェブTVから

資源外交《しげんがいこう》、アフリカへ本腰《ほんごし》

世界《せかい》で鉱物資源《こうぶつしげん》の獲得競争《かくとくきょうそう》が激《はげ》しさを増《ま》す中《なか》、政府《せいふ》がアフリカとの関《かん》係強化《けいきょうか》に力《ちから》を入《い》れている。西村康稔経済《にしむらやすとしけいざい》産業大臣《さんぎょうだいじん》は資源《しげん》を有《ゆう》するアフリカ諸国《しょこく》を歴訪《れきほう》し、技術支援《ぎじゅつしえん》や人材育成《じんざいいくせい》の協力《きょうりょく》で合意《ごうい》したほか、日本《にほん》企業《きぎょう》を招《まね》いた会議《かいぎ》も開催《かいさい》した。

12日（土）

日航機墜落事故《にっこうきついらくじこ》から38年《ねん》

日本航空《にほんこうくう》（JAL《ジャル》）のジャンボ機《き》が1985年《ねん》に墜《つい》落《らく》し、乗客《じょうきゃく》・乗員《じょういん》520人《にん》が亡《な》くなった事故《じこ》はこの日《ひ》、発生《はっせい》から38年《ねん》を迎《むか》えた。遺族《いぞく》らは朝《あさ》から、墜落現場《ついらくげんば》となった「御巣鷹《おすたか》の尾根《おね》」（群馬県上野村《ぐんまけんうえのむら》）に向《む》かった。

御巣鷹《おすたか》の尾根《おね》の墓標《ぼひょう》に手《て》を合《あ》わせる遺族《いぞく》たち

21 月　20 日　19 土　18 金　17 木　16 水　15 火　14 月　13 日　12 土　11 金　10 木

19日（土）

初《はつ》サンマ1kg14万円《まんえん》　今年《ことし》も不漁《ふりょう》か

サンマの水揚《みずあ》げ量日本一《りょうにほんいち》を誇《ほこ》る北海道《ほっかいどう》根室市《ねむろし》の花咲港《はなさきこう》で、サンマ棒受《ぼうう》け網漁《あみりょう》の小型船《こがたせん》による初水揚《はつみずあ》げがあり、1kgあたり14万《まん》400円《えん》の値《ね》がついた。初水揚《はつみずあ》げは約《やく》470kg。過去最高《かこさいこう》だった2022年《ねん》の同《どう》5万《まん》4千円《せんえん》を大幅《おおはば》に上回《うわまわ》った。

根室市《ねむろし》の花咲港《はなさきこう》

23日（水）

インド、月面着陸成功《げつめんちゃくりくせいこう》　4カ国目《こくめ》

インドの無人探査機《むじんたんさき》「チャンドラヤーン（月《つき》の乗《の》り物《もの》）3号《ごう》」が、同国初《どうこくはつ》の月《つき》への着陸《ちゃくりく》に成功《せいこう》した。着陸《ちゃくりく》は、旧《きゅう》ソ連《れん》、アメリカ、中国《ちゅうごく》に次《つ》ぐ4カ国目《こくめ》となる。今回《こんかい》は世界初《せかいはつ》となる月《つき》の南極付近《なんきょくふきん》に着陸《ちゃくりく》するなど、「宇宙大国《うちゅうたいこく》」として国際社会《こくさいしゃかい》での存在感《そんざいかん》を高《たか》める思惑《おもわく》も浮《う》かぶ。

インドの首都《しゅと》ニューデリーで、月《つき》への着陸《ちゃくりく》成功《せいこう》を祝《いわ》う子《こ》どもたち

写真　AP/アフロ

慶応高校《けいおうこうこう》、107年《ねん》ぶりV《ブイ》　甲子園《こうしえん》

第《だい》105回全国高校野球選手権記念大《かいぜんこくこうこうやきゅうせんしゅけんきねんたい》会《かい》は、兵庫県西宮市《ひょうごけんにしのみやし》の阪神甲子園球場《はんしんこうしえんきゅうじょう》で決勝《けっしょう》があり、慶応《けいおう》（神奈川《かながわ》）が8―2で仙《せん》台育英《だいいくえい》（宮城《みやぎ》）を破《やぶ》り、1916年《ねん》の第《だい》2回大会以来《かいたいかいいらい》107年《ねん》ぶり2度目《どめ》の優勝《ゆうしょう》を果《は》たした。

優勝《ゆうしょう》を決《き》め喜《よろこ》ぶ慶応《けいおう》の選手《せんしゅ》たち

24日（木）

福島第一原発《ふくしまだいいちげんぱつ》の処理水《しょりすい》を海《うみ》へ放出開始《ほうしゅつかいし》

東京電力《とうきょうでんりょく》は、福島第一原発《ふくしまだいいちげんぱつ》の処理水《しょりすい》の海《うみ》への放《ほう》出《しゅつ》を始《はじ》めた。増《ふ》え続《つづ》ける汚染水対策《おせんすいたいさく》の一環《いっかん》で、少《すく》なくとも約《やく》30年《ねん》は放出《ほうしゅつ》が続《つづ》く。これを受《う》けて中国《ちゅうごく》政府《せいふ》は、日本産《にほんさん》の水産物輸入《すいさんぶつゆにゅう》を同日《どうじつ》から全面的《ぜんめんてき》に停止《ていし》すると発表《はっぴょう》した。